ANA Publishers

1. Auflage 2017, Köln
Printed in Germany
ISBN 978-3-931906-40-5

Umschlaggestaltung unter Verwendung eines Bildes von Pari Ravan ©
mit freundlicher Erlaubnis der Künstlerin (www.pariravan.de)

Besuchen Sie uns im Internet www.anapublishers.de

Epilepsie

Erleben, Fühlen und Denken
der Epileptiker und ihrer Familien

Uwe Henrik Peters

Inhalt

Vorwort

Dieses Buch über die Krankheit Epilepsie wendet sich in erster Linie an die Epileptiker selbst, an ihre Angehörigen und schließlich an die Studenten (Medizin und Psychologie) und Ärzte, die sich näher mit Leben und Problemen der Epileptiker vertraut machen wollen. Der Stil ist wissenschaftlich, aber, wie der Verfasser glaubt, zugleich allgemeinverständlich.

Die Epilepsie wird häufig nur als ein körperliches Leiden besonderer Art wahrgenommen oder sogar von anderen Hirnkrankheiten und ihren Folgen nicht unterschieden. Die epileptischen Anfälle werden beachtet, sorgfältig untersucht, klassifiziert und mit Sorgfalt unterdrückt oder gedämpft, jedoch die Sache wird damit abgeschlossen.

Die hier vorliegende Darstellung nimmt sich zum Ziel, die Tatsache der Anfälle, obwohl sie selbstverständlich das Zentrum und die Voraussetzung alles Verständnisses für die Epilepsie bildet, aus didaktischen Gründen möglichst wenig zu beachten. Stattdessen sollen die anderen Seiten, die psychische und die soziale, dem Verständnis und der Anschauung näher gebracht werden. Dabei sollen die Fragen genauer lauten: Wie unterscheiden sich Epileptiker von anderen Menschen? Wie erlebt sich der Anfallskranke selbst? Wie erlebt er seine Anfälle, sein Wesen, seine Stellung in unserer Welt, in seiner Familie, unter anderen Kranken usw.

Aber wir stellen auch die Frage: Wie reagiert die persönliche Umwelt auf den Anfallskranken? Wie reagiert dieser auf die Reaktion seiner persönlichen Umwelt?

Eine halbe Million Menschen in Deutschland leiden an einer Epilepsie. Davon sind 200.000 unter 16 Jahre alt. In den USA gibt es 6 Millionen Epileptiker. Es gibt fast ebenso viele Epileptiker, wie an einer Alzheimer Demenz leidende Menschen.

Die Epileptiker stellen eine Gruppe von Behinderten dar, die im Vergleich zu anderen Krankengruppen mit langdauernden Krankheiten, am meisten benachteiligt sind. Während sich die Bevölkerung an körperlich Behinderte und selbst an Demente gewöhnt hat, sie nicht nur toleriert, sondern ihnen behilflich ist, wo es nur geht, kann ein Epileptiker mit keinem Verständnis und keiner Behilflichkeit rechnen. Ihr Ansehen in der Gesellschaft muss dringend verbessert werden.

Lange Zeiten hindurch wurde Epilepsie als Folge von Degeneration angesehen. Der Epileptiker und seine Familie wurden dadurch mit Schuldgefühlen beladen, weil mit einem von Generation zu Generation zunehmenden Verfall zu rechnen sei. Diese längst korrigierten, eher zur Nazizeit gehörenden Vorstellungen sind in der Allgemeinheit noch keineswegs ausgestorben, sondern leben darin vielfach fort. In der Nazizeit war es auf Grund solcher Theorien den Ärzten gesetzlich vorgeschrieben, bei Epilepsie einen Antrag auf Sterilisierung (Unfruchtbarmachung) zu stellen.

Zu all diesem kommt hinzu, dass die Wissenschaft von der Epilepsie und den Epileptikern in mehrere Teile zerfallen ist.

Die eine Teilwissenschaft nimmt jeweils kaum von der anderen Teilwissenschaft Kenntnis. Das erste war das Auseinanderbrechen des vormals einheitlichen Fachgebietes der Nervenheilkunde in die beiden Teilwissenschaften Psychiatrie und Neurologie. Dabei wurde die Epileptologie der Neurologie zugeschlagen. Dies geschah hauptsächlich wegen der Anfälle, aber auch einfach, weil die zur körperlichen Untersuchung gebrauchten Apparate in der Neurologie stehen.

Die zweite Teilung ist die in eine ausschließlich naturwissenschaftlich arbeitende Gehirnpsychiatrie einerseits und eine humanwissenschaftliche psychische Psychiatrie andererseits. Selbst nur sehr wenige der Spezialisten (Epileptologen) haben gleichmäßig auf allen drei der hier genannten Teilgebiete ausreichende Kenntnisse und Erfahrungen.

Da die humanwissenschaftliche Epileptologie der humanwissenschaftlichen Psychologie nahe steht, wäre daran zu denken, ob nicht besonders ausgebildete Psychologen die psychische Behandlung und Betreuung von Epileptikern übernehmen könnten. Leider geht das nicht, weil der Therapeut weitreichende Kenntnisse und Erfahrungen auf weiten Gebieten der Medizin und Pharmakologie benötigt.

All dies hat dazu geführt, dass im führenden amerikanischen Klassifikationssystem DSM V die Epilepsie nicht mehr als psychische Krankheit enthalten ist. Vielmehr werden etwa auftretende psychische Auffälligkeiten als Folge „eines medizinischen Krankheitsfaktors" (der Anfälle) gesehen. Es gibt aber keinerlei wissenschaftliche Beweise dafür, dass die psychischen Veränderungen bei Epilepsie eine Folge der Anfälle sind. Sie sind sogar oft schon lange vor dem ersten Anfall vorhanden.

Selbst die Jahrtausende alte Geschichte der Epilepsie gilt den meisten als unbeachtlich. Dagegen hatte der große deutsch-jüdische Medizinhistoriker Owsei Temkin, der 1933 von den Nazis nach den USA vertrieben worden war, in seinem wunderbaren Buch «*The Falling Sickness – A History of Epilepsy from the Greeks to the Beginnings of Modern Neurology*» (1945) beschrieben, dass Geisteskrankheit und Epilepsie seit der griechischen Antike immer in einem Atemzug sowohl zusammen und als auch als zwei verschiedene Einheiten erwähnt worden sind. Das Buch ist leider nie ins Deutsche übersetzt worden, obwohl es wahrscheinlich in deutscher Sprache geschrieben worden wäre, wenn es Owsei Temkin vergönnt gewesen wäre, sein Leben in einem der deutschen Länder zu fortzusetzen.

Auf dem Gebiet der psychischen Epilepsie und überhaupt über die Psyche der Epileptiker haben nicht nur deutsche, sondern vor allem auch französische Ärzte Großes geleistet. Die Ergebnisse sind jedoch fast alle nur in französischer Sprache zugänglich. Da aber die Heutigen die französische Sprache meiden und Englisch selbst bei Wissenschaftlern zur einzigen Fremdsprache geworden ist, habe ich mich bemüht, viele französische Quellen für den heutigen Leser zu erschließen. Jeweils wird das französische Original und dazu meine deutsche Übersetzung wiedergegeben.

Der große spanisch-amerikanische Philosoph George Santayana hatte durchaus Recht mit seiner Warnung, dass «diejenigen, die sich der Geschichte nicht erinnern, diese zwangsläufig wiederholen müssen». Dies gilt auch für unsere Gegenwart.

Die Probleme und Nöte in Zusammenhang mit der Epilepsie sind im Laufe der Jahrhunderte und selbst Jahrtausende ziemlich gleich geblieben. Jede Zeit hat zwar versucht, das Problem Epilepsie auf seine Art zu beherrschen.

Es ist verständlich, wenn jede Zeit versucht, die gerade vorherrschenden Erklärungsmodelle auch auf die Epilepsie im allgemeinen und auf die Psyche der Epileptiker und ihre Anfälle im Besonderen anzuwenden. Das war tatsächlich immer so. In der Gegenwart sind das die Neurowissenschaften und neuronale Netzwerke. Bislang haben sie aber für die Epileptiker in unserer Gesellschaft noch keine Erleichterungen hervorgebracht. Es ist leider auch nicht damit zu rechnen, dass Epileptiker dadurch gesundheitliche Vorteile erlangen.

In der industrialisierten Medizin der Gegenwart wird der ganze große Bereich der psychischen Besonderheiten in Zusammenhang mit Epilepsie oft nur in wenigen Symptomen und Stichworten zusammengefasst. Diese besitzen aber keinerlei Anschauungswert und lassen die Betroffenen oft mit Ratlosigkeit zurück. Vielmehr kommt es in der Medizinindustrie darauf an, wie G. Maio sich 2014 ausgedrückt hat, die «Ware psychische Gesundheit» mit möglichst geringem Aufwand an Zeit und Kraft herzustellen. Darunter leiden die Epileptiker ganz besonders, denn ein passendes Medikament gegen Anfälle läßt sich in wenigen Minuten verordnen. Das für die sinnvolle psychische Behandlung (hier der Epilepsie) notwendige Nachdenken und Abwägen, das vertrauliche ärztliche Gespräch mit Kranken werde dagegen diskreditiert und jedenfalls nicht belohnt.

Auch Lebensgeschichte, Krankengeschichte und Krankheitsgeschichte gelten vielfach als nicht erwähnenswert und kommen zum Beispiel im schon genannten System DSM V überhaupt nicht vor.

Enden möchte ich hier mit einem Zitat aus einem unveröffentlichten Vortrag (2016) des Philosophen und Psychiaters Thomas Fuchs. Wir seien bei einer «Psychiatrie ohne Psyche» angekommen, sagte er, – «und das in Einklang mit dem Chorgesang der materialistischen Neurophilosophie, unsere subjektive Erfahrung sei nichts weiter als die bunte Benutzeroberfläche eines Neuro-Computers und somit eine bloße Illusion – real seien nur die neuronalen Rechenprozesse im Hintergrund.»

Von der herrschenden Neurowissenschaft haben die Epileptiker bislang keinerlei verwertbare Erkenntnisse bekommen und sind auch keine zu erwarten. «Vorläufig jedenfalls bleibt die Aussicht auf neue bahnbrechende Fortschritte und Therapien nicht mehr als ein erneutes Versprechen, auch wenn immer neue Dekaden, ja das Jahrhundert des Gehirns ausgerufen und mögliche Durchbrüche verkündet werden» (Thomas Fuchs).

Uwe Henrik Peters
Köln, im Sommer 2017

Hippokratische
und kulturelle Vorstellungen von Epilepsie

Von Anfang an haben sich in der Geschichte Medizin zwei Auffassungen der Epilepsie gegenübergestanden, von denen man die eine die hippokratische und die andere die kulturelle nennen könnte.

Nach dem hippokratischen Modell ist die Epilepsie eine Krankheit wie jede andere. Es kommt im Gehirn zu Säfteverschiebungen, Stoffwechselstörungen, falschen Entladungen oder ähnlichem. Aus dem hippokratischen Modell läßt sich folgern, dass es lediglich darauf ankommt, den falschen Chemismus des Gehirns in Ordnung zu bringen, dann werden alle anderen Probleme von selbst verschwinden. Manche glauben, einer solchen Problemlösung schon nahe zu sein, andere sehen höchstens einen Anfang davon.

Nach dem kulturellen Modell ist Epilepsie dagegen eine besondere Krankheit mit starken Auswirkungen auf Kultur und Gesellschaft sowie Rückwirkungen von der Gesellschaft her auf die Kranken wie man es sonst außer vielleicht bei Aussatz (Lepra) bei keiner anderen Krankheit jemals gekannt hat. Ohne auch nur im mindesten einen biologischen Aspekt der Krankheit vernachlässigen zu können, hat der Psychiater es hauptsächlich mit dem kulturellen Aspekt der Epilepsie zu tun.

Schon das 17. und 18. Jahrhundert hatten einige Besonderheiten an der Psyche des Epileptikers beschrieben, wie sie sich bei der ärztlichen Beobachtung in den Familien oder in den Bewahranstalten für gefährliche Geisteskranke darstellten. Ausführlicher wurde die Beschreibung der Psyche des Epileptikers jedoch erst im 19. Jahrhundert, wobei sie sich an den in neuen Anstalten institutionalisierten Epileptikern orientierte. An dieser Orientierung hat sich im 20. Jahrhundert wenig geändert. Teils wird die alte Beschreibung von Psychiatern, Neurologen usw., die sich mit Epilepsiebehandlung befassen, unverändert weiter tradiert und allenfalls der Nomenklatur der jeweiligen Zeit angepasst; teils wird auch das Vorhandensein besonderer psychischer Eigenschaften bei Epileptikern nicht gesehen oder sogar negiert. Dagegen konnte Féré noch 1890 formulieren:

> Man kann sagen, dass alle Epileptiker der Hospitäler geistige Störungen zeigen und dass unter denen, die noch in der Welt leben, es nur wenige gibt, die nicht ein vorübergehendes oder dauerndes Nachlassen der Intelligenz, mehr oder weniger deutlich Ausfallserscheinungen derselben oder eine anormale Beweglichkeit des Charakters und des Betragens erkennen lassen. (Féré, 1890, zit. n. d. dt. Übers. 1896).

Es soll hier zunächst übergangen werden, warum Féré gerade in der «anormalen Beweglichkeit des Charakters» etwas Wichtiges sah und nur darauf hingewiesen werden, dass dieser bedeutende Kliniker und frühe Epileptologe die psychischen Besonderheiten als etwas betrachtet, das man bei jedem Epileptiker, innerhalb und außerhalb der Institutionen, finden kann. Erst in der Gegenwart ist die Frage wieder von Interesse, wie nicht institutionalisierte Epileptiker oder gar nicht ärztlich behandelte Epileptiker als Individuen beschrieben werden können und wie sie in unserer gegenwärtigen Gesellschaft leben. Nachdem in der diagnostischen Erkennung einzelner Anfallstypen und ihrer Ursachen sowie in der medikamentösen und chirurgischen Behandlung der Anfallsleiden große Fortschritte erzielt werden konnten, sollten die Psyche des Anfallskranken und seine Beziehung zur Welt wieder in den Mittelpunkt der Aufmerksamkeit rücken, wie sie es jahrhundertelang gewesen waren.

In der Erkennung und Beschreibung dieser Bereiche hat die Vergangenheit mehr geleistet als die Gegenwart, so dass zum besseren Verständnis der Gegenwart immer wieder auf die Vergangenheit zurückzugreifen ist. Als Folge könnte sich die Sentenz bewahrheiten, mit welcher Kimura (1984) einen Aufsatz über die (kultur)anthropologische Sicht der Epilepsie enden läßt: «Dann würde auch das Wort epileptisch seine glückliche Heimkehr in die Psychiatrie feiern können.»

Eines der grundsätzlichen Probleme der Epileptologie besteht darin, dass die Epilepsie in so viele Gebiete hineinragt, die man sonst sorgfältig gegeneinander abgrenzt. Außer den unterschiedlichsten Anfällen, die man als neurologische Ereignisse begreifen kann, können Fragen von akuten und chronischen Psychosen verschiedener Art, von Persönlichkeitsstörungen und Neurosen, von Sucht und Sexualpathologie und vieles andere mehr im Zusammenhang mit Epilepsie erörtert werden. Obwohl somit Beziehungen zu allen bekannten psychiatrischen Problemkreisen bestehen, ist in nahezu keinem Falle das psychische Bild so eindeutig, dass die Diagnose Epilepsie ohne Zuhilfenahme von Anfallsbeschreibungen gestellt werden könnte.

Epilepsie kann zudem als selbständige Krankheit auftreten oder die Folge einer andersartigen Krankheit des Gehirns sein. Auch wenn sie die Folge einer Hirnkrankheit ist, bestimmt bei einem längeren Verlauf die Epilepsie und nicht die Hirnkrankheit den weiteren Verlauf des Lebens. Die Epilepsie hat also einen eigengesetzlichen Verlauf

Aus vielen Gründen ist immer wieder bezweifelt worden, ob es Epilepsie als Krankheit überhaupt gibt. Janz (1969) hat seiner Monographie fast provokativ den Titel «Die Epilepsien» gegeben. Selbst bei diesem Titel handelt es sich um ein historisches Problem, denn Kraepelin (1919) weist in seiner Arbeit «Zur Epilepsiefrage» darauf hin, dass bereits Féré (1890) von den Epilepsien in der Mehrzahl gesprochen habe. In der Tat trägt die deutsche Übersetzung des Buches von Féré (1896) schon den gleichen Titel: «Die Epilepsien». Dennoch hat es immer nur Epileptologen gegeben, welche für das ganze Gebiet der Epilepsie zuständig waren und nicht nur für einzelne Epilepsien und auch nur eine «Liga gegen Epilepsie», also gegen alle Epilepsien und nicht gegen jede Epilepsie eine eigene Liga..

Die vorliegende Darstellung geht letztlich umgekehrt von einer ganzheitlichen Vorstellung, von einer angenommenen Einheit eines *Morbus epilepsiae* aus, die Körper und Psyche gleichermaßen erfasst.

Kurze Geschichte der Epilepsie

Seit den grauen schriftlosen Zeiten vor tausenden von Jahren sind epileptische Anfälle bekannt. Schon die allerersten schriftlichen Zeugnisse vor 4000 Jahren verweisen auf eine lange Vorgeschichte der Krankheit.

Informationen über das Leben von Epileptikern in der Frühzeit der Kulturgeschichte sind leider sehr spärlich. Wohl findet sich der Grand mal-Anfall schon in einem der ältesten geschriebenen Dokumente der Welt, nämlich aus dem ersten babylonischen Reich beschrieben. Gemeint ist hier der Kodex des Königs Hammurapi von Babylonien (1728-1686 v. Chr.). Aber außer dem hervorstechenden Symptom des Anfalls werden keine weiteren Eigenschaften von Epileptikern beschrieben oder benannt.

Der Zweck der Erwähnung der Epilepsie im «Kodex Hammurapi» ist praktisch-geschäftlicher Natur. Der Käufer eines Sklaven konnte diesen zurückgeben, wenn der Sklave innerhalb eines Monats auch nur einen epileptischen Anfall erlitten hatte (Heintel, 1975). Da die Wirtschaft des Landes auf Sklavenarbeit beruhte, handelte es sich um ein wichtiges praktisches Problem. Dasselbe praktische Problem wird auch in der «Apologie» des römischen Schriftstellers Apuleius von Madaura (geb. 124 n. Chr.) erwähnt. Dort wird auch ein Mittel angegeben, mit welchem man sich beim Kauf eines Sklaven auf dem Sklavenmarkt vor Täuschungen bewahren kann. Mit dem Gagatstein lasse sich ein Anfall provozieren, heißt es:

«erhellt doch ein Gagatstein wunderbar leicht diese Krankheit, wie ich von den Naturheilkundigen erfahren habe. Mit seinem Geruch kann man auf dem Sklavenmarkt den gesunden vom fallsüchtigen Sklaven trennen.»

Der Gagatstein ist eine bei der kleinasiatischen Stadt Gagas geförderte Pechkohle, aus der sich wegen ihrer wachsartigen Konsistenz schwarze Figuren schnitzen lassen und die daher auch Pechstein genannt wird.

Dieser Stein wird auch bei Aretaeus von Kappadokien (ca. 80-130 n. Chr.) als anfallsprovozierendes Mittel erwähnt.

Allgemein wird dem Gagat die Kraft zugeschrieben, Verborgenes an das Tageslicht zu bringen, nicht nur eine Epilepsie. Vor allem allerdings soll der Stein eine noch nicht ausgebrochene Epilepsie offenbaren.

Der Gagatstein wurde im übrigen sowohl als Pulver eingenommen wie auch als Amulett getragen, wie es nach den alten Pharmakopoen üblich war. Auch heute gibt es den Gagat noch als Amulett oder als Schmuck. Als Heilmittel ist er allerdings auch aus der Volksmedizin verschwunden.

Auch der römische Arbeitsmarkt war ein Sklavenmarkt und verlief nach eigenen Regeln. Grundsätzlich hat sich ein ähnliches Arbeitsmarktproblem der Epileptiker aber selbst in unserer sozialstaatlichen Welt erhalten. Zum Beispiel stellte Penin (1961) fest, dass 82% der Epileptiker der von ihm untersuchten Gruppe vorzeitig berentet worden war. Obwohl dieser Befund nicht überall bestätigt wurde (Ritter, 1974), hat sich die historische Tendenz zur Ausgliederung von Epileptikern aus der Arbeitswelt bis in die Gegenwart erhalten. Die menschliche Gesellschaft weigert sich vor allem überall, einen epileptischen Anfall mitzuerleben.

Ganz gleich, unter welchem ihrer zahlreichen Namen (Kanner, 1930) die Krankheit mit dem plötzlichen Hinfallen geführt wurde, bezieht sich die Vorstellung des Leidens über viele Jahrhunderte auf den einzelnen Anfall, nicht auf die ganze Krankheit im heutigen Sinne. Dabei wurde allerdings, was uns vielleicht seltsam vorkommt, im Anfall selbst etwas Psychisches gesehen.

Nicht nur in der griechischen und römischen Medizin und Literatur wird wohl daher das Irresein immer wieder in einem Zug zusammen mit Epilepsie genannt und zwar immer in dieser Form, *Irresein und Epilepsie*, worin sich einerseits Zusammengehörigkeit und andererseits ein Unterschied andeutet.

Gleiches findet sich in der alten chinesischen, koreanischen, japanischen und indischen Medizin, die alle unabhängig voneinander und unabhängig von der europäischen Medizin entstanden sind.

Für die heutige Zeit ist dies noch einmal ausdrücklich für Nigeria untersucht und bezeugt worden (Awaritefe et al., 1985), mit dem Ergebnis, dass in diesem afrikanischen Land das Ansehen und Image des Epileptikers im Vergleich zum »geheilten Psychotiker» erheblich schlechter sei.

Es ist nicht zu bezweifeln, dass es die mit epileptischen Anfällen verbundenen psychischen Besonderheiten schon viele tausend Jahre vor der ersten Schriftkultur gegeben hat und somit auch schon die Hofschreiber König Hammurapis auf eine zu ihrer Zeit alte Tradition zurückgreifen konnten. Der Grand mal-Anfall wird andere Jäger bei den frühen Großwildjägern in Europa und Asien beeindruckt haben und machte vermutlich auch damals in der Regel den davon Betroffenen nicht unfähig, sich am Lebenskampf zu beteiligen. Wenn spärliche Nachrichten über die soziale Position des Epileptikers erst aus dem griechischen und römischen Altertum bekannt wurden (Ritter, 1973), so hängt dies in erster Linie mit der für diese Zeit viel größeren Zahl schriftlicher Überlieferungen zusammen. Wir dürfen uns nicht vorstellen, dass die Sache selbst in dieser Zeit neu war.

Zwar enthalten die Hippokratischen Schriften (um 400 v. Chr.) eine eigene Abhandlung *Über die Heilige Krankheit*. Hippokrates bzw. die Hippokratiker waren aber rationale Ärzte. Mit der Heiligen Krankheit wurde nur ein volkstümlicher Begriff aufgegriffen. In dieser Abhandlung ist zwar die häufig zitierte Beschreibung eines Grand mal-Anfalles enthalten, ansonsten nehmen aber Erörterungen über die Ursachen den größten Platz ein. Hinweise auf Psychisches außerhalb des Anfalles sind allenfalls in der Form vorhanden, dass ein Nachlassen der geistigen Kräfte bemerkt wurde.

Für die Schriftsteller des Altertums war Epilepsie eine psychische Krankheit ganz besonderer Art

Mehr Hinweise auf Psychisches und Soziales beim Epileptiker kann man literarischen Texten entnehmen. Zwar muss man davon ausgehen, dass die antiken Schriftsteller ebenso wie die modernen die Realität nur insoweit verwenden, wie sie sich ihren literarischen Absichten fügt oder sich ihr anverwandeln läßt. Dennoch kann und will ein Schriftsteller gewöhnlich nicht vollkommen aus dem

Geist seiner Zeit heraustreten. Daher müssen sich zeitgebundene Anschauungen über den Epileptiker auch in ihrer literarischen Verwendung widerspiegeln. Dabei läßt sich erkennen, dass Epilepsie mit Selbstverständlichkeit und ohne Einschränkungen stets den Geistesstörungen zugerechnet wird.

Ein Beispiel ist das Drama «Herakles» von Euripides (ca. 480-406 v. Chr.), das später von den Humanisten auch «Herakles im Wahnsinn» genannt wurde. Abweichend von der Erzähltradition dieser in der Antike beliebtesten Heldensage läßt Euripides Herakles durch Hera «wahnsinnig» machen. «Im Wahn» tötet er Frau und Kinder. Zur Darstellung des «Wahns» dienen Euripides sowohl Erscheinungen der Tollwut wie auch der Epilepsie. Es handelt sich, nach den Hippokratischen Schriften zu urteilen, wohl um die bekanntesten Geistesstörungen in der griechischen Antike, die auch eine oberflächliche Ähnlichkeit untereinander besitzen.

Bei der Tollwut wird durch einen Hundebiss (nur der Biss eines tollen Hundes wird als Ursache immer wieder erwähnt) aus einem gesunden Menschen in kürzester Zeit ein rasendes, gefährliches und seines Verstandes beraubtes Ungeheuer, bis er bald darauf stirbt. Eindrucksvoll wird dadurch die Macht der Götter demonstriert, die damit jeden strafen können. Aber auch bei der Epilepsie tritt aus einem geordneten Wohlbefinden heraus mit einem Schlage Zucken und Verstandeslosigkeit auf, wobei sich daran noch eine Zeit der «Raserei» anschließt, die ebenso furchtbar ist wie bei Tollwut, nur mit dem Unterschied, dass der Epileptiker nicht stirbt, sondern sein Zustand beendet wird und das Leben anschließend weitergeht.

«Raserei» ist bis in der 19. Jahrhundert hinein die übliche Bezeichnung für sehr unruhige, tobende Geisteskranke, die eine Gefahr für ihre Umgebung darstellen. Herakles wird von Euripides als epileptisch Wahnsinniger dadurch gekennzeichnet, dass sein «Anfall» mit einem Schütteln des Kopfes und einem Schrei beginnt, danach tritt schaumiger Speichel vor den Mund. In diesem Zustande, in welchem Herakles unter dem Zwang des Wahnsinns steht, wird er von der personifizierten «Lyssa» auf seine Kinder gehetzt wie ein Jagdhund vom Jäger auf ein zu erlegendes Wild. Als Herakles im Begriff steht, auch seinen Vater Amphitryon (der eigentliche Vater ist Zeus) zu töten, wird der «Anfall» durch einen Stein Athenes beendet, den sie Herakles gegen den Kopf schleudert.

Nun folgt wieder die Schilderung des Endes des vorgenannten Zustandes, den wir heute als Terminalschlaf bezeichnen. Herakles sinkt augenblicklich in einen tiefen Schlaf. Als er aus diesem erwacht, ist der Wahnsinn von ihm abgefallen. Er muss sich mühsam in der Situation orientieren und hat für das Geschehene keine Erinnerung.

Obwohl die Darstellung bei Euripides noch weitere, hier nicht erwähnte Elemente der psychischen Störung durch Tollwut enthält, nannten schon antike Autoren die Krankheit des Herakles «Epilepsie» oder mit dem damaligen Synonym «Heilige Krankheit». Auch wurde umgekehrt die Epilepsie als Herakles-Krankheit bezeichnet, offenbar weil man die Darstellung des Euripides der allgemeinen Vorstellung von Epilepsie sehr ähnlich fand.

Die Schilderungen der späteren Antike sind nicht so differenziert, dass man daraus die Annahme ableiten könnte, dass nur bestimmte Teile der epileptischen Krankheit mit Störungen der Psyche oder Wahnsinn in Verbindung gebracht wurden. Es läßt sich also nicht sagen, ob der epileptische (Grand mal)-Anfall selbst, die epileptischen Dämmerzustände und akuten Psychosen oder der intervalläre Epileptiker («epileptische Charakter») zum Wahnsinn gerechnet werden. Dass aber die Epilepsie als Ganzes zu den Krankheiten der Psyche gerechnet wurde, dürfte deutlich geworden sein. Temkins Feststellung, dass es vom Altertum bis zum Mittelalter eine Vermischung von Epilepsie und psychischen Krankheiten gegeben habe, dürfte daher in dieser Form nicht aufrecht zu erhalten sein und mehr den Standpunkt der Mitte des 20. Jahrhunderts widerspiegeln. Die Epilepsie war für das Altertum eine psychische Krankheit besonderer Art und nicht nur mit einer psychischen Krankheit identisch. Selbst der Schaum vor dem Mund und die Konvulsionen im Grand -mal-Anfall wurden eher als Ausdruck rasender Wut und kaum im heutigen Sinne als äußere Zeichen eines mehr mechanisch ablaufenden reinen Körper- oder Hirnprozesses gesehen.

In der Antike sind es die Zuschauer eines epileptischen Anfalls, die entsetzt sind, nicht die Anfallsleidenden selbst

Aus der literarischen Verwendung bei Euripides wird deutlich, dass der Zuschauer mehr beeindruckt ist als der Betroffene selbst. Das wird aus einem Zitat des griechischen Arztes Aretaeus von Kappadokien (ca. 81-138 n. Chr.) deutlich.

Wenn die unglücklichen Epileptiker selbst Zeuge dessen sein könnten, was während ihres Krankheitsanfalles vor sich geht, würde es ihnen, glaube ich, unerträglich sein, weiter zu leben; glücklicherweise bleibt ihnen durch das Schwinden der Sinne das Scheußliche und Abstoßende dieses Schauspiels verborgen. (Therapie der chronischen Krankheiten, Buch 1, Kap. 4).

Es gibt wenig Zeugnisse aus der griechischen Antike, welche so deutlich die Wirkung des Grand mal-Anfalles auf andere Menschen beleuchten. Der Epileptiker selbst kann ja nicht Zeuge seines Anfalles sein, deshalb dürfen wir davon ausgehen, dass die Schilderung die Wirkung auf den (griechischen) Arzt und Zuschauer beschreibt. Dass hier der Kranke selbst zum fiktiven Zuschauer gemacht wird, darf man als einen Kunstgriff des Erzählers ansehen, der es ihm erlaubt, Dinge auszusprechen, welche die Ethik und die mitmenschliche Verantwortung sonst verbieten würden. Der Anfall wird hier einmal als Krankheitsanfall, das andere Mal aber als Schauspiel bezeichnet, also als eine Vorführung für Zuschauer. Dieses Schauspiel wirkt auf den Zuschauer «scheußlich» und «abstoßend», erregt also Ekelgefühle und Hass. Dieser Hass geht so weit, dass der Zuschauer den Kranken im Anschluss an seinen Anfall tot wünscht. Dies ergibt sich, wenn man den Hinweis, dass der Epileptiker nicht wünschen würde, weiter zu leben, auf den Zuschauer zurückwendet. Der Zuschauer wünscht, dass derjenige tot bleibt, der eben den «kleinen Tod» durch seinen Anfall hinter sich hatte.

Aber auch an anderen Stellen seiner in Relation zum vorliegenden Gesamtwerk sehr umfangreichen Beschreibungen der Epilepsie kommt Aretaeus immer wieder auf die psychosozialen Gesichtspunkte zurück. Die nachfolgend zitierte Stelle ist der Einleitung zum Kapitel über die Behandlung entnommen. In der Einleitung zur Anfallsbeschreibung heißt es:

Übersteht der Kranke mit Mühe und Not die Anfälle, so führt er ein Leben voll Schmach, Schimpf und Schmerzen.

Etwas später heißt es:

Grässlich ist der Anblick des Anfalls sogar dann noch, wenn er im Schwinden ist, weil dann Harn und Kot unwillkürlich abgehen. (Von den Ursachen und Anzeichen chronischer Krankheiten, Buch 1, Kap. 4).

Das Bild des Sterbenden, welches der Anfall provoziert, und, schlimmer noch, des Ermordeten, Geschlachteten, wird noch mehrmals an ganz anderer Stelle in den Text eingebracht:

Der unglückselige Anblick gleicht dem geschlachteter Tiere ... und die Atmung ist Röcheln wie beim Gewürgten.... (Über Ursachen und Anzeichen akuter Krankheiten, Buch 1, Kap. 5).

Wir meinen, dass Aretaeus' Formulierungen die damalige Tradition in der Auffassung des epileptischen Anfalls korrekt widerspiegeln. Diese Vorstellung von der Epilepsie wird dann weiter in der europäischen Kultur tradiert, wenn auch selten erwähnt. Es ist die Vorstellung, dass der epileptische Anfall (Grand mal) auf den Zuschauer den Eindruck macht, als sterbe der Kranke. Wir finden diese Auffassung noch in persönlichen Stellungnahmen von Epileptologen der Gegenwart wieder (M. Lund, pers. Mittl.). Danach erweckt der Epileptiker in seinem Anfall auch heute den Eindruck, er werde sogleich sterben. Dies führt zu tiefer Anteilnahme. Nun ist aber der einzelne Anfall bekanntlich im Gegensatz zu dem Eindruck, den er vermittelt, relativ harmlos. Nach kurzer Zeit kann der Kranke am normalen Leben teilnehmen. Damit verletzt der Epileptiker eine unbewusste Erwartung des Zuschauers, die sich auf die allgemeine Regel bezieht, dass Sterbende nach einer Weile tot sind. Die offensichtliche Sinnlosigkeit der Angst des Zuschauers entlade sich in Aggression gegenüber dem, der diese Regeln verletzt hat. Zu den aggressiven Handlungen der Gesellschaft gegenüber dem Epileptiker gehört zweifellos das Lächerlichmachen. Darüber hinaus muss der Anblick eines epileptischen Anfalls bei Zuschauern dann auch die Erinnerung an die eigene Endlichkeit des Daseins wecken und damit weitere tiefe Gefühle berühren.

Aretaeus von Kappadokien geht nicht nur auf die Wirkung des Grand mal-Anfalles auf den Zuschauer ein, sondern auch schon auf bleibende psychische Auffälligkeiten, die man später als epileptischen Charakter, epileptische Demenz und epileptische Psychosen kennt.

Bisweilen bringt sie [die Epilepsie] sogar den Geist zur Raserei. [...] Wie sich nun die Krankheit als akutes Leiden darstellt, davon haben wir bereits gesprochen. Hat sie aber bereits längere Zeit bestanden, so befinden sich die Kranken auch in der Zeit zwischen den Anfällen nicht ganz gesund, sondern sind träge, mutlos niedergeschlagen, menschenscheu, ohne alle Freundlichkeit, die man doch ihrem Alter nach erwartet. Sie entbehren des Schlafes und werden von bösen Träumen gequält [...]. Sie lernen schlecht, wegen der Trägheit ihres Geistes und ihrer Sinne, sind schwerhörig, haben beständiges Summen im Kopf, sprechen undeutlich und unvernünftig, was entweder seinen Grund in der Krankheit selbst oder in den Wunden hat, welche die Zunge während des Anfalls bekam [...]. Bisweilen geht auch der Verstand bei den Epileptischen ganz verloren, so dass sie lauter Unsinn sprechen. (Von den Ursachen und Anzeichen chron. Krankheiten, Buch 1, Kap. 4).

Der Arzt Aretaeus von Kappadokien kannte also schon die Trägheit des Geistes der Epileptiker

In der «Trägheit ihres Geistes und ihrer Sinne» kann man die enechetische Verlangsamung, im «verlorenen Verstand» die epileptische Demenz heutiger Begriffsfassung wiedererkennen. Aber auch die Mutlosigkeit, Niedergeschlagenheit und Menschenscheu, die man immer einmal wieder als epileptische Depression bezeichnet hat, die aber mit unserem gewöhnlichen Begriff des Depressiven wenig zu tun hat, wird man als Einzelzüge des enechetischen Wesens verstehen können. Mit dem Mangel an Freundlichkeit wird sogar schon ein Wesenszug bezeichnet, der später zu den negativen, abstoßenden Charakterzügen des Epileptikers gerechnet werden wird.

Aretaeus von Kappadokien stellt sowohl Höhepunkt und Abschluss der antiken Beschreibung der sozialen und psychischen Seite der Epilepsie dar. Die späteren antiken medizinischen Schriftsteller, wie Galen, erwähnen zwar die Epilepsie ausführlich, gehen aber auf diese Seite der Epilepsiekrankheit nicht ein.

Apuleius gibt in seiner bereits erwähnten «Apologie» eine Darstellung des volkstümlichen Verhaltens bei Epilepsie. Apuleius, mehr als Verfasser des ersten vollständig erhaltenen antiken Romans («Der goldene Esel») bekannt, mußte sich 158 n. Chr. in einem Prozess gegen den Vorwurf der Zauberei verteidigen. Dabei war ihm offenbar auch vorgeworfen worden, bei dem Sklaven Thallus durch Zauberei epileptische Anfälle hervorgerufen zu haben. In seiner Verteidigungsrede heißt es:

... Dennoch habt ihr behauptet, ich hätte ihn [Thallus] durch meine Zaubersprüche zu Boden gestreckt, weil er zufällig ein einziges Mal in meiner Gegenwart hingefallen war.

30

Die meisten Mitsklaven des Thallus sind hier anwesend. Alle können aussagen darüber, warum sie auf Thallus spucken, warum es niemand wagt, mit ihm aus derselben Schüssel zu essen und aus demselben Becher zu trinken.

Es ist nicht einmal so sehr bedeutsam, ob man das Anspucken als Versuch ansieht, «Ansteckungsstoff» von sich zu geben, wie Dieckhöfer unter Berufung auf eine Textstelle bei Plinius meint, oder ob man darin, wie einem gegenwärtigen und möglicherweise sehr alten Brauch entspricht, den Ausdruck tiefer Verachtung sehen will. Das Anspucken, die Weigerung der Mitsklaven, mit einem Epileptiker aus einer Schüssel zu essen und aus einem Becher zu trinken, haben die soziale Folge, dass der Epileptiker aus der Gemeinschaft der Gleichen hinausgedrängt wird. Seine Krankheit hat für ihn erkennbar ungünstige soziale Folgen.

Mit dem Beginn der Neuzeit nehmen die Kenntnisse über Epilepsie einen Aufschwung

Zusammen mit allen anderen Wissenschaften nahm auch die Epileptologie Ende des 18. Jahrhundert einen starken Aufschwung. Dies wurde besonders verstärkt, als mit dem Beginn des 19. Jahrhunderts große Zahlen von psychisch Kranken in ärztliche Beobachtung gelangten, zunächst allerdings hauptsächlich in Paris, wo die Krankenzahlen in der Salpêtrière und Bicêtre am höchsten waren.

Der Schweizer Arzt Simon-André Tissot beschrieb ein Nachlassen der kognitiven Fähigkeiten

Am Anfang steht hier Simon-André Tissot (1728-1797), ein Schweizer Arzt, der ebenso wie viele Psychiater nach ihm die französische und deutsche Tradition miteinander verbinden konnte. Als Freund von Haller und Zimmermann gehört er ganz dem deutschen aufgeklärten Zeitalter an. Sein Buch über Epilepsie ist klar und leicht verstehbar. Gleichzeitig steht er unter dem Einfluss von Rousseau und sorgt sich insbesondere um das Wohl der ländlichen Bevölkerung. Tissot schreibt seine Schriften in französischer Sprache, der «Traité de l'épilepsie» wird schon im Jahre nach seinem Erscheinen (1770) ins Deutsche übersetzt. Die Ausführungen zur Psychiatrie der Epileptiker sind kurz aber deutlich:

31

Die Wirkung auf die Psyche zeigt sich gewöhnlich in einem Nachlassen aller intellektuellen Fähigkeiten. Zuerst läßt der Einfallsreichtum nach; das Gedächtnis wird schlechter; die Auffassung ist erschwert, schließlich läßt die eigentliche Intelligenz nach. Nicht selten sieht man Epileptiker mit häufigen und schweren Anfällen nach und nach vollkommen verblöden.

Der Ton liegt bei Tissot auf den Einbußen im Gebrauch des Intellekts. In der Beobachtung einer erschwerten Auffassung möchte man einen ersten Hinweis auf die später von Mauz als «Enechie» bezeichnete Verlangsamung aller psychischen Vorgänge erkennen. Auch dass von der Störung von Einfallsreichtum, Gedächtnis und Auffassung noch eine Störung der eigentlichen Intelligenz unterschieden wird, erscheint heute als eine feine psychopathologische Differenzierung. Später wird aber offenbar diese Unterscheidung nicht mehr überall getroffen und daher unter einer «intellektuellen Schwäche» die Verlangsamung des Denkens mitverstanden. Dies setzt sich bis in moderne testpsychologische Untersuchungen fort, bei denen Zeitfaktoren in fast alle gebräuchlichen Tests mit eingehen, so dass bei Epileptikern testpsychologisch eine niedrigere Intelligenz festgestellt wird, als eigentlich vorhanden ist.

Der italienische Arzt Vincenzo Chiarugi, Professor am Bonifacius-Hospital in Florenz, hat nicht nur Gehirne untersucht

Vincenzo Chiarugi (1795) hat nicht nur über den Wahnsinn bei Epilepsie im allgemeinen geschrieben, sondern dem auch acht autoptisch untersuchte Fallbeschreibungen beigefügt. Der Anteil der Anfallskranken im Bonifacius-Hospital war erstaunlich groß und wird von Chiarugi mit 10% angegeben. Es sind dies lauter solche «Epileptische, bei welchen Ausbrüche von Tobsucht periodisch einzutreten pflegen». Dies war im übrigen zu der damaligen Zeit der wesentliche Grund zur Unterbringung, nämlich die Gesellschaft vor tobenden und gefährlichen Kranken zu schützen. Das Zahlenverhältnis mag sich im 19. Jahrhundert allein durch die Tatsache verändert haben, dass nicht mehr nur die für gefährlich gehaltenen Epileptischen in einer Institution untergebracht wurden. Die psychopathologischen Begriffe bei Chiarugi entsprechen den damaligen Bedürfnissen, nämlich zwischen intellektuell schwachen, irren und tobenden Kranken zu unterscheiden. Dies ergibt sich ein-

drucksmäßig aus einer kleinen Auswahl seiner Beschreibungen:
Aberwitzig, wobei der Aberwitz in eine beträchtliche Stupidität
überging... blödsinnig,...zuweilen einem Ausbruche von Tobsucht
unterworfen. Er blieb so lange blödsinnig, bis sich ein neuer epileptischer Anfall, wie gewöhnlich, durch einen neuen Ausbruch
von Manie ankündigte....Stumpfheit des Geistes oder vielmehr einen Grad von Blödsinn, der zwischen der Dummheit und Geistes-
schwäche stand....wilde Manie ...stumm, zuweilen kam ein kurzer
Ausbruch von Wuth.... Tobsucht nach dem Anfall und sonst blödsinnig....Manie, in den Zwischenräumen stupid. (Chiarugi, 1795).

Der Geheime Rat Karl Wilhelm Ludwig Friedrich von Drais, Freiherr von Sauerbronn, liefert 1798 eine ausführliche und unübertroffene Beschreibung seiner eigenen epileptischen Krankheit

Es ist an sich schon erstaunlich, dass am Beginn einer ausführlicheren modernen Darstellung der Psychiatrie der Epilepsie nicht
ein Epileptologe oder Psychiater oder auch nur Arzt gestanden
hat, sondern ein Anfallskranker. Drais, der unter dem Pseudonym
«Diätophilus» veröffentlichte, war ein Verwandter des Freiherrn
Carl W. L. von Drais, heute noch bekannt als Erfinder der Draisine.
Er ist zugleich der Vater von Karl Drais, der das Zweirad erfunden
hat.

Das 1798 von Diätophilus veröffentlichte zweibändige Werk
trägt den Titel «Physische und psychologische Geschichte einer
siebenjährigen Epilepsie». Es ist die erste der bis heute ganz seltenen Selbstdarstellungen von Epilepsie (eine andere ist Gilles, 1984).
Es handelt sich um einen autobiographischen Bericht von äußers-
ter Gewissenhaftigkeit, der bis heute unübertroffen und reich an
ganz originellen, von der Tradition teilweise unabhängigen Beobachtungen ist. Der im September 1755 geborene Drais erlitt 1788
seinen ersten epileptischen Anfall und hatte danach insgesamt 65
Grand mal-Anfälle, bis das Leiden 1795-97 allmählich wieder ganz
aufhörte. Es liegt in der Natur der Sache, dass den Beschreibungen der psychischen Erscheinungen, der inneren Erlebnisse und
der subjektiven Erlebnisweise am meisten Platz eingeräumt worden
ist. Die Betrachtungsweise ist erfrischend unmedizinisch. Dagegen
fließen die für die Angehörigen und Ärzte so sichtbaren und beein-

druckenden konvulsiven Erscheinungen nur als Bericht der freilich ebenfalls äußerst genau beobachtenden Ehefrau mit ein.

Drais unterscheidet genau zwischen den Erlebnissen beim Grand mal und dem, was man isolierte Auren nennen kann einerseits, von den bleibenden intervallären psychischen Veränderungen andererseits, die bei ihm nach Aufhören der Anfälle erst im Laufe von mehreren Jahren langsam verschwinden.

Der Anfall selbst erhält in dieser Beschreibung wiederum mehr die Eigenschaft eines psychischen Ereignisses. Es ist ein Sturm, der nicht nur die von außen sichtbaren Konvulsionen, sondern zur gleichen Zeit auch tiefgreifende psychische Veränderungen bis zum Koma zur Folge hat. Drais sieht sich in der glücklichen Lage, dass einminütige Vorboten des Grand mal ihn «vor der Erregung eines Abscheus in der menschlichen Gesellschaft schützen.» Er weiß also um die soziale Bedeutung eines Grand mal. Er vermeint selbst, wenn auch dunkel, den Initialschrei zu hören, da der Gehörsinn als letzter abgeschaltet werde. Bei Auftreten der üblichen Vorboten eines Anfalls kommt Drais bereits zu dem Eindruck, durch angespannte Konzentration den Anfall meistens noch unterdrücken und verhindern zu können. Er kennt länger dauernde Zustände, die ihm den Eindruck vermitteln, als wenn viele «Anfallsvorboten» (Auren) zeitlich zusammenfließen («Stumpfheiten» genannt). Manchmal folgt nach stundenlanger «Stumpfheit» doch noch ein Grand mal. In diesen Zuständen rollen filmartig Gedanken ab, bei denen das Bewusstsein passiver Zuschauer bleibt («Ideenjagd» genannt). Er kennt in der Aura ein «Zudringen ungerufener Gedanken» und ein Kreisen von stets denselben Gedanken. Ferner beobachtet Drais bei sich selbst lebhafte stürmische Realträume im Schlaf und anfallsartig auftretende «träumende Zustände im Wachen», wobei es sich offenbar um eine erlebte Bewusstseinsveränderung handelt. In Zuständen der «Stumpfheit» ist die Sprache wie gelähmt. Nicht das Aussprechen wird gehemmt, sondern der Zustrom von Worten versiegt oder es werden andere als die beabsichtigten Worte ausgesprochen.

Außer all diesen Beobachtungen vor dem und im Anfall kennt Drais aber auch schon eine Fülle von ständig vorhandenen psychischen Erscheinungen: die Auffassung ist erschwert («Beschwerlichkeit der Fassungskraft», S. 34) bei gleichzeitiger Überempfindlichkeit des Gehörsinns (an Thomas Manns «Musterungsszene» in Thomas Manns «Bekenntnisse des Hochstaplers Felix Krull» erinnernd). Die Aufmerksamkeit auf einen Gegenstand zu richten kostet mehr Kraft, so dass die Konzentration nach einer Weile der Anspannung abfällt. Der Zugang zum alten Gedächtnismaterial ist stark erschwert und erfordert ständig neue Konzentrationsleistungen. Die mehreren Sprachen, die Drais vor Ausbruch des Anfallsleidens fließend sprechen konnte, beherrscht er deshalb nur noch sehr mühsam. Aber auch die Erinnerungen, die in den Jahren der epileptischen Krankheit neu gebildet wurden, bleiben blass. Der Gedankenfaden geht leicht verloren. Vor allem versiegt der Strom freier Einfälle fast völlig. Das «Verlöschen des Feuers der Imagination» wie es Tissot beschrieben hat, findet man hier als Erlebnisqualität genauestens beschrieben. Besonders unangenehm ist Drais die Erschwerung schöpferischer Einfälle, die es ihm beispielsweise kaum noch möglich machen, dichterisch tätig zu werden, wie er es vorher gewesen war. Es gelingt ihm nicht mehr, Neues zu erfinden. Dagegen behält der Verstand (die Urteilskraft) zwischen den Anfällen vollkommen seine Klarheit. Indessen läßt die wegen der Gedächtnis- und Konzentrationsstörungen mangelhafte Möglichkeit, die Kräfte des Verstandes einzusetzen, den Verstand im Laufe der Jahre schwächer werden. Der Vorgang des Urteilens wird langsamer und beschwerlicher, eingeschränktes Gedächtnis- und Wahrnehmungsvermögen und ablenkende Zwischeneinfälle stellen eine starke Behinderung dar, zerstören das Urteilsvermögen aber nicht.

Alle psychischen Dauererscheinungen verschwinden nach Sistieren der Anfälle allmählich wieder, der volle Einfallsreichtum wird aber erst nach mehreren Jahren wieder erreicht.

Am Ende stellt Drais erstmals die Forderung auf, besondere Behandlungsstätten für Anfallskranke zu schaffen, um die Bedingungen für ein Verschwinden der Epilepsie zu verbessern. Drais blieb nicht ohne Echo. Unmittelbar nach Erscheinen nahm Thomas Beddoes in England Drais' Beschreibungen 1803 in sein Buch über «Nervosität» (in einem äußerst weiten Sinne verstanden) auf und machte sich auch seine Forderung nach Schaffung eigener Institutionen zu eigen, die aber erst sehr viel später erfüllt wurde.

Das Entstehen großer psychischer Krankenhäuser macht ausführlichere Beobachtungen möglich

Mit der Einrichtung großer psychiatrischer Institutionen zu Beginn des 19. Jahrhunderts ergab sich erstmals die Möglichkeit einer intensiveren und längeren Beobachtung von Anfallskranken. Es ist verständlich, dass zunächst große Dokumentationen und Einteilungen versucht wurden. Auf Anregung von Pinel hat als erster Jaques Gilles François Maisonneuve alle Anfallskranken vom «Bicêtre» und der «Salpêtrière» untersucht. Sein 1804 erschienenes Buch enthält die kasuistische Darstellung von 79 selbst untersuchten Fällen. Freilich geht es Maisonneuve in erster Linie darum, die Anfallsformen in zwei Gattungen (hier folgt er der Tradition mit «idiopathisch» und «sympathisch») und je fünf Spezies aufzugliedern. Die dazu erforderliche Anfallsbeschreibung gestattet aber auch heute noch in den meisten Fällen die Zuordnung zu den jetzt gültigen Anfallsbildern und zu nichtepileptischen Anfallsformen (aus heutiger Sicht ist nicht alles epileptisch, was Maisonneuve der Epilepsie zugeschrieben hat). Psychisches kommt aber nur an ganz wenigen Stellen zum Ausdruck. Zwar werden in mehreren Fallbeschreibungen Zustände erwähnt, in denen man postparoxysmale Dämmerzustände oder akute epileptische Psychosen erkennen kann. Aber interparoxysmale psychische Besonderheiten werden nur wenige Male genannt und dann immer als individuelle Eigentümlichkeiten des Charakters gesehen, ein Zusammenhang mit dem Anfallsleiden wird nicht erörtert. Diese Charaktereigentümlichkeiten werden als nervöse Empfindlichkeit, reizbarer Charakter und starke Neigung zu Zornesausbrüchen beschrieben.

Immerhin ergab sich ein erster Überblick auch über die Zahl der in psychiatrischen Institutionen institutionalisierten Epileptiker, der ziemlich gleichbleibend von den ältesten Berichten in Frankreich an offenbar in allen europäischen und amerikanischen Ländern etwa 56% der Population dieser Institutionen entspricht (vgl. a. Sullivan, 1924). Erst heute wirkt das erstaunlich.

Der berühmteste französische Psychiater, Philippe Pinel, schrieb nichts über Epilepsie

Philippe Pinel, dem die alte Psychiatrie so viele Neuerungen und Anregungen verdankt, hat der Epilepsie keine neuen Beobachtungen hinzugefügt. Noch in der «Nosographie Philosophique» (1798) gesteht Pinel freimütig ein, dass er im «Bicêtre» nur sechs Epileptiker behandelt hatte. In den späteren Auflagen (1810, 1813) dieses Werkes zitiert Pinel aus dem erwähnten Buch von Maisonneuve (1803), dessen Beobachtungen allerdings auf Anregung Pinels niedergeschrieben worden waren. Zur Beschreibung des paroxysmalen Dämmerzustandes benutzt Pinel hier das alte Bild des Coma vigile, während dessen der Kranke versteht, was man ihm sagt, ohne darauf antworten zu können.

Ein bis heute fast unbekannter französischer Arzt, C. Bouchet hat jedoch die eingehendste Darstellung der Epilepsie veröffentlicht Der eigentlich nur mit einer einzigen Arbeit hervorgetretene französische Psychiater C. Bouchet behandelte in «Sur l'épilepsie» (1853). Epilepsie als einheitliches Leiden. Bouchet (1853) ging von 43 sorgfältig autoptisch untersuchten Fällen von Epilepsie aus, die er während seiner Tätigkeit in der Salpêtrière in Paris und dem Hôpital Saint-Jaques in Nantes gesammelt hatte. Bei diesen Untersuchungen ging es Bouchet zwar in erster Linie um den Nachweis einer organischen Ursache der Epilepsie, die zu seiner Zeit noch nicht als gesichert galt. Seine Interpretationen sind jedoch unter klinischen Gesichtspunkten besonders bedeutsam, weil Bouchet die Krankheit Epilepsie unter einem einheitlichen Gesichtspunkt gesehen hat. Mit Nachdruck wendete sich Bouchet gegen die Auffassung, Epilepsie sei eine intermittierende, nur von Zeit zu Zeit in Form von Anfällen in Erscheinung tretende Krankheit. Epileptische Anfälle sind nach Bouchet lediglich eine der Ausdrucksformen der jeweils zugrundeliegenden Hirnkrankheit. Eine andere Ausdrucksform sind die intervallären psychischen Veränderungen. Demgemäß wird auch dem jeweiligen Anfallstyp eine ganz sekundäre Bedeutung beigemessen. Wie das psychopathologische Bild der intervallären Erscheinungen aussieht, ist nach Bouchet allgemein bekannt, er erwähnt es deshalb nur kurz. Zu den intervallären Erscheinungen gehören danach vor allem Störungen der Intelligenz, zu denen auch Gedächtnis und Konzentrationsstörungen gerechnet werden («*Des lésions d'intelligence: la mémoire est infidèle, l'attention impossible*»).

Die Irrenärzte in den damals neuen großen Irrenanstalten, Morel und Falret, übernehmen die Führung und liefern ausführliche Beschreibungen der Anfälle und ihrer Behandlung

Mit Bénédict-Augustin Morel und Jules Falret (1824-1902) treten gleichzeitig zwei Anstaltspsychiater mit ausführlichen Beschreibungen der Epileptiker auf den Plan. Morel (1809-1873) war Leiter der psychiatrischen Anstalt Saint Yon. Er hatte eine psychiatrische Ausbildung in Deutschland, der Schweiz, Belgien, Holland, England und Italien erhalten. Außer in seinen Arbeiten zur Degenerationslehre und zur Dementia praecox (die Bezeichnung stammt von ihm) hat er in der Psychiatrie der Epilepsie neue Sichtweisen bestimmt. Morel behandelt die Epilepsie zusammen mit allen anderen psychischen Krankheiten in einem eigenen Kapitel der «Klinischen Studien», widmet ihr aber kein besonderes Kapitel. Morel schildert die epileptische Krankheit ganz aus der Sicht der psychiatrischen Anstalt und bleibt damit für lange Zeit bestimmend. Aus den Besonderheiten des Epileptikers, wie sie im Zentrum der Darstellung von Morel stehen, entfaltet sich in § VIII seines Buches so etwas wie eine Psychiatrie der Epilepsie. Unter den 1000 Anstaltsinsassen, die sich in der Obhut Morels befinden, zählt er 70 Epileptiker, was erstaunlich gut mit einem Census von 55/950, den wir selbst in mehreren Landeskliniken, feststellen konnten, übereinstimmt. Morel (1852) legt seiner Beschreibung eine Phaseneinteilung des Krankheitsverlaufs zugrunde. Dabei nennt er folgende Phasen:

1) Initialphase, 2) Charakterstörungen, 3) Geistiger Verfall (Demenz).

Der mittleren Phase der Veränderungen der Wesens kommt umfangsmäßig die größte Bedeutung zu.

Initialphase, auch Phase der Inkubation. Morel verweist hier auf eine nach seiner Auffassung häufig zu beobachtende erbliche Belastung bei Epileptikern. Daher dürfe man sich auch nicht wundern, bereits im Anfang reine Wahnrerkrankungen (délires systematisées) zu finden. Aber auch gehobene geistige Fähigkeiten positiver Art werden hervorgehoben. Es könne eine wunderbare Fähigkeit bestehen, die Dinge mit großer Brillianz, Klarheit und Schönheit des Denkens zu betrachten. Aus dem Kontext geht hervor, dass Morel damit primärpersönliche Eigenschaften meint, die er aber schon in Beziehung setzt zu den späteren epileptischen Geistesstörungen. Auf die Dauer sei das Bewahren einer klaren Denkfähigkeit allerdings extrem selten.

Die erste der bei Epileptikern auftretenden Charakterveränderungen sei eine ausgeprägte Reizbarkeit, eine leichte Auslösbarkeit von Affekten, zornmütige Anwandlungen bei geringsten Mißhelligkeiten, die sich in verschiedenster und z.T. sehr unangenehmer Form äußern. Aber auch Sinnestäuschungen, Suizidtendenz, Brandstiftung und Tötungsdelikte werden in der Anfangsphase schon bemerkt.

Morel zitiert dazu aus der Literatur (er nennt Burrows und Dejagghere) schreckliche Beispiele von friedlichen Epileptikern, die sich unmotiviert und plötzlich auf eine Person stürzten, um sie zu töten. Es ist interessant, dass sich Morel in diesem Punkt nicht auf seine sonst reiche Erfahrung beruft, sondern fremde Beispiele als Beleg anführen muss. Auch Morels Bemerkung, dass der größte Teil der Epileptiker, auch der imbezillen und idiotischen Epileptiker, nicht durch die Anfälle und nicht durch die Intelligenzschwäche, sondern durch ihre Zornhandlungen («actes de fureur») ins Asyl gekommen sind (und deshalb dort bleiben müssen) stimmt noch mit unseren eigenen Beobachtungen überein.

Schließlich hebt Morel depressive Erscheinungen mit Suizidtendenz und Übersteigerten religiösen Vorstellungen in der Initialphase der Epilepsie hervor. Morel verwendet hier den Ausdruck Lympemanie, ein alter Ausdruck für Depression. Dass damit depressive Erscheinungen gemeint sind, entspricht nicht nur dem psychiatrischen Sprachgebrauch seiner Zeit, sondern geht auch aus Morels Hinweise auf Selbstvorwürfe und Beschämtseins über die Krankheit bei den Kranken hervor.

Zweite Phase (Charakterstörungen). Morel behandelt diese wichtigste Phase zunächst unter der Bezeichnung «folie épileptique» (epileptisches Irresein). Es handelte sich um Eigenschaften, welche von individueller oder sozialer Bedeutung für den Betroffenen sind, unter denen er also leidet, oder die ihn in Konflikt mit der Gesellschaft und damit in die Anstalt bringen. Die uns gewohnte Unterscheidung zwischen Psychose und Wesensänderung wird nicht getroffen. Morel weist dann aber darauf hin, dass die psychischen

Auffälligkeiten der zweiten Phase in Form von Charakterauffällig-
keiten auftreten und führt deshalb den neuen Begriff des epileptischen Charakters («caractère épileptique») ein, den er von nun an
bevorzugt. Die Epilepsie, so erklärt Morel den epileptischen Charakter, drücke dem angestammten Charakter des Kranken ihren
besonderen Stempel auf, wodurch die individuellen Charakterzüge
des Einzelnen Epileptikers nach und nach verwischen und die Ähnlichkeit zwischen allen Epileptikern immer deutlicher hervortritt.

Als wichtigsten Zug der epileptischen Charakters streicht Morel
immer wieder die leichte Erregbarkeit heraus und trifft dabei feine-
re psychopathologische Unterschiede zwischen drei verschiedenen
Formen bez.. Steigerungsgraden epileptischer Reizbarkeit:

a) einfache Reizbarkeit (irritabilité), b) zornige Reizbarkeit (colère épileptique) und c) epileptische Wut (fureur épileptique).

Diese, über lange Zeit gültige und auch heute noch erkennbare Unterscheidung wird gegenwärtig nicht mehr getroffen, was ein
Beispiel für rückschrittliche Entwicklungen in der Wissenschaft ist.
Während nicht ganz deutlich wird, was genau der Unterschied zwischen einfacher Reizbarkeit und zorniger Reizbarkeit sein soll, obwohl diese Eigenschaften von Morel ausdrücklich als die wichtigsten
Eigenschaften des epileptischen Charakters hervorgehoben werden, legt Morel wiederholt Wert auf eine Unterscheidung zwischen
zorniger Reizbarkeit und Wut (fureur). Als zornige Reizbarkeit werden stundenlang anhaltende Zustände aggresiv-gereizter Verstimmung bezeichnet, die auch nach ihrem allmählichen Abklingen aus
geringsten Mißhelligkeiten erneut aufflackern können. Allerdings
könne man diese Gereiztheit auch mit freundlichen Worten, vor
allem mit einer Schmeichelei besänftigen. Gereizte Epileptiker machen zwar immer den Eindruck, als wollten sie zum Angriff übergehen und nähern sich anderen Menschen in unangenehmer Weise
und unter Missachtung eines normalerweise eingehaltenen inter-
individuellen Abstandes. Aber die Angst vor Strafe hält sie doch
von Übergriffen ab. Die epileptische Wut (fureur) betont dagegen
in Anlehnung an die Furiosi der Antike die überraschende Gewalttätigkeit, die ohne vorherige Verstimmung aus dem scheinbaren
Nichts heraus entsteht. Die so beschriebene epileptische Wut hält
Morel indessen für ein Anstaltsartefakt. Sie werde verschwinden,

wenn man restriktive Maßnahmen nicht mehr anwende.

Die präzise Unterscheidung von colère und fureur épileptique und die exakte Diagnose des fureur sei von großer praktischer Bedeutung, denn für kriminelle Handlungen oder evtl. sogar Mord ist sie ein Exkulpierungsgrund, macht aber andererseits die dauernde und möglichst frühzeitige Unterbringung zum Schutze der Gesellschaft erforderlich. Der Wechsel von deutlich zur Schau getragener Anhänglichkeit, z.b. gegenüber Familienangehörigen und scheinbar unbeherrschten und ungerechten Affektausbrüchen, wenn diese Angehörigen ihnen im Mindesten widersprechen oder entgegenhandeln führt bereits bei Morel zu einer moralisierenden Betrachtung. Das wird deutlich, wenn er davon erzählt, was seine 70 Epileptiker in die Bewahranstalt geführt hat.

Sie sind besonders kurz vor den Anfällen von ausgefallener Bösartigkeit und müssen oft durch mehrere Männer gehalten werden. Sie schlagen ihre schwangeren Ehefrauen; sie üben durch lockere Reden oder Sittenlosigkeit in der Lebensweise einen ungünstigen Einfluss auf die Moral ihrer Familien aus. Frauen sind durch Leidenschaftlichkeit und Nymphomanie aber noch schlimmer als Männer und gehen mit dem Erstbesten ins Bett. (Morel, B. A.: Études cliniques 1852).

Oder an anderer Stelle:

Wenn man sie hört, gibt es keinen folgsameren Sohn, keinen zärtlicheren Gatten, keine liebevollere Frau. Sie schreiben dem Gegenstand der Liebe, sie kommen an, und nach der ersten Begrüßungsfreude geht es schon los mit ungerechtfertigten Beschuldigungen und selbst Flüchen. Von Wahrheitsliebe lassen sie sich leider nicht leiten. Sie nehmen die Gelegenheit der Anwesenheit ihrer Angehörigen und selbst von Fremden wahr, um Klagen und Beschuldigungen anzubringen, eine so ungerechtfertigt wie die andere. So geschickt bringen sie ihre Klagen vor, dass ihre Zuhörer sich leicht unbemerkt davon einnehmen lassen. (Morel, B. A.: Études cliniques 1852).

Von einer epileptischen Frau, die Morel als «besonders erregbar und bösartig» empfindet, heißt es:

Ich kenne kein typischeres Beispiel für den reizbaren epileptischen Charakter, durchtrieben und verloren wie er ist. Die edelsten Gefühle scheinen zu bestehen, tiefste Religiosität, feierlichste Versprechungen von Pflichtgefühl, Hingebung und doch verbinden sich damit bodenlose Hinterlist und niederträchtigste Verhaltensweisen.

Dieser Satz könnte von Samt (1876, S. 147) stammen, der unter Bezugnahme auf diese Fundstelle bei Morel sein viel zitiertes Bonmot vom Epileptiker formulierte, welcher das «Gebetbuch in der Tasche, den lieben Gott auf der Zunge, aber den Ausbund von der Canaillerie im ganzen Leibe» trage. Dies zeigt, dass auch Morels Geduld durch den steten Umgang mit den doch gar nicht so zahlreichen asylierten Epileptikern auf eine harte Probe gestellt worden war, was sich hier noch ungeniert in aggressiven Formulierungen entlädt und heute in viel sublimerer Form ausagiert wird.

Bei Beschreibung des epileptischen Charakters spricht Morel lediglich in einer Fußnote von Intelligenz, jedoch ist diese Stelle in Bezug auf die spätere Entwicklung von Bedeutung. Morel legt sich die Frage vor, welchen Einfluss der epileptische Schwindel auf die Intelligenz habe. (Man kann hier unter epileptischen Schwindel im Wesentlichen psychomotorische Anfälle verstehen.) Nach Cavalier werde die Intelligenz durch epileptischen Schwindel langsamer, nach Esquirol dagegen besonders rasch und sicher vernichtet. Morel entscheidet sich für die zweite Bemerkung und folgt Esquirol. Hierin spiegelt sich merkwürdigerweise bereits eine Unsicherheit in der Beurteilung der psychischen Folgen psychomotorischer Anfälle, die bis zur Gegenwart fortbesteht (Gastaut). Bevor Morel das Kapitel über den epileptischen Charakter abschließt, gelangt er zur Feststellung, dass auch bei Aufhören der Anfälle der epileptische Charakter weiter bestehen bleibe, insbesondere die Reizbarkeit.

In der 3. Phase (Demenz) verliere das Wesen des Epileptikers dann das Typische, um nach und nach immer mehr in einer Demenz unterzugehen, die sich von anderen Demenzen kaum unterscheiden lasse. Es werden schwere Zustände geschildert, wie man sie auch heute noch gelegentlich in den Langzeithäusern findet. Es sind Anfallskranke, die bewegungslos und sprachlos und ohne Bezug zu den Vorgängen in ihrer Umgebung in ihren Betten dahinleben, so dass der Geist vollständig zu erlöscht zu sein scheint. Es handelt sich jedoch um Extremformen der enechetischen Verlangsamung, die nur den Eindruck erweckt, als handele es sich um eine Demenz. Aus eigener Erfahrung weiß ich, dass es sich dabei entgegen dem Anschein nicht um einen Endzustand handelt, sondern dass auch dieser Zustand grundsätzlich reversibel ist, wie alles an den psychischen Veränderungen der Epileptiker.

Der epileptische Charakter A

Kurzform: Alle psychischen Krankheiten, die man auch sonst kennt, kommen auch bei Epileptikern vor, sind aber doch anders, weil der epileptische Charakter auf alles durchschlägt

Ebenso wie Morel war Jules Falret Anstaltsdirektor und hatte daher nur einen durch die besonderen Bedingungen eines psychiatrischen Asyls geprägten Einblick in die Psychiatrie der Epileptiker. Falret zeigte sich dieses Umstandes in seinem Buche »De l'état mental des epileptiques« (1860) aber stets bewusst, denn er kommt bei den verschiedensten Einzelproblemen wieder darauf zu sprechen. Falret liefert eine vollständigere Beschreibung des epileptischen Charakters als seine Vorgänger, dennoch gilt sein Hauptinteresse den akuten epileptischen Psychosen und den dadurch aufgeworfenen forensisch-psychiatrischen Problemen. Die in drei Fortsetzungen erschienene Abhandlung über die Psyche der Epileptiker enthält schon im ersten die wesentlichen Anschauungen Falrets zu den Hauptthemen; im zweiten Teil werden diese Ansichten mit einem ausführlichen kasuistischen Material aus der eigenen Erfahrung, aber auch aus der englischen, amerikanischen und deutschen Literatur belegt. Der dritte Teil schließlich ist ganz forensisch-psychiatrischen Erörterungen vorbehalten.

Wie auch später gibt es bei Falret nomenklatorische Schwierigkeiten, die hauptsächlich daher rühren, dass im Zusammenhang mit Epilepsie psychopathologische Bilder diskutiert werden müssen, die man sonst als etwas völlig verschiedenen Bereichen Zugehöriges zu sehen gewohnt ist: Intelligenz-Abbau und Demenz, Charakterstörungen, akute Psychosen, chronische Psychosen, Hysterie.

Als Oberbegriff verwendet Falret im Titel der Arbeit »État mental des epileptiques«, was frei mit »Psychiatrie der Epilepsie« übersetzt werden kann. Dann aber verwendet Falret nochmals »troubles intellectuels« als Oberbegriff für alle psychischen Störungen, also nicht nur für die Intelligenzstörungen, denn es werden aufgezählt: prä- und postparoxysmale Störungen (Reizbarkeit, Aura und Dämmerzustände), intervalläre Störungen (Wesensänderung) und die akuten und chronischen Psychosen, mit oder ohne zeitlichen Zusammenhang mit den Anfällen.

Falret ist das seltene Kunststück gelungen, die Kenntnisse seiner Zeit zum epileptischen Charakter auf zwei Seiten zusammen zu fassen

Obwohl Falret (1861) sich ausschließlich auf Erfahrungen beruft, die jedem erfahrenen Arzt bekannt seien und die Darstellung seiner eigene Ansichten nur zwei Druckseiten umfasst, gibt es auch seither kaum eine deutlichere Beschreibung des epileptischen Charakters. Man muss davon ausgehen, dass Falret in diesen Seiten die Kenntnisse seiner Zeit zusammengefasst hat. Gleich einleitend erklärt Falret, dass von alters her beim Epileptiker eine intellektuelle Schwäche (»affaiblissement intellectuel«) und eine Wesensänderung als Folge vieler Anfälle bemerkt worden sei. Falret beklagt sich sodann, dass im Vordergrund der ärztlichen Betrachtungen immer der Anfall gestanden habe, während die psychischen Veränderungen (»état mental«) lediglich als eine zufällige Komplikation der Anfälle betrachtet werde. Obwohl diese Bemerkung nach eineinhalb Jahrhunderten immer noch richtig ist, hat sich am Vordergrund nicht viel geändert.

Auch die noch immer aktuelle Streitfrage, ob es eine epileptische Wesensänderung gibt oder nicht, findet Falret in seiner Zeit schon sehr oft gestellt und unterschiedlich beantwortet. Dabei wird den Ärzten, welche eine durchgehende Wesensänderung annehmen, schon damals vorgehalten wird, dass sie sich nur an Asylerfahrungen orientiert hätten. Wenn diese Bemerkungen Falrets richtig sind, besteht zur damaligen Zeit die allgemeine Auffassung, dass Epileptiker im Intervall sehr oft psychisch verändert sind, ohne deshalb Irre zu sein, eine damals wichtige, aber schwierige Unterscheidung, die auch nicht überall getroffen wird. Dies hat eine weitere nomenklatorische Schwierigkeit zur Folge. Falret behandelt den epileptischen Charakter zunächst unter der zu seiner Zeit üblichen und bei Morel zuerst verwendeten Bezeichnung »folie épileptique» (epileptisches Irresein), benutzt dann aber in einem neuen Kapitel den gleichen Ausdruck für die akuten, rasch vorübergehenden epileptischen Psychosen, obgleich er hinzufügt, dass diese Psychosen in besonderer Weise den Namen »folie épileptique» verdienen. Später spricht auch Falret vom epileptischen Charakter (caractère habituel des épileptiques, [...] qui méritent spécialement le nom de folie épileptique).

Falret hebt zuerst im Bereich der Affektivität die Reizbarkeit heraus. Epileptiker seien misstrauisch, streitsüchtig, erregbar und heftig im Temperament. Von dieser ständigen Wesensart wird mit Cavalier und Morel noch anfallsartige Wut (accès de fureur, instinction) unterschieden. Auch die andere Seite des epileptischen Charakters wird in Anlehnung an Morel (1852) hervorgehoben. Die Epileptiker seien zu gleicher Zeit timide, furchtsam, vorsichtig, unterwürfig, sich einschmeichelnd und dabei auch manchmal depressiv, moros und entmutigt. Es ist das schon bekannte Urteil über den Charakter der Epileptiker, nur, dass Falret nicht so starke Worte gebraucht wie Morel und später Samt.

Nach dieser, in der Tradition liegenden Schilderung der Affektivität kommt Falret auf Besonderheiten des epileptischen Wesens zu sprechen, die wir erst viel später als pseudopsychopathisches Wesen wiedererkennen. Es ist zu beachten, dass Falret dies als verschiedene Facetten eines einheitlichen Typs von Wesensänderung schildert, was von mir als zwei Typen dargestellt werden wird.

Man muss unserer Meinung nach beim Epileptiker (in Charakter und im intellektuellen Verhalten) vor allem die extreme Wechselhaftigkeit von Stimmung und Gedankenwelt beachten, je nach dem, zu welchem Zeitpunkt man sie beobachtet. Einmal sieht man sie traurig, missgestimmt, mutlos, als wenn Schmerz oder Schande über ihre schreckliche Krankheit sie niederdrücken. Das andere Mal zeigen sie dagegen Zufriedenheit und Wohlbehagen,und denken deshalb an großartige Projekte oder machen sich weiterreichende Hoffnungen, die ihrer traurigen Situation ganz und gar nicht entsprechen. Einmal sind sie aufdringlich, neigen zu Widerspruch, Disput, Streit und sogar Gewalt, ein anderes Mal zeigen sie dagegen ein sanftes Wesen, mustergültiges Verhalten, eine tiefe Zuneigung und religiöse Gefühle von Gehorsam und Demut, die ebenso übertrieben und unmotiviert erscheinen wie vorher die gegenteiligen Erscheinungen. (Falret, 1860, S. 669).

Diese Schilderung läßt ganz deutlich die Wechselhaftigkeit in der Stimmung der Epileptiker mit pseudopsychopathischem Wesen erkennen, die allerdings einem eigenen Typ zuzuordnen ist. Auch wäre zu ergänzen, dass die beiden gegensätzlichen Zustände der affektiven Gesamthaltung innerhalb von wenigen Minuten aufeinander folgen können, was sie noch uneinfühlbarer erscheinen läßt.

Auch im intellektuellen Bereich schildert Falret Unterschiede im Verhalten. Es muss erstaunen, dass die später so deutlich herausgearbeitete enechetische Verlangsamung aller Denkvollzüge auch bei Falret noch nicht ausdrücklich genannt wird, obwohl sie in vielen Einzelbeschreibungen deutlich erkennbar ist. Falret schildert das Denken als verworren (intelligence confuse), das Gedächtnis als schlecht, Auffassung und Aufmerksamkeit als schwerfällig (Hinweis auf Verlangsamung). Die Epileptiker hätten große Schwierigkeiten, ihre Gedanken zu konzentrieren und dabei selbst das Gefühl einer Abstumpfung des Denkens und eines Durcheinanders der Gedanken (=weiterer Hinweis auf Verlangsamung). Ein anderes Mal gebe es im Gegensatz dazu eine Raschheit des Denkens und intellektuelle Aktivität, die es dem Epileptiker möglich machen, sich Arbeiten zu widmen, denen sie sonst nicht gewachsen seien und sich an Dinge zu erinnern, die sie schon vergessen zu haben schienen. Falrets weitere Ausführungen zum epileptischen Charakter zeigen die Auswirkung dieser Eigenschaften auf das Verhalten, das eben zu korrekter und aufmerksamer Arbeit befähige und ein anderes Mal planloses und auch streitsüchtiges Verhalten und folglich Unfähigkeit beinhalte. Das charakteristische Epileptische sei dabei eben der Wechsel.

Akute epileptische Psychosen bei Falret

Falrets Hauptinteresse gilt den akuten epileptischen Psychosen, weil er hier eigene Überlegungen und Beobachtungen beizusteuern glaubt. Auf die Verständnisschwierigkeiten durch Verwendung des Ausdrucks epileptisches Irresein auch hierfür wurde bereits hingewiesen. Falret trifft aber eine weitere, an sich klare Unterscheidung, die später zu mancherlei Missverständnissen Anlass gegeben hat, als man sich nicht mehr auf Falrets eigene Definition bezog oder die Bedeutung aus dem Wortlaut der Bezeichnungen ableitete.

Falret kennt zwei Formen des epileptischen Irreseins (!): »Petit mal intellectuel» und »Grand mal intellectuel». Beide Formen können in unmittelbarem Zusammenhang mit einem Anfall, aber auch ohne einen solchen vorkommen. Mit der Bezeichnung bezweckt Falret zweierlei. Einmal soll die nahe Verwandtschaft beider Formen hervorgehoben werden, dann aber auch wieder ihr Unterschied und ihre sehr enge Beziehung zu großen und kleinen epileptischen Anfällen. Falrets Beschreibung ist ausführlich genug, um in beiden Formen nach heutiger Nomenklatur epileptische Dämmerzustände zu erkennen. Interessanterweise erfolgt die Beschreibung ohne die uns heute so wichtig erscheinende Bezugnahme auf Bewusstseinsveränderungen, deren klinisch-psychopathologisches Konzept erst etwa drei Jahrzehnte später entwickelt wurde.

Demgemäß hat das klinische Bild von »Petit mal intellectuel» und »Grand mal intellectuel» viele Gemeinsamkeiten: anfallsähnliches Auftreten, kurze Dauer von Stunden, seltener Tagen oder gar Wochen, plötzliches Auftreten, Heftigkeit der Erscheinungen, Vorkommen von Denkstörungen und Halluzinationen, ein unvermitteltes Ende, praktisch vollständiges Abklingen und die nachfolgende Amnesie. Der Unterschied bezieht sich außer durch die Beziehung zu verschiedenen Anfallsformen auf das Verhalten. Während beim Petit mal intellectuel die Kranken ruhig und vernünftig sind und über ein teilweise klares Denken verfügen (lucidité partielle des idées) sind Kranke mit einem »Grand mal intellectuel» im Zustande der Erregung, zeigen einen ständigen Redefluss und sind in ihren Handlungen unberechenbar und oft grausam. Daraus ergibt sich die forensisch-psychiatrische Bedeutung, weshalb eine klare Unterscheidung notwendig ist. Das »Grand mal intellectuel» entspricht darüber hinaus der alten Bezeichnung »manie avec fureur» (Tobsucht), die aber nur einen Zustand beschreibt und ihn nicht einem Krankheitsbild zuordnet. Im übrigen hebt Falret hervor, dass beim Grand mal intellectuel im Vergleich zur »Manie avec fureur» das Denken noch eine gewisse Ordnung behält. Wegen der Ähnlichkeiten und häufigen Verwechslungen lassen wir hier noch einmal eine zusammenfassende Beschreibung für beide Zustände folgen:

Petit mal intellectuel

Das Petit mal intellectuel ist bei Falret eine akute epileptische Psychose. Sie entspricht nach heutiger Beschreibung einem epileptischen Dämmerzustand. Die Beschreibung ist mit der Annahme verbunden, der Zustand stehe anstelle eines Petit mal-Anfalles und komme nur beim Vorhandensein von Petit mal-Anfällen vor. Klinische Erscheinungen sind: anfallsähnliches Auftreten der Psychose, kurze Dauer (Stunden bis höchstens Wochen), Heftigkeit der Erscheinungen, Vorkommen von Denkstörungen und Halluzinationen, unvermitteltes Ende des Zustandes, praktisch vollständiges Abklingen und nachfolgende Erinnerungslücke für das in diesem Zustand Erlebte. Kranke mit Petit mal intellectuel sind ruhig und vernünftig und haben ein teilweise klares Denken.

Grand mal intellectuel

Das Grand mal intellectuel ist nach Falret genauso eine akute epileptische Psychose. Sie entspricht ebenfalls nach heutiger Beschreibung einem epileptischen Dämmerzustand. Die Beschreibung ist mit der Annahme verbunden, der Zustand stehe anstelle eines Grand malAnfalles und komme nur beim Vorhandensein von Grand mal-Anfällen vor. Klinische Erscheinungen sind:
anfallsähnliches Auftreten der Psychose,
kurze Dauer (Stunden bis höchstens Wochen),
Heftigkeit der Erscheinungen, V
orkommen von Denkstörungen und Halluzinationen,
unvermitteltes Ende des Zustandes,
praktisch vollständiges Abklingen und
nachfolgende Erinnerungslücke für das in diesem Zustand Erlebte.
Die Kranken sind erregt, zeigen einen ständigen Redefluss, sind in ihrem Verhalten unberechenbar und oft grausam.

Die Kenntnis des «epileptischen Charakters», wie ihn 1861 Falret beschrieben hatte, ist mehr noch als andere psychiatrische Aspekte der Epilepsie an den Außenrand des Interesses gerückt.

Der Ausdruck «epileptischer Charakter» ist, obwohl er den Sachverhalt am besten trifft, weitgehend in Vergessenheit geraten. Die früher reichhaltige klinische Beschreibung hat sich stark verkürzt.

Stauder hatte 1938 für den gleichen Sachverhalt nach der Ausdrucksweise der Zeit den heute noch teilweise üblichen Ausdruck «epileptische Wesensänderung» gebraucht und dabei die Verlangsamung hervorgehoben. Wenn heute klinisch von «typischer epileptischer Wesensänderung» die Rede ist, wird fast nur noch die Verlangsamung gemeint. Huber und Penin (1972) gaben wohl eine international verbreitete Meinung richtig wieder, wenn sie hinsichtlich der Temporallappen-Epilepsie schreiben:

> Angesichts der widersprüchlichen Ergebnisse kann man die Frage einer charakteristischen Wesensänderung bei psychomotorischer Epilepsie als völlig offen betrachten.

Dieser Satz kann innerhalb der internationalen Literatur für die Epilepsie allgemein gelten, obwohl in Deutschland im klinischen Sprachgebrauch die «typische epileptische Wesensänderung» im Sinne der Verlangsamung nach Stauder weiterhin vorherrscht. Selbst in den USA galt unter dem bedeutenden Einfluss von L. Pierce Clark (1914, 1915, 1917,1921, 1926, 1931) die Lehrmeinung, der Epileptiker sei von seiner Persönlichkeit her egozentrisch, hypersensibel, rigide und emotional verarmt. Das wird heute auch in den USA im allgemeinen bestritten, obwohl gelegentlich noch von *epileptoid personality* gesprochen wird.

In DSM V kommen psychische Veränderungen in Zusammenhang mit einer Epilepsie an sich überhaupt nicht vor. Eine Ausnahme bilden an zwei Stellen eine nicht näher erläutertere *personalty change due to temporal lobe epilepsie* (Persönlichkeitsstörungen durch Schläfenlappenepilepsie). Auch das wird nur in Zusammenhang mit einer Differentialdiagnose erwähnt. Was damit gemeint ist, bleibt also offen. Demnach gehören die psychischen Veränderungen in Zusammenhang mit Epilepsie jedenfalls nicht zu den psychischen Störungen. Es wird aber auch nicht gesagt, wozu sie denn sonst gehören.

Wir meinen, dass die Schwierigkeiten der Gegenwart mit dem epileptischen Charakter sich teilweise daraus ergeben, dass es zwei recht unterschiedliche Typen des epileptischen Charakters gibt, die jeweils für die historischen Beschreibungen abwechselnd oder gleichzeitig Modell gestanden haben.

Das allein war schon eine Ursache von scheinbaren Widersprüchen. Ein weiterer Grund wäre, dass sich der epileptische Charakter oft nicht nach der Diagnose eines Querschnitts oder Augenblicksbildes beschreiben läßt, sondern eine gewisse Beobachtungszeit und die Beobachtung der Auseinandersetzung des Anfallskranken mit der sozialen Umwelt erfordert. Für das Leben eines Epileptikers, für das Leben mit einem Epileptiker und für die ärztliche Arbeit mit Epileptikern sind die mit der Krankheit verbundenen Wesensbesonderheiten von großer Wichtigkeit. Das ist in der amerikanischen Klassifikation aber nicht vorgesehen.

Erste Form; enechetische Wesensänderung

Das Wesen des epileptischen Charakters, also der enechetischen Wesensänderung, hat man in zwei Besonderheiten zu fassen versucht, (a) der Verlangsamung und (b) der Erregbarkeit. Die Beschreibung stößt aber auf Schwierigkeiten, weil es nicht gelingt, begrifflich die Beschreibung so zu fassen, dass die besondere epileptische Verlangsamung dadurch auch für den Unerfahrenen erkennbar würde. Deshalb sind in der deutschen und französischen Psychiatrie immer wieder neue Versuche unternommen worden, das Besondere begrifflich und sprachlich so zu erfassen, dass man es nach der bloßen Beschreibung wiedererkennen kann. Jedoch vermitteln die gebräuchlichen Begriffe ihrer Gesamtheit wohl eher einen Eindruck.

Begriffsfeld der
Persönlichkeitseigenschaften des enechetischen Wesens,

zusammengestellt aus zahlreichen Original- und Lehrbuchbeschreibungen und in alphabetische Reihenfolge gebracht.

- Abschwächung der Intelligenz;
- Agilitätsverlust;
- Aufmerksamkeitsstörung;
- Borniertheit;
- Bradypsychie;

- enger Gesichtskreis;
- Erlöschen der Vorstellungskraft (Esquirol: l'imagination s' étaint) bzw. einer vorher sprudelnden Phanta sie;
- Etwas Summarisches im Wesen;
- Farblose Solidität;
- Farblosigkeit;
- Fehlen einer intrapsychischen Aktivität;
- Gebundenheit;
- Gebundenheit (auch als Polarität: Gebundenheit und Getriebenheit);
- Geistige Ausdrocknung;
- Geringer Wortschatz;
- Haftenbleiben;
- Haften an einem Gedankenkreis;
- Kleben an Äußerlichkeiten;
- Kleben an der Scholle;
- Kleben an Einzelheiten;
- Kleiner Kreis von Ideen;
- kleinliche Zähigkeit;
- Kompaktheit;
- Langsame, konzentrische, spiralenförmige Bewegung, die bei jeder Bewegung ihre Spannung erhöht;
- Langsamkeit im Denken;
- Lustlosigkeit;
- Mangel an Leichtigkeit;
- Moroses Wesen;
- Nachlassen der Intelligenz;
- Nicht störbar durch Unterbrechungen;
- Nuancenarmut;
- Ordentlichkeit in übertriebener Form;
- Pedantische Regelung der Bedürfnisse;
- Perseverationstendenz;
- Phantasiearme Naivität;
- Scheinbare Gehemmtheit;
- Scheinbar geringere Intelligenz;
- Schwere des Wesens (pésant, lourd);
- Schwerfälligkeit;
- Schwerfälligkeit (von Gedanken, Mimik und Gestik);

- Stase des Wesens;
- Stumpfheit;
- Sturheit;
- Tempoverlangsamung;
- Trägheit;
- Umständlichkeit;
- Verarmung des Vorstellungsschatzes;
- Verarmung des Vorstellungsschatzes;
- Verlangsamung;
- Verlust an Begriffen (und dadurch bedingte geschraubte, ungeschickte Ausdrucksweise);
- Wiederholung von Erzählungen mit den gleichen Worten und in der gleichen Reihenfolge;
- Zähflüssiger Gedankengang;
- Zähflüssigkeit.

Insgesamt über 50 Persönlichkeitseigenschaften, die aber natürlich nicht bei jedem in dieser Form vorhanden sind. Man kann allgemeiner das Bild gebrauchen, dass sich über Denken, Bewegungen und Reaktionsfähigkeit der verlangsamten Epileptiker eine zähflüssiger Substanz ergossen hat, der jede geistige Tätigkeit stark behindert und sich auch auf die Koordinierung und den Ablauf körperlicher Bewegungen legt.

Metaphorisch hat man gesagt: Es sei ein Verlöschen oder Fehlen von Einfallsreichtum, Witz und Esprit.

Oder man hat gesagt, dass da, wo früher einmal ein Springbrunnen war, es jetzt nur noch tröpfele.

Oder, es sei das Gegenteil der Fähigkeiten eines Conferenciers, der mit Leichtigkeit zwischen den entlegensten Gegenständen Beziehungen herzustellen vermag.

Durch die enechetische Verlangsamung fällt es dem Betroffenen in der Tat schwer, komplizierte Denkinhalte zu gliedern und eine Ordnung zwischen Wesentlichem und Unwesentlichem herzustellen. Es fällt ihm aber nur schwer, er kann es.

Die epileptische Verlangsamung wurde und wird in Deutschland und Frankreich für so charakteristisch gehalten, dass sie namengebend geworden ist. Die Bezeichnungen «Viskosität» (E. Kretschmer 1921), «enechetisches Wesen» (Mauz, 1927) und «Glischroidie»

(Mme. Minkowska, 1927) bedeuten alle dasselbe und möchten im Bilde der Zähflüssigkeit das Besondere der epileptischen Verlangsamung herausstreichen. Die Verlangsamung wird für so typisch gehalten, dass der Ausdruck «typisch epileptische Wesensänderung» in der klinischen Umgangssprache lediglich die Verlangsamung meint. Dagegen kennt die amerikanische Psychiatrie keine besondere Verlangsamung der Epileptiker, sondern geht im allgemeinen hypothetisch davon aus, dass eine etwa zu beobachtende Langsamkeit vom organischen Grundleiden des Gehirns, welches noch nicht epileptisch aber die Grundlage der Epilepsie sei, herrühre.

Die erwähnte Einschränkung der körperlichen Beweglichkeit von verlangsamten Epileptikern wird gewöhnlich nicht beachtet, kann im Alltag aber sehr bedeutungsvoll werden. Sie besteht darin, dass Bewegungen nicht richtig koordiniert und dosiert werden können. Wenn dem Partner ein kleiner Klaps gegeben werden soll, dann kann daraus ungewollte eine harte Ohrfeige werden, die eine Auseinandersetzung zur Folge hat.

Beispiel aus der Erfahrung:

Eine verlangsamte Anfallskranke ging mit ihrem Ehemann in einem Schwimmbad schwimmen. Er hielt sich in ihrer Nähe, weil er wusste, dass er ihr bei dem eventuellen Auftreten eines Anfalls im Wasser helfen mußte. Sie wollte sich im fröhlichen Spiel einen Scherz erlauben und sich vom Schwimmbeckenrand als «Wasserbombe» neben ihm ins Wasser plumpsen lassen, damit er naßgespritzt werden könne. Dabei sprang sie ihm aber so unglücklich auf den Kopf, dass er für Minuten bewusstlos wurde und vom Bademeister gerettet werden mußte. Trotz seiner grundsätzlichen Hilfsbereitschaft brachte der Partner anschließend lange Zeit kein Verständnis für das Verhalten auf, während sich die Patientin ihrerseits große Vorwürfe machte, dass sie das eheliche Verhältnis gefährdet hatte.

Unterscheidung von der organischen Verlangsamung

Von der organischen Verlangsamung unterscheidet sich die enechetische durch den eigentümlichen Charakter des Zähflüssigen. Dieser ist, wenn er ausgeprägt ist, als Eindruck des Untersuchers leicht zu erfassen, aber eben schwer begrifflich oder beschreibend festzumachen. Auch der Selbstbeobachtung braucht die enechetische Verlangsamung nicht in allen Fällen zu entgehen und kann vom Betroffenen in den verschiedensten Bildern wiedergegeben werden.

Die Eigenschaften der enechetischen Verlangsamung werden sowohl vom Beobachter als auch vom Anfallskranken selbst der Persönlichkeit zugeordnet und für Eigenschaften des individuellen Charakters dieses Menschen gehalten. Unter anderem deshalb ist auch vom epileptischen CHARAKTER gesprochen worden. Erst die Erfahrung mit einer größeren Zahl von Anfallskranken macht das Überindividuelle erkennbar.

Die enechetische Verlangsamung ist eine Eigenschaft des Epileptischen. Das heißt, auch wenn eine enechetische Verlangsamung sich bei einem Kranken herausbildet, bei welchem ein Hirntumor die Ursache für das Anfallsleiden darstellt, entwickelt sich die enechetische Verlangsamung in einem kausalen Zusammenhang mit der Epilepsie und nicht in Zusammenhang mit dem Tumor. Bei einem sehr langsam wachsenden Tumor kann die enechetische Verlangsamung so ausgeprägt werden, dass es deshalb zu Fehldiagnosen von Hirntumoren kommt. Andererseits ist die enechetische Verlangsamung keine Folge der Anfälle selbst und entwickelt sich keineswegs parallel zur Zahl der Anfälle.

Die Verlangsamung ist nie endgültig

Entgegen dem Eindruck, den Arzt und Patient durch einmalige Beobachtung oder Selbstbeobachtung gewinnen, ist die enechetische Verlangsamung keine feste Größe und keineswegs irreversibel. Sie kann im übrigen Monate, Jahre und selbst viele Jahre vor dem Auftreten des ersten epileptischen Anfalls vorhanden sein.

Nach drei Jahren nimmt die Verlangsamung nicht mehr zu

Innerhalb der ersten zwei oder drei Jahre eines Anfallsleidens entwickelt die Verlangsamung sich bereits zu ihrer höchsten Ausprägung und nimmt dann häufig über Jahre oder sogar viele Jahre nicht mehr zu, obwohl inzwischen vielleicht hunderte oder sogar tausende von Anfällen aufgetreten sind.

Allerdings besteht doch eine gewisse Parallelität zwischen

Häufigkeit der Anfälle und Schwere der enechetischen Verlangsamung. Wenn man sich aber an die Vorstellung hält, dass beides, Anfälle und Verlangsamung, vergleichbare Symptome desselben Grundleidens sind, versteht man diese Beziehung besser. Bei einer ausgeprägten Epilepsie sind dann eben auch die Anfälle häufiger und die Verlangsamung ist ausgeprägter.

Wenn man Gelegenheit hat, sehr lange Verläufe des Leidens zu beobachten, ist festzustellen, dass die enechetische Verlangsamung ständigen Veränderungen unterworfen ist. Sie kann im zeitlichen Verlauf zunehmen, aber sie kann auch wieder abnehmen und dann später erneut zunehmen. Während einer eventuell zwischendurch auftretenden akuten epileptischen Psychose oder während eines Dämmerzustandes kann die Verlangsamung vollständig aufgehoben sein. Es kann vorübergehend sogar zu einem übermäßigen Zustrom an Einfällen und einer großen assoziativen Beweglichkeit des Denkens kommen.

Selbst bei einem jahrzehntelangen Bestehen des Anfallsleidens kann die Verlangsamung schließlich dauerhaft abnehmen und dann sogar ganz oder fast ganz verschwinden, wenn das Anfallsleiden selbst sich allmählich beruhigt. Selbst innerhalb der Medizin hat sich offenbar zu sehr die Vorstellung eines zunehmenden und unveränderbaren epileptischen Defektes festgesetzt, so dass Patienten und Familien häufig falsch beraten werden. Dagegen hatte bereits Esquirol (1770-1842) Beobachtungen über Besserungen mitgeteilt, die durchaus noch Gültigkeit besitzen:

> Wenn die Epilepsie aufhört oder wenn sie während kürzerer oder längerer Zeit aussetzt (manchmal für Jahre), wenn die Intervalle zwischen den Anfällen länger und länger werden, dann stellen sich die verloren geglaubten intellektuellen [kognitiven] Fähigkeiten wieder her, selbst wenn das Anfallsleiden nicht zu einem endgültigen Ende gekommen ist. Das persönliche Wesen des Epileptikers nimmt angenehmere Formen an, der Kranke ist weniger leicht erregbar, leichter zu leiten und sozial viel besser eingeordnet. Allerdings habe ich niemanden gesehen, der nicht auch dann weiterhin eine deutliche physische und psychische Empfindlichkeit bewahrt hätte. (Esquirol, 1838, S. 142).

Intelligenz, Demenz

Die Intelligenz nimmt durch die enechetische Verlangsamung an sich nicht ab. Das heißt, es sind alle Denkoperationen möglich, die auch dem Gesunden möglich sind. Auch dies ist ein Unterschied zu der nur organischen Verlangsamung des nichtepileptischen Hirnkranken. Nur beanspruchen die enechetischen Denkoperationen im Vergleich zum Gesunden sehr viel mehr Zeit und benötigen auch eine besondere Anstrengung der Konzentration.

Andererseits können schon allein aus diesem Zeit und Anstrengungsfaktor heraus viel weniger intellektuelle Leistungen erbracht werden als normalerweise.

Beispiel aus der Erfahrung:

Der französische Dichter Gustave Flaubert (1821-1880), der zweifellos an einer Epilepsie gelitten hat, hat wohl wegen seiner enechetischen Verlangsamung fast ein Jahrzehnt an seinem bedeutenden Roman «Madame Bovary» gearbeitet, der als eines der großen Werke der europäischen Kultur gilt (Gélineau, 1900; Binet-Sanglé, 1901; Allain, 1928 u. a.). Dabei liefert das Werk in seiner literarischen Vollendung zugleich einen Beweis dafür, dass die Qualität der Leistung dem normalen Leistungsniveau der Persönlichkeit entspricht (am deutlichsten bei Ducamp, 1881).

Dennoch gehört die intellektuelle Schwäche (im Französischen eigentlich zutreffender: *affaiblissement intellectuel*) bis fast in die Gegenwart zur Standardbeschreibung des Epileptischen (z.B. Chavany, 1958).

Nicht selten wird allerdings die Ansicht vertreten, dass bei der Hälfte aller Anfallskranken oder sogar bei einer noch größeren Zahl später eine Demenz auftritt. Die Diskussion um Demenz bei Epilepsie wird allerdings durch mehrfach erwhnten Verständnisschwierigkeiten erschwert. Manche sprechen von Demenz bereits, wenn bei einmaliger Untersuchung eine Herabsetzung der Testintelligenz festgestellt werden kann (Trimble, 1984) oder wenn nur über subjektive Gedächtnisstörungen geklagt wird. Andere nennen die Verlangsamung der intellektuellen Leistungen allein schon Demenz (z. B. Mac Curdy, 1916, 1918). Schließlich wird häufig nicht unterschieden zwischen einer organischen Grundkrankheit des Gehirns, welche ihrerseits die Ursache einer Demenz ist und einer begleitenden Epilepsie, welche ein anderes Symptom derselben organischen Hirnkrankheit sein kann. Es sei daran erinnert, dass Epilepsie zugleich SYMPTOM zahlreicher dementiver Erkrankungen des Gehirns ist (Übersicht bei Newmark and Penry, 1980). Dieselbe Überlegung trifft für Hirnläsionen zu, welche z. B. als Folge von Stürzen im epileptischen Anfall auftreten und somit zwar eine Folge der Epilepsie sind, diese aber nicht selbst darstellen.

Wenn man dagegen einerseits unter Demenz einen bleibenden Verlust vorher vorhanden gewesener intellektueller Fähigkeiten versteht und unter einer epileptischen Demenz einen bleibenden Intelligenzverlust, welcher seine alleinige Ursache im Morbus epilepsiae hat, dann ist epileptische Demenz etwas sehr Seltenes, eher wohl gar nicht Existierendes. Die enechetische Verlangsamung kann zwar gelegentlich Ausmaße annehmen, dass eine intellektuelle Tätigkeit kaum noch möglich ist und die Testuntersuchung ein extrem niedriges Intelligenzniveau anzeigt. Dennoch kann man genau genommen selbst in solchen Fällen nicht von Demenz sprechen, denn es handelt sich um einen seiner Natur nach grundsätzlich reversiblen Zustand, was sich auch in schweren Fällen noch an einem ständigen Auf und Ab der intellektuellen Leistungsfähigkeit kundtut.

Es gibt auch phänomenologische Unterschiede zwischen hirnorganischer Demenz und enechetischer Scheindemenz. Selbst wenn die enechetische Verlangsamung nur sehr wenige Wortäußerungen zulässt, beziehen sich diese auf die aktuelle Situation des Kranken und sind durchaus sinnvoll. Der Untersucher braucht allerdings oft eine besondere Bemühung, um den Sinn zu verstehen, z.B. dadurch, dass er sich bei Angehörigen darüber informiert, was die besonderen Probleme dieses Kranken sind.

Nicht Folge der Behandlung mit Medikamenten

Es ist immer wieder argumentiert worden, dass die enechetische Verlangsamung eine Folge der AntiKonvulsiva-Behandlung sei. In diesem Zusammenhang wird gelegentlich darauf hingewiesen, dass unmittelbar nach Einführung der Brombehandlung der Epilepsie am Ende des 19. Jahrhunderts die Berichte über epileptische Verlangsamung stark zugenommen oder erst eingesetzt hätten. Darauf ist zu antworten, dass die Antikonvulsiva-Behandlung, vor allem mit Barbituraten, die Verlangsamung verstärken kann, dass aber bereits aus der Zeit vor der Brombehandlung zahlreiche Berichte über die Verlangsamung des Denkens vorliegen und dass diese auch heute bei solchen Anfallskranken beobachtet werden kann, die niemals eine medikamentöse Behandlung erfahren haben. Eine Folge der Medikamentenbehandlung ist die Verlangsamung also nicht.

Eine scharfe Grenze zwischen enechetischer Verlangsamung und sog. epileptischer Demenz läßt sich nicht ziehen. Man kann diese epileptische Demenz als eine Extremform der Verlangsamung auffassen. Gelegentlich sieht man in den Langzeithäusern Anfallskranke, die täglich nur wenige Sätze äußern und vollständig auf fremde Hilfe angewiesen sind. Die geäußerten Sätze sind dann allerdings sinnvoll, passen zur Situation und zeigen, dass die Auffassung trotz alledem intakt war.

Glischroidie bei Mme. Minkowska

Eine beherrschende Rolle spielt der epileptische Charakter in den Untersuchungen und Krankheitsmodellen von Franziska Minkowska. Ihre Ergebnisse nehmen in der französischen Literatur zur Psychiatrie der Epilepsie einen überragenden Platz ein, während sie in der deutschen Epilesieliteratur nur sehr selten erwähnt werden.

F. Minkowska hat zu dieser Frage zwischen 1920 und 1937 insgesamt zehn Arbeiten veröffentlicht, die in ihren drei Sprachen (Deutsch, Polnisch, Französisch) erschienen sind. An drei Arbeiten ist außerdem Eugen Minkowski beteiligt. Erst die 1937 in deutscher Sprache erschienene Publikation gibt eine monographische Übersicht über die gesamten Untersuchungen, die wiederum in den anderen Sprachen nicht verfügbar ist, sondern nur im Deutschen.

Alle Arbeiten Minkowskas sind stark an den Persönlichkeitstypen Kretschmers orientiert und stellen eine Weiterführung von Kretschmers Vorstellungen dar. Kretschmer (1921) hatte schon das Bild des (normalen) «viskösen Temperaments» ganz und gar an den zu seiner Zeit geläufigen Beschreibungen des Enechetikers orientiert.

F. Minkowska war 1912-1915 Voluntärassistentin bei Eugen Bleuler im Züricher Burghölzli. 1912 wurden dort zwei Geschwister behandelt, Emile und Bertha F., bei denen zuerst phasische Psychosen auftraten (Manien und Depressionen), deren Krankheit aber schließlich in ein

Bild mündete, das einem schizophrenen Defekt zu gleichen schien. Entsprechend der vor dem Ersten Weltkrieg verbreiteten Vorstellung, es könne in Einzelfällen zu einer Durchmischung («Legierung») zweier verschiedener Erbanlagen, Epilepsie und zirkuläre manisch-depressive Erkrankung, kommen, veranlasste Bleuler Frau Minkowska zu einer genealogischen Untersuchung, bei welcher nach dieser doppelten hereditären Belastung gesucht wurde. Es fand sich jedoch weder in der väterlichen noch in der mütterlichen Linie eine manisch-depressive Erkrankung. Dagegen ließ sich ein Zweig der mütterlichen Familie beider Kranker (Familie F.) als Schizophrenen-Zweig, ein anderer (Familie B.) als Epileptiker-Zweig einordnen. Insgesamt wurden über 1000 Individuen in beiden Familien untersucht. Eine Durchsicht der mitgeteilten Zahlen zeigt allerdings, dass bei nur 10 von 400 (=2,5%) Mitgliedern der Familie B. eine Epilepsie diagnostiziert wurde, wobei auch noch nichtkonvulsive Fälle mitgerechnet wurden, die nur an kurzen psychotischen Episoden gelitten hatten. Die Morbidität der Familie B. an Epilepsie liegt also kaum über der durchschnittlichen Krankheitserwartung. Wegen der starken Einwirkung von M. Minkowska auf die weitere Entwicklung bleiben ihre Gedanken jedoch weiterhin von Bedeutung.

Minkowska stellte bei der Familie B. (Epileptiker-Familie) auch bei den nicht anfallskranken Familienmitgliedern folgende Eigenschaften fest: Sie kleben an der Scholle, wohnen nach 150 Jahren noch in demselben Dorf in denselben Verhältnissen, interessieren sich für die Genealogie ihrer Familie, sind fleißig, zuverlässig, aber ohne hochtrabende Ideen. Die Affektivität der Einzelindividuen ist kompakt und zähflüssig, klebt am einmal angenommenen Gegenstand, sie ist sozusagen immer zu spät. Der Affekt steht allgemein stark im Vordergrund, aber dem Affekt fehlt die Beweglichkeit. Die Affektivität hängt sich bevorzugt an bestimmte Gegenstände (Ordnungsliebe) oder Menschengruppen (Familie, Vaterland, Heimat).

Die hier herausgearbeitete «epileptische Ordnungsliebe» ging alsbald in die Standardbeschreibung des Epileptischen über und findet sich beispielsweise noch bei der Beurteilung und Klassifizierung der von Anfallskranken geschaffenen Kunstwerke (M. in der Beeck, 1982). Wenn man jedoch viel mit Epileptikern umgeht, bemerkt man eher viel Unordnung trotz ständigen Bemühens um Ordnung.

Im Umgang zeigen Epileptiker nach Minkowska wenig Individuelles, betrachten die Dinge mehr von einem allgemeinen, moralischen Standpunkt und werden so eventuell zu Trägern einer moralischen oder religiösen Mission. Intellektuelle sind zu langsam, bleiben am Detail hängen und verlieren die Übersicht über das Ganze. Sie lieben nicht den Wechsel und nicht das Neue. Sie arbeiten hart, haben aber wenig Initiative und schaffen nichts Neues. Daher werden sie nach Minkowska zu Hütern der Tradition. Diese Züge können sich bis zur Egozentrizität steigern, obwohl sie eigentlich keine Egoisten sind. Aufgrund ihrer klebrigen und manchmal süßlichen Affektivität können sie manchmal als «Falsche» wirken, ohne es eigentlich zu sein.

Der klebrige Affekt kann sich nach Minkowska nur schwer entladen, weshalb es zu einer Stauung kommen kann, so dass sich der Affekt von Zeit zu Zeit mit Blitz und Donner entlädt, denen das Individuum wehrlos ausgeliefert ist und in denen das Denken ohnmächtig ist. Auch das wurde immer als Kennzeichen des Epileptischen überhaupt gesehen.

Minkowskas Mitgliedern der Familie B. werden also alle Eigenschaften zugeschrieben, die man traditionell den enechetichen Epileptikern zugeschrieben hat. Neu war an der Beschreibung jedoch, dass diese Eigenschaften in einem systematischen Zusammenhang gesehen werden, so dass jede Eigenschaft auf andere bezogen werden kann und insbesondere auch die Wutanfälle als notwendige Folge der klebrigen Verlangsamung gesehen wurden. Neu war auch, dass diese Eigenschaften bei den nicht anfallskranken Familienmitgliedern beobachtet werden konnten. Es ist die Feststellung eines epileptischen Charakters ohne Epilepsie. Deshalb führt Minkowska 1923 die Bezeichnung «Epileptoidie» ein, die 1927 auf Vorschlag von Pichon in «Glischroidie» (griech: γλίσχρος = viskös, zähflüssig) umgeändert wurde, damit kein Zweifel bleibe, dass es sich dabei nicht um etwas Krankhaftes handelt und dass der Träger dieser Charaktereigenschaft nicht Epileptiker sein muss.

Beide Termini, Epileptoidie und Glischroidie, sind in die Literatur eingegangen, Epileptoidie mehr in die deutsche, Glischroidie mehr in die französische. Allerdings werden beide Termini entgegen ihrer ursprünglichen Definition gewöhnlich zur Bezeichnung der Persönlichkeitseigenschaften von Kranken mit epileptischen Anfällen angewandt. Darüber hinaus hat die weitere Tradition diese Eigenschaften als die einzigen Persönlichkeitseigenschaften des Epileptikers angesehen, was zu Widersprüchen führen mußte.

Minkowska fasst die Glischroidie als Teil eines theoretischen Konzepts auf, das von Ernst Kretschmer entlehnt wurde und von ihr dazu gedacht war, Kretschmer zu ergänzen. Kretschmer hatte 1921 in einer neuen Typologie eine Verbindung zwischen Körperbau und Charaktereigenschaften gezogen und dabei das schizothyme Temperament («Schizoidie») und die Schizophrenie dem leptosomen sowie den zyklothymen Charakter («Zykloidie») und die manisch-depressive Erkrankung dem pyknischen Körperbau zugeordnet. Diese Einteilung war sehr populär geworden, Kretschmers Bücher erlebten hohe Auflagen und diente auch in der allgemeinen Bevölkerung dazu, bei einem Menschen einen Körperbau festzustellen, der mit bestimmten Persönlichkeitseigenschaften verbunden war.

Die dritte Körperbauform, die athletische, war bei Kretschmer hinsichtlich eines dazugehörigen Charakters und einer Krankheit etwas blass und unbestimmt geblieben, indem einem ebenfalls schizothymen Charakter eine Nähe sowohl zu Schizophrenie als auch Epilepsie nachgesagt wurde.

Minkowska hatte 1922 auf Vorschlag Eugen Bleulers das Buch «Körperbau und Charakter» von Kretschmer gelesen und erkannt, dass Kretschmers Schema im Hinblick auf den Athletiker ergänzungsfähig war. Epileptoidie bzw. Glischroidie wurden daher als Analogon zu Schizoidie und Zykloidie gedacht.

Kretschmer hatte darüber hinaus seinen Charaktertypen jeweils ein Paar polar entgegengesetzter Eigenschaften zugeordnet. Der Zyklothyme ist nach Kretschmer «heiter-traurig», der Schizothyme «empfindlich-kühl». Dies nannte Kretschmer die diathetische Proportion des Zyklothymikers respektive die psychästhetische Proportion des Schizothymikers. Auch hierzu fand Minkowska ein Analogon, denn die polaren Charaktereigenschaften «langsam-explosiv» ließen sich in einer neu definierten «affektivo-kumulativen Proportion» (Minkowska) unterbringen. Ein wesentliches Ziel der Arbeit Minkowskas war es daher, Kretschmers Systematik zu komplettieren.

Minkowskas weitere Arbeit nach 1922 galt hauptsächlich dem Ziel, durch anthropometrische Messungen der Familie B. die angenommenen Beziehungen zwischen Epileptoidie und athletischem Körperbau sicherzustellen. Davon ist außer den Begriffen Epileptoidie und Glischroidie allerdings kaum etwas lebendig geblieben, so dass selbst diese Begriffe außerhalb ihres eigenen Begriffsrahmens nicht mehr richtig verstanden wurden. Zum Beispiel bezeichnen H. Gastaut und seine epileptologische Expertengruppe (1976) im «Wörterbuch der Epilepsie» Epileptoidie als «Ausdruck einer Epilepsie», obwohl Minkowska dies gemäß ihrem Konzept ausdrücklich verneint hatte. Hinzu kam, dass die klebrige Verlangsamung der Epileptoidie rasch mit der phänomenologisch an sich anders gearteten Verlangsamung bei nichtepileptischen organischen Hirnkrankheiten verwechselt wurde, vor allem wohl, weil man im psychologischen Test beides nicht voneinander unterscheiden konnte.

Delbrück erfindet Minkowskas Typen noch einmal

Kretschmers einfache Systematik hat lange Zeit eine große Ausstrahlungskraft besessen. Es ist daher nicht verwunderlich, dass ihre epileptologische Ergänzung sozusagen ein zweites Mal erfunden worden ist. In zwei Arbeiten von Delbrück (1926, 1928) werden anscheinend ohne Kenntnis der Arbeiten Minkowskas, was diese (1931) auch beklagt, ganz ähnliche Vorstellungen entworfen. Dennoch bleiben diese Arbeiten lesenswert, weil sie sehr anschaulich die damalige und seither weitgehend beibehaltene Vorstellung vom Charakter des Epileptikers vermitteln.

Der Epileptiker ist nach Delbrück mit seiner ganzen Persönlichkeit gleichsam in einer Gewalt, die außerhalb seiner selbst zu stehen scheint und die dann plötzlich eine Explosion herbeiführt. Diese Explosion überschreitet alles Maß, sie treibt den Epileptiker zu Spiel, zum unmäßigen Trinken und anderen Leidenschaften. Dazu besitzt er nach Delbrück Fuguezustände, die einerseits seinen Gesichtskreis beschränken, so dass das ganze Interesse um die eigene Person kreist, die dann aber plötzlich den Blick erhellen, so dass er im tiefsten Glücksgefühl Gott und den Himmel erschaut.

Die Polarität im Charakter zu wenig bekannt

[...] Auf die Polarität im Wesen des Epileptiker sei bisher zu wenig geachtet worden, man lege zu viel Wert auf die eine Seite des Epileptoiden, auf die Reizbarkeit, Zornmütigkeit, Gewalttätigkeit. Aber gerade die Gebundenheit sei viel häufiger das Vorherrschende. Die meisten Epileptiker stehen in einem leichten Nebel; sie fassen wohl alles auf, der Verkehr mit der Umwelt erscheint ungestört, und doch hat ihr ganzes Handeln und Reden etwas Weltfernes [...] Dazu kommt dann häufig die Verlangsamung des Gedankenablaufs, das Kleben am Thema, der enge Gesichtskreis. (Delbrück, 1926).

Allerdings wendet sich Delbrück (1928) auch gegen Kretschmer und Mauz (1927), weil sie nach seiner Meinung das «Gebundene» und das «Explosive» zwei verschiedenen epileptischen Typen zuordneten. Es gebe aber nur einen Typ, der gebunden und zugleich explosiv sei. Auch Delbrück nimmt an, dass es den verlangsamt-explosiven epileptischen Charakter bereits ohne das Auftreten von epileptischen Anfällen gibt und führt als Beispiel den König Friedrich Wilhelm I. von Preußen an, den Vater Friedrichs des Großen. Dieser Mann sei pedantisch, streng, patriarchalisch, hypersozial und übermäßig sparsam gewesen, dafür aber gelegentlich in unermessliche Wut ausgebrochen und habe zum Beispiel seinen Sohn, den Kronprinzen, wegen einer kleinen Missetat beinahe erschießen lassen. In der Familie sei er gehasst worden. Aus diesen Persönlichkeitseigenschaften liest Delbrück die Epilepsie ab, obwohl dieser König keine Anfälle hatte. Es ist leicht erkennbar, dass eine solche Schlussfolgerung gefährlich ist und leicht zu falschen Konsequenzen führen kann.

Der eptische Charakter B

Das Pseudopsychopathische Affektsyndrom der Epileptiker ist, wenn es vorhanden ist, ebenso typisch, ist aber viel weniger bekannt

Eine zweite Form epileptischen Wesens hatte ich 1969 beschrieben (Peters, 1969). Diese Form erhielt zuerst die Bezeichnung «Pseudopsychopathisches Affektsyndrom der Temporallappenepileptiker». Denn bei der Untersuchung von Temporallappenepileptikern waren die Charakteristika zuerst deutlicher erkannt worden. Es zeigte sich aber später, dass die gleiche Form der Persönlichkeit, wenn auch seltener, bei anderen Anfallsformen beobachtet werden kann und ihr daher eine allgemeinere Bedeutung zukommt. Obwohl der Ausdruck «pseudopsychopathisches Affektsyndrom» nicht sehr griffig ist, soll er hier weiter benutzt werden, weil er sich nun einmal eingeführt hat und ein bloßer Namenswechsel kein wissenschaftlicher Fortschritt ist. Für den heutigen Arzt ist in erster Linie wichtig, dass bei der epileptischen Pseudopsychopathie die Verlangsamung fehlt, also gerade das, was sonst als «typisch epileptisch» gilt. Die klinische Bedeutung besteht aber keineswegs nur in diesem Unterschied, sondern geht weit darüber hinaus, wird aber oft nicht bemerkt. Deshalb lassen wir der Beschreibung eine kurze Erläuterung der Konsequenzen folgen.

Klinisches Bild

Das Denken ist nicht verlangsamt, sondern rasch und sprunghaft. Im Gegensatz zum zähflüssigen Denk- und Sprechtempo des Enechetikers ist das Denktempo in leichteren Fällen ganz unbeeinträchtigt. In ausgeprägteren Fällen ist das Denktempo sogar beschleunigt. Schon vom Denktempo her entsteht daher nicht der Eindruck des «typisch Epileptischen». Die Betroffenen springen im

Gespräch häufig von einem Thema zu einem anderen, das mit dem vorigen nicht oder nur locker zusammenhängt.

In leichteren Fällen sucht der Untersucher beim Zuhören den Fehler bei sich selbst, weil seine eigenen Gedanken während der Gedankensprünge des Patienten abschweifen und er nicht bemerkt, dass der Patient und nicht er selbst die Quelle für seine eigene Unaufmerksamkeit ist. In schweren Fällen kann die Denkstörung so weit gehen, dass eine fortlaufende Exploration und Unterhaltung nicht mehr möglich ist. Hier stellt sich oftmals der (unangebrachte) Ausdruck «Verwirrtheit» ein. Im Unterschied zur schizophrenen Zerfahrenheit kann der Betroffene bei Hinlenkung der Aufmerksamkeit durchaus zur Rissstelle des Gedankenfadens zurückfinden. Im Unterschied zur organischen Weitschweifigkeit bei Hirnkrankheiten bemerkt der Betroffene die Sprünge im Denken gewöhnlich selbst nicht. Dies gilt allerdings nicht in jedem Falle. Es gibt sehr intelligente und sich selbst gut beobachtende Patienten, welche die Störung vor allem bei leichter bis mittlerer Ausprägung selbst bemerken. Sie fühlen sich dadurch in ihrer geistigen Tätigkeit stark behindert, meistern sie aber letztlich doch, so dass kaum etwas davon nach außen dringt.

Fehlbeurteilungen sind häufig, weil man ohne spezielle Kenntnis und Erfahrung dieser besonderen Form der Denkstörung nicht bemerkt oder, in schweren Fällen, sie für etwas anderes hält. In Zweifelsfällen kann man das Gesprochene auf Tonband aufnehmen und anschließend ausschreiben. Bei sehr schnellem Sprechtempo ist dies sogar die einzige Möglichkeit, den Sinn des gesprochenen Textes zu erfassen, den man als Schriftstück in beliebiger Ruhe studieren kann. (Ausführliche Beschreibung der Methode und Beispiele in Peters 2014 und 2015).

Nicht nur das Denken, sondern auch der Affekt springt. Während von Mauz (1937) beim Epileptiker besonders das Summarische und Kompakte des Haftens am Affekt hervorgehoben wurde, ist beim Affektsyndrom gerade der rasche und häufige Wechsel der affektiven Gesamthaltung und Gefühlslage auffällig. Der häufig vorkommende plötzliche Ausbruch von Affekt hat noch eine gewisse Ähnlichkeit mit der bekannten Explosivität des Epileptikers. Jedoch fehlt ihm die Nachhaltigkeit und Perseverationstendenz. Der Affekt klingt nämlich genauso schnell wieder ab, wie er gekommen ist.

Zwei unterschiedliche Ausprägungen

Dabei lassen sich zwei einander scheinbar widersprechende Ausprägungen des Verhaltens feststellen: Die Kranken erhalten durch die Affektsprünge einerseits ein sprunghaftes, unausgeglichenes Wesen, das sie bei Intelligenz und Selbstkritik (außerhalb des Affektes) selbst zu erkennen vermögen und es dann bedauern. Ohne zureichenden Anlass, jedoch am ehesten bei vermeintlicher oder wirklicher Zurücksetzung, können die Betroffenen herausfordernd, aggressiv (meist nur in Worten), distanzlos und unbeherrscht werden. Das Verhalten kann ebenso leicht frech, aufdringlich und querulatorisch sein. Dieser Affekt springt besonders leicht an, wenn die Patienten ihre Wünsche, von denen sie viele haben, durchsetzen wollen; sie werden dann rasch gereizt. Der aufspringende Affekt ist unbeherrscht oder unbeherrschbar, was von beiden, läßt sich für den Betrachter nicht sicher unterscheiden. Der ungedämpfte Affekt braucht längere Zeit, um allmählich wieder abzuklingen.

Die andere Seite

Außerhalb eines solchen Zustandes wirken die Patienten ausgeglichen und freundlich, zugänglich und einsichtig, selbst autoritätsgläubig. Die Kranken sind dann friedlich, zurückhaltend und bescheiden, was eventuell ihr ganzes Verhalten außerhalb des Affektes kennzeichnet; sie wirken dann nicht wie Epileptiker und überhaupt nicht wie psychisch auffällige oder gar abnorme Persönlichkeiten.

Der unverhoffte Wechsel

Unvermittelt, von einem Augenblick zum anderen kann sich das Bild aber wieder ändern. Im nächsten Augenblick können sie schon wieder frech, aufdringlich, distanzlos und querulatorisch sein. Sie versuchen dann mit drängeliger Beharrlichkeit ihre Wünsche durchzusetzen. Ihr Verhalten kann in diesem Augenblick sehr leicht den Eindruck einer enechetischen Wesensänderung hervorrufen, der ihnen aber nach dem Gesagten sonst völlig fehlt.

Dieses unmittelbare Nebeneinander von freundlich-eusozialem und aggressiv-dissozialem Wesen ist sehr charakteristisch. Auf Station im Krankenhaus sind die Kranken dem Arzt in dem einen Augenblick freundlich zugewandt und interessieren sich sehr für seine ärztlichen Ratschläge. Um im nächsten Augenblick gereizt und völlig unzugänglich zu sein. Dieser rasche, gewöhnlich unmotivierte Wechsel zwischen Freundlichkeit, Umgänglichkeit und Zurückhaltung auf der einen und aggressiver Gereiztheit, Uneinsichtigkeit und scheinbarer Beharrlichkeit auf der anderen Seite führt dazu, dass die Kranken unheimlich und in ihrem Verhalten unverständlich und unberechenbar, weil uneinfühlbar wirken. Diese Eigenschaften haben Unzuverlässigkeit zur Folge, weil die Kranken die Einsichten des einen Augenblickes im nächsten Augenblick nicht in die Tat umzusetzen vermögen.

Einige Konsequenzen. Fehlbeurteilungen entstehen leicht dadurch, dass man den Patienten entweder nur in dem einen oder nur in dem anderen Affektzustand sieht. Eine andere Quelle für Fehlbeurteilungen besteht darin, dass man das von einem selbst Beobachtete in den vielleicht schon vorhandenen Aufzeichnungen nicht wiederfindet.

Es läßt sich verhältnismäßig leicht verstehen, dass derartige Affektstörungen zu weitreichenden Konsequenzen im sozialen Leben, in der ärztlichen Praxis und schließlich auch bei der wissenschaftlichen Bearbeitung führen müssen. Wenn der Arzt den Kranken nur kurz in der Poliklinik oder bei der Visite sieht und der Patient sich dabei gerade — wie gewöhnlich — in einem ausgeglichen-freundlichen Zustand befindet, können sich die Störungen völlig der Beobachtung entziehen. Wenn die Angehörigen darüber berichten, wirkt das sogar unglaubhaft.

Aus dem gleichen Grunde ist es nur selten möglich, die Wesensänderung dieser Patienten etwa in einer Vorlesung den Medizinstudenten überzeugend zu demonstrieren.

Schließlich führen wir auch die unterschiedlichen Berichte in der Literatur, die womöglich auf den gleichen Patientenpopulationen beruhen, auf solche Effekte zurück. Es entsteht ein Unterschied in stationären und ambulanten Beobachtungen, der Krankenhausarzt hat mehr Gelegenheit, abnorme Affektzustände zu sehen als der Arzt, der einen Patienten jeweils nur kurz in der Sprechstunde sieht.

Reaktion des Arztes oder Psychologen

Man kann sich auch durch den Affektsprung persönlich betroffen fühlen und reagiert dann vielleicht selbst affektiv. Ein Psychopath, auch ein Pseudopsychopath, entfesselt besonders leicht heftige Affektreaktionen. Der psychotherapeutisch tätige Arzt ist es gewohnt, im Umgang mit Neurotikern seine Gegenübertragungen zu beobachten. Bei einem offensichtlich nicht neurotischen epileptischen Patienten rechnet er jedoch gewöhnlich nicht mit unkontrollierten eigenen Reaktionen. Kommt der Kranke aber mit gereizt-aggressivem Affekt zur Untersuchung, besteht Gefahr, dass der Arzt, vor allem derjenige, der die Affektstörung nicht kennt oder sie sich nicht bewusst macht, zunächst naiv, d. h. affektiv darauf reagiert, wodurch sein Urteil beeinflusst wird. Affekte, insbesondere Affekte der Gereiztheit, teilen sich nämlich der Umgebung in der Art einer Ansteckung mit (Störring, 1964). Wir sind es ferner gewohnt, jeweils alle Eigenschaften eines Persönlichkeitstypus parallel und zu gleicher Zeit zu erwarten wie bei der Diagnose einer Krankheit. Das ist bei dem springenden Affekt selbstverständlich nicht möglich.

Positiv gewendet lassen sich die eigenen Reaktionen des Arztes, wenn sie bewusst gemacht werden, diagnostisch verwerten. Im allgemeinen besteht bei Auftreten von Antipathiegefühlen die Neigung, das Verhalten, durch welches sie hervorgerufen werden, nicht für krankhaft zu halten. Die kollegiale Beobachtung der «naiven» Affektreaktion z. B. eines noch unerfahrenen Kollegen zusammen mit der leichten Affekterregbarkeit und Ansprechbarkeit auf frustrierende Reize dieser Anfallskranken gestattet es dem Erfahrenen auch einmal, die richtige Diagnose «durch die Tür» zu stellen. Ebenso läßt sich die Diagnose gelegentlich allein durch Beachtung der Reaktionen des Pflege- oder Praxispersonals stellen, die sich vielfach über solche Patienten beklagen und beschweren und sich oft von ihnen beim Arzt herabgesetzt fühlen, wenn die Patienten einen ihrer zahllosen Wünsche vorbringen und damit den Eindruck erwecken, als würden sie nicht ausreichend gepflegt. Für das Verhalten des Pflegepersonals ist auch von Bedeutung, dass diese Kranken ihrem Verhalten nach gewöhnlich nicht wie Epileptiker wirken. Bei ihnen stellt sich kein «Enechie-Gefühl» ein, das wohl hauptsächlich vom umständlich-haftenden Denken ausgeht. Ihnen kommt daher auch nicht unmittelbar die tolerant-beschützende Haltung zugute, die innerhalb des medizinischen Personals bei typischen Epileptikern einen sozialen Wert besitzt.

Es kommt beim pseudopsychopathischen Affektsyndrom aber noch ein weiteres erschwerendes Moment hinzu. Die Wechselhaftigkeit der Affekte und die allgemeine Unzuverlässigkeit der Kranken bringt es mit sich, dass sie im einen Augenblick mit treuen Augen die regelmäßige Einnahme der Antikonvulsiva, ein regelmäßiges Leben, die Alkoholabstinenz usw. versprechen, um sich schon im nächsten Augenblick nicht daran zu halten, weil ein derartiges Verhalten ihrem Wesen völlig widerspricht. Sie frustrieren damit gerade den sorgfältigen Arzt in einem spezifisch empfindlichen Bereich ärztlicher Tätigkeit. Seine Mühen sind scheinbar ergebnislos; und er reagiert leicht entsprechend ärgerlich. Manche der schlimmen Äußerungen über Epileptiker haben offenbar einfach in solchen Persönlichkeitsreaktionen des Arztes ihre Ursprung.

Für den Arzt, der seine Gefühlsreaktionen gut kontrolliert, ergibt ist ein anderes Dilemma. Anders nämlich als der Psychoanalytiker, der ein Versagen der Therapie gewöhnlich als Widerstand gegen die Therapie deuten und sich damit persönlich entlasten darf, glaubt hier der Arzt, die ganze Verantwortung auf sich nehmen zu müssen, da es sich um einen Anfallskranken handelt. Es können daher Zweifel an seinen eigenen therapeutischen Fähigkeiten in ihm entstehen.

Aus diesen Gründen ist das Erheben einer objektiven Anamnese bei solchen Kranken, möglichst von mehreren Personen, unentbehrlich. Nur dadurch ist es möglich, über den Augenblick hinaus Informationen über das Verhalten in verschiedenen sozialen Situationen und über längere Zeiträume zu erhalten. Der Arzt sieht darüber hinaus den Kranken distanzierter durch die Brille eines anderen Menschen und kann nicht mehr unmittelbar affektiv reagieren.

Soziale Adhäsivität

Die sonst leicht misstrauisch wirkenden Kranken lehnen sich gern an und entwickeln zu ihrer Umgebung und auch zu ihrem Arzt leicht eine kindliche, über Jahre anhaltende Anhänglichkeit, die den Betreffenden schmeichelt und sie über manchen Ärger mit den Kranken hinwegsehen läßt. Dasselbe Verhalten kann sich gegenüber beschützenden Verwandten und Freunden entwickeln. Die Anhänglichkeit ist jedoch einseitig. Der Anfallskranke erwartet sehr viel Entgegenkommen, Geduld, Ausdauer und Humanität vom anderen, ohne viel zurückgeben zu können. Vielmehr wird die

Geduld durch das oben geschilderte Verhalten oft außerordentlich strapaziert, auch wenn man das Wesen der Patienten kennt und durchschaut. Man kann nicht umhin, menschlich zu reagieren, selbst wenn man weiß, woraus das Verhalten entspringt. So handelt es sich oft um treue Patienten, die sich kaum an eine Anweisung des Arztes halten, jedenfalls nicht für längere Zeit.

Gastaut (1956) hat diesen Zug bei seiner Beschreibung van Goghs in sehr feiner Weise herausgearbeitet und damit seine These belegt, dass van Gogh an einer (nicht-konvulsiven) psychomotorischen Epilepsie gelitten habe. Gastaut spricht von einer abnormen Anhänglichkeit van Goghs und anderer Temporalepileptiker an einzelne Menschen, Freunde und Familienangehörige, die als soziale Adhäsivität (adhésivité sociale) bezeichnet wird. Diese Anhänglichkeit schließe nämlich keine altruistische Hinwendung zum anderen ein und sei daher als egoistisches und damit parasoziales Verhalten zu kennzeichnen.

Der Eindruck des Untersuchers ist zunächst eher der einer allgemeinen Reifungsstörung, die man als infantil-egozentrisches Verhalten umschreiben könnte. Dieser Eindruck hat wohl auch Landolt (1960) zu der Beschreibung einer «Schwäche, Erlebnisse und Erfahrungen in die Persönlichkeit einzubauen» geführt. Dabei handelt es sich jedoch eher um sekundäre Störungen, da die ihrer wechselvollen Affektivität unterworfenen Kranken nicht zu einer geordneten Lebensführung gelangen können.

Leichtsinn und Waghalsigkeit

Zu den Eigenschaften des epileptischen Pseudopsychopathen gehören auch Leichtsinn und Waghalsigkeit. Die Patienten können z.B. trotz aller ärztlichen Ermahnungen und selbst trotz Führerscheinentzug rasante Motorradfahrer sein. Sie kommen dann sogar mit dem Motorrad zur Sprechstunde. Die Lebensführung wird dadurch unstet. Die Therapie und ärztliche Führung erscheinen sinnlos. Leichtsinn und Waghalsigkeit werden wesentlich verstärkt durch Alkoholgenuss, zu welchem die Patienten wegen eben dieser Leichtsinnigkeit neigen. Sie sind dennoch nur selten ausgesprochene Trinker, weil selbst hier die Stetigkeit fehlt und die wechselnde Affektivität auch wechselndes Verhalten gegenüber dem Alkohol zur Folge hat.

Affektive Verstimmungszustände

Neben diesem raschen und unmotivierten Wechsel zwischen freundlicher und aggressiv-gereizter Stimmungslage findet sich bei den meisten Kranken mit pseudopsychopathischem Affektsyndrom noch eine andere Affektstörung, die mehr an das Verhalten der Allgemeinepileptiker zu erinnern vermag. Auf unbedeutende oder sogar kleinste Frustrationen können die Kranken mit einem lange, oft tagelang anhaltenden Affekt der Verstimmung reagieren. Es handelt sich dabei wahrscheinlich um die auch von Hallen, Landolt, Gastaut und anderen unter der Bezeichnung «Depression» oder «Apathie» erwähnten Zustände. Sie sind aber mit «Depression» oder «Verstimmungszustand» nicht zureichend umschrieben, obwohl von beidem etwas darin enthalten ist. Es ist auch nicht ausreichend, von einer mangelhaften Frustrationstoleranz zu sprechen, obwohl auch dies zutreffend ist und im Rosenzweig PF-Test ein entsprechender Nachweis geführt werden kann. Die Kranken sind nicht einfach unfähig zum Ertragen der seelischen Spannung, die aus der Nichtbefriedigung von Triebwünschen entsteht, sondern eine geringe Frustration löst bei ihnen u. U. bereits einen Affekt der aggressiven, freudlosmißmutigen Verstimmung aus, der nicht wie beim Gesunden oder Verstimmbaren nur kurze Zeit, sondern bei einigen mehrere Tage zum allmählichen Abklingen braucht und während dieser Zeit durch allergeringste Reize erneut verstärkt werden kann.

Beispiel aus der Erfahrung:

Einer unserer Kranken, ein sehr intelligenter Mittelschullehrer, der mehrere Sprachen beherrschte, geriet bei sonst freundlichem und höflich-umgänglichem Wesen bereits in einen schweren, erst nach Tagen abklingenden Affekt, als seine Frau z.B. einen Milchtopf zerschlagen hatte.

Es entsteht in einem solchen Fall plötzlich eine depressive Stimmung, die mit der Depression im üblichen Sinne des Wortes das Freudlose gemeinsam hat, wobei das Bewusstsein von bedrückenden, unangenehmen Inhalten eingenommen ist und sich keine angenehmen, freundlichen Gedanken einstellen wollen. Es fehlen aber Selbstvorwürfe und alle sonstigen Zeichen einer wahren Depression. Gleichzeitig bestehen aggressive Affektspannungen, die sich bei manchen Kranken in verbalen oder tätlichen Aggressionen entladen können.

Der genannte Kranke besaß während des Affektes gerade so viel Selbstkritik, dass er sich völlig von seiner «Familie zurückzog», kein Wort sprach und bei Ansprache nur wiederholte, man solle ihn in Ruhe lassen, im übrigen aber von der Berechtigung seiner inneren Erregtheit überzeugt blieb. Nach mehreren Tagen klang der Affekt von selbst ab, und der Kranke wurde völlig einsichtig, bat nach allen Seiten um Entschuldigung – bis zum nächsten affektiven Verstimmungszustand.

Vor Gericht werden solche Fälle häufig falsch beurteilt

Andere gelangen in derartigen, häufig, aber nicht täglich wiederkehrenden Zuständen zu aggressiven oder auch unverständlichen Handlungen. So ist es zu verstehen, wenn ein Patient Landolts einen Suizidversuch unternahm, nachdem er lediglich zur Ordnung im eigenen Zimmer ermahnt worden war. Das Schema «leichte Frustration tiefe Verstimmung» ist offenbar dasselbe. Wieder andere neigen in derartigen Zuständen zu leichtsinnigen und kriminellen Handlungen. In der forensisch-psychichiatrischen Begutachtung entsteht daraus leicht ein besonderes Problem. Da diese Verstimmungszustände vielen Sachverständigen nicht bekannt sind, Patient, Verteidiger und Gericht sie als etwas ansehen, was unabhängig von der Epilepsie existiert, wird eine Exkulpierung meist nicht in Erwägung gezogen. Eher ist das Gegenteil der Fall. Da das Missverhältnis zwischen Anlass und Reaktion durchaus gesehen wird, legt man dies dem Angeklagten als besondere Bösartigkeit aus und findet vielleicht noch die alten Meinungen über die Bösartigkeit der Epileptiker bestätigt. Dabei ist die forensisch-psychiatrische Beurteilung meist nicht so schwierig, da nicht nur der eine Verstimmungszustand bekannt ist, in welchem es zu der Tat kam, sondern die Biographie viele Verstimmungszustände aufweist, von denen gewöhnlich einige irgendwo dokumentiert sind.

Sobald der Affekt verklungen ist, werden viele wieder einsichtig und erwecken bei ihrer Umgebung die Hoffnung, dass sie sich von nun an stets einsichtsvoll verhalten werden, bis unvermittelt der nächste Affektstoß durchbricht. Es läßt sich nicht sagen, dass die Verhaltensweisen dabei völlig unmotiviert seien, aber das Motiv ist nicht ausreichend für das Verständnis.

Störungen der Intelligenz i. S. einer epileptischen Demenz gibt es hierbei nicht

Demenzerscheinungen lassen sich nicht nachweisen, auch nicht bei langjährigem Verlauf des Anfallsleidens. Es war vielmehr auffällig, dass sich unter den Kranken mehrere Hochintelligente in akademischen und künstlerischen Berufen befanden, deren intellektuelle Leistungsfähigkeit so lange unbeeinträchtigt blieb, als die Stimmung von störenden Affekten frei blieb. Gastaut (1956), der besonders lebhaft die These von der Temporallappenepilepsie van Goghs vertritt, hat bei diesem ebenfalls das völlige Erhaltenbleiben von Intelligenz und Kreativität hervorgehoben. Eine allgemeinere Bedeutung hinsichtlich einer bestimmten Gruppe von Epileptikern hat Gastaut allerdings nicht daraus abgeleitet. Die fehlende Beeinträchtigung der intellektuellen Fähigkeiten ist wahrscheinlich ein weiterer Grund dafür, dass die Kranken dieser Gruppe beim ersten Eindruck nicht wie typische Epileptiker wirken.

Das günstige Urteil über die Intelligenz ergibt sich allerdings nur, wenn man von den Affektstörungen abstrahiert. Die Ausbildung und Anwendung der intellektuellen Fähigkeiten wird in erheblichem Maße durch die bereits geschilderten Störungen der Affektivität behindert. Lernen und Arbeiten erfordern zur Überwindung der Hemmnisse einen besonderen Willensaufwand und oft eine besondere Lebensorganisation. Ob diese aufgebracht werden können, hängt wieder von der Stärke der Persönlichkeit ab. Wenn man die Kranken richtig beraten will, kann es sehr wichtig sein, sie möglichst genau auf die ihnen verbleibenden Möglichkeiten hinzuweisen.

Konzentrationsstörungen

Die Patienten selbst klagen zwar häufig über Konzentrationsschwäche, die sich aber – wie auch Landolt (1960) betonte – außer in Ausnahmefällen nicht objektivieren lassen. Trotzdem ist es verständlich, dass die Kranken selbst entsprechende Klagen vorbringen. Affekte und Verstimmungen, momentane Abwesenheiten, die Notwendigkeit, einem entschwundenen Gedankenfaden nach zu sinnen, beeinträchtigen die Konzentration. Im Gespräch oder im Test wird davon aber kaum etwas erkennbar. Dann kann u. U. eine von den Patienten meist nicht gemeinte Konzentrationsschwäche durch die Unbeständigkeit der Kranken vorgetäuscht werden, weil sie selten längere Zeit bei einer Sache bleiben können, sondern sich nach kurzer Zeit wieder neuen Reizen zuwenden. Dieser ständige Wechsel der Aufmerksamkeit bringt es andererseits mit sich, dass sie ihrer Umgebung sehr zugewandt bleiben und keinerlei Kontaktarmut zeigen. Es ist deshalb auch nicht zutreffend, wenn von einer «schizoiden» Wesensart mancher Temporalepileptiker gesprochen wird (Mulder und Daly, 1952), auch wenn die Kranken von vielen als absonderlich beurteilt werden. Es zeigt sich vielmehr, dass den gemeinschaftsfeindlichen Wesenszügen andere Eigenschaften gegenüberstehen, die eine soziale Integrierung erleichtern und die andere Fehler wieder auszugleichen helfen.

Gedächtnis und Merkschwäche

Für die Gedächtnisstörungen gilt etwa dasselbe wie für die Konzentrationsstörungen. Es wird häufig über sie geklagt, ohne dass der Untersucher viel davon bemerkt. Die Phänomene bleiben aber im Rahmen dessen, was man bei allen Anfallskranken finden kann.

Hypochondrie. Auch die von fast allen Autoren hervorgehobene, sehr auffällige Hypochondrie trägt vielfach egozentrisch-infantilistische Züge. Die Krankheitsbefürchtungen dienen mehr dazu, Aufmerksamkeit und Zuwendung zu erregen, als dass sie Ausdruck tiefreichender Befürchtungen um das Wohl des Leibes sind. In der Klinik kommen diese Patienten fast täglich mit neuen Beschwerden zum Arzt, um sich nach der ärztlichen Untersuchung vollkommen beruhigt zu zeigen. Am nächsten Tag wiederholt sich jedoch das gleiche Spiel. Beachtet man die Patienten absichtlich weniger als andere, drängen sie sich besonders mit hypochondrischen Beschwerden in den Vordergrund, wodurch sie wieder leicht den Neid anderer Patienten erwecken. Sehr merkwürdig, aber vielleicht doch gut verständlich ist die Beobachtung, dass sich die Hypochondrie praktisch fast nie auf das Anfallsleiden selbst bezieht, das im Gegenteil eher bagatellisiert wird.

Folgen davon, das man das pseudopsychopathische Affektsyndrom als eine individuelle Eigenschaft des Menschen erlebt

Einzelne soziale Folgen des Wesens wurden schon angedeutet. Andere, die sich aus Überlegungen ergeben, stellen auch in der Realität die Probleme dar.

Compliance. Die epileptischen Pseudopsychopathen sind keine regelmäßigen Tabletteneinnehmer. Man merkt dies leicht, wenn man die Blutspiegel verfolgt. Aber auch das unregelmäßige Leben, insbesondere unregelmäßiger Schlaf, entsprechen nicht den Anweisungen, die man normalerweise einem Anfallskranken gibt.

Manchmal hat man den Eindruck, dass man es mit einem Patienten geschafft hat, wenn man ihn zum regelmäßigen Schlaf und zur kontrollierten Antikonvulsiva-Einnahme veranlasst hat. Die Anfälle selbst (die hier außerhalb der Betrachtung bleiben sollen) werden besser beherrschbar, sobald die Lebensführung normalisiert ist.

Partnerschaftsbeziehungen. Es versteht sich beinahe von selbst, dass die soziale Anpassung bei derartigen Störungen nicht sehr gut sein kann. Die Schwierigkeiten sind andererseits nicht so groß, dass ein geordnetes soziales Leben in der heutigen liberalen Gesellschaft nicht meistens doch möglich wäre. Sehr charakteristisch ist, dass z. B. in einer eigenen Untersuchungsreihe (Peters, 1969) von 59 Kranken im heiratsfähigen Alter nur 37 verheiratet waren; von diesen waren 9 wieder geschieden. Bei zahlreichen anderen wurde die Ehe durch das Verhalten des Kranken ständig gestört, so dass die Haltbarkeit der Beziehung wesentlich von der Toleranz des anderen Partners abhing. Häufig leben derartige Patienten daher außerhalb ihrer Primär- und Sekundärfamilien.

Arbeitsplatzverlust. Es versteht sich fast von selbst, dass die Betroffenen selbst bei einem besonderem Entgegenkommen von Seiten des Arbeitgebers den Arbeitsplatz sehr leicht verlieren. Es ist vernünftig, wenn der Arzt hier versucht, immer wieder einmal einzugreifen. Es wird ihm allerdings nur sehr selten gedankt. Der Patient weiß die Hilfe nicht zu schätzen, die Vorgesetzten und Arbeitskollegen verübeln dem Arzt die Parteinahme.

Auch Verwahrlosungstendenzen machen sich bei den unordentlichen Kranken, denen die hypersoziale Pedanterie der Enechetiker fremd ist, vielfach geltend, doch ist es bei eigenen Beobachtungen nur selten zu einer stärkeren äußeren Verwahrlosung gekommen.

Alkohol und Drogen. Ein eigentümliches Verhältnis besteht zu Alkohol und Drogen. Viele Patienten mit pseudopsychopathischem Affektsyndrom gehen auch mit Alkohol und Drogen leichtsinnig um, ohne dass jedoch die typischen Kennzeichen des Gewohnheitstrinkers oder Süchtigen in Erscheinung treten müssen. Ihr Leichtsinn und die Neigung zu raschen, oberflächlichen Kontakten bringt sie dazu, immer wieder das Alkoholverbot zu übertreten, obwohl sie den Alkohol besonders schlecht vertragen und dadurch nicht nur Anfälle provoziert werden, sondern auch Leichtsinn und soziale Anpassungsschwierigkeiten zunehmen, die latent vorhandene Aggressivität enthemmt wird und es eventuell zu strafbaren Handlungen kommt. Besonders auf den Zirkel von leichtsinniger Alkoholeinnahme und der Zunahme des Leichtsinns durch Alkoholgenuß ist hinzuweisen, weil dies leicht zur Verwicklung in ebenso leichtsinnige Straftaten führen kann. Da die Kranken selbst keinerlei Zusammenhang mit ihrem Anfallsleiden sehen, können sie leicht einen gerichtlichen Sachverständigen täuschen. Im übrigen fehlt den Kranken selbst im Umgang mit Alkohol und Drogen die Stetigkeit, so dass nach kürzeren oder längeren Episoden eines leichtfertigen Umgangs wieder ebenso lange Perioden der völligen Abstinenz folgen können.

Suizidversuche sind nicht selten. Sie ergeben sich aus der Sprunghaftigkeit und den häufigen sozialen Problemen und kritischen Situationen, die sich wieder aus dem Wesen der Betroffenen ergeben.

Der pseudopsychopathische Charakter ist durch Behandlung beeinflußbar, aber doch nur sehr schwer

Die epileptische Pseudopsychopathie ist nicht die Folge der Anfälle, sondern eine selbständige Erscheinung des Leidens. Daher tritt auch bei vollständiger Unterdrückung der Anfälle keine Änderung des Verhaltens ein. Die psychische Führung, auch eingehendere Psychotherapie sind notwendig, können aber ebenso wenig die Grundeigenschaften verändern. Mit niedrigen Dosen von Neuroleptika erreicht man nicht selten eine gute Beeinflussung. Obwohl man hierbei nach klinischer Gewohnheit von einer tranquilisierenden Wirkung des Neuroleptikums spricht, läßt sich dieselbe Wirkung doch nicht mit einem Tranquilizer erzielen. Hinsichtlich der Affektivität können auch Lithium-Salze eventuell wirksam sein, allerdings ist im einzelnen nicht vorhersehbar, bei welchen Patienten.

Warum überhaupt „Pseudo"psychopathie?

Der Zusammenhang zwischen Abnormität der Persönlichkeit und Anfallskrankheit ist im Einzelfall nicht immer evident, wird jedoch als psychopathologische Familienähnlichkeit deutlich, wenn man alle Kranken sozusagen nebeneinander stellt. Sowohl der Patient selbst wie auch seine Angehörigen und schließlich die ganze soziale Umgebung empfinden die beschriebenen Eigenschaften gewöhnlich nicht als krankhaft und haben auch nicht den Eindruck, dass sie etwas mit den Anfällen zu tun haben. Der vorherrschende Eindruck, der seinen Ursprung in den sozialen Erfahrungen aller Betroffenen hat ist vielmehr der von Persönlichkeitseigenschaften. Man glaubt, dass es sich um Eigenschaften handelt, die zu eben diesem Menschen gehören. Nach den Regeln unseres sozialen Lebens ist jeder Mensch für seine Charaktereigenschaften selbst verantwortlich, auch wenn man den Eindruck hat, dass sie aus dem Rahmen des Gewohnten herausfallen. Was wir beschrieben haben, sind somit Persönlichkeitseigenschaften. Abnorme Persönlichkeitseigenschaften, die nicht Ausdruck einer Charakterneurose sind, gehören nach deutschen Sprachregeln zur Psychopathie. Wenn diese Persönlichkeitseigenschaften durch einen Krankheitsprozess entstanden sind, ist nach denselben Regeln von Pseudopsychopathie zu sprechen. Es wirkt so, als wenn jemand ein Psychopath ist, obwohl das Persönlichkeitsbild Ausdruck einer Krankheit ist.

Es wäre daher naheliegend, von einer Persönlichkeitsstörung zu sprechen. Leider sind durch DSM III-V in dieser Nomenklaturfrage neue Schwierigkeiten entstanden. Bis 1980 war der Ausdruck Persönlichkeitsstörung in der amerikanischen Psychiatrie sehr weit. Man verstand darunter nicht nur Charakterneurosen und Psychopathien, sondern auch Wesensänderungen bei Alkoholismus und anderen Süchten, Hirntraumen, bei Schizophrenie, ferner rein soziale Auffälligkeiten im Sinne der Soziopathie und schließlich die

Persönlichkeitsveränderungen der Epileptiker. DSM III hat den Begriff der Persönlichkeitsstörung eingeengt auf Charakterneurosen und Psychopathien. DSM-V kennt auch keine Charakterneurosen mehr. Persönlichkeitsstörungen bei Epilepsie sind bei dieser zu benennen. Die psychischen Erscheinungen bei Epilepsie sind jedoch nicht in DSM aufgenommen worden. In der Literatur wird eher wieder der alte Begriff des epileptischen Charakters benutzt, dieser aber nicht als ein bestimmter Typ gesehen.

Der Ursprung der Psychopathie ist aber im vorliegenden Falle im epileptischen Anfallsleiden zu suchen. Es ist an dieser Stelle nicht möglich aufzuzeigen, nach welchen Regeln sich der Zusammenhang vollzieht, es erscheint aber nicht möglich, keinen Zusammenhang anzunehmen. Daher ist nach der üblichen Nomenklatur von einer Pseudopsychopathie zu sprechen. An einem Einzelfall kann die ganze Problematik deutlich gemacht werden

Beispiel aus der Erfahrung

Ein 33jähriger Anfallspatient wird nach einem Suizidversuch mit 60 Tabletten Comital (pro Tablette 100 mg Phenobarbital und 50 mg Diphenylhydantoin) aufgenommen. Es scheint sich um einen «banalen» Ehekonflikt zu handeln. Der aufzunehmende Arzt hat psychische Auffälligkeiten nicht bemerkt. Sie werden aber bei Erhebung der Vorgeschichte, vor allem der Fremdanamnese deutlich. Im Alter von zehn Jahren waren erste Absenzen aufgetreten. Vom zwölften Lebensjahr an trat in der Schule ein deutlicher Leistungsabfall ein, der seine Ursache in einer bereits damals vorhandenen Instabilität, unkonzentrierter Leistung und mangelndem Durchhaltevermögen hatte. Sobald der Patient ins Erwachsenenalter trat, kamen unregelmäßiger Alkoholgenuss, mehrfache Arbeitsplatzwechsel und soziale Konflikte durch aufschießende Affekte hinzu. Als im 19. Lebensjahr erstmalig ein Grand mal-Anfall auftrat, kam es zur klinischen Untersuchung («ohne erkennbare Ursache'»). Bei dieser Gelegenheit lernte er eine Stationshilfe der Klinik kennen, an die er sich sehr eng anschloss und die er bald darauf heiratete. Für zwei Jahre trat eine deutliche Stabilisierung ein, allerdings sozusagen auf Kosten der durch den Patienten sehr belasteten Ehepartnerin. Als diese wegen Krankheit ins Krankenhaus mußte, fuhr der Patient zuerst zu einer Freundin nach Düsseldorf, wo er einen Koffer vergaß und anschließend zu einer Freundin nach München, ohne sich weiter um seine Frau zu kümmern. Als er wieder nach Hause gekommen war, kündigte ihm die enttäuschte Frau ihre Scheidungsabsicht an, was zu dem Suizidversuch des Patienten führte. Er fühlte sich vollkommen ungerecht behandelt.

Die oben beschriebene Denkstörung, die hier nicht noch einmal beschrieben zu werden braucht, war bei dem Patienten deutlich. Noch deutlicher trat sie hervor, als ein kleines Ereignis in der Klinik die Affektivität des Patienten stark erregt hatte. Es war die Entlassung für den Donnerstag verabredet gewesen. Am Mittwoch war dem Patienten durch eine Verwechslung versehentlich mitgeteilt worden, dass er an diesem Tage entlassen werden sollte. Obwohl der Irrtum sofort aufgeklärt wurde, führte er doch zu einer so starken Erregung und Zunahme aller Auffälligkeiten, dass deswegen die Entlassung um mehrere Tage verschoben werden mußte. Bei der Entlassung beteuerte der Patient zu seiner eigenen Überzeugung, dass er nie wieder derartige Kurzschlusshandlungen begehen werde. Die Familienverhältnisse blieben aber weiter ungeklärt.

Es gibt einzelne historische Beschreibungen des pseudopsychopathischen Affektsyndroms, man sprach aber eher von epileptoiden Zuständen

Es hat durchaus historische Beschreibungen dessen gegeben, was hier pseudopsychopathisches Affektsyndrom heißt, allerdings nicht als eine klinisch-diganostisch zu erfassende Einheit. Aber um die alten Darstellungen richtig verstehen zu können, ist eine eingehendere Kenntnis des Affektsyndroms sehr wünschenswert. In den alten Beschreibungen wird das Affektsyndrom durchweg fälschlicherweise auf alle Epileptiker bezogen und es kommen darin oft lebhafte, zum Teil abwertende Stellungnahmen gegenüber allen Anfallskranken zum Ausdruck. Diese rühren daher, dass man die sozialen Zusammenhänge nicht kannte oder nicht durchschaute. Bei der nachfolgenden Beschreibung durch Schüle (1886) handelt sich sicher um eine solche Abwertung. Man muss den Eindruck haben, dass es der für Schüle enttäuschende Umgang mit pseudopsychopathischen Epileptikern war, der ihn zu seiner wertenden Stellungnahme verleitete:

Für sich bleibt der Epileptiker, zerfallen mit der Welt und innerlich ohne Halt, der Spielball seiner Augenblickserregungen und Impulse (hierin den Hysterischen verwandt), und unberechenbar wie diese. Wechselvoll und unbeständig, einigen sich seine Acte und die Launen seines Benehmens nur in dem Momente einer steten Kriegführung mit der Umgebung, in einem Leben voll Bitterkeit, Misstrauen und Collisionen. So wird das difficile à vivre von Falret verständlich.

Schüle 1880 (2. Auflage): Es sind finstere, misstrauische, launische Menschen, gewöhnlich mit sich und anderen zerfallen, Raufbolde, ebenso gefährliche, als stürmisch rücksichtslose Gegner, wenn man ihnen nahe tritt. Neben diesem finstern, verhängten Gesicht trägt aber die epileptische Constitution auch krankhaft heitere Züge nicht minder unheimlich, unergründlich, kalt, ohne inneres Wohlbehagen. Der gestrige Finsterling ist heute plötzlich spaßhaft, sogar ausgelassen, in einer mit den Verhältnissen gleich grell contrastierenden Weise, als gestern, wo er als derselbe Sclave einer ihm aufgedrungenen gegentheiligen Stimmung getrotzt und gedroht hatte. [...] Eine Zeit lang pünktlich und gewissenhaft, anhänglich und entgegenkommend, schlägt plötzlich die ganze Haltung um: der Kranke wird roh, hart, gefühllos, der bis dahin Zuverlässige zum gefährlichen Dieb. Nirgends ist die triebartige Stehlsucht so häufig, als in diesem habituellen epileptischen Status: der Kranke kann ruhig stehlen, harmlos einstecken, was er findet, er kann aber sehr oft als Einleitung zu einem Aufregungsstadium (oft auch zu einem epileptischen Krampfanfall) als der gefürchtetste, raffinierteste Dieb bald da, bald dort auftreten und planlos zusammenstehlen, um sofort das mit Lebensgefahr Erworbene wegzuschenken oder wegzuwerfen.

Wilhelm Griesinger. Ausdrücklicher findet man Beschreibungen in Griesingers letzter Arbeit, die im Jahre seines Todes erschien (Griesinger, 1868/69). Die Arbeit trägt den Titel «Über einige epileptoide Zustände». Griesinger beschreibt darin zwei unterschiedliche «epileptoide Zustände». Bei der ersten Form handelt es sich, wie sich aus dem Text der Arbeit unschwer ergibt, um die heutigen psychomotorischen Anfälle, für welche Griesinger im gleichen Text die engere Bezeichnung «epileptoider Schwindel» benutzt. Er stellt sie richtig den Grand mal-Anfällen gegenüber. Danach beschreibt Griesinger aber eine zweite, den psychomotorischen Anfällen zugeordnete Form «epileptoider Zustände», bei welchen die Beschreibung die Eigenschaften des pseudopsychopathischen Affektsyndroms erkennen läßt.

Und diese intervallären [psychischen] Symptome [...] setzen durch ihre sonderbare Beschaffenheit den Arzt oft in nicht geringe diagnostische Verlegenheit, er nennt sie dann oft eben Hysterie und Hypochondrie. [...] Die große Mehrzahl dieser Kranken sind junge Leute in den Zwanzigern. [...] Hier und da werden uns schon auffallendere Grade von Gemütsveränderungen angegeben, unbezwingliches Auftreten gehässiger Stimmungen gegen die Angehörigen, tiefster Ärger über Kleinigkeiten, überströmende Wehmut ohne Grund, Gefühl, als ob alle Leute etwas gegen den Kranken haben, als ob eine eigene Verschuldung Ursache des Leidens sei und dergleichen. Die Berufsgeschäfte werden nur noch mit innerem Zwange ausgeführt, nach einiger Zeit ganz verlassen, weil bei jedem Versuche dazu große Unruhe, und wenn der Kranke sich bezwingen will, eine an Verwirrung grenzende Unsicherheit des Denkens eintritt; Einzelne haben ihre Geschäfte verlassen müssen, weil es ihnen unmöglich geworden ist, auch nur eine Viertelstunde stille zu sitzen (die Frage: Warum? können sie nicht beantworten), Andere, weil bei jedem Versuche zu lesen, unerträgliche Sensationen im Kopfe eintreten. [...] Bei allen Fällen, die ich hier anführte und die ich bei dieser Arbeit im Auge hatte, ist der epileptoide Zustand verkannt worden. [...] Die Kranken gehen oft so kurz über die Anfallsymptome weg, die ihnen bei der kurzen Dauer [der geschilderten psychomotorischen Anfälle] gegenüber der fast permanenten Qual der intervallären Symptome wenig wichtig scheinen.

Ch. Féré. Auch Féré (1890) hat offenbar Anfallskranke mit Affektsyndrom gekannt, denn er schreibt (wieder allgemein auf Anfallskranke bezogen):

Der Charakter der Epileptiker ist äußerst wechselnd und erregbar, aber diese Beweglichkeit beruht auf einem Grund von Unvermögen und Traurigkeit; die Epileptiker sind in der Mehrzahl mürrisch oder faul. Sie verändern nicht nur ihr Benehmen und ihre Art und Weise von einem Augenblick zum anderen, sondern diese Veränderungen vollziehen sich oft mit der Schnelligkeit einer Theaterverwandlung. Bei manchen Kranken tritt diese Veränderlichkeit nur in bestimmten, von Zeiten der Ruhe unterbrochenen Perioden auf; bei anderen dagegen ist sie permanent.

Diese Kranken springen von einem Extrem ins andere, vom übertriebensten Entgegenkommen und Wohlwollen in den unbändigsten Neid und Hass. Bald sind sie liebenswürdig und edeldenkend, bald gewalttätig und von schmutzigem Geiz. Eben noch höflich und entgegenkommend, bald darauf unverschämt und grob, bald fröhlich und gesprächig, bald widerwärtig und verschlossen. Meist vollzieht sich diese Veränderung ohne jeden Übergang.

Manchmal äußert sich diese Veränderlichkeit nur auf intellektuellem Gebiet durch einen jähen Wechsel der Ideen, die sich zwangsartig einstellen und während einer bestimmten Zeit, während der Kranke gegen jeden Einwand taub ist, beharren. Ein sonst umgänglicher und ruhiger Mensch z.B. zeigt bei irgendeiner Gelegenheit mit einem mal eine unbesiegliche Starrheit, die in gar keinem Verhältnis zu der Geringfügigkeit des Objekts steht.

Trotz dieser Beweglichkeit, die den Grundzug des Charakters der Epileptischen bildet, haben diese doch öfters Zu und Abneigungen, die andauernd, jedoch ganz ebenso unmotiviert sind, wie die vorübergehenden Triebe. (Féré, 1890, S. 399).

Jean-Étienne Dominique Esquirol. Selbst bei Esquirol (1838) kann man Beschreibungen finden, bei welchen er offenbar Anfallskranke mit Affektsyndrom zum Vorbild nahm. Man kann auch sehen, dass andere französische Autoren, z.B. Esquirols Schüler Georget, ihre Vorstellung vom Wesen des Epileptikers an solchen Beispielen geformt haben. Esquirol:

60 [Anfallskranke von 380, die in die Studie aufgenommen wurden] lassen keinerlei Intelligenzstörungen erkennen, aber sie sind leicht erregbar und neigen zu zornmütigen Aufwallungen, sie sind stur und es ist schwer, mit ihnen auszukommen, sie sind kapriziös und bizarr, alle haben sie in ihrem Wesen irgend etwas Besonderes.

Emil Kraepelin. Auch bei Kraepelin (1909,1915) finden sich ausdrucksstarke Beschreibungen, aus denen man ersieht, dass Anfallskranke mit dem pseudopsychopathischen Affektsyndrom zu seinen klinischen Erfahrungen zählten. Allerdings gibt Kraepelin diesen Beobachtungen keinen eigenen Namen. Die Beschreibungen gehen völlig in dem bereits erwähnten Gewirr unter, dem Kraepelin den Namen «epileptische Schwindler» (zusammengefasst aus Affektepilepsie, Hysteroepilepsie, Verstimmungen, Narkolepsie, epileptischen Psychosen) gab. Trotzdem lassen wir hier ein Stück der immer anschaulichen Beschreibung Kraepelins folgen, wobei freilich beachtet werden muss, dass sie sozusagen freischwebend ist und keiner bestimmten Anfalls- oder sonstigen Gruppe zugeordnet wird:

Die Verstandesbegabung ist meist mäßig, manchmal auch ganz gut. Die Kranken lernen vielfach mangelhaft, weil sie leichtsinnig, unstet, wenig ausdauernd sind, gern die Schule schwänzen. Öfters zeigen sie Neigung zum Lügen, zu Prahlereien, Schauspielereien, «Wachträumereien», in denen sie sich in allerlei abenteuerliche Lebenslagen versetzen. Die Stimmungslage ist vielfachen Schwankungen unterworfen. Im allgemeinen pflegt ein selbstbewusstes, großtuerisches Wesen, bald mit humoristischem Einschlag, bald mit hochtrabender Geschraubtheit, zu überwiegen. Dazwischen schieben sich jedoch vielfach auch Zeiten von weinerlicher Niedergeschlagenheit und Verzweiflung oder mürrischer, nörgelnder Verdrießlichkeit ein. Am hervorstechendsten aber ist die erhöhte Reizbarkeit, das unvermittelte Auftreten heftigster Zornausbrüche bei den geringfügigsten Anlässen; er sei immer gleich auseinander, meinte ein Kranker.

Außerordentlich schwere Störungen zeigen sich regelmäßig im Bereiche des Willens. Die Kranken sind zügellos, leicht zu verführen, handeln triebartig, nach augenblicklichen Einfällen. Manche erscheinen für gewöhnlich gutmütig, leichtlebig, beeinflussbar; andere sind schwer zu behandeln, widerhaarig, hetzerisch, roh. Fast immer macht sich eine starke Unstetigkeit bemerkbar. Die Kranken halten in keiner geregelten Tätigkeit aus, fügen sich trotz aller guten Versprechungen und Vorsätze in keine Ordnung, laufen plötzlich aus der Arbeit, fassen immer neue Pläne und geraten vielfach in ein ruheloses, abenteuerliches Herumwandern, das sie zu Bettlern und Landstreichern werden läßt. Beim Militär zeichnen sie sich durch «beispiellos schlechte Führung» aus, ziehen sich reichliche Disziplinarstrafen zu, desertieren, werden Soldaten zweiter Klasse oder stranden in der Fremdenlegion. Ihre gesamte Lebensführung ist ungeordnet und planlos, so dass sie auch bei guter Begabung und Bildung unaufhaltsam herabsinken.

[...] Ein Kranker zog als «Schansibar, der Mann mit dem Straußenmagen», in Wirtschaften herum und verzehrte gegen Alkoholspenden Glasscherben, Stiefelwichse, Holz, Lumpen, ließ sich mit Nadeln stechen und Bierflaschen auf seinem Schädel zertrümmern; ein anderer ernährte sich durch das Schreiben von Bettelbriefen, wieder ein anderer vom Verkaufe selbstverfertigter Gedichte. Mehrere Kranke brachten sich durch Klavierspielen in Wirtschaften durch. Die meisten gehörten zu den häufig wiederkehrenden Stammgästen von Spitälern und Irrenanstalten. Manche Kranke zeigen Begabung für das Zeichnen oder für Musik; andere besitzen technisches Geschick. Bisweilen haben sie für die Unzulänglichkeit ihrer Persönlichkeit ein gewisses Verständnis, das sie unter Umständen in sehr kennzeichnender Weise äußern. Er habe vier närrische und drei tolle Sinne, meinte ein Kranker; ein anderer nannte sich einen «wertlosen Menschen», und ein dritter schrieb: «und aus Zorn und Verzweiflung sauft und trinkt der W. wie zuvor, bis er schließlich das Fazit seines im Namen des Gesetzes und durch Misstrauen am unrechten Orte zerrütteten Lebens zieht und einen dicken Strick— pardon Strich darunter macht. (Kraepelin, 1909-1915, S. 1149 ff).

Dieter Janz. Eine deutliche Ähnlichkeit besitzen die Eigenschaften, die Dieter Janz (1953) dem Aufwachepileptiker zuschreibt, womit Janz nach Jahrzehnten wohl als erster überhaupt wieder von Anfallskranken gesprochen hat, welche nicht zum enechetischen Typ gehören. Der Aufwachepileptiker sei schwer für eine konsequente Therapie zu gewinnen,

«trotz eindringlicher Ermahnung, sich an Festtagen wieder Exzessen hinzugeben», «sich trotz feierlicher Versprechungen nicht wieder vorzustellen, oder lange nachdem die Medizin zuende gegangen ist und erneute Anfälle aufgetreten sind.»

Janz findet

«Unstetigkeit, Genusssucht, Haltlosigkeit, Unbedachtsamkeit, landsknechtshafte Gleichgültigkeit sich selbst und der Krankheit gegenüber».

Die Aufwachepileptiker machten die Nacht zum Tage und ließen keine Kirchweih, kein Amusement aus. Man sehe nervöse Unruhe, nonchalante Schnoddrigkeit, Wurstigkeit, mangelnde Zielstrebigkeit und Ausdauer bei guter Intelligenz, launenhafte Verstimmtheit, Liederlichkeit, Nachlässigkeit, Unzuverlässigkeit, Unstetigkeit sowie asoziale und kriminelle Entgleisungen. Aus der Beschreibung von Janz spricht zugleich der besorgte Therapeut, der mit Hilfe der inzwischen Verfügbaren Antikonvulsiva die Anfälle unterdrücken möchte und der seine Patienten zu regelmäßiger Einnahme der Tabletten und einem geordneten Leben anhält.

Kernpunkte
des pseudopsychopathischen Affektsyndroms

Psychiater und Epileptologen haben immer wieder einen Persönlichkeitstyp bei Anfallskranken beschrieben, diesen aber nicht als Typus gesehen und ihm keinen eigenen Namen gegeben. Vielmehr wurden die Eigenschaften dem Epileptiker im allgemeinen zugeschrieben. Erst durch die Aufteilung des epileptischen Charakters in einen enechetischen und einen psychopathischen Typ sind die Verhältnisse deutlicher geworden. Dazu gehört allerdings, dass man einen Idealtypus im Sinne von Max Weber kennt und Erkenntnismittel anerkennt. Die amerikanische Psychiatrie und vor allem DSM III-V tun das nicht.

Die Kernpunkte des pseudopsychopathischen Affektsyndroms: rascher und häufiger Wechsel der affektiven Gesamthaltung, rasches Abklingen des Affektes, sprunghaftes, unausgeglichenes Weisen, Affekterregung besonders, wenn Wünsche frustriert werden, in einem Augenblick freundlich zugewandt, freundlich-eusozial, dann wieder plötzlich frech, aufdringlich, distanzlos, querulatorisch, gereizt, völlig unzugänglich, drängelige Beharrlichkeit, mit der man versucht, die eigenen Wünsche durchzusetzen, normales bis hohes Intelligenzniveau, Haftneigung nicht oder kaum bemerkbar (eventuelle gewisse Haftneigung im Rorschach-Test), Klagen über Konzentrations- und Merkschwäche, infantil-egozentrisches Wesen, soziale Adhäsivität (abnorme Anhänglichkeit an Familienangehörige, Freunde und evtl. Arzt), zahlreiche hypochondrische Beschwerden, Unbekümmertheit um die Folgen von Handlungen, unbeständige Partnerbeziehungen. Verwahrlosungstendenzen hinsichtlich Alkoholmissbrauch, Medikamentenmissbrauch und unregelmäßige Einnahme von Antikonvulsiva, Neigung zu Verstimmungszuständen. Es gibt aber noch einige weitere psychische Phänomene, welche einer besonderen Betrachtung bedürfen.

Gedächtnisstörungen. Sehr viele Anfallskranke klagen über Gedächtnisstörungen. Als behandelnder Arzt oder als Beobachter wird man jedoch kaum einmal Zeuge einer überzeugenden Gedächtnisstörung. Einerseits hängen die Gedächtnisstörungen mit der enechetischen Verlangsamung zusammen, weil es schwer ist und eine besondere konzentrative Anstrengung kostet, vorhandene Erinnerungen aus dem Reservoir des Gedächtnisses herauszuholen. Dass diese Erinnerungen, an die momentan nicht heranzukommen ist, tatsächlich vorhanden sind, erkennt man daran, dass sie zu einem anderen Zeitpunkt zur Verfügung stehen. In Zeiten des Nachlassens der Verlangsamung kann sogar ein übermächtiger Strom an Erinnerungen fließen.

Andererseits gibt es auch Berichte, dass bestimmte, eigens gelernte Sachverhalte oder Erlebnisse, die mit großer innerer Anteilnahme erlebt wurden, später in der Erinnerung fehlen, sich auch zu einem noch späteren Zeitpunkt nicht wieder einstellen und sogar die Erinnerung daran, dass solche Sachverhalte da sein müssten, völlig fehlen kann. Es handelt sich somit nicht um zeitlich begrenzte Amnesien, sondern um das Phänomen von Verschwinden bestimmter komplexer Erinnerungen, obwohl andere, zeitlich gleichzeitige Erinnerungen vorhanden sind. Die naheliegende Vermutung, dass es sich um Verdrängungen unangenehmer oder komplexhafter Erinnerungen handelt, läßt sich bei Untersuchung der Einzelfälle nicht aufrecht erhalten. Ähnliche Berichte gibt es auch nach langfristiger Einnahme von Tranquilizern. Offenbar beeindrucken solche Erlebnisse den einzelnen Epileptiker am meisten, wenn sicher gehabte Erinnerungen spurlos verschwunden sein können.

Epileptische Wut. Über lange Zeit hin galt ein jähes Aufschießen von Wut und damit eventuell zusammenhängende Gewalttätigkeiten als ein besonders charakteristisches Merkmal des epileptischen Charakters. Nach Minkowska (1929) stellt eine solche Explosivität den anderen Pol des epileptischen Wesens dar. Als Colère épileptique war diese Eigenschaft auch begrifflich fest mit der Epilepsie verankert. Es kann kein Zweifel bestehen, dass die Bedeutung dieser Eigenschaft sehr überschätzt worden ist. Wahrscheinlich hat in der Unvorhersehbarkeit solcher Wutausbrüche zusammen mit Gewaltanwendungen das Unheimliche gelegen. Dadurch gelten Geisteskranke, vor allem Schizophrene, bekanntlich ebenfalls als gefährlich, was sie der Statistik nach eigentlich nicht sind. Die epileptische Wut wurde für so typisch gehalten, dass sie bei Fehlen von epileptischen Anfällen als ein sicheres diagnostisches Kriterium für die Krankheit Epilepsie galt.

Heute haben sich die Verhältnisse jedoch umgekehrt. Für die Wesenseigenschaft der epileptischen Wut gibt es keine anerkannte Bezeichnung mehr. Der alte Begriff, den wir hier benutzen, ist kaum noch bekannt. Selbst das Phänomen der leichten Erregbarkeit von Wut ist teilweise in Vergessenheit geraten, obwohl nach eigenen Untersuchungen etwa ½ bis 1% der in psychiatrischen Landeskliniken untergebrachten Anfallskranken dem gelegentlichen Auftreten von epileptischer Wut ihre Dauerunterbringung verdanken. Wenn nämlich in einem solchen Zustand eine mit Strafe bedrohte Handlung begangen und deshalb Schuldunfähigkeit angenommen wurde, sind nur schwer Gründe für eine Entlassung zu finden. Es kann keineswegs ausgeschlossen oder auch nur als wahrscheinlich angenommen werden, dass in Zukunft keine strafbaren Handlungen mehr im

Zustande der Schuldunfähigkeit begangen werden können.

Zur Beschreibung der epileptischen Wut sind ebenfalls in der Literatur immer wieder dieselben Begriffe und Bilder gebraucht worden, so dass wir hier eine Reihe davon zur Veranschaulichung folgen lassen: (epileptische) Reizbarkeit, Unverträglichkeit, Neigung zu Gewalttätigkeit, heftiger Zornausbruch, brutale, zermalmende Gewalttat (abscheuliche Schimpfworte, blindwütende Misshandlung, Tötungen) (Schüle, 1886), impulsive Ausführung von Suizidversuchen bei Zerwürfnis mit der Umwelt, Gemütsreizbarkeit, Zornmütigkeit, unberechenbare Zornausbrüche aus kleinsten Anlässen, Brutalität, Aufbrausen, «explosibler Gemütszustand» (Kolle, 1967), «greifen aus kleinen Anlässen zum Messer, selbst wenn der Anlass monatelang zurückliegt», sinnlose Wut mit blinder Gewalttätigkeit, «Gemütsreizbarkeit, die bei den geringfügigsten Anlässen in zornigen, geradezu überwältigenden, bis zum Wutparoxysmus sich steigernden Affekten explodiert. [...] Der geringste Widerspruch führt zu brutaler Gewalttätigkeit» (Griesinger, 1892).

Frömmigkeit. Eine zur Schau getragene, unechte, bigotte Frömmigkeit der Epileptiker gehörte über lange Zeit zur Standardbeschreibung des epileptischen Wesens und wurde stets als eine sehr negative Charaktereigenschaft gewertet, für welche der Anfallskranke die moralische Verantwortung trug. Heute ist diese Eigenschaft so selten geworden, dass auch ein Epileptologe sie nur wenige Male in seinem Leben zu sehen bekommt. Es hatte sich offenbar eine unglückliche Verbindung zwischen Zeitgeist, christlicher Fürsorge, Ausgliederung aus der Gesellschaft und einigen Eigenheiten des langsamen Charakters hergestellt. Wir verzichten ausdrücklich auf eine Wiedergabe der in der alten Literatur wieder und wieder zu finden abschätzigen Beschreibungen, weil sie offenbar besonders leicht übernommen und zitiert werden. Zu solchen negativen Bewertungen fühlte man sich auch deshalb berechtigt, weil der epileptische Charakter nicht als Folge des Anfallsleidens angesehen wurde, sondern als Teil einer «epileptischen Konstitution», welche der zukünftige Epileptiker bereits auf die Welt mitbringt und für die er moralisch verantwortlich ist, wie auch sonst jeder Mensch für seinen Charakter die moralische und rechtliche Verantwortung trägt.

Familienlobrednerei. Eine weitere negative, in der Literatur in großer Ausbreitung beschriebene Eigenschaft von Epileptikern ist die Familienlobrednerei. Die eigene (Primär)Familie wird im rosigsten Licht gesehen und dargestellt. Auch diese Eigenschaft war stark von Zeitgeist geprägt und ist gegenwärtig nur selten erkennbar.

Der doppelte epileptische Charakter enechetisch und pseudopsychopathisch

Eine doppelte Form des epileptischen Charakters kommt vor, ist aber selten. Die beiden unterschiedlichen Typen epileptischen Charakters wurden auch aus didaktischen Gründen möglichst klar und die Unterschiede betonend herausgearbeitet. In der klinischen Realität findet man häufig eine unvollständige und nicht selten gleichzeitig Anteile einer enechetischen und einer pseudopsychopathischen Wesensänderung enthaltende Typen. Ist man einmal mit der besonderen Art der epileptischer Persönlichkeiten vertraut, erkennt man diese auch bei gleichzeitigem Bestehen einer enechetischen Wesensart. Allerdings erschließt sich das Enechetische eher aus dem Querschnitt und die pseudopsychopathische Art eher aus der längeren Beobachtung und einer sorgfältig aufgenommenen Fremdanamnese. Gerade bei leichter enechetischer Verlangsamung wird es oft versäumt, sich nach anderen Persönlichkeitseigenschaften zu erkundigen, weil erfahrungsgemäß bereits dann die «typische epileptische Wesensänderung» (Verlangsamung) diagnostiziert zu werden pflegt.

Es finden sich bei den Kranken mit einem kombinierten epileptischen Charakter zwar manche, aber nicht alle typischen Eigenschaften der Enechetiker. Am deutlichsten ist die Verlangsamung. Ferner gibt es auch eine egozentrische Interessenverarmung, Verharren beim Alten, Genauigkeit bis Pedanterie, Umständlichkeit und geistige Unbeweglichkeit, Kontaktarmut, Neigung zu Empfindlichkeit, Verstimmungen und Gereiztheit. Es besteht zwar eine Neigung zu rasch aufschießenden und rasch wieder abklingenden Affekten mit Aggressionstendenzen, doch hat der Vorgang nicht

91

den Charakter einer Entladung aufgestauter, summierter Affekte. Die Affekte entladen sich vielmehr sofort nach ihrer Bildung, so dass man eher von einer mangelhaften Fähigkeit der Affektretention sprechen kann. Es ist auffällig, dass die Kranken dieser Gruppe sich fortgesetzt mit ihrer Umgebung streiten und bei Nichterfüllung ihrer Wünsche «zornig und bockig» werden. Nach Abklingen des Affektes bedauern aber auch sie ihr Verhalten und werden freundlich.

Von den sonstigen Charakterzügen epileptischer Wesensänderung finden sich bei den Kranken mit kombiniertem epileptischen Charakter jedoch nicht oder nur vereinzelt Unterwürfigkeit, Gerechtigkeitsfanatismus, Frömmelei und süßliches Wesen oder die oft zitierte Vorliebe für schwülstige Phrasen.

Welcher epileptische Charakter gehört zu welchem Anfallstyp?

Es hat nicht an Versuchen gefehlt, Charaktertypen, Psychoseformen oder einzelne Eigenschaften bestimmten Anfallsformen zuzuordnen. Geblieben ist davon die Heraushebung des Schläfenlappens bzw. der Schläfenlappenepilepsie mit einer besonderen Bedeutung für alles Psychopathologische, Charakter und Psychosen. Im einzelnen ist es aber sehr schwer, die vorgelegten Studien miteinander zu vergleichen. Gibbs (1951) ist wohl der erste gewesen, der überhaupt auf die Häufigkeit psychischer Störungen bei Temporalepilepsie bzw. temporalen EEG-Herden aufmerksam gemacht hat. Jedoch versucht Gibbs gemäß amerikanischer Tradition nirgendwo die Beschreibung eines charakteristischen psychopathologischen Bildes. Auch mit einem von Gibbs und Gibbs (1952) zusammengestellten umfangreichen Katalog psychiatrischer Befunde ist unter diesem Blickwinkel wenig anzufangen, da er eine numerische Aufzählung von z.B. 83 mal vorkommenden Persönlichkeitsstörungen bei 678 Fällen enthält.

Gastaut, Morin und Lesèvre (1955) folgten bei ihren Untersuchungen über das Verhalten von psychomotorischen Epileptikern im Anfallsintervall einem besonderen Auswahlprinzip. Aus 6.000 Fällen mit psychomotorischer Epilepsie wählten sie eine kleinere, nach Alter (20-40 Jahre), sozialer Herkunft und Bildung homogene Gruppe von 60 klinisch behandelten Kranken aus. Bei den vorwiegend mit Tests (Rorschach, TAT, Leistungstests, Intelligenztests) untersuchten Kranken finden die Autoren ein Syndrom von Verlangsamung, Apathie und Impulsivität, das der Glischroidie Minkowskas bzw. dem enechetischen Syndrom entspreche. Diese Übereinstimmung wird darauf zurückgeführt, dass nach elektroenzephalographischen Untersuchungen von Roger und Dongier 84% aller Anstaltsepileptiker, an denen frühere Untersuchungen durchgeführt wurden, Temporalepileptiker gewesen seien. Obwohl

Gastaut et al. möglicherweise bereits durch ihr Auswahlprinzip die enechetische Wesensart bevorzugen und die Rorschach-Kriterien für epileptische Wesensänderung doch auch an größtenteils enechetisch veränderten Patienten gewonnen wurden, fließen in ihre Darstellungen manche Bemerkungen ein, die zu einem verlangsamten Typ nicht passen, jedoch gleichwohl nicht als eigenständige Veränderung gewertet werden.

Otto Hallen (1957) hat der Psychiatrie der von ihm so genannten Oral-petit Mal-Epilepsie eine ausführliche Studie gewidmet. Obwohl Hallen die Artdiagnose der Anfälle ausschließlich nach der klinischen Symptomatologie stellte, ist ein Vergleich mit anderen Untersuchungen nur mit Einschränkungen möglich. Von den 26 Temporalepileptikern, die Hallen seiner Untersuchung zugrunde legte, litten nicht weniger als 21 gleichzeitig an Grand mal-Anfällen. Hallen gelangte zwar zu dem klaren Ergebnis, dass ein signifikanter Wesenszug für das Oral Petit mal nicht herausgearbeitet werden könne. In der Beschreibung finden sich dennoch deutliche Hinweise auf pseudopsychopathische Affektstörungen. Bereits bei der größeren Gruppe von Kranken mit enechetischer Wesensänderung (21 von 26) spricht Hallen von einer erheblichen Unausgeglichenheit der Stimmung und vorübergehender Depression. Ausdrücklich betont er, dass «im Gegensatz zu den Erfahrungen, die im allgemeinen bei Epileptikern gewonnen werden, in 4 Fällen ernste Suizidversuche unternommen wurden. Von 6 anderen Kranken wurden dabei Selbstmordabsichten geäußert». Darüber hinaus beschreibt Hallen bei einer kleinen Gruppe von 4 Fällen eine «psychopathische Persönlichkeitsvariante». Der einzige kasuistisch ausführlich dargestellte Fall wird als «unstet, willensschwach, unselbständig und ohne jedes Verantwortungsgefühl» und als außerordentlich leicht verstimmbar beschrieben. Er sei arbeitsunlustig, vergnügungssüchtig, bringe sich in selbstverschuldete Notlagen, in denen er zu bequemen Notlösungen und Selbstbemitleidungen neige, sei durch Zechprellereien, Unterschlagungen und Selbstmordversuch auffällig geworden. Bei normaler Intelligenz sei das Fehlen einer für Epileptiker charakteristischen Wesensänderung (gemeint: enechetischen Verlangsamung) auffällig gewesen.

Der italienische Forscher A. Ballerini (1961), der selbst die mangelhafte Vergleichbarkeit des Ausgangsmaterials hervorhob, stützte seine Untersuchung auf 38 Langzeitpatienten einer Anstalt, von denen 24 auch an generalisierten Anfällen litten, die oft schon längere Zeit bestanden, ehe Dämmerattacken hinzutraten. Nur 2 Kranke litten ausschließlich an Dämmerattacken, dagegen 12 Kranke ausschließlich an Grand mal-Anfällen. Ihre Zurechnung zur psychomotorischen Epilepsie begründet Ballerini durch einen temporalen Herdbefund im EEG. Bei diesen Kranken fiel in erster Linie eine enechetische Wesensänderung auf. Die von Ballerini daneben beschriebene pathologische Aggressivität und mangelhafte soziale Anpassung entspricht — wenn auch nicht in dieser Vereinfachung und Prononziertheit — dem pseudopsychopathischen Affektsyndrom. Diese Phänomene treten wahrscheinlich deshalb bei Ballerini so deutlich hervor, weil sie als Auslesefaktoren wirksam waren, die erst zur Dauerunterbringung geführt hatten. Die Beschränkung auf Langzeitpatienten ist nach Ballerinis eigenem Urteil die Ursache dafür, dass er keine differenziertere Beschreibung zu geben vermochte.

Alfred Leder (1967). Einen interessanten Versuch, verschiedenen Anfallstypen mit Hilfe von psychodiagnostischen Testverfahren auch psychopathologisch gleiche Gruppen zuzuordnen, unternahm Leder (1967), der damit auf die Untersuchungen von Janz (1953) aufbaute. Unter 89 Fällen wurden Schlafepilepsie und psychomotorische Epilepsie sowie Aufwachepilepsie und Pyknolepsie jeweils zu einer Gruppe zusammengefasst und mit Hilfe des Rorschach-Formdeuteversuches und des Szondi-Tests miteinander verglichen. Dabei ergaben sich signifikante Unterschiede: in Gruppe 2 höhere Formprozente, höhere Perseverationsprozente, niedrigere Originalprozente, seltener koartiver Erlebnistypus, seltener Objekt- und Subjektkritik, seltener Piotrowsky-Epilepsiezeichen Hostility. Ungeklärt bleibt allerdings, ob nicht eine andere Gruppenbildung auch zu signifikanten Unterschieden führen würde und ob mit den Tests die für eine Unterscheidung wesentlichen Merkmale erfasst worden sind.

In der Nachfolge Leders haben die japanischen Autoren Kawei und Aoki (1983) ähnliche Rorschach-Untersuchungen vorgenommen, indem sie Rorschach-Protokolle von gematschten Patientengruppen mit a) primär generalisierter Epilepsie und b) Temporallappen-Epilepsie mit psychomotorischen und tonisch-klonischen

Anfällen miteinander verglichen. Bei primär generalisierter Epilepsie fanden sie Sensitivität, Extroversion und undifferenzierte Tendenzen. Die Patienten der zweiten Gruppe waren praktisch aber ineffizient im Charakter und neigten zu einer verengten Sicht.

In einer eigenen Arbeit (Peters, 1968) war, wie oben dargestellt, das pseudopsychopathische Affektsyndrom ebenfalls der Temporallappenepilepsie zugeordnet. Spätere Untersuchungen haben den Grundsatz bestätigt, die Zuordnung ist jedoch nicht streng durchzuführen, so dass nicht von psychomotorischen Anfällen unmittelbar auf das Vorhandensein eines bestimmten Persönlichkeitstyps geschlossen werden kann oder umgekehrt, obwohl die Vermutung stets gerechtfertigt bleibt und aus klinischen und therapeutischen Gründen die Frage stets zu beantworten bleibt. Es kann auch zu Kombinationen der beiden Charaktertypen kommen.

Der Lebenslauf des epileptischen Charakters

Auftreten der ersten Zeichen von Wesensänderung und Manifestwerden der Anfälle fallen gewöhnlich zeitlich nicht zusammen.
Manchmal liegen zwischen dem Auftreten der psychischen Besonderheiten und der ersten Anfälle mehrere Jahre und selbst Jahrzehnte. Aus den Verläufen wird jedoch deutlich, dass eine schon
vorhandene Wesensänderung durch Auftreten der Anfälle akzentuiert wird und eventuell rasch zunimmt. Diese Aussage gilt für alle
Typen epileptischen Charakters und ist schon in der Literatur des
19. Jahrhunderts wie auch im 20. Jahrhundert verschiedentlich erwähnt worden (Stauder, 1938; Landolt, 1960). Der genaue Beginn
der psychischen Störungen ist allerdings schwer zu ermitteln, da
er aus der Anamnese erschlossen werden muss und alle beschriebenen psychischen Phänomene auch der Umgebung des Kranken
nicht abrupt zum Bewusstsein zu kommen pflegen.

Es ist sehr zweckmäßig, sich nicht nur aus der Vorgeschichte vor
der ersten epileptologischen Untersuchung ein Bild zu machen,
sondern eine auf die Zukunft gerichtete Gesamtschau über Anfälle,
Charakter und anderes, zu verschaffen. Es sind allerdings nur wenige lebenslange Verläufe veröffentlicht worden.

Um die Vorhersage des Verlaufs psychopathologischer Besonderheiten bei einem Anfallsleiden hat man sich sehr viel weniger Mühe
gemacht als vergleichsweise bei den endogenen Psychosen, wo die
Verlaufsforschung sogar zu einem eigenen Wissenschaftszweig mit
eigenen Institutionen geworden ist. Dabei gäbe es viele Parallelen
zu den sog. endogenen Psychosen, welche eine Verlaufsforschung
lohnend erscheinen lassen: 1) eine medikamentöse Behandlung ist
bislang nur symptomatische möglich; 2) nach relativ heftigem Beginn gibt es oft einen über viele Jahre oder Jahrzehnte stationären
Verlauf; 3) es besteht eine grundsätzliche Tendenz zur Besserung

im Alter; 4) es ist zweckmäßig, eine epileptische Reaktion von einer Epilepsie als Krankheit zu unterscheiden; 5) der Verlauf bleibt von den unterschiedlichsten Vorstellungen über die Entstehung relativ unabhängig (Eigengesetzlichkeit).

Verlauf hinsichtlich der Gesamtzahl der Anfälle. Th. Herpin hat 1852 erstmalig eine Betrachtungsweise eingeführt, welche wenigstens im Nachhinein eine sinnvolle Prognose ermöglicht. Das Erscheinen des Buches von Herpin erregte großes Aufsehen, weil zu seiner Zeit die Prognose der Epilepsie allgemein als sehr ungünstig galt. Während bis 1800 die Erfahrung der Ärzte auf die Patienten beschränkt war, welche sie in ihrer Praxis oder zu Hause zu sehen bekamen, bezogen sich die Veröffentlichungen in der darauf folgenden Zeit praktisch ausschließlich auf Unterbringungsfälle in den großen Asylen, was eine besonders pessimistische Prognose zur Folge hatte. Herpin bezog dagegen erstmalig wieder Beobachtungen aus der ambulanten Praxis heran und hatte dennoch Überblick über eine größere Zahl von Fällen. Er benutzte die geschätzten Gesamtzahlen der bis zum Zeitpunkt der Untersuchung aufgetretenen Anfälle für die Prognostik. Dabei zeigte sich, dass erst bei einer Gesamtanfallszahl oberhalb von 500 Anfällen die Prognose sehr ungünstig wird, aber selbst dann noch spontane Heilungen vorkommen.

> Wenn weniger als 100 Anfälle (attaques ou accès) beobachtet werden, ist die Prognose sehr gut. Wenig günstig ist die Prognose bei einer Gesamtzahl von 100 bis 500 Anfällen, weil die ungünstigen und günstigen Ausgänge sich einigermaßen die Wage halten. Oberhalb von 500 Anfällen gibt es Heilungen nur noch ausnahmsweise, aber es gibt sie. (Herpin, 1852, S. 539).

Diese Betrachtungsweise ist wieder verlassen worden, obwohl sie klinisch weiterhin wertvoll bleibt, wenn man zusätzlich berücksichtigt, in welchem Zeitraum seit Auftreten des ersten Anfalles die jeweiligen Zahlen erreicht werden. Dabei gilt als klinische Faustregel, dass es entscheidend auf die Zahl der Anfälle im ersten Jahr beziehungsweise in den ersten drei Jahren ankommt. Sofern nicht ein fortschreitender Hirnprozess die Ursache des Anfallsleidens ist, läßt sich somit bei einem Überblick über die vergangenen ein bis drei Jahre eine recht brauchbare Prognose stellen.

Hinsichtlich des späteren Verlaufs der epileptischen Wesensänderung kann Ähnliches gesagt werden wie für die Anfangszeiten. Es kommt in späteren Jahren kaum mehr zu Zunahmen. Die Wesensänderung kann trotz weiter bestehender Anfälle gleich bleiben oder auch bei Sistieren der Anfälle bestehen bleiben und schließlich auch zurückgehen. Im Alter besteht durchweg eine Besserungstendenz. Nach Jahrzehnten eines Anfallsleidens mit vielen Anfällen und ausgeprägter Wesensänderung kann sich das Leiden doch noch abmildern oder sogar verschwinden, so dass sich eine heitere und liebenswürdige Primärpersönlichkeit wiederherstellen kann. Derartige Fälle einer vollständigen Wiederherstellung nach jahrzehntelangem Leiden sind zwar sehr selten, sie sind aber von grundsätzlicher Bedeutung, auch hinsichtlich dessen, was der Arzt den Patienten über die möglichen zukünftigen Entwicklungen sagen kann. Die Verhältnisse sind auch insoweit sehr ähnlich wie bei Schizophrenie, bei welcher Huber, Gross und Schüttler bereits 1979 ebenfalls die sehr seltene, aber grundsätzlich bedeutsame Wiederherstellung nach jahrzehntelangem Verlauf festgestellt haben. Freilich wussten sie keine Gründe dafür anzugeben. Inzwischen weiß man, dass 80 Prozent der Schizophrenen schließlich ihre schizophrenen Störungen verlieren. Das geschieht aber oft erst nach Jahrzehnten.

Epilepsie als Lebensschicksal
Zwei etwas ausführlichere Beispiele

Anfallsleiden stellen Lebensschicksale dar, weshalb hier einzelne Fallberichte wiedergegeben werden, denen eigentlich kein besonderer Gesichtspunkt zukommt. Der einzige Gesichtspunkt ist, dass dieses Leben vorübergehend oder für dauernd durch das Anfallsleiden geprägt wurde. Gewöhnlich werden – wie auch wir es hier sonst tun – nur zu bestimmten Gesichtspunkten Ausschnitte aus Krankheitsgeschichten wiedergegeben, weil kein einzelner Fall alle Probleme aufzeigt. Auch sind die sich aus dem Anfallsleiden ergebenden Probleme nicht in jedem Falle gleich deutlich. Schließlich werden im ärztlichen Alltag wohl in kaum einem Falle alle Gesichtspunkte herausgearbeitet werden. Gleichwohl hat der behandelnde Arzt es immer mit einem Lebensschicksal zu tun, in das er wiederum meist nur wie durch ein Fenster einen bestimmten Einblick bekommt.

Beispiel aus der Erfahrung:
Fall Vera St. Ambulant behandelte Patientin, deren Anfallsleiden bereits früher von einem in der Epileptologie besonders erfahrenen Nervenarzt untersucht worden war. Bei Aufnahme der Behandlung war sie 19 Jahre alt. Vera St. stammte aus einer bürgerlich erfolgreichen Familie. Der Vater, der nur eine Lehre als Bankkaufmann durchgemacht hatte, hatte es aus eigener Kraft mit einem Mineralöl-Großhandel zu beträchtlichem Wohlstand gebracht. Die Mutter entstammte einer wohlhabenden Familie, war aber eine einfache Frau, die in einer glücklichen ehelichen Beziehung und in der Fürsorge für ihre drei Kinder sehr zufrieden war.

Frühe Lebensgeschichte. Als die Mutter mit Vera St. im 7. Monat schwanger war, bekam sie eine Blinddarmentzündung, die operiert werden mußte. Vera St. weiß davon nur: «Ich wurde eingeschläfert, dass ich nicht strampelte, und dann wurde sie operiert. Aber wir wären beinahe beide hops gegangen.» Aufzeichnungen sind keine vorhanden. Geburt und frühkindliche Entwicklung verliefen dann normal. An Besonderheiten weiß sie nur, dass sie nach dem Nachmittagsschlaf immer eine Stunde geschrien habe, wenn sie nicht so lange auf dem Schoß gehalten wurde. Im übrigen war sie «ein ruhiges Mamakind».

Anfallsgeschichte. Im Alter von 11 Jahren trat der erste Anfall auf. Er kam ganz unvermittelt in der Schule während einer Mathematik-Klassenarbeit. Mathematik war in der Schule das Fach, das sie am besten konnte, nur dass sie schon seit einigen Jahren für die Lösungen lange Zeit brauchte. Auch bei dieser Klassenarbeit hatte sie alle Lösungen richtig gefunden, kam aber am Ende unter großen Zeitdruck, weil kurz vor Schluss der Stunde noch mehrere Aufgaben fehlten. Erinnerungen an Vorboten des Anfalls sind nicht vorhanden. «Ich fiel einfach aus der Bank raus. Es war ein junger Lehrer, der drehte gleich durch, als ich zusammenfiel. Ich bin aufgewacht und wusste nicht, was los war. Ich lag im Lehrerzimmer. Die Lehrer standen um mich herum. Da ist dann mein Vater gekommen.» Ein zu Rate gezogener Nervenarzt diagnostizierte gleich das Anfallsleiden, besprach es aber nicht mit ihr, sondern nur mit den Eltern. Erst ein Jahr später fiel erstmals in ihrer Gegenwart das Wort Epilepsie. Das habe sie außerordentlich beeindruckt, weil es mit so viel Geheimnis umgeben worden sei und sie sich etwas von Verblödung, Erbkrankheit, Nichtheiratenkönnen, Nichtautofahrenkönnen, Nichtmofafahrenkönnen darunter vorgestellt habe. Auch später traten Anfälle mehrmals in Mathematikstunden auf, wenn sie Angst hatte, es zeitlich nicht zu schaffen. Bei den meisten Anfällen ließ sich jedoch kein klarer Bezug zu einem bestimmten Ereignis herstellen. «Zusammenfallen» blieb der Ausdruck, den sie selbst fast immer für ihre Anfälle verwendete.

Die Anfälle blieben am ehesten als adversiv-psychomotorische anzusprechen. Die abgeleiteten EEGs waren häufig unauffällig. Einmal fanden sich jedoch Unregelmäßigkeiten und flüchtige Störungen besonders rechts temporal bis zentral (steile Wellen). Ein 30 Minuten nach Gabe von Prothipendyl im Schlaf abgeleitetes EEG zeigte eine Aktivation von SpikeWave-Komplexen rechts präzentral und einen bilateralen unregelmäßigen Spike-Wave-Ablauf von 8 Sekunden Dauer.

Die Anfälle traten zunächst nur etwa zweimal jährlich auf und konnten relativ unauffällig bleiben, z. B. mehrmals selbst in einem Flugzeug. Sie konnten aber auch zu schwierigen Situationen führen. So bei einem anderen Anfall während des Mathematikunterrichts bei einem Lehrer, der aus der 68er Studentenrevolte hervorgegangen war und den Schülern gesagt hatte, sie könnten bei ihm praktisch alles machen. Im Beginn des Anfalles wendete sie sich nach links zu ihrem Nebenmann, worauf der Lehrer diesen zurechtwies, er solle solche Sachen nicht im Unterricht machen, weil er offenbar den Eindruck hatte, dass Zärtlichkeiten ausgetauscht wurden. Dann war der Lehrer näher gekommen, blieb wie angewurzelt mit offenem Munde stehen und wusste offenbar nicht, wie er sich in der Situation verhalten sollte. Er veranlasste schließlich einen Notarzt-Transport in eine internistische Klinik in der nächsten Großstadt. Als sie dort bei der Aufnahme sagte, dass sie Epilepsie habe, sah sie im Gesicht das Entsetzen der Schwester, das ihr aber aus anderen Erfahrungen bereits gut bekannt war. Das Wort «Epilepsie» hatte sie gebraucht, um nicht im Krankenhaus bleiben zu müssen, sondern nach Hause geschickt zu werden. Tatsächlich konnte der Vater sie am gleichen Tage abholen.

Eine der wenigen Anfallsschilderungen zu dieser Patientin stammt von ihrem Freund, der allerdings nicht klar den zuletzt gesehenen Anfall von seinen Erinnerungen an andere Anfälle unterscheiden konnte. Seine Schilderung: Sie bekommt zuerst einen leeren Ausdruck in den Augen und blickt ins Leere und in die Ferne. Dann wendet sie den Kopf nach einer Seite (er weiß nicht, nach welcher) und wendet auch die Augen nach dieser Seite. Dann beginnt ein Zucken in der linken Hand (oder auch in der rechten), dann aber auch in der anderen Hand, aber nicht sehr viel Zucken. Etwas Speichel läuft aus dem Mundwinkel, es kommt aber nicht zu Schaum aus dem Munde, obwohl sie sich bei solchen Anfällen einmal auf die Zunge und einmal auf die Lippe gebissen hat. Nach zwei Minuten tut sie einen tiefen Schnaufer und ist anschließend todmüde, hat starke Kopfschmerzen und will erst einmal schlafen. Ein anderer Anfall war ganz anders verlaufen. Sie saß und blickte plötzlich ins Leere, tat aber sonst nichts. Er habe dies zuerst für Ulk gehalten und sie noch in die Seite gestoßen, darauf jedoch keine Reaktion oder Antwort bekommen. Manchmal schrie sie nach dem Anfall und rief laut nach ihrer Mutter, wovon sie später nichts mehr wusste.

Ihre eigene Erinnerung ist anders. Normalerweise ist sie sprudelnd vor Einfällen. Zwei Tage vor dem Anfall versiegt dieser Strom bereits ziemlich vollständig. Ihr fallen dann auch Namen nicht ein. Manchmal geht ein solcher Zustand vorüber, ohne dass sie einen Anfall gehabt hat. Obwohl sie die nachfolgende Erinnerung nicht genau in das Zeitgitter einordnen kann, handelt es sich wahrscheinlich um eine Aura. Sie sieht in solchen Zuständen immer wieder ein Pferd vor sich und stellt sich dazu vor, dass dieses Pferd ihr helfen müsse, weil die Mutter das so gesagt hat. Die eigene Erinnerung setzt einige Zeit nach dem Anfall wieder ein, bis zu zwei Stunden danach, obwohl sie vorher bereits auf Fragen antworten kann. Sie hat danach aber «gar keine Aufnahmefähigkeit»,«es geht nichts rein in den Kopf», sie fühlt sich «so benommen», hat «keine Konzentration» und ist teilnahmslos und gleichgültig. Zugleich ist sie in diesem Zustand leicht zu kränken und in Wut zu bringen: «Ich bin dann in 5 Minuten auf hundert. Ich leg' jedes Wort auf die Waagschale. Mein Freund macht gern mal Späßchen. Manchmal versteh ich das auch. Aber dann [nach dem Anfall] da kann ich das nicht verstehen und nicht vertragen.» Dies bleibt mehrere Tage so, nimmt aber langsam ab.

Vom Verlauf eines weiteren Tages liegt eine Selbstbeschreibung vor. Sie hatte morgens nach einem Anfall drei Stunden geschlafen, war dann langsam aufgestanden, hatte geduscht und war zum Einkaufen in ein Lebensmittelgeschäft gegangen und hatte danach die Mutter angerufen. Mittags mochte sie nichts essen. Nachmittags war sie nochmals, mit ihrem eigenen Mofa, in die Stadt gefahren. Der Tag war nutzlos, ohne Tätigkeit, vergangen. In einem solchen Zustand fühlt sie sich für ein oder zwei Tage depressiv und möchte am liebsten sterben.

Fortsetzung der Lebensgeschichte. Mit 13 Jahren, also zwei Jahre nach Beginn des Anfallsleidens, hatte sich ihr ruhiges Wesen verändert. Die Mutter meinte zu ihr, sie habe sich um 180 Grad gedreht. Sie wurde allgemein sehr lebhaft und fühlte sich von innerer Unruhe getrieben. Diese konnte sie am besten beruhigen, wenn sie schnell einmal irgendwohin reisen konnte oder als Mitfahrerin auf einem Motorrad ganz schnell gefahren wurde. Sie wurde aber auch boshaft, z. B. warf sie dem Großvater mit Absicht mehrmals Bananenschalen so hin, dass er ausrutschte und hinfiel. Gelegentlich bekam sie aus nichtigem Anlass maßlose Wutanfälle, z. B. als jemand ihr Wäsche aus der Wäscherei brachte und diese nach dem Auspacken aus dem Auto einen Augenblick auf dem Auto ablegte.

Dabei entwickelte sie sich allmählich zu einer gut aussehenden jungen Frau. D. h. bei genauerem Zusehen hatte sie keine besonderen Vorzüge, kleidete sich aber als Schönheit und machte sich entsprechend zurecht. Sie fühlte sich auch so, und die Umgebung reagierte entsprechend positiv darauf. Noch während der Schulzeit wollte sie Schauspielerin werden, scheiterte aber damit und wollte dann Photomodell und Model werden, war aber auch darin erfolglos. Sie brach die Schule ab und trat eine Lehre an, wozu ihr die Eltern in einer auswärtigen Stadt eine eigene Wohnung einrichteten. Die Lehre brach sie aber ebenfalls nach einigen Monaten wieder ab und wollte nun wieder versuchen, Schauspielerin zu werden. Dies war der Zeitpunkt, zu dem die Eltern dringend ärztliche Hilfe wünschten. Die Mutter wurde mit der Lebensführung ihrer Tochter sehr unzufrieden und ungeduldig. Beim Vater äußerte sich die Beunruhigung in seiner Reaktion auf ihre Anfälle. Sobald er im Hause ein Geräusch hörte, lief er hin, weil er meinte, seine Tochter habe einen Anfall. Daher drängte er sehr auf eine Behandlung, welche die Anfälle beendeten. Der Großvater dagegen bezeichnete sie als scheinkrank, da sie mit Hilfe ihrer Krankheit etwas zu erreichen versuche, was ihr nicht zustehe.

Die Patientin hatte von früh auf keine Schwierigkeit, mit Männern Kontakt aufzunehmen. Sie sagte von sich: «Ich spiel sehr gern mit dem Feuer. Ich interessier' mich so lange für jemand, bis er sich für mich interessiert, dann lass ich ihn verhungern». Vom 16. Lebensjahr an hatte sie einen 15 Jahre älteren Apotheker zum Freund, der an der Côte d'Azur eine Yacht besaß und am Wochenende häufig für ein paar Tage mit ihr hinfuhr oder hinflog, was ihr sehr gut gefiel. Besonders bei solchen Wochenenden vergaß sie entweder ihre Medikamente mitzunehmen oder sie einzunehmen, so dass Anfälle auftraten, schließlich zwei oder drei in einer Woche. Mit diesem Freund hatte sie auch sexuelle Beziehungen, die aus ihrer Sicht problemlos waren, aber sie hatte weder sexuelles Verlangen noch jemals einen Orgasmus erlebt. Eine Anti-Baby-Pille mochte sie nicht einnehmen. Als sie schon eine eigene Wohnung hatte, kam ein zweiter Freund hinzu, der ihr persönlich gut gefiel, der aber auch Besitzer eines schnellen Motorrades war. Auch er blieb nachts bei ihr und auch bei ihm hatte sie keine sexuellen Empfindungen. Sie fühlte sich wegen der zwei Männer zwar etwas «abnorm», hatte aber sonst keine Skrupel, gleichzeitig Beziehungen mit zwei Männern zu haben.

Behandlung. So lange die Antikonvulsiva regelmäßig eingenommen wurden, war es nicht schwer, weitgehende Anfallsfreiheit zu erzielen. Diese Regelmäßigkeit nahm jedoch immer mehr ab, während die Zahl der Anfälle zunahm. Die Einstellung zum erwarteten Therapieerfolg war bei allen Beteiligten verschieden. Der Vater erwartete eine Unterdrückung der Anfälle und Erzwingung der regelmäßigen Medikamenteneinnahme, war aber hinsichtlich der Lebensführung tolerant und finanziell sehr großzügig. Die Mutter erwartete eine Begradigung der unstet gewordenen Lebensführung, also des pseudopsychopathischen Wesens, das im Kontrast zur strebsamen bürgerlichen Persönlichkeit ihrer Geschwister stand. Die Patientin gab ohne besonderen Leidensdruck einerseits dem Druck der Familie nach, andererseits sprach sie gern über sich selbst und ebenso über ihre sexuellen Erfahrungen und suchte auch Unterstützung. In den Therapiestunden war sie, insbesondere wenn Anfälle vorausgegangen waren, teilweise so einfallsarm, dass ein kontinuierliches therapeutisches Gespräch nicht möglich war. Zu anderen Zeiten ging es besser und sie erzählte, wenn sie nicht über ihr Leben und ihre Beziehungen sprach, von ihren Träumen, die immer wieder etwas mit dem Tod zu tun hatten, meist in sehr konkreter Form. Den Tod hatte sie im Traum allerdings nicht auf sie selbst bezogen, sondern auf die Großmutter, die sie tot gesehen hatte und auf den Vater, dessen Tod sie befürchtete. Sie suchte die Behandlung stets nur unregelmäßig auf. Alle waren mit dem Erfolg der Behandlung unzufrieden, weil sich die Erwartungen nicht erfüllten. Schließlich brach sie die Behandlung ab, nachdem sie jemand gefunden hatte, der versprach, ihr Leiden erfolgreich mit Hilfe Akupunktur aus der Welt zu schaffen. Sie erzählte bei einem späteren Besuch, dass ihre Anfälle sich dadurch verringert hätten und sie kaum noch Antikonvulsiva einnehme. Inzwischen war sie jedoch vereinsamt. Die Freunde hatten die Kontakte einschlafen lassen und gebrauchten Ausflüchte, wenn sie sie sprechen wollte. Zu den Eltern und Großeltern hielt sie ihrerseits Abstand, weil sie Vorwürfe fürchtete. Neue Kontakte hatten sich nicht gebildet.

Fall Fritz L: Der 43jährige Patient war unter der Diagnose eines Status epilepticus auf die neurologisch-psychiatrische Intensivstation aufgenommen worden. Zur Vorgeschichte wurde notiert, dass der Pat. seit seiner Kindheit an Epilepsie leide und seit zwei Tagen das täglich bei ihm abgelieferte ‚Essen auf Rädern‘ nicht mehr verzehrt habe. Daraufhin sei der Vater verständigt worden, der ihn «bei nicht klarem Verstande» in der Wohnung aufgefunden habe und die Einweisung veranlasst habe. Im Aufnahmebefund sind Myoklonien im Gesicht, eine überkreuzte Haltung der Beine mit Adduktorenspasmus und eine Streckhaltung der Arme vermerkt. Das Babinski-Zeichen war beidseits positiv. Das Computertomogramm zeigte rechts frontal ein Ödem. Nach mündlichem Bericht traten noch weitere Anfälle auf, nach deren Abklingen der Kranke so aggressiv gegenüber dem Pflegepersonal der Intensivstation wurde, dass die Unterbringung nach Unterbringungsrecht auf einer geschlossenen psychiatrischen Station veranlasst wurde.

Nach 3 Wochen wurde eine Gruppe von Medizinstudenten mit seiner Untersuchung betraut. Gruppenbetreuer war ein Arzt in Weiterbildung zum Neurologen, der sein psychiatrisches Jahr absolvierte. Er gab den Studenten Hinweise auf typische Verhaltensweisen der Epileptiker, auf die sie achten sollten, nämlich a) auf das sog. «Klebenbleiben», d. h. das Festhalten an Gedanken und Verhaltensweisen und b) auf das plötzliche, wie aus dem Nichts auftretende Aufbrausen oder Verärgertsein.

Der Patient wartete bereits erwartungsvoll im Flur auf die Studentengruppe und begrüßte alle einzeln per Handschlag mit leichtem Kopfnicken und der Bemerkung, «jeder Mensch hat seine Würde». Er machte keineswegs einen verschüchterten Eindruck, sondern übernahm eine Art Gastgeberrolle und führte die Studentengruppe in den Aufenthaltsraum. Dieses Auftreten passte auf der anderen Seite so gar nicht zu seinem äußeren Erscheinungsbild. Denn er wirkte im Ganzen ungepflegt. Er war nicht rasiert, die Haare waren nicht gewaschen und nur flüchtig gekämmt, die Jacke war voll mit ausgefallenen Haaren und ziemlich schmutzig und die Fingernägel hatten Überlänge und einen dicken Schmutzrand. Für den Zweitagebart und die schmutzigen Fingernägel entschuldigte er sich, er sei bislang nicht dazu gekommen. Er freute sich offensichtlich über das Gespräch und genoss die Situation. Er behandelte die Studenten wie netten Besuch, dem man artig auf die gestellten Fragen antwortet und blickte den Frager offen an. Allerdings wurden die Fragen immer nur mit dem Nötigsten beantwortet, so dass zum Schluss trotz mehrmaligen Nachfragens vieles unklar blieb. In den Gesprächspausen ergriff er nie selbst das Wort, sondern wartete ausschließlich auf Fragen.

Biographische Anamnese: Die Mutter war gestorben, als er 20 Jahre alt war. Der jetzt 71jährige Vater war früher Angestellter in der Installationsfirma seiner Schwester gewesen. Vor zwei Jahren hatte er erneut geheiratet. Epilepsie war in der Familie nicht bekannt. Erste eigene Erinnerung an Anfälle im Alter von 10 Jahren, während der Vater ihm erzählt hatte, dass schon vorher Anfälle bestanden hatten. Als Ursache wurde ein nicht nachgewiesener frühkindlicher Hirnschaden angenommen. Von den Anfällen wusste er nur zu erzählen, dass es zu Zungenbiss, Bewusstlosigkeit, Ausschlagen von Zähnen, Zerbrechen seiner Brille und Verbrennungen mit einer Zigarette gekommen war. Außer an «Lehrerstreiche» hatte er keine besonderen Erinnerungen an die Schulzeit. Nach Abschluss der Volksschule besuchte er die Berufsschule. Im Alter von 16 Jahren zog er mit Einverständnis der Eltern zu Hause aus, denn er «machte schon früh alles gern alleine». Zunächst arbeitete er in einem Reisebüro, was er abbrach, weil es lange Aufstiegszeiten gäbe. Dann arbeitete er als Tankwart, wobei er mehrmals die Tankstelle wechselte. Im Alter von 39 Jahren wurde er Frührentner und erhielt einen Schwerbehindertenausweis entsprechend einer MdE von 70%. Er bezeichnete sich als «sehr gesellig» und berichtete vom Schützenverein, Kneipenbesuchen und mehreren Freundinnen. Die letzte Freundin hatte er 15 Jahre zuvor kennen gelernt. Sie war zehn Jahre älter gewesen und war auch schon, wie sich später herausstellte, vor drei Jahren gestorben, an einem Herzinfarkt. Er war nie verheiratet und hatte keine Kinder. Er bezeichnete sich als «sehr ordentlich, pingelig». Er erzählte, dass er die Wäsche zum Waschen zum Vater bringe, ‚Essen auf Rädern‘ in die Wohnung gebracht bekomme und ein Pfleger zum Inordnunghalten seiner Wohnung komme, mit dem er Kaffee trinken gehe, auch zum Arzt, zur Bank und zur Post. Wenn er Alkohol genießt, bekommt er mehr Anfälle. Deshalb habe er seit drei Jahren keinen Alkohol mehr zu sich genommen. Mit der Tabletteneinnahme habe er in der letzten Zeit geschludert. Vom Wesen her könne er «kratzbürstig sein», er entschuldige sich aber, falls er im Unrecht sei. Der erfahrene Untersucher konnte an ihm ein überaus freundliches Wesen bemerken zusammen mit dem, was man im Verhalten als Klebrigkeit bezeichnet. Er trat sehr nahe an die Person heran, trug seine Anliegen langsam und umständlich vor und konnte auf Eile und Beschleunigungswünsche des Gesprächspartners offensichtlich nicht eingehen, sondern haftete ihm auch beim Weitergehen an den Fersen. Aber das Denktempo war nicht auffällig langsam, nur inhaltsarm.

Von da an bildeten sich in der Studentengruppe zwei Meinungen. Die eine (A) fand am Leben, Erscheinungsbild und Wesen dieses Patienten nichts Besonderes, schon gar nichts Krankhaftes. Insbesondere vermochte man kein Klebenbleiben oder Gereiztheit zu erkennen. Die andere Gruppe (B) hatte den gegenteiligen Eindruck.

Student aus Gruppe A.: Ich hatte eher den Eindruck, dass seine Nettigkeit und Höflichkeit durch die besondere Situation dieses Gesprächs und nicht durch eine krankhafte Veränderung seiner Persönlichkeit bedingt war. Die ganze Atmosphäre erinnerte eher an ein Zeitungsinterview.

Student aus Gruppe B.: Mir hat Herr L. während des ganzen Gesprächs nicht den Eindruck des Normalseins, sondern des Normalsein-Wollens vermittelt. Da waren manche Widersprüche. Zuerst das Symptom des Haftens. Sicherlich war es bei unserem Patienten nicht extrem ausgeprägt, eigentlich gar nicht durch Zähflüssigkeit der Gedankengänge. Allerdings kamen unsere Fragen wie aus der Pistole geschossen, so dass Herr L. keine große Chance hatte, an Gedanken zu haften. Auch war er sehr durcheinander von den Schwerpunkten. Dann haben wir viele Fragen suggestiv gestellt, die von ihm mit demselben Wortlaut beantwortet wurden. Unter Umständen hat man ihm damit Sachen in den Mund gelegt, die er so spontan gar nicht hätte beurteilen können. Dann fand ich seine betont gute Kooperation mit uns schon auffällig. Auf die Frage, ob er mit in den Hörsaal kommen würde, willigte er nicht nur ein, er wollte sogar von außerhalb eigens zum diesem Zweck kommen und wollte telefonisch in Kontakt bleiben. Nach der Verabschiedung lief er hinter uns her bis zum Arztzimmer.

Student aus Gruppe A.: Mein erster Gedanke war, das sind ja ganz vernünftige Ansichten, keine Kinder haben zu wollen wegen der Krankheit und wegen der Verpflichtung. Allerdings konnte ich auch nicht so recht glauben, dass es eigenständige Überlegungen des Patienten sind. Es schienen eher übernommene Inhalte zu sein oder Antworten, die von einem Kranken, der sich seiner Krankheit bewusst ist, erwartet werden. Darin schon eine Sich-Drücken vor Verantwortungsübernahme zu erblicken, halte ich für etwas übertrieben.

Student aus Gruppe B. Er hat ganz offensichtlich bestimmte Themen ausgespart, z.B. die Beziehung zu den Eltern. Er betont immer wieder, ‚es waren nie Probleme da, wir haben uns gut verstanden‘. Trotzdem, der frühe Auszug mit 16 Jahren von zu Hause trotz der Anfälle 2 bis 3 Mal im Monat bleibt unerklärt. Er betont, dass keine Schwierigkeiten vorlagen, läßt das elterliche Zuhause aber im Dunkeln: ‚Ich wollte meine Dinge für mich allein schaffen‘.

Ich fand ihn sehr unselbständig. Er läßt sich ‚Essen auf Rädern‘ kommen, obwohl er nicht gehbehindert ist. Er steht unter Pflegschaft und hat einen Pfleger, obwohl er angeblich alles kann. Die schmutzige Wäsche bringt er zu seinem alten Vater. Er ist ungepflegt. Die typische Aggressivität, wie sie bei epileptischen Veränderungen auftritt, hat er zwar nicht im Gespräch gezeigt, aber auf die Frage, wie er sich selbst beschreiben würde, sagt er nicht nur, dass er kratzbürstig ist, sondern dass er, wenn ihm jemand den Anlass gibt, schnell von 1 auf 100 kommt. Wenn der Vater am Telefon fragt, ‚was hast Du wieder für einen Mist gemacht?‘, dann, sagt er, ‚hau ich den Hörer drauf und Schluss‘.
Auch auf Station hat er mehrmals Ärger mit den Krankenschwestern bekommen. Er antwortete zwar prompt und bereitwillig, lieferte aber nie unaufgefordert weitere Information, griff öfter sogar genau unsere Formulierung auf. Das deute ich so, dass es ihm an Anregung und Assoziationen zu eigenem Erzählen mangelt. Seine Hilfsbereitschaft erscheint mir aufdringlich.

Beide Gruppenbeschreibungen

Beide Gruppenbeschreibungen zusammen genommen ergeben erst ein etwas vollständigeres Bild. Die eine Gruppe beachtete mehr die Augenblickswirkung im Gespräch sowie die plausiblen Erklärungen des Patienten und fand in ihrer eigenen Lebenserfahrung für alles eine normalpsychologische Erklärung. Dieses Verhalten erklärt, warum viele Anfallskranke noch als psychisch normal bezeichnet werden, obwohl ihre psychischen Veränderungen bereits schwerste soziale Folgen mit sich gebracht haben. Die andere Gruppe beachtete mehr die Lebensgeschichte und die Widersprüche zu den Äußerungen des Patienten. Beide Gruppen mußten ohne objektive Anamnese und eine längere Beobachtungszeit auskommen, woraus sich vermutlich noch sehr wesentliche Gesichtspunkte zur Beurteilung ergeben hätten. Dies entspricht aber einer häufigen Situation in der ärztlichen Praxis.

Épilepsie larvée
Epilepsia sine ictu
Epilepsie ohne Anfälle
und die Pariser Diskussion dazu

Es gibt wenig Themen im gesamten Bereich der Epileptologie, die bis in die neueste Zeit häufiger und kontroverser diskutiert worden sind als die hinter einer Larve verborgene Epilepsie, die ohne Anfälle ist.

Gibt es sie oder gibt es sie nicht?

Als neuen psychiatrischen Teilaspekt zur Epilepsie führte ihn 1860 Morel mit einer Studie mit dem Titel «Épilepsie larvée» (larvierte Epilepsie) ein. Auf eine kürzeste Formel gebracht, handelt es sich darum, dass eine Epilepsie sich nicht durch Anfälle, sondern allein durch psychotische Episoden oder überhaupt nur durch den epileptischen Charakter kundtun kann. Es ist später von Lunier betont worden, dass die gleiche Idee schon um 1800 von Joseph Frank unter dem Namen «epileptische Transformationen» erwähnt worden sei. Auch nach Christian (1890) war der gleiche Gedanke schon von Renaudin (1847) und Billot (1850) ausgesprochen worden. Derartiger Vorgänger ist sich Morel zweifellos nicht bewusst gewesen und blieb in den Augen seiner Zeitgenossen und aller späteren Generationen nicht nur der Schöpfer des Namens sondern auch der Sache «Larvierte Epilepsie».

Morel (1860) stellt das Problem kasuistisch dar.

Ausführlich wird der Fall einer 32jährigen Frau geschildert, deren psychopathologische Beschreibung aus heutiger Sicht eher zum Bild einer Manie passen würde, bei welcher jedoch nach jahrelangem psychischen Leiden durch einen Status epilepticus dem Bild, nach Morel, im Nachhinein eine andere Bedeutung zu geben ist. Aber Morel hebt auch schon hervor, dass bei derselben Frau eine ausgeprägte Reizbarkeit und gelegentliche Wutanfälle mit nachfolgender Störung durch das Bemerken

113

oder Hinzutreten epileptischer Anfälle nach längerer Zeit eine Umdeutung i.S. einer epileptischen Psychose notwendig machten. Morels Idee einer nicht-konvulsiven Epilepsie wurde, wie es scheint, mit einer für ihn selbst unerwarteten Zustimmung aufgenommen. Morel selbst hat sich noch darum bemüht, in solchen Fällen nicht nur aus der nachträglichen Beobachtung von Anfällen, sondern aus dem psychopathologischen Bild der Psychose sowie aus der Beobachtung eines epileptischen Charakters auf die Epilepsie zu schließen, die sich damit eventuell nie durch Anfälle zu erkennen gibt.

Neun Jahre nach den ersten kasuistischen Beobachtungen lieferte Morel (1869) eine neu formulierte, knappe Definition.

Ich bezeichne als larvierte Epilepsie eine Epilepsieform, die sich nicht durch Anfälle selbst, durch [epileptischen] Schwindel und Konvulsionen kundgibt, sondern im Gegenteil durch alle anderen Symptome, welche gewöhnlich die Epilepsie mit plötzlichen Anfällen und Konvulsionen begleiten, also: periodischer Wechsel zwischen Erregung und Niedergeschlagenheit, Depression, plötzliche Wut ohne erkennbaren oder aus geringstem Anlass; wechselhaftes Wesen; Vergessen von gefährlichen Handlungen, die während plötzlicher oder rasch vorübergehender Wut begangen wurden, wie man es auch sonst bei Epilepsie findet: Wiederholung derselben Psychose und derselben ungewöhnlichen und gefährlichen Handlungen in jeder neuen Krankheitsepisode.

Die mit der Diagnose einer so definierten, rein psychischen Epilepsie auftretenden Probleme wurden von November 1872 bis März 1873 in sieben veröffentlichten Sitzungen der Pariser «Societé medico-psychologique» diskutiert, wobei ein kritischer Bericht von Delasiauve schon mehr als die Hälfte des Protokolls einnimmt.

An dieser Diskussion beteiligten sich die bekanntesten Psychiater der psychiatrischen Asyle in und um Paris, nämlich Morel, Berthier, Jules Falret, Lasègue, Billaud, Legrand du Saulle, Delasiauve, u.a. Die Protokolle, schwer zugänglich und später offenbar kaum wieder gelesen, obwohl oft zitiert, bringen auch nach heutigen Begriffen eine erschöpfende Diskussion des Problems. Der schwache Punkt der Theorie, nämlich die Diagnose der Epilepsie allein aus ihrer Psychopathologie als Achillesferse von Fournet scharf herausgearbeitet führte Morel, der nur gelegentlich an den Sitzungen teilnahm, am 25.11.1872 zu einer weiteren Präzisierung der diagnostischen Kriterien.

Zur Diagnostik dienen: extreme Wechselhaftigkeit des Charakters, die klinischen Bilder der Psychosen, plötzliche, unvorhersehbare, nicht erinnerte Handlungen, die sich wiederholen, auch extreme Geräuschempfindlichkeit. Das ganze Bild sei so spezifisch, dass oft schon die Krankenschwestern die Vermutung einer Epilepsie anstellen könnten, obwohl niemals ein Anfall aufgetreten war. Der erfahrene Untersucher sei in der Sache aber ganz sicher. Als Fournet auch danach noch nicht überzeugt war, wurde Morel von Jules Falret unterstützt, der seinerseits klinische Charakteristika aufführte: der plötzliche Beginn (von Psychosen und Ausnahmezuständen), das Fehlen einer Erinnerung im Anschluss daran, die Uneinfühlbarkeit der Handlungen, in denen eine oft außergewöhnliche Gewalt erkennbar wird, schreckliche Halluzinationen und schließlich die gleiche Reihenfolge der Phänomene bei jedem «Anfall».

Delasiauve ging bei seiner ausführlichen kritischen Würdigung jeden einzelnen von Morel publizierten Fall durch und formulierte dann seine Zweifel. Das Konzept der larvierten Epilepsie habe zwar neue Horizonte eröffnet, aber der Schritt vom Eindruck zur Sicherheit sei nicht zu vollziehen. Das von Morel gezeichnete psychische Bild der Epilepsie sei zwar als Ganzes charakteristisch, aber die einzelnen Zeichen seien nicht konstant vorhanden oder auch nicht scharf genug zu fassen und könnten auch als etwas anderes aufgefasst werden. Man beobachte dieselben Zeichen auch in anderen psychopathologischen Zusammenhängen. Kurz, die Unterscheidungsmerkmale gegenüber anderen Bildern bei Epilepsie seien unzureichend.

Legrand du Saulle, der sich auf die Seite von Morel schlug, verglich die Tätigkeit des Psychopathologen bei der larvierten Epilepsie mit der eines Archäologen, ein Vergleich, der später bei Freud so oft wieder auftaucht. Von einem Ganzen, erklärte Legrand, erhalte man nur Teile, oft undeutliche und verwischte Inschriften und müsse nun das Ganze daraus rekonstruieren. Legrand du Saulle steuerte dann selbst eine Kasuistik bei. In ihr findet man viele Dämmerzustände, die man heute eher als hysterisch oder gar simuliert ansehen möchte und die später, in der Diskussion gegen Ende des Jahrhunderts, eine so unglückselige Rolle spielten.

Eine besondere Rolle in der Pariser Diskussion spielt der Fall des deutschen Grafen Chorinsky, der in München wegen Mordes vor Gericht stand (Sitzungsprotokolle vom 20.10. und 30.11.1868). Morel, der als Sachverständiger nach München geholt worden war, vertrat mit viel Temperament die Ansicht, dass der Graf an einer larvierten Epilepsie leide und nur noch drei Jahre zu leben habe. Die französischen Psychiater setzten sich damit in Gegensatz zu den deutschen Psychiatern, was in Deutschland zu einer heftigen Diskussion führte, die später von Friedrich Wilhelm Hagen veröffentlicht wurde (Hagen, 1872).

Die Argumente, die Morel in einer früheren Sitzung der «Societé medico-psychologique» vom 26.10.1868 zur Begründung seiner Diagnose angeführt hatte, bezogen sich hauptsächlich auf Wutanfälle, mit denen der Graf seine Geliebte erschreckt hatte und die auch dazu führten, dass er im Alter von 25 Jahren wie ein Kind im Salon seines Vaters Gäste anfiel und sie biss. In der plötzlich aufschießenden, heftigen und scheinbar ganz unmotivierten Aggression wurde also, wie auch sonst immer wieder, das spezifisch Epileptische gesehen.

War der Mörder der Kaiserin Sissi ein Epileptiker ohne Anfälle?

Diese Vorstellung hat sich zähe gehalten. So schreibt, um ein anderes Beispiel zu nennen, der Schweizer Psychiater Auguste Forel in seinen Memoiren:

Im September [1898] wurde die Kaiserin Elisabeth [Sissi] von Österreich von dem Anarchisten Lucheni ermordet. Der Verteidiger des letzteren bat mich um ein Gutachten über seinen Geisteszustand. Ich hatte so Gelegenheit, diesen bereits von [Cesare] Lombroso als larvierten Epileptiker bezeichneten Mann im Gefängnis näher zu beobachten. Er war ein durchaus abnormer, impulsiver und rabiater Psychopath. Ich begutachtete ihn auch als solchen; er wurde trotzdem verurteilt. Lucheni sorgte später selbst dafür, dass ich recht behielt, indem er aus einem nichtigen Beweggrund (weil man ihm nur ein Buch statt zwei aus der Gefängnisbibliothek zu gleicher Zeit gab) einen Mordanschlag auf den Direktor versuchte. (Forel, 1935. S. 203).

Lucheni wurde zu lebenslanger Haft verurteilt, weil in dem Kanton Genf, wo sich das Gericht befand, die Todesstrafe abgeschafft worden war. Zwölf Jahre nach der Verurteilung, 1910, hat er sich in Genf selbst das Leben genommen.

Was war nun mit dem Grafen Chorinski?

Aus heutiger Sicht erscheinen die mehr beiläufig mitgeteilten Beobachtungen, dass der Graf als Dreijähriger eine extreme Gewitterangst hatte und von da an als exzentrisch galt eher als Hinweis auf psychodynamische Faktoren. Billod dagegen glaubte nachweisen zu können, dass es sich um eine Progressive Paralyse gehandelt habe, wodurch eben die Unzulänglichkeit der Kriterien der larvierten Epilepsie durch ihren Schöpfer selbst demonstriert worden sei.

Als Fazit der ausgedehnten Diskussion läßt sich festhalten, dass trotz aller erhobenen Bedenken die Möglichkeit des Vorkommens einer larvierten Epilepsie weitgehend bejaht, dass aber die Möglichkeit ihrer präzisen Feststellung weitgehend verneint wurde, sofern nicht doch noch später auftretende epileptische Anfälle das Bild klären. Die französische Psychiatrie hat die Diskussion um die larvierte Epilepsie als eine Besonderheit beibehalten, was später noch zur Diagnose eines solchen Leidens bei van Gogh durch Gastaut führte.

War Hitler ein Eileptiker?

Die Vorstellung einer larvierten Epilepsie ist auch in Deutschland nie ganz ausgestorben. Noch von Hitler wurde behauptet, dass er ein (larvierter) Epileptiker gewesen sei, weil er vor Wut in Teppiche gebissen habe. Beides ist Legende. Weder hat Hitler je epileptische Anfälle gehabt noch hat er in der Wut in Teppiche gebissen.

Warum macht Epilepsie ohne Anfälle so viel Aufsehen?

Man fragt sich, warum ein derartig begrenztes Problem damals so viel Aufsehen erregen konnte. Auch dafür liefert die Diskussion der «Societé medico-psychologique» Anhaltspunkte. Legrand du Saulle erwähnte die Vielzahl von akut psychotischen Bildern, die damals jeweils nach einzelnen Verhaltenskriterien unter den verschiedensten Bezeichnungen geführt wurden. Genannt werden: manie périodique (etwa: monopolare Manie), folie instinctive, monomanie transitoire homicide, délire impulsiv, folie instantannée, accès subit, fièvre cérébrale, aliénation mentale intermittante, folie suicide, folie circulaire (etwa: bipolare manisch-depressive Erkrankung) sowie folie à double forme. Außer etwa bei der monopolaren Manie und der bipolaren Störung sind die aufgeführten Formen heute ohne Interesse und zeigen nur die damaligen Schwierigkeiten auf, eine Ordnung unter den psychischen Störungen herzustellen. Die neue Theorie schien eine Lösung anzubieten, nämliche alle diese Bilder unter einem einheitlichen Gesichtspunkt zu sehen, dem der larvierten Epilepsie.

Dennoch hat die Theorie von der larvierten Epilepsie hat sich nie vollständig durchzusetzen vermocht. Es wurde zwar in der Praxis ein ausgiebiger Gebrauch von der Diagnose gemacht, da sich der Begriff gerade wegen seiner relativen Unbestimmtheit auf eine Vielzahl von Zuständen anwenden läßt. Andererseits mußte er gerade dadurch bei kritischen Klinikern Missbehagen auslösen, die offenbar nicht zu Unrecht das Ansehen der psychiatrischen Wissenschaft vor Gericht in Gefahr sahen.

Larvierte Epilepsie
in der deutschen und amerikanischen Psychiatrie

Die deutsche Psychiatrie war bis weit in die zweite Hälfte des 19. Jahrhunderts in mancher Hinsicht abhängig von den Beschreibungen der französischen Kliniker. Die gebräuchlichen Lehrbücher der Psychiatrie bezogen sich ausdrücklich auf Esquirol, Delasiauve und andere französische Autoren. Selbst Griesinger gab in der zweiten Auflage seines vielbenutzten Lehrbuchs noch eine kurze, wenig anschauliche, von Esquirol abhängige Darstellung des Problems der «psychischen Epilepsie». Griesinger hob – und das läßt unterschiedliche Verhältnisse in Frankreich und Deutschland erkennen – gerade hervor, dass man sich nicht nach den vereinzelten Fällen der Privatpraxis richten dürfe, die offensichtlich ein unkompliziertes Bild vortäuschten, sondern nach der Beobachtung in den größeren für solche Kranke bestimmten Institutionen das Bild beschreiben sollte. Nach Griesinger ist

eine sehr große Zahl Epileptischer [...] auch während der krampffreien Zeiten chronisch geisteskrank.

Nicht anders verhält es sich mit dem psychiatrischen Lehrbuch von Leidesdorf, das eigentlich nur das Vorkommen psychotischer Störungen bei Epileptikern aufzeigt und sich außer an Hoffmann wiederum eng an die französische Vorbilder anlehnt, ohne dies auch nur nach der eigenen Erfahrung zu ergänzen. Bewundernd heißt es, dass sich die Franzosen viel mit der Epilepsie bei Geisteskranken beschäftigt hätten. Die Kausalität eines Zusammenhangs zwischen Geistesstörungen und Epilepsie wird dabei nicht erörtert, sondern als Faktum behandelt.

Krafft-Ebing (1867) versuchte unter besonderem Hinweis auf Morel Anschluss an die französischen Kliniker zu gewinnen, indem er einen Fall von larvierter Epilepsie ausführlich mitteilte. Es handelte sich um eine Arbeiterin, die in Ausnahmezuständen auch Diebstähle beging, so dass forensisch-psychiatrische Fragen zu erörtern waren. Aus heutiger Sicht wäre nach der ausführlichen Beschreibung eher von einer Hystero-Epilepsie zu sprechen, denn es werden sowohl Grand mal im Erwachsenenalter (nach frühkindlichen Anfällen) als auch hysterische Anfälle (Arc de cercle, Verfälschung der Wahrnehmung) beschrieben, ganz in der Art, wie sie später Paul Richer (1881) bildlich dargestellt und wie es seit 1846 durch Landouzy bekannt war. Der hysterische Anfall wird als ein Symptom für Epilepsie gewertet. Dies zeigt zugleich, wie sehr der Begriff schon alsbald nach seiner Einführung zu Missverständnissen geführt hat.

Auch Samt (1875/76), auf den sich die spätere deutsche Literatur immer wieder berief, beabsichtigte lediglich eine Bestätigung der Erfahrungen französischer Kliniker mit Hilfe eigener Erfahrungen. Wir hatten bereits darauf hingewiesen, dass Samts negative Schilderung des epileptischen Charakters ein fast wörtliches Zitat aus Morel darstellt, auf den Samt selbst ausdrücklich hinweist. Dennoch hat die weitere Tradition Sache und Formulierungen nur noch mit dem Namen Samt verbunden.

In seinen wesentlichen Teilen behandelt Samts Arbeit jedoch das Thema der larvierten Epilepsie unter Bezugnahme auf Morel und Falret, die er ausdrücklich bestätigt. Psychosen werden demgemäß dann der Epilepsie zugerechnet, wenn schwere Erregung oder nachträgliche Erinnerungslosigkeit bestehen, auch wenn es nie zu einem Anfall gekommen ist. Samt vertritt sehr eindeutig die Auffassung, dass alle «epileptischen Irreseinsformen» (behandelt werden nach heutiger Auffassung Dämmerzustände und Psychosen) allein aus dem psychopathologischen Bilde zu diagnostizieren seien. Zwar räumt auch Samt ein, dass es kein pathognomonisches Symptom gebe, jedoch sei dies auch sonst in der Medizin häufig so. Die Gesamtschau des klinischen Bildes erlaube die Diagnose. Samt stellte eine Liste von Symptomen für die larvierte Epilepsie auf:

Stupor mit charakteristischer sprachlicher Reaktion in verschiedenen Intensivitätsgraden; rücksichtslose extremste Gewalttätigkeit; schwere ängstliche Delirien [Delir im alten Sinne für Wahnpsychosen gebraucht]; verschiedenartiger Erinnerungsdefekt; [...] Gemisch ängstlicher Delirien mit Größendelirien und die eigentümlich religiösen Delirien. [...] GottNomenklatur und Verflechtung der ,Majestät' mit den Delirien [...] verschiedenste Grade der Verworrenheit, von teilweiser Luzidität auf der einen Seite bis zur traumähnlichen Absurdität und Inkohärenz und bis zur delirium-tremensartigen illusorisch-halluzinatorischen Verworrenheit auf der anderen Seite. Schließlich «das räsonnierende Delirium und eine maniakalische Moriaform».

Im Großen und Ganzen handelt es sich also um dieselben Zeichen, die auch schon Morel wie auch Legrand de Saulle verwendet hatten und die damit auf die berechtigte Kritik ihrer Zeitgenossen gestoßen waren.

Es ist interessant, dass Samt zur Beschreibung derjenigen psychopathologischen Besonderheiten, welche auf die epileptische Natur einer Psychose hinweisen sollten, fast ausschließlich Begriffe und Vergleiche benutzt, welche seither jedenfalls in dem von Samt gebrauchten Sinne aus der psychiatrischen Nomenklatur verschwunden sind. Die weitere Entwicklung hat Samt widerlegt: Es ist nicht möglich, mit Hilfe der von ihm zusammengestellten Symptomliste epileptische von nicht-epileptischen psychischen Störungen mit hinreichender Sicherheit zu unterscheiden. Unter diesem Blickwinkel muss dann aber auch sein Ausgangsmaterial einer Kritik unterzogen werden. Samt selbst gibt die Zahl der nicht-konvulsiven psychischen Störungen mit einem Drittel aller vorkommenden Krankheitsbilder dieser Art an. U. Flecher (1934) andererseits rechnete von Samts 40 Fällen allein 18 der Schizophrenie zu (die es 1875 als anerkannte Krankheitseinheit noch nicht gab). Auf jeden Fall muss man bei allen Überlegungen zu den psychopathologischen Einteilungen Samts berücksichtigen, dass die meisten Fälle Samts nicht der Epilepsie zugerechnet werden können. Im Ganzen zeigt gerade Samts Arbeit, welche Gefahr unscharfer Grenzen die Schaffung der larvierten Epilepsie mit sich gebracht hatte.

Larvierte Epilepsie – amerikanisch

Offensichtlich ohne Kenntnis der älteren Literatur haben die amerikanischen Psychiater Tippett und Pine (1957) einen neuen Begriff der larvierten Epilepsie geprägt, ihm jedoch einen anderen Inhalt gegeben. Diese neue Begriffsfassung lehnt sich an den Begriff der «larvierten Depression» an. Es handelt sich bei dieser neuen Form der larvierten Epilepsie somit nicht um eine nichtkonvulsive Epilepsie, sondern um eine konvulsive. Die Anfälle werden lediglich vom Patienten selbst und auch von seiner Umgebung nicht bemerkt oder verheimlicht: Die Autoren deuten dies im psychoanalytischen Modell als Folge einer Abwehr (Verleugnung), die ihre letzte Ursache in der abwertenden Bewertung der Epilepsie in der Gesellschaft habe. Solche Patienten kämen wegen der verschiedenartigsten Beschwerden, wegen Persönlichkeitsstörungen, Depressionen, selbst mit einem schizophrenieähnlichen Autismus zum Arzt, wobei es sich allerdings niemals um typische Bilder handelt. Erst die Therapie decke allmählich das Vorhandensein epileptischer Anfälle auf. Die Anfälle verbergen sich also hinter der Larve eines andersartigen psychischen Krankheitsbildes. Die Diagnose wird dadurch erleichtert, dass in zwei von zehn Fällen frühkindliche Anfälle zu erfragen waren. Nach diesen Autoren werden Antikonvulsiva in der Therapie gebraucht, aber das Wesentliche ist die Psychotherapie.

Hystero-Epilepsie

Zu Anfang

Hysterie und Epilepsie, haben die etwas miteinander zu tun? Das fragt man sich, wenn man noch nichts davon weiß. Ist damit vielleicht gemeint, daß Anfälle nur vorgetäuscht werden? Manche denken das tatsächlich. Aber es ist falsch. Einen Anfall so vortäuschen, daß man es für echt hält, das traut sich nicht einmal ein Epileptologe zu. Aber bei Thomas Mann, in der «Musterungsszene» da gibt es doch so etwas! Nein, auch da nicht. Thomas Mann läßt die Militärärzte dumm und ungebildet und schlechte Ärzte sein. Erst damit wurde die Szene überzeugend. Was ist es denn? Sind es Hysteriker oder Hysterikerinnen, die epileptische Anfälle haben? Oder sind es Epileptiker, die hysterische Anfälle haben. Beides kommt vor, aber das ist nicht die Lösung des Problems. Daher lieber etwas umständlichere Erklärungen.

Einleitung und Definition

Obwohl es sich um einen historischen Begriff handelt, der Anlass zu vielerlei Verwechslungen und Missverständnissen gegeben hat, hat der Begriff der Hystero-Epilepsie auch gegenwärtig nicht seine Berechtigung verloren. Er wird angewendet für eine Epilepsie in jedem Lebensalter, bei welcher zusätzlich zu den epileptischen Anfällen noch hysterische (psychogene) Anfälle auftreten, die man ihrem Ablauf nach mit epileptischen verwechseln kann. Bei einer nur wenig anderen typischen Form treten in der Kindheit und Jugend typische epileptische Anfälle auf, denen nach einem eventuell längeren Intervall hysterische (psychogene) Anfälle folgen. In sol-

123

chen Fällen treten später keine neuen epileptischen Anfälle auf.

Aber auch andere Kombinationen von epileptischen und hysterischen Anfällen kommen vor. Epileptische und hysterische Anfälle können einander beständig abwechseln, z. B. während einer Anfallsserie oder während eines Status epilepticus. Es kann aber auch ein hysterischer Anfall in einen epileptischen übergehen.

An sich kann bereits am Anfallsablauf eine ziemlich gute differentialdiagnostische Unterscheidung zwischen epileptischen und hysterischen Anfällen getroffen werden, denen eben doch manche Charakteristika der epileptischen fehlen. In Einzelfällen kann allerdings selbst dann die Unterscheidung schwierig sein, wenn man während einer Anfallsserie EEG und Video gleichzeitig aufzeichnen kann. Häufig findet sich bei Hystero-Epilepsie eine hysterische Charakterneurose. Dennoch wird nicht von Hystero-Epilepsie gesprochen, wenn bei einer hysterischen Neurose lediglich epileptische Anfälle hinzugetreten sind. Anders ausgedrückt: Jemand mit einer hysterischen Charakterneurose oder Symptomneurose kann typische epileptische Anfälle bekommen. Er bleibt dann aber eben ein Neurotiker mit Epilepsie und leidet nicht an Hystero-Epilepsie. Bei dem gleichzeitigen Vorkommen von Alkoholismus und Epilepsie gibt es eine parallele Konstellation.

Problemstellung und zusammenfassender Überblick

Die Prägung des Begriffs der Hystero-Epilepsie wird fälschlicherweise gewöhnlich Charcot zugeschrieben. Er ist jedoch bereits für das 18. Jahrhundert, also eine Zeit lange vor Charcot, als geläufiger Begriff belegbar. Man bezeichnete damit zunächst alle Epilepsieformen, die nach den damaligen ätiologischen Vorstellungen mit dem Uterus (υστέρα) in Zusammenhang gebracht wurden. Eine dieser Epilepsieformen war das Vorkommen hysterischer und epileptischer Anfälle bei ein und derselben Person.

Gleichzeitig wurde allerdings die Bezeichnung Hystero-Epilepsie für Anfallsformen verwendet, die bereits nach den Auffassungen des 18. und 19. Jahrhunderts nichts mit Epilepsie zu tun hatten, bei denen vielmehr lediglich eine gewisse äußere Ähnlichkeit mit epileptischen Anfällen vorhanden war. Diese Ähnlichkeit konnte eventuell nur darin bestehen, dass ein unerklärliches und außergewöhnliches Verhalten nur wenige Minuten oder Stunden bestand, ohne dass Konvulsionen aufgetreten sind. Dieser Sprachgebrauch ist sogar noch im 20. Jahrhundert keineswegs selten anzutreffen (z.B. Price, 1913) und sorgt dann regelmäßig für Verwirrung.

Als hystero-epileptische Anfälle wurden in der alten Literatur vor allem nicht-epileptische Anfälle bezeichnet, die keinerlei Beziehung zur Epilepsie hatten, zum Beispiel Angstanfälle'. Durch Beau (1836), Landouzy (1848) und schließlich Charcot (1886) erfuhr die Begriffsverwendung Hystero-Epilepsie dann aber schon eine wünschenswerte Klarstellung, die an sich schon heutigen Vorstellungen entspricht. Die Kenntnis davon ging aber in der Zeit nach Charcot anscheinend wieder verloren und mußte erst wieder aus der alten Literatur rekonstruiert werden.

Ende des 19. Jahrhunderts wurde zusätzlich die Problematik einer psychischen Auslösung epileptischer Anfälle (s. Kapitel Affektepilepsie) in verwirrender Weise in die Diskussion zur Hystero-Epilepsie einbezogen, obwohl die beiden Problembereiche eigentlich nichts miteinander zu tun haben. Die neue Verwirrung ging schließlich so weit, dass auch Epilepsien mit einzelnen neurotischen Symptomen ihrer Träger als Hystero-Epilepsien bezeichnet wurden. Die in Folge davon auftretenden Vorstellungen über die nosologischen Krankheitseinheiten Epilepsie und Hysterie verwirrten zusätzlich das Verständnis, weil man in Hysterie und Epilepsie zwei verschiedene Erbkreise sah. Der Ausdruck Hystero-Epilepsie war durch diese Entwicklung schließlich zur Verständigung unter Klinikern untauglich geworden, denn man hätte jedes Mal bei Benutzung dieser Bezeichnung hinzufügen müssen, was jeweils damit gemeint sei und dazu auch noch die ganze historische Entwicklung im Kopf haben müssen. Daher verschwand der Ausdruck Hystero-Epilepsie, von einigen Nachzüglern abgesehen, auch aus der wissenschaftlichen Literatur.

Erst Beobachtungen aus der Pharmakotherapie der Epilepsie (Rabe, 1970) lieferten einerseits neues klinisches Anschauungsmaterial und nötigten andererseits zur Wiederaufnahme des Begriffs in seiner alten Bedeutung. Es ließ sich nämlich feststellen, dass für die neuen Beobachtungen bereits ein alter Begriff vorhanden war, der genau das bezeichnete, was man beobachtete. Hystero-Epilepsie bedeutet damit in seiner kürzesten Formulierung das konsekutive Auftreten epileptischer und hysterischer Anfälle bei demselben Epileptiker.

Nach dieser, einen besseren Überblick erlaubenden kursorischen Problementwicklung, soll diese im einzelnen aufgeführt werden.

Die Zeit vor Charcot – vor 1800 meist noch lateinisch

Rabe (1970) hat den Begriff Hystero-Epilepsie auf den französischen Arzt Louyer-Villernay (1817) zurückgeführt. Die Bezeichnung wurde aber mindestens schon hundert Jahre länger gebraucht. Louyer-Villernays in seiner Zeit sehr bekanntes Buch beschäftigte sich ausführlich mit dem hysterischen Anfall, bei dem drei Schweregrade unterschieden wurden. Von diesen erhielt der zweite Schweregrad den Namen *hystérie épileptiforme* (dt. hysterieartige Epilepsie). Gemeint ist schon hiermit eine äußere Ähnlichkeit des Anfalls von Hysterie mit einem epileptischen Anfall. *Hystero-Epilepsie* – auch die Bezeichnungen *Epilepsia hysterica* oder *Hysteria epileptica* waren geläufig – wurde im 18. Jahrhundert nicht klar von der *Hysteria uterina* (Gebärmutter-Hysterie) unterschieden. Zum Beispiel begann Rödiger 1736 seine Dissertation mit dem Titel *Sitens resolutionem casus hystericoepileptici* mit einem Kapitel *Epilepsia hysterica seu uterina* (Hysterische oder Gebärmutterepilepsie). Man fasste allgemein alle Epilepsieformen als *Epilepsia uterina* zusammen, wenn man vermutete, dass die Ursache mit dem Uterus in Beziehung gebracht werden konnte.

Polex (1764) kannte in seiner Dissertation *De epilepsia uterina* (Über Gebärmutterepilepsie) daher je nach angenommener Ursache eine Reihe verschiedener Formen und Ursachen der *Epilepsia uterina*: Fremdkörper im Uterus (wozu auch der Fötus gerechnet wird), Entzündungen, maligne Geschwülste (*Epilepsia ulcerosa*), Uterushernie, *Hysteroptosis, Inversio uteri*, Uterusprolaps, zu reichlicher Monatsfluss (auch *Epilepsia plethorica* genannt) oder Ausbleiben der Menstruation, Epilepsie der Schwangeren und Kreißenden (heute noch bekannt: *Eklampsie*), auch der Wöchnerinnen. Nur als eine der vielen Formen der *Epilepsia uterina* wird schließlich die Epilepsia hysterica genannt,

> die bei hysterischen Frauen vorkommt, besonders zu der Zeit, wo sie an einem hysterischen Anfall leiden.

Diese Form wird daher auch *Epilepsia uterina* im engeren Sinne (*stricte dicta*) genannt.

Unter den historischen Fallbeschreibungen von Epileptikern findet man immer wieder Darstellungen, bei denen man aus heutiger Sicht deutlich Angstanfälle oder ähnliche funktionelle Zustände diagnostizieren kann (zum Beispiel die Fälle drei und vier bei Maisonneuve, 1803). Es handelt sich dabei dennoch keineswegs um eine neue diagnostisches Sicht aus der Gegenwart heraus, sondern lediglich um einer Veränderung des Zeitgeistes. Der Begriff der Epilepsie wurde jeweils weiter gefasst oder enger gefasst. Man benutzte in den genannten Fällen von Angstzuständen lediglich eine gewisse Analogie oder Ähnlichkeit im äußeren Erscheinungsbild des Bewegungsablaufs zur Beschreibung und Bezeichnung und war sich im übrigen über die nicht-epileptische Natur der Erscheinungen durchaus im klaren.

Als Beispiel hierfür kann auch Singowitz (1827) genannt werden, der anfallsartig auftretende spastische Beschwerden im Unterleib junger Frauen wegen der entfernten Ähnlichkeit mit epileptischen Anfällen einerseits und der räumlichen Nähe der Beschwerden zum Uterus andererseits als *Epilepsia hysterica* oder *Hysteria epileptica* bezeichnet. Singowitz läßt dennoch keinen Zweifel daran, dass es sich bei seinen Fällen nicht um eine Epilepsie, sondern um Hysterie handelt, unter die man nach I. Veith (1965) damals auch psychosomatische Krankheiten einreihte. Nach Singowitz sind «diese der wahren Epilepsie in manchen Augenblicken so täuschend ähnlichen Formen doch von ihr verschieden» und könnten nur irgendwann in einen epileptischen Anfall übergehen, was auch heute noch anerkannt ist.

Wir finden sehr frühe Berichte, welche deutliche Unterschiede machen zwischen

a) den hysterischen Anfällen bei Epileptikern einerseits und

b) der Ähnlichkeit des hysterischen Anfalles mit dem epileptischen andererseits.

Ein Beispiel hierfür ist Georget (1824):

Einige Kranke leiden gleichzeitig an Epilepsie und Hysterie; jeder Kranke hat seine besonderen, individuell zu beschreibenden Anfälle. Manchmal zeigt ein und derselbe Anfall epileptische und hysterische Konvulsionen.»

Georget rechnet derartige hybride Anfälle, bei denen also in ein und demselben Anfall epileptische und hysterische Anteile enthalten sind (McDougall, 1920) zur Epilepsie, nicht zur Hysterie.

Aber auch bei Esquirol (1838) findet man bereits eine erfreulich klare Unterscheidung von hysterischen und epileptischen Anfällen, auch wenn sie bei demselben Patienten auftreten. Unter den von ihm beobachteten 380 Epileptikern findet Esquirol

> ...46 hysterische Frauen. Die Hysterie bringt bei ihnen manchmal in einer Weise Symptome hervor, dass man häufig Hysteriker und Epileptiker miteinander verwechselt hat. Es gibt Hysteriker, die gleichzeitig Epileptiker sind und bei denen man mit etwas Übung sehr gut unterscheiden kann, zu welcher dieser beiden Krankheiten die jeweils gerade auftretenden Symptome gehören. Die Hysteriker bekommen Erregungszustände, fast alle sind hypochondrisch, aber niemals erleiden sie eine Abschwächung ihrer intellektuellen Fähigkeiten oder Demenz. (Esquirol, 1838, S. 142).

Charcot und die Vorläufer der Schule der Salpêtrière

Die Diskussion um die Hystero-Epilepsie wird bis heute eng mit der historischen Erinnerung an Charcot und seine Schule der Salpêtrière verknüpft, die als klassisch empfunden wird. Das hat aber zugleich zu einer Verengung der historischen Sicht geführt, welche die Literatur vor Charcot nicht mehr wahrnimmt und auch eine Diskussion über diesen "klassischen" Standpunkt hinaus behindert.

Charcot selbst sah sich in dieser Hinsicht nicht als Begründer einer neuen Lehre, sondern führte seine begrifflichen Grundlagen korrekt auf Landouzy (1848) zurück.

Landouzy wiederum bezog sich auf eine Arbeit von Beau (1836). In der Arbeit von Beau aus dem Hôpital Necker, auf die sich die ganze spätere Salpêtrière-Schule immer wieder gestützt hat, hat der Autor ausführliche statistische Studien an 273 Patienten zur Frage der Kombination von Epilepsie und Hysterie angestellt. Ohne bereits begriffliche Unterschiede herauszuarbeiten, kannte Beau der Sache nach bereits die beiden späteren Formen der Hystero-Epilepsie mit

a) trennbaren hysterischen und epileptischen Anfällen und
b) einer Kombination im Anfallsbild selbst.

Darüber hinaus unterschied Beau zwischen hysterischen Anfällen, die sich mit Grand mal und solchen, die sich mit psychomotorischen Anfällen kombinieren (Beau spricht von Vertigo, jedoch läßt seine präzise Beschreibung kaum Zweifel, dass die heutigen psychomotorischen Anfälle gemeint sind).

Bei Beaus Nachfolger Landouzy findet man dann aber auch schon die begrifflichen Unterscheidungen, wie sie die Salpêtrière-Schule aufgenommen hat. Landouzys Buch handelt von der Hysterie, nicht von der Epilepsie. Aber ausführliche Kapitel der theoretischen Erörterung, der Differentialdiagnose und der Kasuistik sind der Epilepsie beziehungsweise der Hystero-Epilepsie gewidmet. Landouzy unterscheidet bei der Hystero-Epilepsie:

A: Hystero-Epilepsie mit getrennten Anfällen (Hystéroépilepsie à crises distinctes); hysterische und epileptische Anfälle, die unabhängig voneinander ihren eigenen Verlauf haben. Einmal kommt es zu hysterischen, ein anderes Mal kommt es zu epileptischen Anfällen. Nur für diese erste Form wäre aus heutiger Sicht die Bezeichnung Hystero-Epilepsie angebracht.

B: Hystero-Epilepsie mit gemischten Anfällen (bei Landouzy: *Hystéroepilepsie à crises composées*, bei Charcot: *Hystéroépilepsie à crises combinés*). Im Anfall selbst sei das Hysterische und das Epileptische zugleich enthalten.

> Quelques malades sont en même temps atteints d'hystérie et d'épilepsie; chaque malade a ses attaques particulières bien charactérisées, et quelquefois une même attaque présente des paroxysmes hystériques et des paroxysmes épileptiques. (Einige Kranke leiden gleichzeitig an Hysterie und Epilepsie; jeder Kranke hat charakteristische und nur für ihn typische Anfälle und manchmal sind in einem einzigen Anfall hysterische und epileptische Anteile enthalten.) (Landouzy 1846, S. 537).

Die alten Autoren machen immer wieder ausdrücklich deutlich, dass diese zweite Anfallsform keine Wesensgemeinschaft mit Epilepsie hat, sondern dass es sich um eine reine Analogie handelt. Charcot sah durchaus die Gefahr, die in der Beibehaltung des Wortes Hystero-Epilepsie für derartige nicht-epileptische Zustände lag und führte ausdrücklich aus diesem Grunde den neuen Begriff der «Grande hystérie» für diese Anfallsform ein.

In sehr deutlicher Form werden diese Verhältnisse auch von Paul Richer in seinem damals sehr bekannten Buch *Études cliniques sur l'hystéro-épilepsie ou grande hystérie* (1881) klargelegt.

Les auteurs ont distingué deux formes principales d'hystéroépilepsie. Dans la première, hystéroépilepsie à crises distinctes, les accidents convulsifs sont de deux sortes: on observe tantôt des accès d'hystérie, tantôt des accès d'épilepsie avec les caractères qui sont propres à chacun et toujours parfaitement séparés. Dans la seconde, hystéroépilepsie à crises combinées, les convulsions, dans un même accès, revêtent successivement les apparences de l'hystérie et de l' épilepsie; il semble y avoir mélange des deux névroses. (Die Autoren haben zwischen zwei Hauptformen der Hystero-Epilepsie unterschieden. Bei der ersten, der Hystero-Epilepsie mit getrennten Anfällen, gibt es zwei Arten von Konvulsionen, das eine Mal beobachtet man hysterische Anfälle und das andere Mal die für diesen Kranken typischen epileptischen Anfälle und immer vollständig voneinander getrennt. Bei der zweiten Art, der Hystero-Epilepsie mit gemischten Anfällen, nehmen die Anfälle in ein und demselben Anfall abwechselnd das Erscheinungsbild der Hysterie oder der Epilepsie an, es scheint sich da um Mischungen von zweierlei Nervenkrankheiten zu handeln. (P. Richer, 1881, S. XI).

Landouzy hatte Klarheit geschaffen

Durch die von Landouzy eingeführte begriffliche Dichotomie war daher eine große Klarheit geschaffen worden, welche die weitere Diskussion hätte erleichtern können. Gleichzeitig war es dadurch nunmehr notwendig geworden, eine Differentialdiagnose zwischen epileptischen Anfällen einerseits und hysterischen Zuständen, die nur so aussehen wie epileptische Anfälle, zu treffen. Diese Aufgabe wurde noch dadurch erschwert, dass sich die Differentialdiagnose schon vor Charcot nicht allein auf die Unterscheidung von Grand mal und den großen epileptischen Anfall beschränken konnte, sondern alle damals bekannten Anfallsformen umfassen mußte. Daher widmet Landouzy (1848, S. 231) der Differentialdiagnose ein ganzes Kapitel, das in einer mehrseitigen differentialdiagnostischen Gegenüberstellung von Epilepsie und Hysterie gipfelt, die mit den auch heute noch gültigen Feststellungen endet: Es gibt
a) Hysterie ohne Anfälle und es gibt
b) keine Epilepsie ohne Anfälle.
Immer geht das differentialdiagnostische Problem bei Landouzy darum, epileptische und hysterische Anfälle zu unterscheiden, wozu allerdings auch außerhalb der Anfälle liegende Kriterien herangezogen werden.

Entwicklung nach dem Tode Charcots

Die historische Entwicklung ist bald nach dem Tode Charcots (1893) andere Wege gegangen, so dass die schon erreichte begriffliche und sachliche Klarheit rasch wieder verloren ging. Charcot und die Salpêtrière-Schule beschäftigten sich in ihren Beschreibungen und Zeichnungen ausschließlich mit der zweiten Form der Hystero-Epilepsie, bei welcher nur hysterische Anfälle auftreten, die man eigentlich nicht mit epileptischen verwechseln kann und bei welcher deshalb fortan von der Salpêtrière-Schule das Beiwort Epilepsie gemieden wurde. Die Diskussion um die Klinik der Kombination von hysterischen und epileptischen Anfällen, welche nicht Gegenstand der Untersuchungen der Salpêtrière-Schule wurden, erlosch damit für lange Zeit. Die einzige Ausnahme war die weiter unten zu besprechende Arbeit von Bratz und Falkenberg (1904) in Deutschland. Dieser Umstand hat wohl in erster Linie dazu geführt, dass sich die Diskussion um die Hystero-Epilepsie erneut verwirrte. Es kommt in der Psychiatrie nicht nur selten vor, daß die sorgfältig erarbeiteten Erkenntnisse zu einer Sache wieder verloren gehen, obwohl man sie weiter in älterer Literatur nachlesen könnte.

Neue Verwirrung

Für diese erneute Verwirrung führen wir zunächst ein spätes Beispiel an. Worster-Drought (1934) schrieb in seiner Arbeit «*Hystero-Epilepsie*»:

Der Terminus Hystero-Epilepsie scheint ursprünglich von Charcot eingeführt worden zu sein, um damit die konvulsivischen Erscheinungen bei Hysterie zu bezeichnen, die so häufig den Erscheinungen der echten Grand mal-Epilepsie gleichen. (Worster-Drought, 1934, S. 5c).

Das Gegenteil wäre richtig gewesen. Charcot wollte den damals geläufigen Begriff Hystero-Epilepsie gerade für die von Worster-Drought genannten Zustände gemieden sehen. Worster-Drought war aber nicht der einzige, der diesen historischen Fehler machte.

Selbst Ilza Veith (1965) schreibt in ihrem sonst so sorgfältigen Buch über die *Hysteria. The History of a Disease* (1965) Charcot die Prägung der Bezeichnung Hystero-Epilepsie zu und unterschiebt ihm sogar noch fälschlicherweise die Absicht, er habe damit eine neue Krankheitseinheit schaffen wollen.

Charcot hat somit im Hinblick auf den Hystero-Epilepsie-Begriff das Gegenteil seiner erklärten Absicht erreicht. Freilich hielt bereits Charcot selbst den von ihm eingeführten Sprachgebrauch nicht konsequent durch, sondern sprach außer von *grande hystérie* im gleichen Sinne auch von *hystérie épileptiforme, acces hystéroépileptiques* oder sogar von *hystéroépilepsie.* Dabei geht allerdings aus dem Zusammenhang stets zweifelsfrei hervor, dass hysterische Anfälle ohne alle Komplikation mit Epilepsie gemeint sind. Auch Sigmund Freud, der diese Vorlesungen Charcots ins Deutsche übersetzt hat, verwendet in den von ihm selbst verfassten Fußnoten dazu «Hystero-Epilepsie» in diesem Sinne.

Die Diskussion entfernte sich noch weiter von ihren Ursprüngen

Die Diskussion löste sich aber noch weiter von ihren klassischen Ursprüngen und verlor vor allem die Verbindung zur vorklassischen Zeit (also der Zeit vor Charcot). Es wurde der unmittelbare Vergleich von der Ähnlichkeit epileptischer und hysterischer Anfälle aufgegeben. Die Nebenumstände, was sonst nur diagnostische Hilfe gewesen war, erhielten nun das Hauptgewicht. Wenn bei einem Epileptiker, der an sich typische epileptische Anfälle hatte, Phänomene beobachtet wurden, wie man sie bei Hysterikern sonst zu finden gewohnt war, wurde wieder der alte Begriff der Hystero-Epilepsie verwendet und nun fälschlicherweise historisch auf Charcot bezogen. Außer dem schon angeführten Zitat von Worster-Drought lassen sich dafür zahlreiche weitere Beispiele anführen.

Bei einer Patientin J. Ermakows (1913) bestanden außer Grand mal-Anfällen zuweilen Globus hystericus, leichte Hypnotisierbarkeit, hysterischer Charakter und eine Geschichte von schrecklichen Erlebnissen in der Kindheit. Diese Eigenschaften reichten dem Verfasser aus, um nicht von Epilepsie, sondern von Hystero-Epilepsie zu sprechen.

Ganz ähnlich gibt bei Henri Flournoy (1913) allein die erhöhte Suggestibilität bei einer Epileptika Anlass zur Diagnose Hystero-Epilepsie. Eine solche Begriffsverwendung entspricht somit wieder weitgehend der lange überwunden geglaubten *Epilepsia hysterica* des 18. Jahrhunderts.

Dadurch entstanden nunmehr fließende Übergänge zur Affekt-epilepsie von Bratz, insoweit epileptische Anfälle durch Erregung des Gemüts veranlasst werden können. Auch Freud gebrauchte offenbar den Begriff der Hystero-Epilepsie in *Dostojewski und die Vatertötung* in diesem eingeengten und veränderten Sinne. Denn Freud behauptet nicht, dass Dostojewski hysterische Anfälle gehabt habe und behauptet auch nicht das Vorhandensein einer Kombination von hysterischen und epileptischen Anfällen, sondern Freud geht bei Dostojewski von ausschließlich epileptischen Anfällen aus.

Auch in neuerer Zeit blieben die Mißverständnisse erhalten

Diese in hohem Grade missverständliche Begriffsverwendung ist bis in die neuere Zeit hinein zu finden. K. Marui (1953) spricht von Hystero-Epilepsie, wenn epileptische Anfälle durch psychische Einflüsse provoziert werden können und bezeichnet eine so gemeinte Hystero-Epilepsie dazu noch als das Bindeglied zwischen Hysterie und Epilepsie. Für die gleichen Umstände hatten Bratz (1906) beziehungsweise Bratz und Leubuscher (1907) den Ausdruck Affektepilepsie eingeführt, der aber heute nicht mehr gebraucht wird.

Die Provokation epileptischer Anfälle durch psychische Einflüsse erfährt in der Gegenwart keine eigene Benennung mehr.

Wandlung der Diskussion durch Einführung von Kahlbaums Krankheitsbegriff

Es kamen aber weitere, sich aus der historischen Entwicklung der Psychiatrie ableitende Momente hinzu, welche zusätzlich Verwirrung stifteten und noch stiften. In den klinischen Beschreibungen des 18. Jahrhunderts bis gegen Mitte und teilweise sogar Ende des 19. Jahrhunderts wurden Epilepsie und Hysterie als Bilder beschrieben. In der Sprache Kahlbaums heißt dies:

> Die bisherigen diagnostischen Einteilungen charakterisieren sich aber eben deshalb als Gruppierungen der Habitualformen, weil sie ihre Teilgrößen auf die Durchschnittsbilder von ungefähr gleichzeitigen Erscheinungen stützen. (Kahlbaum, 1863, S. 175).

Es bestand daher gar kein Bedürfnis, das konsekutive Vorkommen epileptischer und hysterischer Symptome bei ein und demselben Patienten zu erklären. Es genügte, die Bilder möglichst sorgfältig voneinander zu trennen, wofür ja schon um die Mitte des 19. Jahrhunderts ein zufriedenstellendes klinisches Rüstzeug vorhanden gewesen war, dessen Kriterien auch heute noch brauchbar und ausreichend wären.

Durch Kahlbaum (1863) wurde dann aber das medizinische Modell der Krankheitseinheit in die Psychiatrie eingeführt und durch Kraepelins Lehrbuch ab 1883 nach und nach auch vorherrschend, wobei nach Kahlbaum

> der Versuch gemacht ist, die nacheinander erscheinenden Elemente, und zwar womöglich aus der ganzen Länge des Krankheitsverlaufs in diagnostische Begriffe zusammenzufassen (Kraepelin).

Damit entstand aber erneut das Bedürfnis, das konsekutive Auftreten von epileptischen und hysterischen Anfällen unter einem diagnostischen Begriff zusammenzufassen und womöglich aus einer einheitlichen Krankheitstheorie heraus zu erklären.

Bei gleichbleibenden klinischen Beobachtungen kam es zunächst in Lehr und Handbüchern zu neuen entsprechenden Bemerkungen.

Binswanger (1899) bezeichnete die Hystero-Epilepsie als eine «Misch-Form» zweier Krankheitsbilder.

Gowers (1902) nahm eine besondere Funktionsänderung des Gehirns von Epileptikern an, welche die Grundlage für die hysterischen Anfälle sei.

Auch nach einer Arbeit von Margulies (1912) könnte man meinen, es komme lediglich auf die Frage an, ob man es bei der Hystero-Epilepsie mit einer Durchmischung wesensverschiedener Krankheitseinheiten zu tun hat, wie man es ja auch lange Zeit für die schizophreniformen Psychosen bei Epilepsie diskutiert hatte.

Hermann (1903) schließlich glaubte an eine Autointoxikation, welche bei Epileptikern zu hysterischen Anfällen führe.

Selbst Feststellungen Hoches (1902), Löwenfelds (1894) und Sommers (1894), die ausdrücklich von einem zufälligen Zusammentreffen zweier Neurosen (die Epilepsie hier im alten Sinne als Neurose verstanden) sprechen, setzen zwei voneinander unabhängige Krankheitsbilder voraus. Sommer verwendet hier, um die Unabhängigkeit zu betonen, ein Bild und spricht davon, es sei, als wenn ein chronisch Nierenkranker einen Beinbruch erleide.

Die einzige deutschsprachige Arbeit zur Frage der *Hysterie und*

Epilepsie (Bratz und Falkenberg, 1904), welche die Untersuchung dieser Frage anhand eines umfangreichen kasuistischen Materials aufnimmt, ist ausdrücklich

> eine Nachprüfung der Frage, ob es eine Hystero-Epilepsie als Mischform im Sinne Binswangers gibt. (Bratz und Falkenberg).

Diese Frage wird am Ende negativ beantwortet. Bratz und Falkenberg entscheiden sich für die Annahme einer besonderen Disposition des Gehirns mancher Epileptiker zur Hysterie.

Auf diese Arbeit von Bratz und Falkenberg hat sich die spätere Literatur immer wieder berufen. Leider wird sie offenbar häufiger mit den Arbeiten von Bratz und Leubuscher (1907) sowie Bratz (1911) über Affektepilepsie verwechselt, was die Diskussion noch mehr verwirrt hat, weil ohnehin Affektepilepsie und Hystero-Epilepsie miteinander vermischt wurden, obwohl das in den genannten Arbeiten selbst keineswegs getan wird. Selbst Rabe (1970) zitiert allein Bratz (1904) und läßt Falkenberg aus.

Im kasuistischen Teil der Arbeit von Bratz und Falkenberg werden nochmals zahlreiche Fälle geschildert, bei denen epileptische und hysterische Anfälle auftreten, so dass eine weitgehende Gleichheit mit der Vor-Charcot-Kasuistik besteht, lediglich der Interpretationsrahmen hatte sich also verändert. Immerhin machen Bratz und Falkenberg nochmals auf die Beobachtung aufmerksam, dass in allen Fällen die epileptischen Anfälle zuerst auftreten und von den hysterischen erst gefolgt werden. Gewöhnlich ist es, wie bereits erwähnt, so, dass bei einer Frühepilepsie in der Pubertät oder seltener auch später die Hysterie mit ihren Anfällen folgt. Ferner stellen die Autoren fest, dass es sich gewöhnlich um seltene epileptische und häufige hysterische Anfälle handelt, die einander in Perioden folgen, so dass die Diagnosen verschiedener Untersucher wechseln können, je nach dem, zu welchem Zeitpunkt sie den Anfallskranken untersucht haben.

Aus heutiger Sicht war die Diskussion um die Frage, ob sich bei Epilepsie und Hysterie zwei Krankheiten miteinander legieren können, fruchtlos und hinsichtlich eines Ergebnisses aussichtslos, zumal nicht einmal der theoretische Rahmen erkannt wurde, aus dem heraus die Fragen gestellt wurden. Aber auch die bei Veränderung der Fragestellung meist intensivierte klinische Beobachtung führte nicht zu neuen Gesichtspunkten. Es kam immer wieder zu Vermischungen der drei, in der historischen Entwicklung dem Begriff Hystero-Epilepsie zugeordneten Konnotationen.

20. Jahrhundert, zweite Jahrhunderthälfte

Das historische Verdienst Rabes (1961, 1967), der mit seinem Buch *Die Kombination hysterischer und epileptischer Anfälle»* (1970) die alte Frage erstmalig wieder in monographischer Form behandelte, ist daher größer als auf den ersten Blick erkennbar. Rabe ging nicht von der historischen Diskussion aus und scheint sich ihrer anfänglich nicht einmal voll bewusst gewesen zu sein. Rabes Ausgangspunkt waren neue klinische Beobachtungen in der Antikonvulsiva-Therapie der Epilepsie. Rabe, der damals in der Epilepsie-Ambulanz von Dieter Janz in Heidelberg arbeitete, beobachtete, dass es bei manchen Epileptikern anscheinend trotz genauester Einstellung auf Antikonvulsiva und gewissenhaftester Medikamenteneinnahme nicht möglich ist, die Anfälle vollständig zu unterdrücken. Bei der Nachuntersuchung dieser Patienten zeigte sich dann, dass bei ihnen die epileptischen Anfälle unversehens in hysterische übergegangen waren. Der hysterische Anfall imitiert dabei nach Rabe den epileptischen Anfall nicht, sondern ist eben hysterisch und läßt sich schon anfallsphänomenologisch vom epileptischen Anfall unterscheiden, so dass es weiterer Hinweise auf eine Hysterie nicht bedarf.

Diese Feststellung gilt aber nur für den kompetenten Epileptologen, während die Anfallskranken selbst und auch ihre Angehörigen in der Regel keinen Unterschied zwischen epileptischen und hysterischen Anfällen erkennen können. Rabes Untersuchung führte also zum Vergleich der beiden Anfallsformen zurück. Darüber hinaus stellte auch Rabe fest, dass die Kranken nicht nur hysterische Anfälle, sondern auch sonst häufig konversionsneurotische Symptome haben. Dies ist für das Verständnis wichtiger als die zunächst zu treffende Differentialdiagnose.

Die von Rabe getroffene neue Unterscheidung ist nicht nur von theoretischem Interesse, sondern besonders für die Praxis und die Behandlung konsequenzenreich, zumal wenn man berücksichtigt, dass es offensichtlich zahlreiche Anfallskranke gibt, die fast ausschließlich hysterische Anfälle haben:

a) Patienten mit einer Kombination von hysterischen und epileptischen Anfällen erleiden wegen der vermeintlichen Erfolglosigkeit der Therapie zur Unterdrückung der Anfälle ständige Therapie-Umstellungen und Dosiserhöhungen, die unnötig sind.

b) Die psychodynamischen Vorgänge, welche zu den hysterischen Anfällen geführt haben, werden nicht behandelt und wirken so in den meisten Fällen weiter fort.

c) Hysteriker, die medikamentös zur vermeintlichen Unterdrückung ihrer Anfälle als Epileptiker behandelt werden, schleppen unnötig Medikamente mit und verlieren ebenso unnötig z. B. ihren Führerschein.

Rabes Untersuchungen haben aber auch neues Licht auf die Struktur der modernen Medizin geworfen. Bei der Hystero-Epilepsie erweist sich nämlich als besonders bedeutungsvoll, was man positiv gewendet den interdisziplinären Charakter der Epileptologie nennt. Die Epilepsie wird, wie schon in der Einführung dargestllt, überwiegend nicht mehr als psychiatrisches Krankheitsbild gesehen, sofern nicht akute oder chronische Psychosen das Bild komplizieren, was insgesamt aber selten ist. Neurologen erkennen häufig nicht die hysterische Natur von Anfällen (auch in den von Rabe mitgeteilten 41 Fällen aus einer besonders qualifizierten neurologischen Anfallsambulanz blieb die hysterische Natur der Anfälle ja bis zu seiner Untersuchung ausnahmslos unbekannt) oder müssen sich doch nach Erkennung der hysterischen Anfälle für fachlich unzuständig erklären. Psychiater fühlen sich wegen des Auftretens von epileptischen Anfällen unzuständig, die sie als ein neurologisches Problem erachten. Die reinen Psychotherapeuten schließlich nehmen und bekommen derartige Patienten nur äußerst selten in Behandlung, weil ein psychischer Leidensdruck hinsichtlich der Anfälle normalerweise nicht besteht, der Anfallskranke sich körperlich und nicht psychisch krank fühlt und schließlich dazwischentretende epileptische oder hysterische Anfälle ein tatsächliches Hindernis für jede Form von Psychotherapie, vor allem aber für Psychoanalyse darstellen.

Auch Rabe, der als Neurologe unversehens auf eine psychische Problematik gestoßen war, ist diesem Dilemma nicht entgangen, weil er seine Untersuchungen im wesentlichen retrospektiv durchführen mußte. Die durch seine Untersuchung aufgeworfenen therapeutischen Fragen blieben daher bei Rabe unbehandelt. Nachdem aber die Hystero-Epilepsie grundsätzlich wieder als eigenes klinisches Problem herausgearbeitet und anerkannt ist, kann sich die Forschung wieder der Lösung dringender Detailfragen zuwenden.

Schlussfolgerungen, Häufigkeit

Meist stört jetzt weniger das gleichzeitige Bestehen von organischen (Epilepsie) und psychischen (Hysterie) Symptomen bei einem und demselben Patienten. Die Vorstellung von psychodynamischen Vorgängen innerhalb einer primär, wenn auch in besonderer Weise organischen Krankheit bereitet eigentlich keine Schwierigkeiten mehr. Diese entstehen erst dann, wenn aus Gründen der Einstellung eines Untersuchers ausschließlich naturwissenschaftliche Erklärungsmodelle akzeptiert werden.

Zunächst muss die Frage nach der Prävalenz der Hystero-Epilepsie interessieren, ob nämlich das Zusammentreffen überzufällig häufig ist und von daher eine gegenseitige Bedingtheit epileptischer oder hysterischer Anfälle zu diskutieren ist. Hier liegen aber lediglich bei Epilepsie einigermaßen verwendbare Zahlen über die Prävalenz vor, nicht hingegen für Hysterie und überhaupt nicht für Hystero-Epilepsie, so dass diese wichtige Frage nicht genauer beantwortet werden kann. Immerhin läßt sich sagen, dass nur ein kleiner Teil der Epileptiker hysterische Symptome bekommt.

Beau (1836) findet unter 219 Fällen achtmal die Kombination Epilepsie-Hysterie (= 3,65%). Bratz und Falkenberg (1904) finden bei 724 Epileptikern 38mal die Kombination beider Anfallsarten (= 5,25%). Rabe (1970) kommt auf 1,17 2.34% der Neuaufnahmen.

Obwohl diese Zahlenangaben hinsichtlich der Auswahlkriterien unvergleichbar sind, liegen sie größenordnungsmäßig doch dicht beieinander, so dass man mit einem Rahmen von 15 % der Anfallskranken rechnen kann.

Nach eigenen Erfahrungen möchten wir eher ein relativ häufiges Vorkommen für realistisch halten, weil man häufig beobachten kann, dass hysterische Anfälle für epileptische gehalten werden. Sind dagegen die hysterischen Anfälle einmal richtig diagnostiziert, wird oft die Existenz von epileptischen Anfällen in Frage oder in Abrede gestellt. Die Kombination beider Anfallsformen wird somit in der Diagnostik für so unwahrscheinlich gehalten, dass die Diagnose der einen Anfallsform sogleich als Argument gegen die Annahme der anderen verwendet wird. Wer sich in diese besondere Problematik eingearbeitet hat, wird daher häufig diagnostische Umetikettierungen vornehmen müssen. Es muss daher die paradox klingende diagnostische Regel gelten, dass der Nachweis von hysterischen Anfällen so lange für die Diagnose einer Epilepsie, bzw. Hystero-Epilepsie spricht, bis man sich vom Gegenteil überzeugt hat. Das Vorkommen von rein hysterischen Anfällen, die man ihrem Aussehen nach mit epileptischen verwechseln kann ohne gleichzeitiges Vorhandensein epileptischer Anfälle gehört zu den größten Seltenheiten.

Therapie der Hystero-Epilepsie

Rabe hatte, wie wir gesehen haben, die Frage der richtigen Behandlung schon aus seinem Untersuchungsansatz heraus offen gelassen, erklärte sich aber für diese Frage auch als inkompetent. In der Tat sprechen unsere klinischen Erfahrungen dafür, dass in einer auch auf Verschwinden der hysterischen Anfälle gerichteten Behandlung die Frage der Hystero-Epilepsie zu einer Frage der Behandlung einer hysterischen Symptomneurose wird. Diese behält freilich auch dann noch ihren ureigenen Charakter, weil das Dazwischentreten von epileptischen und hysterischen Anfällen mit all ihren medizinischen und sozialen Konsequenzen jede denkbare Form von Somatotherapie, Soziotherapie und vor allem Psychotherapie kompliziert. Das Bild weicht also immer vom gewohnten Bild der Konversionsneurosen ab.

Wir haben in eigenen Beobachtungen gesehen, dass in Übereinstimmung mit anderen Konversionsneurosen das Verschwinden hysterischer Anfälle in der Therapie zu einer Symptomverschiebung hin zu anderen konversionsneurotischen oder psychosomatischen Symptomen führen kann.

Andererseits können die hysterischen Anfälle in den Dienst der Abwehr gestellt wie auch als Mittel des Agierens benutzt werden, so dass der Therapeut immer wieder zu Handlungen veranlasst wird, die vom Standpunkt der Therapie aus unerwünscht sind. Dennoch, darin gleicht die Hystero-Epilepsie der Hysterie, werden im Agieren

Wiederholungszwänge deutlich, die der ständigen Interpretation zugänglich sind, so dass die Symptomsprache allmählich wieder in die Allgemeinsprache hereingeholt werden kann (Lorenzer, 1973).

Die eigentlichen epileptischen Anfälle bewahren im Verhältnis zu den hysterischen eine deutliche, aber doch nicht vollständige Unabhängigkeit. Auch die erfolgreiche Psychotherapie der hysterischen Anfälle läßt eindrucksmäßig kaum einen Einfluss auf die Häufigkeit der epileptischen erkennen. Sie treten in Zeiten aktueller Konflikte und Belastungen häufiger auf als zu anderen Zeiten, bleiben jedoch auch dann unabhängig von Vorhandensein oder Verhalten der Beobachter und können nicht als symbolischer Ausdruck des Konflikts interpretiert werden. Damit läßt sich formulieren, dass nicht die epileptisch-organischen Anfälle in den Dienst der hysterischen Neurose gestellt werden, sondern ausschließlich die psychogenen. Die Neurose arbeitet sozusagen nicht mit dem epileptischen Urbild, sondern mit dem von der Matrize abgenommenen Abziehbild. Diese Feststellung stellt zugleich eine neue Antwort auf die alte Frage des Zusammenhanges von epileptischen und hysterischen Anfällen dar. Selbst wenn eine genauere Berechnung von Prävalenz und Inzidenz von Epilepsie und Hysterie ergeben sollte, dass die Häufigkeit der Hystero-Epilepsie der Zufallserwartung entspricht, bewahrt die hysterische Symptomneurose kein von der Epilepsie unabhängiges Eigenleben.

Verwechslung von Hysterie und Simulation

Noch auf einen letzten Umstand soll hingewiesen werden, obwohl das Problem eigentlich banal ist. Heutigen Neurologen, die ihre Diagnosen häufig ganz auf technisch-apparativ durchführbare Untersuchungen stützen, ist die Hysterie häufig unbekannt und wird mit Simulation verwechselt.

Einer Patientin, die sich zur Untersuchung ihres Anfallsleidens in einer epileptologischen Klinik befand, wurde beim Auftreten eines klar hysterischen Anfalls vom Untersucher gesagt, sie könne damit aufhören, ihre Machenschaften seien durchschaut.

Affektepilepsie – Was ist das?
Eine Epilepsie durch Affekte?

Seit E. Bratz und G. Leubuscher 1907 den Begriff der Affektepilepsie einführten, ist die Diskussion darüber nicht verstummt. Bedeutende Psychiater und Neurologen ihrer Zeit haben die Lehre von der Affektepilepsie anerkannt, was aber trotzdem nicht dazu führte, dass sie jemals Teil der herrschenden Lehre wurde. Dies liegt einerseits daran, dass Bratz selbst es unterlassen hat, eine genaue Begriffsdefinition zu geben. Andererseits scheint der von ihm geschaffene Begriff der Affektepilepsie vom Wortlaut her zwei ganz unterschiedliche Bedeutungen zuzulassen.

Bedeutung A von Affektepilepsie

Man kann sich vorstellen, dass mit Affektepilepsie ein bestimmter, zu Affekten neigender Charakter bei einem Kranken mit epileptischen Anfällen (Persönlichkeitsstörung plus Epilepsie) gemeint sein könnte. Eine solche Begriffsbeschreibung könnte sich etwa auf die Äußerung von Bratz berufen, es handele sich bei den Affektepileptikern um Kranke, die

> an Anfällen typisch epileptischen Charakters leiden und doch keine Epileptiker sind.

Bedeutung B von Affektepilepsie

Eine andere Begriffsdefinition könnte die Anfälle selbst als Ausdruck oder Folge eines Affektes deuten.

Vor allem die letztere Begriffsdeutung wird Bratz unterstellt, so dass schließlich die Meinung entstand, dass sich die Diskussion im Dickicht der Hysteroepilepsie verlor oder sich auf das Problemgebiet der epileptoiden Psychopathie verlagerte. Deshalb erscheint es zunächst erforderlich, die Absichten von Bratz durch ein erneutes Studium der Originale und aus der Begriffswelt seiner Zeit zu verstehen.

Den ersten Hinweis auf Affektepilepsie, jedoch noch ohne Benutzung dieses Namens, hat Bratz bereits 1906 in einer kurzen Diskussionsbemerkung gegeben. Er berichtete darin von einer Krankengruppe von 20 Fällen (bis 1911 waren es 50), die er zu publizieren beabsichtige.

> Die betreffenden Knaben [der Anstalt Wuhlgarten, welcher Bratz vorstand] hatten wohl in der Schulzeit oder Pubertät vereinzelte Anfälle von epileptischem Charakter gehabt, boten aber in der Anstalt bei jahrelanger Beobachtung keine Anfälle. Erbliche Belastung war bei allen vorhanden, zum Teil recht schwere, die sich intra vitam auch in Zahnkrämpfen zeigte (Bratz, 1906).

Schon darin wird angedeutet, dass zwei Gruppen von Epileptikern unterschieden werden sollen, beide Gruppen haben den Erblichkeitsfaktor und die Anfälle gemeinsam (deshalb Epilepsie), aber das Auftreten der Anfälle ist verschieden: äußerer Anlass einerseits (echte Epilepsie) ohne äußeren Anlass andererseits (später Affektepilepsie genannt). Diese Unterscheidung wird deutlicher im Titel der nächsten, 1907 zusammen mit G. Leubuscher verfassten Arbeit *Die Affektepilepsie, eine klinisch von der echten Epilepsie abtrennbare Gruppe*. Die Formulierungen dieser Arbeit sind eigentlich recht deutlich und schließen vor allem aus, dass es sich dabei um eine Neuauflage der alten Diskussion um die Hysteroepilepsie handeln könnte.

> Seit der Kindheit oder der Schulzeit traten bei den betreffenden, durchweg erblich [mit Epilepsie] belasteten Kranken – in unserem Material waren es in der Mehrzahl Fürsorgezöglinge – vereinzelte Anfälle auf, meist mehr dem petit mal entsprechend, aber typisch epileptischen nicht etwa hysterischen Charakters. (Bratz u. Leubuscher, 1907).

Ein wesentliches Moment für die Abgrenzung zwischen den beiden Anfallsgruppen ist das Fehlen von für typisch gehaltenen psychischen Veränderungen.

> Bei keinem dieser jetzt zum Teil eine Reihe von Jahren beobachteten Kranken ist eine fortschreitende Demenz, wie sonst bei Epileptikern zu

bemerken. Angeborene Imbezillität allerdings kommt in verschiedenem Grade vor. Außer den geschilderten petit-mal Anfällen von typisch epileptischem Charakter kommen auch andere Schwindelanfälle [gemeint offenbar im Sinne der alten Vertigo epileptica als Untergruppe von kleinen epileptischen Anfällen] in allen möglichen Abstufungen der Bewußtseinstrübung bis zu ganz erhaltenem Bewusstsein und nur momentweisen Beschwerden, wie Schwarzwerden vor Augen vor. Nur diese leichtesten, objektiv beobachteten, zur Unterscheidung vielleicht 'Schwindelgefühlsanfälle' zu nennende Attacken kamen auch ausnahmsweise und zwar nach Erregung in der Krankenanstalt vor. (Bratz u. Leubuscher, 1907).

Anlässe

Die Anlässe zu solchen Anfällen sind vielfältig. Bratz und Leubuscher sowie Bratz (1911) zählen fieberhafte Erkrankungen, starke Hitze, Alkoholexzesse und «fortgesetzte psychische Erregungen» auf. Diese Veranlassungen, im Unterschiede zur «echten» Epilepsie, bei der die Anfälle ohne Veranlassung auftreten, führten zu dem Namen «Affektepilepsie». Bratz will damit nicht einseitig einen affektiven Anlass postulieren, sondern herausheben, dass «äußere Anlässe die Kranken affizieren».

Dies muss unter dem heutigen Begriffsgebrauch missverständlich sein, weil im Gefolge der Arbeiten Kretschmers (1921), Affizierbarkeit in der Psychopathologie nur noch auf Affekte bezogen wird, da Kretschmer von einer «Affizierbarkeit der Affekte» spricht, während es bei Bratz lediglich darum geht, dass bestimmte epileptische Anfälle einen somatischen oder psychischen Anlass haben, und das heißt in seinem Sprachgebrauch «affiziert werden». Die bloße Beobachtung, dass epileptische Anfälle auch seelische Anlässe haben können, konnte bei dem mit der alten Literatur gut vertrauten Bratz nicht zur Abgrenzung einer eigenen Epilepsieform mit nur seelischen Anlässen führen; eine solche Möglichkeit der Anfallsveranlassung war schon seit Jahrhunderten anerkannt und eher überbetont worden. Ein weiteres Missverständnis wird deutlich, wenn man die beiden von Bratz herausgestellten Epilepsie-Modelle einander gegenüberstellt.

Dabei wird anschaulich, dass sich die Abgrenzung von Bratz und Leubuscher besser auf dem Hintergrund der Entwicklung des vorangegangenen Jahrhunderts einer Anstalts-Epileptologie verstehen läßt. Bereits Anfang des 20. Jahrhunderts hatte sich ein Epilepsiemodell durchgesetzt, das bis heute in der allgemeinen Vorstellung vorherrschend geblieben ist. «Echte Epilepsie» war demnach ein Leiden, das progredient durch Zunahme der Anfälle und langsame Verblödung fortschreitet. Als Zeichen der vorhandenen, jedoch noch nicht fortgeschrittenen Verblödung wurde offensichtlich die epileptische Verlangsamung angesehen. Die Verlangsamung wurde damit in den Kanon der klinischen Beschreibung des Epileptikers aufgenommen und von da an in der Standardbeschreibung ebenfalls als «typisch epileptisch» bezeichnet. Unter Zugrundelegung eines solchen Epilepsie-Modells ergibt sich das Bedürfnis, eine eigene Gruppe von Epileptikern zu bilden, die sich nicht bei einem progredienten Epilepsie-Verlangsamung-Demenz-Modell (=echte Epilepsie) einordnen lassen. Noch das 19. Jahrhundert mit seinen überwiegenden Erfahrungen aus der ambulanten Praxis hatte die genannte Unterscheidung als unnötig empfunden und daher nicht getroffen.

Die affektepileptische Lehre fand weithin Beachtung und teilweise Anerkennung. Kraepelin hatte die Katatonie als einen häufigen Anlass für epileptische Anfälle bezeichnet und kam später mehrfach darauf zurück. Bratz (1911) selbst konnte noch berichten, dass Ziehen in Berlin, auf dessen Urteil man den allergrößten Wert legte, diese Anfallsform ebenso anerkenne wie H. Vogt. Auch Gruhle (1911) und Bonhoeffer (1911) äußerten sich zustimmend. Nach Bonhoeffer konnten vor allem bei der von ihm stets besonders beachteten Gruppe der «Degenerierten» epileptische Anfälle auftreten, ohne dass man von Epileptikern sprechen konnte, aber er schlug vor, diese Anfälle reaktiv-epileptische Anfälle zu nennen. Schließlich veröffentlichte Volland aus den «Anstalten für Epileptische» in Bethel eine Bratz zustimmende Arbeit mit neun eigenen Fallgeschichten, auf die sich später wiederum Kraepelin berief (Kraepelin 1909-1915, S. 1149).

Affektepilepsie - heutige Bedeutung

Unter heutigen Bedingungen läßt sich mit dem Konzept der Affektepilepsie wenig anfangen. Seelische Anlässe epileptischer Anfälle sind weiterhin anerkannt, spielen aber in der Fachdiskussion kaum eine Rolle, wohl aber weiterhin in der Publikumsmeinung. Seelisch veranlasste Anfälle werden nicht mehr einer besonderen Gruppierung zugeordnet, allenfalls werden sie gelegentlich – inkorrekt – der «Hysteroepilepsie» zugeordnet. Die bekannten somatischen Anlässe für Anfälle (Fieber, Unfall, Alkohol) gehen im Begriff einer epileptischen Reaktion auf. Einen übergeordneten Begriff für beides, seelisch oder somatisch ausgelöste Anfälle, gibt es nicht mehr. Epileptische Verlangsamung und Verblödung schließlich können nicht länger als typisches Kennzeichen einer «Epilepsia vera» oder genuinen Epilepsie gelten.

Die Diskussion um die Hysteroepilepsie hat an sich mit der Affektepilepsie kaum etwas zu tun. Die Verwirrung dieser Diskussion ist allerdings teilweise auf eine sehr ausführliche Arbeit von Bratz und Falkenberg (1904) mit dem Titel *Hysterie und Epilepsie* zurückzuführen, in welcher die Beziehung epileptischer und hysterischer Anfälle diskutiert wird, die jedoch nicht die Frage der Affektepilepsie behandelt, obwohl diese Arbeit häufig mit Bratz' Arbeiten zur Affektepilepsie verwechselt wird.

Psychasthenische Krämpfe
Ob es so etwas gibt ?

Auch die psychasthenischen Krämpfe Oppenheims (1906) wurden später immer noch einmal wieder als eine Sonderform der Epilepsie oder der Affektepilepsie erwähnt (Lépine, 1911; Redlich, 1919; Marchand und Ajuriaguerra, 1948). Oppenheim hatte unter dieser Bezeichnung sechs Fälle mitgeteilt und dazu einleitend geschrieben,

> dass Krämpfe und krampfähnliche Anfälle vorkommen, die weder hysterischer noch epileptischer Natur, noch Symptome eines organischen Hirnleidens, sondern als neurasthenische bzw. psychasthenische zu deuten sind.

An sich ist damit deutlich gemacht, dass nichtepileptische Anfälle als Symptome von Neurosen gemeint sind. Dennoch beschreibt Oppenheim bei mehreren seiner Patienten auch epileptische Anfälle. Aber bei diesen Patienten treten dann kaum psychische Dauerveränderungen in Erscheinung. Jedoch werden von Oppenheim in allen Fällen Ängste beschrieben (phobische Ängste, Zwangsängste, Herzangstanfälle, somatisierte Angst), die unter Berufung auf Janet, Raymond und Magnan als Psychasthenie zusammengefasst werden. In der französischen Psychiatrie ist die Diskussion um eine psychasthenische Epilepsie lebendig geblieben. Vor allem wenn bei einzelnen Patienten phobische Ängste und/oder Zwangserscheinungen beobachtet wurden, schrieb man diese einer Psychasthenie zu.

So beschreiben noch Heyer et al. (1954) als besonderes Bild mehrere Fälle, bei denen zwanghafte Angst vor weiteren epileptischen Anfällen nicht nur das klinische Bild bestimmen, sondern auch die Anfälle selbst initiieren können. Diese Neigung zur Janets Psychasthenie bleibt in der französischen Literatur selbst dann noch bestehen, wenn psychoanalytische Deutungen hinzutreten und Libidoprobleme diskutiert werden, wie Gilles und Carriat (1925) es bei ihrem Falle getan haben.

Zusammengefasst handelt es sich bei den psychasthenischen Krämpfen teilweise um nichtepileptische Anfälle bei Kranken mit seltenen epileptischen Anfällen oder auch ohne solche, bei denen dann auch phobische oder anankastische Symptome hinzutreten. Die Diskussion hängt stark vom theoretischen Standpunkt ab, den die Autoren jeweils einnehmen.

Neuropsychologische Tests bei Epilepsie
Möglichkeiten und Grenzen

Die Eigenschaften beider Formen des epileptischen Charakters entziehen sich weitgehend der an Kriterien orientierten testpsychologischen Untersuchung. Denn bei den meisten epileptischen Charaktereigenschaften kann nicht einfach zwischen wahr und falsch, vorhanden und nicht vorhanden unterschieden werden. Deshalb kommen Untersuchungen und Übersichten, welche eine Erfassung von Kriterien mit Testbögen zur methodischen Voraussetzung nehmen, durchweg zu dem Ergebnis, dass es einen epileptischen Charakter nicht gibt (z. B. Sørensen und Bolwig, 1987).

Dies bedeutet jedoch nicht, dass nicht manche Einzelheiten der Eigenschaften auch in den üblichen Tests ihren Niederschlag finden. Es ist daraus aber kein Bild zu formen, weil auf Grund des Untersuchungsverfahrens das Ganze aus dem Blick gerät und die zeitliche Dimension ganz verloren geht. Manche Eigenschaften werden erst im sozialen Leben offenbar und sind somit außerhalb bestimmter Testsituationen nicht vorhanden, nicht erfassbar und auch für den geübtesten Beobachter nicht erkennbar. Da viele Persönlichkeitseigenschaften des Epileptikers sich darüber hinaus der Selbstbeobachtung entziehen oder nur bei einer besonderen Fähigkeit zur Selbstbeobachtung und zusätzlich der Fähigkeit, diese Beobachtung in Worte zu fassen, erkennbar sind, ist eine weitere Möglichkeit der Untersuchung, etwa durch Fragebögen behindert. Dennoch hat es Versuche zu geben, das Besondere im Test abzubilden und die Ergebnisse damit reproduzierbar zu machen oder als Instrumente für szientifische Untersuchungen zu benutzen.

Assoziationsversuche

Sobald sich die Vorstellung von der Langsamkeit der Epileptiker durchgesetzt hatte, lag es nahe, diese mit dem historisch gesehen früh verfügbaren Assoziationsversuch zu untersuchen. Solche Versuche sind von Sommer (1894), Fuhrmann (1902) und Riklin (1903) unternommen worden. Vor allem wurde jedoch am Burghölzli in Zürich unter der Leitung von Eugen Bleuler mit dem Assoziationsversuch auch bei Epileptikern experimentiert.

C. G. Jung hat bei 158 Anfallskranken 18.277 Assoziationen provoziert, aber nur eine kasuistische *Analyse der Assoziationen eines Epileptikers* (1905) veröffentlicht und ging dabei von folgenden «Hauptzügen des epileptisch Degenerierten», so seine Ausdrucksform, aus:

1. Von Seiten der Verstandestätigkeit: Schwachsinn, Verlangsamung der psychischen Reaktionen, Umständlichkeit, Einschränkung und Verarmung der Vorstellungsgebiete, dementsprechend auch Verarmung und Stereotypierung des Sprachschatzes, öfters abnormes Vortreten der Phantasietätigkeit.

2. Von Seiten des Gemütes: Reizbarkeit, Launenhaftigkeit, starke Egozentrizität, Überschwänglichkeit aller intellektuellen Gefühle, besonders der Religiosität. Diese Eigenschaften kombinieren den sogenannten epileptischen Charakter, welcher, wenn er einmal aufgetreten ist, als stabiles Gebilde angesehen werden muss.

Dieses Bild wurde durch die Assoziationsversuche weitgehend bestätigt, denn C. G. Jung fand lange Reaktionszeiten, eine intensive Einstellung auf die Bedeutung des Reizwortes, «einen außerordentlich schwerfälligen und umständlichen Charakter» der sehr häufig in Satzform gegebenen Reaktion, «der sich besonders in Bestätigung und Ergänzung der eigenen Reaktion (Tendenz zur Vervollständigung) äußert», ferner «häufige gefühlvolle Beziehungen, die sich ziemlich unverhüllt zeigen (religiöse, moralisierende usw.)». C. G. Jung schließt daraus, «dass bei der Versuchsperson der Gefühlston wahrscheinlich später einsetzt und stärker und länger anhält als beim Normalen.»

Unter Anleitung von Eugen Bleuler und C. G. Jung hat der spätere Psychoanalytiker Max Eitingon in seiner Dissertation (1909) die Assoziationsversuche auf die Phase unmittelbar nach einem Anfall und möglichst vor einem etwa einsetzenden Schlaf angestellt und dabei, nicht verwunderlich, dieselben Befunde in verstärktem Ausmaße finden können.

Kombinationsmethoden

Das nicht nur von C. G. Jung, sondern auch von anderen immer wieder angestrebte Ziel, spezifische Befunde für Anfallskrankheiten erheben zu können, wurde nicht erreicht. In der Folge hat man lieber verschiedene Methoden miteinander kombiniert. Remschmidt (1968, 1969, 1970, 1972) hat 30 Patienten mit Grand mal, 30 mit psychomotorischen Anfällen, 30 gesunde Versuchspersonen und 20 Patienten mit inneren Erkrankungen miteinander verglichen. Angewandt wurden der Zeigeversuch nach Mittenecker, Tapping-Versuche, Linien-Nachfahren, S2-Perseverationstest, d2 Aufmerksamkeitstest nach Brickenkamp und Experimente zur verbalen Flüssigkeit. Das Ergebnis war, dass sich bei Anfallskranken eine Neigung zu stereotypen Reaktionen, geringe allgemeinmotorische Flüssigkeit, Behinderung der visuomotorischen Koordination und der Zielmotorik, herabgesetzte Aufmerksamkeitsspannung und eine geringe verbale Flüssigkeit nachweisen lassen. Remschmidt macht dafür einen zentralen Faktor verantwortlich, nämlich eine Beeinträchtigung der Motorik. Unterschiede zwischen den untersuchten Anfallsformen gab es nicht.

Wahrscheinlich hat Remschmidt in seinen Untersuchungen im wesentlichen die enecetische Verlangsamung erfasst. Darum erscheint es besonders bedeutsam, dass er die Störungen der Motorik so deutlich hervorgehoben hat, obwohl sonst fast niemals auf die Besonderheiten der Motorik geachtet wurde. Wahrscheinlich sind sie bei jedem Anfallskranken vorhanden und werden nur normalerweise nicht beachtet.

Minnesota Multiphasic Personality Inventory (MMPI)

Häufig wurde der MMPI zur Erfassung auch der epileptischen «Persönlichkeit» eingesetzt. Zusammengefasst wird am häufigsten ein Ausschlag in der Depressions-Skala gefunden. Dies fand man wiederum besonders häufig bei Temporallappenepilepsie, obwohl ein klinisch eindeutiges Bild einer Depression bei Anfallskranken ausgesprochen selten ist. Es handelt sich aber wohl eher um ein Problem des Tests als um eine Problem der Epileptiker. Nächsthäufig finden sich Ausschläge in den Skalen «Schizoidie», «Paranoia», «Psychopathie» und «Psychasthenie». Es ist daran zu erinnern, dass der Test zwar Kraepelinsche klinische Begriffe wie die soeben genannten benutzt, dass diese aber erst nachträglich den Skalen, die auf empirisch-statistischem Wege gewonnen worden waren, zugeordnet worden sind.

Kløve und Doehring (1962) fanden bei einer Gruppe von ambulant behandelten Epileptikern überhaupt kein für diese Gruppe charakteristisches MMPI-Persönlichkeitsprofil. Matthews und Kløve (1968) fanden, dass bei allen ihren untersuchten Anfalls-Gruppen die Depressionsskala am häufigsten einen Ausschlag zeigt. Meier und French (1965) konnten Unterschiede im MMPI zwischen Patienten mit unilateralen und bilateralen EEG-Foci nicht feststellen, aber sie fanden bei allen ihren Gruppen die «Depressions-», «Paranoia-» und «Schizoidie»-Skala erhöht.

Rodin, Katz und Lennox (1976) fanden bei Temporallappenepileptikern, verglichen mit anderen Anfallsformen, höhere Werte in der «Depressions-» und «Paranoia»-Skala.

Mignone et al. (1970) fanden im MMPI keine Unterschiede zwischen verschiedenen ambulanten Anfallsgruppen, sondern fanden mit Ausnahme der «maskuline-feminine-Interessen»-Skala alle Skalen erhöht.

Die gleichen Ergebnisse finden sich in den Untersuchungen von Stevens (1966) sowie Lachar et al. (1979).

Hermann et al. (1980) legten 153 Temporallappenepileptikern und 79 Anfallskranken mit generalisierter Epilepsie aus der Mayo-Klinik den MMPI-Fragebogen vor, um mit den anerkannten rechnerischen Mitteln die Frage der Aggressivität zu untersuchen. Sie fanden keine Unterschiede, außer dass bei jüngeren Patienten Aggressivität häufiger zu bestimmen war als bei älteren.

Dikmen et al. (1983) haben schließlich die Frage gestellt, welchen Wert MMPI-Untersuchungen bei Epileptikern besitzen. Sie verglichen bei 165 Fällen mit Hilfe des MMPI Gruppen mit «chronischer Epilepsie», «intermittierender Epilepsie» und Epileptikergruppen ohne psychische Auffälligkeiten. Bei «chronischer Epilepsie» fanden sie sechs der zehn Skalen des MMPI erhöht.

Offensichtlich lassen sich mit Hilfe des MMPI bei Epilepsie keine sinnvollen Ergebnisse erzielen, obwohl die Autoren gerade aufgrund ihrer Ergebnisse meinen, der MMPI sei als allgemeines Instrument zur Erfassung der pathologischen Psyche des Epileptikers, seiner «Psychopathologie», wie es nach amerikanischem Sprachgebrauch heißt, besonders geeignet. Die besonderen Eigenschaften des epileptischen Charakters werden jedoch nicht erfasst, was von diesen Autoren auch nicht mehr versucht wird. Was erfasst wird, ist allerdings durch einfachste klinische Beobachtung ebenfalls zu gewinnen oder hat keinen Bezug zur Epilepsie. Dennoch werden die negativen Ergebnisse der meisten MMPI-Untersuchungen in der englischsprachigen Literatur häufig als Argument für Annahme verwendet, dass es einen epileptischen Charakter nicht gibt.

Marke-Nyman-Persönlichkeitstest

In Skandinavien ist teilweise auch der Marke-Nyman-Test gebräuchlich (Nyman und Marke, 1962), der auf einer neurophysiologischen Persönlichkeitstheorie Sjöbrings (Nyman und Marke, 1962, Sjöbring 1973) beruht. Dieser Test unterscheidet drei sonst nicht übliche Persönlichkeitsvariablen: 1) Validität (verfügbare und wirksame psychische Energie), 2) Stabilität (Selbstbeherrschung), 3) Solidität (Reife). Es gelang Bech et al. jedoch nicht, mit Hilfe dieses Tests wesentliche persönliche Merkmale von Epileptikern zu unterscheiden.

Hypergraphie-Tests

Waxman und Geschwind (1974, 1975) beschrieben aus insgesamt zehn klinischen Beobachtungen ein neues Phänomen des «interiktalen Verhaltens-Syndroms», das sie als Hypergraphie bezeichneten und der Temporallappenepilepsie zuordneten. Gemeint war damit nicht eine spontane Schreibsucht, das Anfertigen zahlloser Schriftstücke, wie man es gelegentlich bei psychisch Kranken finden kann. Als Hypergraphie wird vielmehr bezeichnet, wenn Anfallskranke auf allgemeine oder bestimmte Fragen mehr Text liefern als andere und dies in übersorgfältiger Weise tun. Es wurde ferner hinzugefügt, dass in den Texten in übermäßiger Weise Anfallsprobleme sowie philosophische, ethisches oder religiöse Themen in einem besonderen Stil behandelt würden. Es entstand daraus die Vorstellung, man könne auf diese Weise einen quantitativen Test gewinnen. Bear und Fedio (1977) stellten den Patienten unter anderem fünf Fragen zu ihrem Schreibstil, konnten aber keine eindeutigen Antworten erhalten.

Sachdev und Wasman (1981) versandten an 63 Anfallskranke folgenden Brief:

> Bitte beschreiben Sie Ihren gegenwärtigen Gesundheitszustand sowie darüber, was Sie von Ihrem Anfallsleiden wissen und wie sich dies auf Ihr Leben auswirkt. Sie können so viel schreiben wie Sie wollen, die Form frei wählen und jede Art von Papier benutzen.»

Sie erhielten 21 Antworten und teilten diese in drei Gruppen ein. Temporallappenepileptiker antworteten durchschnittlich mit 1301 Worten, was als Hypergraphie bezeichnet wurde. Andere Anfallskranke schrieben durchschnittlich 106 Worte. Sie folgerten daraus, dass der Arzt bei umfangreicher Textproduktion auf eine Frage hin nach Temporallappenepilepsie fahnden soll.

Roberts et al. (1982) vermeinten auf Grund der Erfahrungen an sechs Fällen eine Hämisphärendominanz in dem Sinne annehmen zu können, dass Hypergraphie bei Läsionen des nicht dominanten rechten Schläfenlappens beobachtet werde, während es bei Läsionen der linken Hemisphäre zu «schizophrenieartigen» Texten komme. Es bleibt allerdings offen, was mit «schizophrenieartig» gemeint ist. Hypergraphie sei allerdings kein allgemeines, in verschiedenen Graden vorkommendes Phänomen, sondern komme nur bei bestimmten Individuen in hohem Ausmaße vor.

Hermann et al. (1983) schließlich wandten bei 138 Patienten dieselbe Methode an wie Sachdev und Wasman (1981). Das statistische Ergebnis war umgekehrt wie im Original, 296 Worte bei Temporallappenepileptikern und 371 bei anderen. Die Response war bei ihnen sehr niedrig mit nur 24% bei den Temporallappenepileptikern und nur 10% bei den anderen. Sie fanden keines der beschriebenen Stilmerkmale, hatten jedoch auch einige besonders lange Briefe von Temporallappenepileptikern erhalten. Mit diesen Ergebnissen wurde die Frage der Hypergraphie zunächst abgeschlossen und nicht mehr weiter untersucht.

Rorschach-Test

Die Bemühungen der Psychologen in der Psychiatrie, sich dem Problem des epileptischen Charakters mit Hilfe des Rorschach-Tests zu nähern sind in Intensität und Umfang außergewöhnlich gewesen (77 Arbeiten aus der Literatur bis 1954 fast lückenlos referiert von Delay et al. 1955). Über längere Zeit bestand die Erwartung oder selbst die Überzeugung, dass es mit Hilfe des Rorschach-Tests nicht nur möglich sei, außerhalb der Anfälle Epilepsie gegen Nicht-Epilepsie zu unterscheiden, sondern auch noch verschiedene Anfallsgruppen untereinander. Rorschach selbst (1921) hat damit bereits den Anfang gemacht, indem er bei 20 epileptischen Patienten ausführliche Beobachtungen mitteilte.

Die spätere englische, amerikanische und französische Diskussion um diese Beobachtungen wurde vor allem dadurch fehlgeleitet, dass Rorschach den Begriff der «Epileptoidie» im Sinne von epileptischen Charaktereigenschaften verwendet hat und dieser sich ausschließlich auf die deutsche Literatur bezog. Immerhin stellte schon Rorschach fest, dass die Reaktionszeit länger ist als normal. In den späteren Auflagen hat Bohm (1951) eine Reihe von sehr präzisen Rorschach-Hinweisen auf Epileptoidie im eben beschriebenen Sinne gegeben.

Stauder (1938) baute seine Studie ganz auf den Rorschach-Test auf, wobei er bereits davon ausging, dass der Rorschach-Test ein weitgehend sicheres Messinstrument für den epileptischen Charakter darstelle. Sein Ziel war es, mit diesem Test zu unterscheiden, ob die epileptische Wesensänderung bei der ererbten und der erworbenen Epilepsie, wie er sie sah, dieselbe sei. Dies vermochte der Test allerdings nicht zu leisten, sondern Stauder fand, «im Rorschachversuch ist das Kernsymptom der genuinen Wesensänderung wie des epileptischen Ausnahmezustandes die maximale Perseveration». In dieser «maximalen Perseveration» sah er dann freilich «ein obligates, ebenso unerlässliches Symptom der genuinen Epilepsie [.] wie den Krampfanfall».

Wahrscheinlich auf Grund seiner Rorschach-Erfahrungen gelangte Stauder zu seiner Überbetonung der epileptischen Verlangsamung, was bis heute für die Vorstellung der deutschen Nervenärzte vom «typischen Epileptiker» bestimmend geblieben ist.

Auch Mme. Minkowska (1944, 1946) hat ausführlicher mit dem Rorschach-Test experimentiert. Allerdings hat sie ihre Protokolle nicht in der klassischen Weise signiert, sondern mehr die Sprache der Patienten während der Betrachtung der Tafeln nach Form und Inhalt beobachtet.

Am meisten Beachtung haben jedoch die von Zygmunt Piotrowski herausgearbeiteten Epilepsie-Zeichen im Rorschach-Test gefunden. Piotrowski hatte zuerst 1940 zusammen mit Kelley den Fall eines 24jährigen Mannes publiziert, bei welchem Piotrowski aus dem Rorschach-Protokoll auf Grund von Perseverations-Tendenzen, Übergenauigkeit, Farbnennungen und Zeitverlängerungen eine vorher schon angenommene epileptische Persönlichkeit bestätigt hatte. Die Kasuistik läßt allerdings lediglich erkennen, dass der schwach begabte Mann wegen Angstanfällen aufgenommen worden war und es lediglich aus der Kindheit bis zum siebten Lebensjahr unsichere anamnestische Angaben über Anfälle gab. Später (1948) hat Piotrowski eine Liste von 14 Epilepsie-Zeichen des Rorschach-Protokolls veröffentlicht, die er aus Untersuchungen an 25 nicht institutionalisierten Epileptikern im Vergleich mit 25 Angstneurotikern und Hysterikern gewonnen hatte. Bei Vorhandensein von mindestens 7 Epilepsiezeichen konnten 80% der Epileptiker korrekt diagnostiziert werden. Piotrowski sah auf Grund dieser Untersuchungen die Existenz eines epileptischen Charakters als erwiesen an. Ferner war damit nach Piotrowski das alte Problem der Unterscheidung zwischen Hysterie und Epilepsie gelöst, während die Grenzen gegenüber nichtepileptischen psychoorganischen Störungen unscharf blieben. Piotrowski hat auch Organiker-Zeichen herausgearbeitet, die zum Teil mit den Epilepsie-Zeichen identisch sind. Die Piotrowski-Zeichen sind nicht in sich typisch oder gar spezifisch für Epilepsie, sondern es bedarf der Zusammenschau einer Reihe von Zeichen.

Außer von manchen anderen sind die Piotrowski-Epilepsie-Zeichen vor allem von später führenden französischen Psychologen und dann auch Psychiatern aufgegriffen worden. Mlle Lempérière (1953) schrieb darüber ihre Dissertation, die wiederum die Grundlage einer ausführlichen Studie von J. Delay, P. Pichot, T. Lempérière und J. Perse (1955) wurde. Dieser Studie liegen Rorschach-Protokolle von 50 Epileptikern zugrunde. Bei 48% waren mehr als sechs

Piotrowski-Zeichen nachweisbar, während bei 68% mehr als fünf Organiker-Zeichen Piotrowskis aufzufinden waren. Bei Temporallappenepileptikern waren die Protokolle mehr extratensiv. Die Autoren meinen deshalb, dass es ein typisches Epilepsie-Protokoll gibt, wobei die Organiker-Zeichen allerdings sicherer sind. Darüber hinaus ließen sich ein koartierter und ein extratensiver Typ feststellen, welche die Diagnose eines epileptischen Charakters erlauben. Insgesamt sehen Delay et al. durch ihre Rorschach-Protokolle die Existenz eines epileptischen Charakters bestätigt, wie ihn die französische Tradition kennt, nämlich eine vom Niveau der Test-Intelligenz unabhängige qualitative und quantitative Einschränkung der schöpferischen Intelligenz (*baisse du pouvoir créateur intellectuel et de la qualité de cette productivité*), Mangel an Vorstellungsvermögen und Einfallsreichtum (*baisse des capacités imaginatives*) und als Folge davon eine ideatorische Perseveration (*entraînant comme compensation une persévération idéationnelle*). Daher vertreten Delay et al. die Meinung, dass der Rorschach-Test weitgehend in der Lage ist, auch im Intervall die Diagnose der Epilepsie zu erlauben. Der Rorschach-Test wird von diesen Autoren in seiner Wertigkeit mit dem EEG vergleichen.

Diesen optimistischen Ergebnissen ist die weitere Literatur trotzdem nicht gefolgt (Barbara Tizard, 1962). Bemängelt wurde vor allem, dass bei fast keiner Rorschach-Studie mit unabhängigen Methoden das Intelligenzniveau bestimmt und dies zur Grundlage der Rorschach-Interpretation gemacht wurde. Neff und Lidz (1951) hatten bei Rorschach-Untersuchungen von 100 Soldaten mit unterschiedlicher Testintelligenz festgestellt, dass überhaupt nur eine Gruppe mit überdurchschnittlicher Intelligenz die in der Rorschach-Literatur aufgeführten typischen Tafeldeutungen abgibt, so dass jede Untersuchung an Epileptikern mit unterdurchschnittlicher und selbst durchschnittlicher Test-Intelligenz zu falschen Ergebnissen führen müsse. Insgesamt gilt somit zumindest in der englischsprachigen Literatur die Bestimmung eines epileptischen Charakters mit Hilfe des Rorschach-Tests als nicht erwiesen und wird daher im maßgebenden Buch der amerikanischen psychiatrischen Gesellschaft APA (Blumer, 1984) auch nicht mehr erwähnt, so dass die große, in Jahrzehnten aufgewandte Mühe als vergeblich erscheint.

Psychoanalyse der Epilepsie

Nach Errichtung des psychoanalytischen Modells, das so engen Bezug hat zur Hysterie und insbesondere zum hysterischen Anfall hätten Versuche nahe gelegen, auch den epileptischen Anfall, den epileptischen Charakter oder die epileptische Psychose mit Hilfe des psychoanalytischen Begriffswerkzeuges zu verstehen und eventuell eine psychoanalytische Behandlung der Epilepsie durchzuführen. Es gibt aber nur wenige, verhältnismäßig bescheidene Versuche hierzu (Übersicht bei Dreyfuß, 1936). Dabei hat es an Versuchen einer psychotherapeutischen Behandlung der Epilepsie selbst in voranalytischen Zeiten nicht gefehlt. Maisonneuve (1904, S. 81) erwähnt zum Beispiel einen Epileptiker, der über mindestens zehn Jahre täglich von einem berühmten Elektriseur namens Comus elektrisiert worden sein, allerdings ohne Erfolg.

Aus der Frühzeit der Psychoanalyse stellt die Arbeit Maeders über *Sexualität und Epilepsie* (1909) wohl den einzigen Versuch hierzu dar. C. G. Jung teilt in einem Brief an Freud vom 22. Januar 1908 mit, dass er Maeder zu diesem Thema angeregt habe und kommt in einem Brief vom 24. Februar 1909, kurz vor Erscheinen von Maeders Dissertationsarbeit, noch einmal darauf zurück. Jung hält darin zwar den eingeschlagenen Weg für sehr hoffnungsvoll, «jetzt einmal die Epilepsie von der Hysterie aus anzupacken, anstatt umgekehrt», beteuert aber zugleich, dass er selbst «von dieser Seite nichts weiß». (S. Freud – C. G. Jung, Briefwechsel).

Maeder war zur Zeit seiner Studie Mitarbeiter von Eugen Bleuler im Burghölzli bei Zürich und ging wenig später als Assistenzarzt an das Krankenhaus für Epilepsie zurück. In seiner Arbeit schildert Maeder in eindringlicher Weise nach außen gekehrte, enthemmte Verhaltensweisen von zwangs-untergebrachten Epileptikern, durch die sich der Gesunde wegen ihrer direkten sexuellen Bezüge pein-

159

lich berührt fühle. Maeder deutet das Verhalten als Zeichen krankhaft gesteigerter sexueller Wünsche. Außer dieser thematischen Verknüpfung von Epilepsie und Sexualität findet sich aber kaum eine Beziehung zu psychoanalytischen Vorstellungen.

Nachdem Freud überraschende Einblicke ermöglicht hatte, dadurch dass man eine in der Psychopathologie geläufige Erscheinung nicht naiv nahm, sondern in ihr lediglich ein Zeichen sah, dessen dahinterstehender Realität erst zu entziffern war, nimmt es nicht Wunder, dass diese Sichtweise versuchsweise auch auf viele andere Umstände angewendet wurde. So hat der epileptische Anfall mehrfach symbolische Deutungen erfahren. Eine der ersten war eine des bekannten amerikanischen Neurologen L. Pierce Clark (1914), der den epileptischen Anfall als den symbolischen Ausdruck des Wunsches nach Rückkehr in den Mutterleib ansah. Freuds Analysen gaben in dieser Zeit vielfach Anlass zu solchen Vergleichen. Noch viel später hat Williams (1963) Absenzen und psychomotorische Anfälle als Extremformen der Abwehr bezeichnet.

Aber auch der in hohem Ansehen stehende Psychoanalytiker Sándor Ferenczi (1913) betrachtete den epileptischen Anfall als eine «Regression in die infantile Periode der Wunscherfüllung mittels unkoordinierter Bewegungen». «Die Epileptiker wären dann Wesen, bei denen sich die Unlustaffekte aufhäufen und sich periodisch in Paroxysmen abreagieren.» Man sieht leicht, dass es sich hier lediglich um eine Analogie mit dem strampelnden Säugling handelt. Dieser Gedanke wird von Ferenczi allerdings nicht als ausgearbeitete Theorie des Anfalls vorgelegt, sondern lediglich in einer Fußnote zu «Entwicklungsstufen des Wirklichkeitssinnes» erwähnt.

Der Koitus als Analogie für den epileptischen Anfall

Eine andere Analogie ist die des Koitus; unwillkürliche Bewegungen beim Geschlechtsverkehr bzw. Orgasmus und beim epileptischen (Grand mal)-Anfall werden miteinander verglichen. Alle Autoren, die das erwähnen, berufen sich wieder auf ältere Autoren. Freud hat selbst zweimal (1909, 1928) darauf Bezug genommen, dass die ältesten Ärzte «den Koitus eine kleine Epilepsie» nannten, hat dem Zitat allerdings keine Quelle beigeben. Ähnliche Bemerkungen finden sich in der älteren und neueren Literatur immer wieder. Sie gehen vielleicht auf Tissot zurück, denn in seinem vielfach aufgelegten Buch über Onanie heißt es:

> Der Coitus ist nach Demokrit eine Art epileptischer Anfall. Er stellt, so erklärt es Haller, eine äußerst heftige Bewegung der Glieder dar, wie man sie ähnlich bei Konvulsionen sehen kann, die aber erstaunlicherweise von selbst wieder abklingt jedoch das ganze Nervensystem erschüttert. (Tissot. 5. A., 1780, S. 84).

O. Temkin (1971, S. 32), der sich auf Daremberg beruft, schreibt, dass sowohl Hippokrates als auch Demokrit der Ausspruch zugeschrieben werde, dass der «Koitus ein leichter Anfall» sei. Auch Esquirol (1915), der sich dabei aber ebenfalls nur auf ältere Autoren beruf, schreibt:

> Il y a tant d'analogie entre un léger accès épileptique et l'orgasme spasmodique qui accompagne l'acte de la reproduction, que les anciens ont défini le coït, epilepsia brevis. (Zwischen einem leichten epileptischen Anfall und dem krampfartigen Orgasmus, welcher den Akt der Reproduktion begleitet, bestehen so viele Ähnlichkeiten, dass die Alten den Koitus als epilepsia brevis bezeichnet haben.)

Wilhelm Reich (1931) hat diesen Gedanken ausführlicher aufgegriffen und dabei insbesondere eine sorgfältige Unterscheidung von hysterischen und epileptischen Anfällen vorgenommen.

> Im Anfall kommt ein Koitus zur Darstellung, doch bedient sich der Anfall epileptischer Motorik, die grundverschieden ist von der hysterischen. Im hysterischen Arc de cercle wird ein Koitus (und dessen Abwehr) dargestellt, doch kommt es da nie zur Entladung, man möchte sagen, die Erregung verflache vor der Akme, während es im epileptischen Anfall zum Orgasmus kommt. Es fehlt keines seiner charakteristischen Kennzeichen. Der epileptische Anfall setzt mit der Akme ein, bei der der Atem angehalten wird und der ganze Körper sekundenlang in einen tonischen Krampfzustand kommt, der sich genau wie ein epileptischer Anfall in klonisch-rhythmischen Zuckungen auflöst, die langsam verebben (Reich, 1931).

Aber auch Reich hält den epileptischen Anfall primär für etwas Organisches. Schließlich bekam die Vorstellung einer Quasi-Identität von Koitus und Grand mal-Anfall Unterstützung vom Präsidenten der amerikanischen neurologischen Gesellschaft Smith Ely Jelliffe (1935), der den Anfall als Entladung analerotischer sadistischer Kräfte sah. Jelliffe hatte sich früher (Jelliffe und Hallock, 1914) in mehr allgemeiner Form zu den Beziehungen zwischen Sexualität und Anfall geäußert.

Psychoanalytische Behandlung der Epilepsie
Dostojewskis Epilepsie

Eine rasch wieder vorübergehende Episode psychoanalytischer Therapie der Epilepsie wurde durch Stekel (1921, 1924) und einige durch ihn angeregte Arbeiten (Heberer, 1924; Graven, 1924; Sonnenschein, 1924; Wittels, 1924) bewirkt. Stekel hat keine genaue Unterscheidung zwischen Epilepsie und Hysteroepilepsie vorgenommen. Dies zeigte sich schon in einer kleinen Bemerkung Stekels in der «Mittwoch-Gesellschaft» vom 8. April 1908, in der Stekel darauf hingewiesen hatte, dass mit dem Begriff Epilepsie seiner Auffassung nach Missbrauch getrieben werde, weil es sich oft wie im Falle Dostojewskis um Hysterie handele (Nunberg u. Federn).

Gerade bei Dostojewski, der immer wieder unter epileptologischen Gesichtspunkten Interesse erregt hat, kann mit größter Sicherheit von einer typischen Grand-mal Epilepsie gesprochen werden, wozu es in den Erinnerungen seiner Frau eindrucksvolle Schilderungen gibt (R. Fülöp-Miller u. F. Eckstein, 1925). In einigen der mitgeteilten Fälle der Stekel-Gruppe wird man die Epilepsie-Diagnose bezweifeln müssen. In dem von Herberer geschilderten Fall bestanden seit dem zwölften Lebensjahr bis zu 17 Anfälle am Tag. Es zeigte sich, dass in elfjähriger Ehe noch kein Geschlechtsverkehr stattgefunden hatte. Nachdem auf Anraten des Frauenarztes Heberer (1924) der Verkehr aufgenommen worden war, hörten, so wird berichtet, auch die Anfälle auf.

Graven will in einem Jahr zehn Fälle mit Epilepsie erfolgreich psychoanalytisch behandelt haben. Bei dem Fall von Wittels (1924) wird durch Aufdeckung einer sexuellen Problematik die Anzahl der Anfälle reduziert. Stekel selbst nimmt im Text der Arbeit von 1921 den Titel «Die psychische Behandlung der Epilepsie» quasi zurück, indem er alle Fälle von Epilepsie aus der Behandlung ausschließt, bei denen der Gedanke an Organisches gerechtfertigt erscheint. Gedanklich schiebt er damit aber wohl eine als Pseudoepilepsie bezeichnete «psychisch bedingte Epilepsie» bis weit in die genuine oder essentielle Epilepsie vor. Diese Tendenz tritt in der Arbeit Stekel (1924) noch verstärkt hervor. Da außer Traumdeutung keine weitere psychoanalytische Technik angegeben wird, bleiben viele Fragen offen.

Freud äußerte sich erst 1928 in «Dostojewski und die Vatertötung» zur Epilepsie, scheint aber keinen Epileptiker in psychoanalytischer Behandlung gehabt zu haben. Auch Freud stößt sich an den damals fließenden Grenzen zwischen Epilepsie und nicht-epileptischen Anfallsformen, insbesondere der Hysteroepilepsie.

Immer noch hebt sich als scheinbare klinische Einheit der alte Morbus sacer hervor, die unheimliche Krankheit mit ihrem unberechenbaren, anscheinend nicht provozierten Krampfanfällen, der Charakterveränderung ins Reizbare und Aggressive und der progressiven Herabsetzung aller geistigen Leistungen. Aber an allen Enden zerflattert dieses Bild ins Unbestimmte» (Freud, 1928; GW 14, 402).

In Bezug auf Dostojewski wird nicht recht deutlich, ob Freud selbst epileptische oder hysterische Anfälle annimmt.

Dostojewski nannte sich selbst und galt bei den anderen als Epileptiker aufgrund seiner schweren mit Bewusstseinsverlust, Muskelkrämpfen und nachfolgender Verstimmung einhergehenden Anfälle. Es ist nun überaus wahrscheinlich, dass diese sogenannte Epilepsie nur ein Symptom einer Neurose war, die demnach als Hysteroepilepsie, das heißt als schwere Hysterie, klassifiziert werden müsste. (Freud, 1928; GW 14, 402).

Freud kannte die unterschiedlichen Begriffsbedeutungen von Hysteroepilepsie genau, denn er hatte Charcots Ausführungen hierzu 42 Jahre zuvor ins Deutsche übersetzt. Nur bei Kranken mit sowohl epileptischen als auch hysterischen Anfällen wäre demnach von Hysteroepilepsie zu sprechen. Der Kontext legt indessen nahe, dass Freud bei Dostojewski ausschließlich hysterische Anfälle annehme, denn er spricht von einer sogenannten Epilepsie, die nur ein Symptom einer Neurose, einer schweren Hysterie sei. Dann hätte er aber nach der von Charcot eingeführten Begrifflichkeit nicht von Hysteroepilepsie sprechen dürfen, da Charcot gerade hierfür und zur Vermeidung von Unklarheiten und Verwechslungen den Terminus *grande attacke* oder *grande hystérie* eingeführt hatte, den

Freud in anderen Zusammenhängen auch zu verwenden pflegt. Die genaue Unterscheidung ist allerdings für Freuds nachfolgende Ausführungen nicht mehr wichtig, weil Freud den von Reich später wieder aufgenommenen Gedanken einführt, dass

> die 'epileptische Reaktion', wie man das Gemeinsame [von epilepti-schem und hysterischem Anfall] nennen kann, [...] sich ohne Zweifel auch der Neurose zur Verfügung [stellt], deren Wesen darin besteht, Erregungsmassen, mit denen sie psychisch nicht fertig wird, auf soma-tischem Wege zu erledigen. (Freud, 1928; GW 14, 404).

Ganz gleich also, welcher Natur der einzelne Anfall ist, er kann von der Psyche zur Abfuhr benutzt werden, nicht nur der hysteri-sche, sondern auch der epileptische.

Zum Beispiel will Parland (1953) den Anfall selbst als Mittel der Abfuhr von ins Bewusstsein überbordenden aggressiven Trieben sehen, wobei der Anfall zugleich die mit der Abfuhr verbundene Selbstbestrafungstendenz befriedige.

Psychoanalytische Deutung des epileptischen Charakters

Die bisher genannten Arbeiten galten der symbolischen Bedeu-tung des epileptischen Anfalls oder dem Anfall im Dienste der Neu-rose.

Der epileptische Charakter wurde erstmals von Binder (1926), damals Assistent bei Karl Wilmans an der Psychiatrischen Univer-sitätsklinik Heidelberg, einer ähnlichen Betrachtung unterzogen, wobei Binder neue Betrachtungen einführte. Zunächst deutet Bin-der die Tendenzen von Dämmerzustand und Fugues. Dann führt Binder aus, primitivinfantile Regungen im epileptischen Charak-ter erlangten eine Überwertigkeit. Die Überbetonung von Milde, Anhänglichkeit, Zärtlichkeit, von unterwürfiger Klebrigkeit, senti-mentaler Frömmelei und süßlichem Moralisieren seien aufzufassen als Reaktionsbildungen auf Hasstendenzen, die in Träumen und Ausnahmezuständen auch unmittelbar hervorbrächen. Der epilep-tische Charakter wird damit rein psychologisch als Abwehrcharak-ter gedeutet, der so ausgebildet wird, um die stets bereit liegende Neigung zum Jähzorn und zu fatalen Impulshandlungen am Durch-bruch zu hindern. Damit wird der epileptische Charakter als Cha-rakterneurose gedeutet.

Andere Eigenschaften des epileptischen Charakters werden als Zeichen eines kindlichen Wesens, eines psychischen Infantilismus also, gedeutet: naive Rücksichtslosigkeit, Durst nach Gelobtwerden, wichtigtuerische Geschäftigkeit, Verwendung von Diminutiven und Neigung zu kindlichen Scherzen. Binder bekennt sich freilich nicht vollständig zum psychoanalytischen Modell, indem er hervorhebt, dass erst der organische Prozess die Ursache für die Regression sei, wobei im einzelnen aber nicht dargetan wird, worin die Verflechtung von Organischem mit dem Charakter zu sehen sein soll.

Derselbe Gedanke findet sich wieder bei Bräutigam (1951/52) in einer bekannten Studie zu einem Charaktermodell des Epileptikers, in welcher den wesentlichen Persönlichkeitseigenschaften des Epileptikers eine psychische Abwehrfunktion zugeschrieben wird.

Die Arbeiten von Binder und Bräutigam fügen dem zu ihrer Zeit geläufigen Bild vom epileptischen Charakter nichts Neues hinzu, sondern nehmen diesen als etwas Gegebenes und versuchen ihm eine psychoanalytische Deutung zu geben. Bräutigam führt deshalb den schon bei Freud vorhandenen Gedanken in das Modell ein, dass sich die abgewehrten Angriffstendenzen gegen den Vater des Epileptikers richten. Auch Bräutigam sieht wie Binder in Träumen und Dämmerzuständen die blutige Szenerie als Mord und Todesthemen lebendig werden, was in der epileptologischen Literatur auch später immer wieder thematisiert wird (z.B. Greenberg et al. 1984).

Bräutigam verwendet in diesem Zusammenhang die romantische Tag-Nacht-Metapher. Die Tagseite des hypersozialen epileptischen Charakters läßt die wesensmäßig zu ihr gehörende Nachtseite der Angriffslust und motorischen Expansivität nicht sichtbar werden. So werde in jedem der bekannten Wesenszüge des epileptischen Charakters eine gegenteilige unbewusste Tendenz zugleich verborgen und enthüllt. Aggressive Tendenzen führen zur Familienlobrednerei. In der Selbstgerechtigkeit kommen sowohl die Tendenz zur Aggressivität, zum Bösen zum Ausdruck wie der Versuch ihrer Kompensation.

Kardiners Deutung des epileptischen Charakters

Einen ausführlichen, gleichwohl folgenlosen Versuch psychoanalytischer Deutung der Epilepsie hat der amerikanische Psychoanalytiker Abram Kardiner (1932) unternommen. Kardiner geht vom alten Bild des bigotten, süßlich-klebrigen Epileptikers aus und sieht darin Reaktionsbildungen, führt dies aber noch nicht hinsichtlich der Einstellung der Gesellschaft gegenüber dem Epileptiker aus. Erst später hat Kardiner sich dem Gebiet der Beziehungen zwischen Gesellschaft und psychischer Krankheit zugewandt (Kardiner u. Linton, 1939; Kardiner u. Oresey, 1951), kam dabei allerdings nicht auf die Anfallskrankheiten zurück. Kardiner verweist auf die Bedeutung von Versagung (*privation*) anstelle von Konflikten, welche sonst bei psychoanalytischer Deutung im Vordergrund stehen. Schließlich arbeitet Kardiner die Bedeutung des Körper-Ichs beim Anfallskranken heraus, ein sinnvoller Gesichtspunkt, der von M. Ribble (1936) allerdings in nicht mehr nachvollziehbarer Weise weitergeführt wurde. Sie sah das wesentliche Element in dem von ihr veröffentlichten Falle in einer Nahrungsmittelkarenz in der frühen Phase der Ich-Entwicklung. Der argentinische Psychoanalytiker Mario Marti (1955) hat sich ebenfalls auf Kardiner berufen und in einer introjizierten sadistischen Ur-Szene (Beobachtung des Geschlechtsverkehrs der Eltern) die traumatische Situation für Entstehung epileptischer Anfälle gesehen und dies mit einer ganzen Reihe von Beobachtungen belegt.

Ähnliche Versuche, das Auftreten epileptischer Anfälle auf bestimmte frühkindliche Konstellationen zurückzuführen hat es weitere gegeben. Heilbrunn (1950) führte die Anfälle auf passive Abhängigkeitstendenzen von der Mutter zurück. Die Anfälle seien dann als Reaktion oder Abwehr zu verstehen. Interessanter erscheint der Vorschlag der italienischen Psychoanalytikerin M. Treves (1927), die vor allem die im psychomotorischen Anfall erkennbaren Bewegungen und die im postparoxysmalen Anfall geäußerten sprachlichen oder nichtsprachlichen Zeichen später zur Aufdeckung unbewusster Inhalte zu verwenden.

A. Leder (1969) sprach von einer wahren Flut psychoanalytischen Arbeiten zur Epilepsie vor allem zwischen 1920 und 1940. Angesichts der Verbreitung der Psychoanalyse und der großen psychoanalytischen Literatur handelt es sich wohl eher um ein kleines Rinnsal, jedenfalls was die Analyse der epileptischen Problematik betrifft. Berichte über die Psychoanalyse mit Epileptikern wegen einer Neurose und ohne Berücksichtigung der Anfälle (z. B. Wittels, 1940) können hier nicht gemeint sein. Es ist anscheinend sogar versäumt worden, aus der Anwendung des psychoanalytischen Modells therapeutische Konsequenzen zu ziehen. Wenn nämlich der epileptische Anfall in den Dienst einer Neurose gestellt werden kann, müsste man ihn auch in das Zentrum einer analytischen Arbeit stellen. Mehr noch, es müsste der epileptische Charakter, sofern er als Abwehrcharakter verstanden werden kann, in einer Übertragungssituation in der sowohl Anlehnungsbedürfnisse befriedigt als auch Hassgefühle übertragen werden dürfen, nach und nach zur Auflösung zu bringen sein.

480 Analysenstunden bei Geigenmüller

Eine ausführlichere Analyse eines «epileptischen Patienten mit hysterischem Charakter» mit 480 Stunden analytischer Therapie wurde erst 1976 von Geigenmüller publiziert. Allerdings ist in diesem Fall die Diagnose einer Epilepsie nicht nach klinischen Gesichtspunkten gestellt worden und bleibt damit recht fragwürdig. Als Grundlage für die Diagnose Epilepsie wird nämlich lediglich ein für Epilepsie typisches EEG angeführt, sowie die Angabe, dass der Patient «als Bub einmal pro Jahr plötzlich auftretende, Sekunden dauernde Anfälle von Bewusstlosigkeit» hatte, bei denen der Autor Absencen vermutet. Wir brauchen die Frage, ob in diesem Fall überhaupt von Epilepsie gesprochen werden darf, nicht zu entscheiden. Sicher ist, dass zum Zeitpunkt der Behandlung weder epileptische Anfälle noch ein epileptischer Charakter bestanden oder gar Therapiegrund waren und somit auch die Analysenergebnisse keine Aussagefähigkeit für Epilepsie beanspruchen können.

Hystero-Epilepsie bei Edelston

Eine der Schilderungen einer psychoanalytischen Behandlung der Epilepsie stammt von Edelston (1949). Zwar spricht Edelston selbst offenbar aus einem begrifflichen Missverständnis heraus von Hystero-Epilepsie. Seine Anfallsschilderungen lassen jedoch kaum Zweifel daran, dass sein Patient an Absencen und später Grand mal litt und weder hysterische Anfälle noch einem hysterischen Charakter hatte. Auch daran erkennt man, dass es den Psychiatern und Psychoanalytikern offenbar schwerfällt, die richtige Unterscheidung zwischen Epilepsie und Hysterie zu treffen.

Die über 250 Sitzungen durchgeführte Analyse bei dem anfänglich gut assoziierenden Patienten führte zeitweilig in eine schwierige Situation, weil die Anfälle zunahmen und die Einfälle versiegten, so dass der Patient die Psychoanalyse unterbrach und anderenorts eine Hypnosebehandlung begonnen wurde, die sich aber als undurchführbar erwies. Hinderlich für einen Behandlungserfolg erwiesen sich ferner sekundärer Krankheitsgewinn (Krankenrolle) und Widerstände gegen das Aussprechen von Hass und anderen unerlaubten Gefühlen. Danach schritt die Analyse jedoch gut voran und führte schließlich zum fast vollständigen Versiegen der Anfälle, ohne dass sich etwa ungewöhnliche Besonderheiten ergeben hätten.

Auch Bircher (1931) hatte über einen durch Psychoanalyse geheilten Fall von Epilepsie berichtet. Sein Bericht schildert jedoch im Wesentlichen die Träume seiner Patientin und lassen wenig Raum für nachträgliche Interpretationen.

Schlussfolgerungen
Warum hat sich keine besondere psychoanalytische Psychotherapie für Epilepsie entwickelt?

Nachdem sowohl der Grand mal-Anfall als auch der epileptische Charakter mit Hilfe des psychoanalytischen Modells erklärbar geworden waren, bleiben einige Frage offen: warum hat sich daraus keine eigene Psychotherapie der Epilepsie entwickelt? Oder auch: warum sind die psychoanalytischen Vorstellungen vom epileptischen Anfall und Charakter nicht weiterentwickelt worden? Warum ist selbst das Gebiet der Hysteroepilepsie, von den Grenzverwischungen bei Stekel einmal abgesehen, keiner besonderen psychoanalytischen Arbeit zugänglich gemacht worden? Dies, obwohl bei der Hysteroepilepsie doch schon im Wort ein Kerngebiet der Psychoanalyse, die Hysterie, angesprochen wird. Die Antwort liegt vielleicht teilweise im Wesen des Epileptikers selbst, der im allgemeinen unneurotisch wirkt oder zumindest nicht willens oder fähig ist, die Entbehrungen und Pflichten, welche das Eingehen einer Psychoanalyse mit sich bringen, auf sich zu nehmen. Von Freud, über Reich, bis Bräutigam haben alle Untersucher betont, dass sie in der Epilepsie ein organisches Hirnleiden sehen. Der Widerspruch der sich aus einer solchen Grundannahme einerseits und aus der Anwendung des psychoanalytischen Modells andererseits ergab, konnte nicht gelöst werden und ist nicht einmal ausführlich diskutiert worden. Eine Antwort liegt vielleicht auch darin, dass es den Psychoanalytikern allzu oft an hinreichenden Kenntnissen oder gar Erfahrungen in der Epileptologie mangelt, wofür die Arbeiten von Edelston (1949) und Geigenmüller (1976) aus Beispiele erwähnt worden sind.

Sexualität der Epileptiker

In der frühen Zeit wurden die Epileptiker für sexuell abnorm und hypersexuell gehalten

Eine Beziehung zwischen Sexualität und Epilepsie klingt in mythischer Form bereits in der Antike an. Herodot schreibt, dass Kamysis, König der Perser und Eroberer von Ägypten, dem heiligen Apis-Stier der Ägypter seinen Dolch in den Bauch stoßen wollte, ihm aber, wie G. Devereux (1981) es deutete, aus Versehen in die Geschlechtsteile stieß. Infolge dieser Gotteslästerung sei der König epileptisch geworden. Später habe er sich, als er stürmisch auf sein Pferd sprang, gerade an der Stelle verwundet, an welcher er selbst zuvor den Gott getroffen hatte und starb daran.

Lange Zeit herrschte die Meinung vor, dass Epileptiker hypersexuell sind und dass sie in sexueller Hinsicht zu einem offen unmoralischen und anstößigen Verhalten neigen. So hatte Griesinger (1845) die «unsittliche Lebensführung» der Epileptiker hervorgehoben und «das Triebartige im Geschlechtsleben» für «besonders charakteristisch» erklärt. 1869, in seiner letzten publizierten Arbeit, hat Griesinger diese Ansicht allerdings noch relativiert, denn er schreibt dort, dass «bei der sehr großen Mehrzahl der männlichen Kranken [eine] sexuelle Schwäche [besteht]».

Dennoch wurde die als erste genannte Äußerung Griesingers für lange Zeit zur Lehrmeinung und in den einschlägigen Werken mit Variationen wiederholt. Insgesamt kommen darin eher die moralischen Vorstellungen der Verfasser als die Eigenschaften von Epileptikern zum Ausdruck.

Schüle (1880) etwa fand bei Epileptikern Hypersexualität, Onanie und Homosexualität, insbesondere bei weiblichen Individuen und sah darin wohl Krankheitszeichen. Manchmal, so bemerkt auch Schüle, bestehe allerdings ein vollständiger Mangel an Sexualität. Auch Binswanger (1899) findet sexuelle Erregungszustände, «die mit fortschreitendem ethischen Defekt immer elementarer zu Tage treten. Schamlose Masturbation, päderastische und tribadische [lesbische] Handlungen, aber auch Stuprumversuche [Vergewaltigung] kennzeichnen diese Veränderungen.» Mendel (1902) stellt bei Epileptikern eine Neigung zu unsittlichen Handlungen («epileptischer moralischer Wahnsinn») fest. Auch Maeder (1903) formuliert: «Es ist bekannt, dass die Epileptiker sehr viel onanieren», was offenbar als ein Krankheitszeichen gemeint ist. Die Behauptung einer Hypersexualität bei Epileptikern findet man auch später noch, z. B. bei Mitchell, Falconer und Hill (1954), Thompson (1955), Landolt (1960), Rabending (1961) sowie Ballerini (1961).

Das gleiche Bild findet sich in der amerikanischen Psychiatrie, z. B. bei Echeverria (1873), der sich dabei im wesentlichen auf die französische Literatur und seine eigenen Erfahrungen beruft und Onanie als ein Frühsymptom der Epilepsie ansieht.

Regarding the salacity of epileptics I wish, however, to remark, that according to my obsersation, onanism has been in almost ervry case one of the earliest symptoms of the disease, instead of its original cause as is usually believed; its indulgence has, of course, aggravated the fit, and when a neurotic hereditary tendency has existed, onanism has often preceded the onset of epilepsy, particularly among adolescents or children. (Echeverria, 1873, S. 36). (Was das Obszöne bei Epileptikern betrifft möchte ich darauf hinweisen, dass nach meiner Beobachtung Onanie in beinah jedem Falle eines der frühesten Symptome der Krankheit gewesen ist und nicht die Ursache, wie man gewöhnlich meint. Diese Zügellosigkeit hat natürlich den Anfall verstärkt und wenn eine vererbte Neigung zur Nervenschwäche bestand, ist Onanie, insbesondere bei Kindern und Jugendlichen, dem Ausbruch der Epilepsie vorausgegangen.)

Binswanger (1899) zitiert noch billigend eine Ansicht von Madden, der behauptet habe, «sich kaum eines Falles von weiblicher Epilepsie entsinnen zu können, bei welchem nicht ein Zusammenhang mit irgend einer Störung der sexuellen Funktionen gefunden worden» sei. Auch Binswanger selbst vertritt noch die Ansicht, dass «geschlechtliche Ausschweifungen, vor allem der Masturbation»

von erheblicher Bedeutung für die E n t w i c k l u n g einer Epilepsie seien. Wir befinden uns damit in dem Jahr, in welchem Sigmund
Freuds «Traumdeutung» erschien und eine bis in die Gegenwart
fortwirkende Änderung der Einstellungen zu Sexualität zur Folge
hatte. Binswangers Überzeugungen erscheinen daher heute eher als
lächerlich.

Ausschweifungs- und Masturbationstheorien bezogen sich allerdings damals auf viele Leiden ganz unterschiedlicher Natur.

Ebenso werden umgekehrt sexuelle Anomalien auf die Epilepsie
bezogen. Krafft-Ebing (1898) schreibt in seiner «Psychopathia sexualis» den Epileptikern eine erhöhte sexuelle Erregbarkeit zu und
tadelt deren «rücksichtslose Befriedigung des Geschlechtstriebes».
R. Arndt (1883) hatte in seinem «Lehrbuch der Psychiatrie» sogar
behauptet, wo immer ein absonderliches sexuelles Leben bestehe,
sei an ein epileptisches Moment zu denken, da die scheußlichsten
sexuellen Verirrungen Folge der Epilepsie seien. Selbst Gustav
Aschaffenburg (1906) schreibt, er habe sich fünf Jahre lang durch
Untersuchung aller «Sittlichkeitsverbrecher» in einem Strafgefäng-
nis davon überzeugt, dass ein Sechstel dieser Verbrecher Epileptiker seien. Er vertritt also die Meinung, dass die Feststellung eines
«Sittlichkeitsverbrechens» bereits den Verdacht auf eine Epilepsie
wecken muss. Eine solche Meinung über eine unethische, unmora-
lische oder kriminelle Sexualität der Epileptiker, insbesondere der
Psychomotoriker unter ihnen — auf welche die allgemeine Meinung übergegangen ist — hat sich in völlig ungerechtfertigter Weise
ebenfalls bis in die Gegenwart erhalten, wo man sie vor allem in der
Volksmedizin findet.

Die Generationsvorgänge
und Ausbruch der Epilepsie

Ferner wurden sexuelle Vorgänge oder die damit zusammenhängenden Körperveränderungen, was nicht immer genau unterschieden wird, oft genug für den Ausbruch einer Epilepsie verantwortlich gemacht. Es ist dies eine alte, bis in die Gegenwart, vor allem
wiederum in der Volksmedizin fortwirkende Überzeugung, für die
es allerdings eine wissenschaftliche Tradition gibt. Entsprechende
Ansichten findet man z. B. bei Schulze und Roediger (1736) un-

ter der Bezeichnung «epilepsia uterina». Dort wird gesagt, dass bei dieser Unterform der «Epilepsia sympathica» die Ursache dieser Epilepsie, ihr «Herd», in der Gebärmutter liege. Von dieser übertrage sich entweder eine krankheitserzeugende «reizende» Materie über das Gefäßsystem oder ein «Spasmus» über den «consensus» der Körpermembranen auf die Gehirnmembranen. Konkreter ausgedrückt sieht die Vorstellung folgendermaßen aus: Der eigentliche Grund der Erkrankung sind Menstruationsstörungen verbunden mit Gebärmutterspasmen. Das Ausbleiben der Monatsblutung führt zu einer vermehrten Ansammlung von Blut im Bereich der Gebärmutter. Dieses drückt auf die Membranen in diesem Bereich und ruft in ihnen einen Spasmus hervor; dieser begünstigt und verstärkt wiederum durch Kontraktion und Verschluss der Gebärmuttergefäße die Menstruationsstörungen. Zum epileptischen Anfall kommt es dadurch, dass sich der Spasmus der Gebärmuttermembranen über den «consensus» der Körpermembranen den Gehirnmembranen mitteilt, zum anderen wird das überreichlich im Bereich der Gebärmutter angesammelte, vielleicht schon eingedickte oder verdorbene Blut in die Gehirngefäße abgelenkt und führt dort durch vermehrte Quantität und «reizende» Qualität zu Reizung und ungeordneten Kontraktionen der Gehirnmembranen.

Aber auch bei Esquirol (1815) findet man noch Ansichten, die nicht sehr viel aufgeklärter sind. Esquirol erklärt, dass der Geschlechtsakt zuweilen von einem epileptischen Anfall gefolgt werde und fährt dann fort:

Cole cite l'example d'une femme qui, trois jours après son mariage, devint épileptique. L' onanisme a fréquemment prédisposé à cette terrible maladie, même dans l'enfance. Un jeune homme, âgé de douze à treize ans, se livre à la masturbation; quoique fort et robuste, il devient d'une susceptibilité extrème; et à l'age de quinze ans, il est pris d'accès d'épilepsie. (Esquirol, 1815, S. 322). (Cole zitiert das Beispiel einer Frau, die drei Tage nach ihrer Hochzeit einen epileptischen Anfall bekam. Masturbation disponiert häufig zu dieser Krankheit, selbst schon in der Kindheit. Ein 12 bis 13 Jahre alter Bub masturbierte heftig. Obwohl er eigentlich kräftig war, wurde er sehr schwächlich, und im Alter von 15 Jahren bekam er seine Anfälle.)

Ganz ausgestorben waren solche Vorstellungen auch im 20. Jahrhundert noch nicht. So glauben Karl A. Menninger (1926) wie auch

Bandler et al. (1958) aus der psychoanalytischen Arbeit mit ihren Patienten feststellen zu können, dass bei Frauen der epileptische Anfall immer aus einem sexuellen Kernkonflikt heraus entstehe.

In der Moderne kennt man eher eine zu geringe Sexualität

Gegenüber allen wissenschaftlichen Vorstellungen einer Hyper- und Parasexualität der Epileptiker hat sich in der Gegenwart in der wissenschaftlichen Literatur allerdings die gegensätzliche Meinung durchgesetzt, nämlich dass Epileptiker, insbesondere solche mit Temporalherden, im Allgemeinen an einer Hyposexualität leiden oder diese zumindest bei ihnen konstatiert werden kann. Diese Meinung geht in erster Linie auf eine Arbeit von Gastaut und Collomb (1954) zurück, auf die sich z. B. auch noch Bear, Freeman und Greenberg (1984) beziehen.

Gastaut und Collomb hatten eine Hyposexualität zunächst nur bei 26 von 36 darauf untersuchten Patienten beschrieben. Ihre klare Beschreibung war jedoch offensichtlich so überzeugend, dass sich die Lehrmeinung im Anschluss daran änderte. Schon 15 Jahre später wurde von Taylor (1969) Hyposexualität als das klassische Bild von der Sexualität der Temporallappenepileptiker bezeichnet und an 100 präoperativen Fällen bestätigt.

In eigenen Untersuchungen (Peters, 1971) haben wir die Feststellungen von Gastaut und Collomb bestätigen und weiter differenzieren können und werden uns in der klinischen Beschreibung weiter unten auf diese Erfahrungen stützen.

Spätere Untersuchungen haben die Meinung der Hyposexualität weiter bestätigen können. Jensen und Larsen fanden bei 74 Patienten mit therapieresistenter Temporallappenepilepsie in der Hälfte der Fälle eine Verringerung des Sexualtriebes. Man findet die Hyposexualität bei Geschwind (1983) als «herabgesetzte sexuelle Responsivität» dargestellt, wobei eine Verbindung zu herabgesetzten Spiegeln des Releasinghormons des luteinisierenden Hormons (LHRH) hergestellt wird, was sich allerdings auch bei Patienten mit normaler Sexualität und ohne antikonvulsive Therapie fand.

König und Tschuschke (1988) untersuchten 50 epileptische Frauen und fanden ebenfalls die Vorstellung einer verringerten sexuellen Aktivität bestätigt.

Die gleiche Feststellung ergab sich aus einer Untersuchung von 60 ambulant behandelten epileptischen Männern in 5 englischen Gruppenpraxen (Toone et al., 1989), wobei die Autoren die Hyposexualität auf Hormonmangel zurückführten.

Shukla et al. (1979) schließlich verglichen 70 Temporallappenepileptiker mit 70 Grand mal-Epileptikern und fanden Hyposexualität bei den Temporallappenepileptikern signifikant häufiger.

Große Schwierigkeiten entstehen, wenn die Sexualität über den Eindruck aus einer längeren Arzt-Patienten-Beziehung und die klinische Erfahrung hinaus mit Hilfe von Kriterien näher bestimmt werden soll. Jensen et al. (1990) zählten bei 84 ambulanten dänischen Patienten (38 Männer, 48 Frauen) die Angaben über Frequenz von Coitus und Masturbation und fanden im allgemeinen keine Unterschiede gegenüber Vergleichsgruppen und nur bei 8% eine sexuelle Dysfunktion. Dieses im Gegensatz zur sonstigen Literatur stehende Ergebnis hängt jedoch mit der Bestimmungsmethode zusammen. Die sexuelle Dysfunktion wurde nämlich nach Gesichtspunkten bestimmt, wie sie für neurotisch gestörte sexuelle Funktion typisch ist: gefragt wurde z. B. nach Erektionsschwäche, Ejaculatio praecox, Vaginismus und Anorgasmie. Wenn solche Störungen nicht vorhanden waren, wurde die Sexualität als normal betrachtet. Richtig interpretiert fügt sich dieses Ergebnis somit durchaus in das bekannte Bild, weil sexuelle Hemmungen und neurotisch-sexuelle Störungen bei Epileptikern sehr selten sind.

Fenwick et al. (1985) ließen 97 von 100 Insassen des englischen David Lewis Epilepsie-Zentrums durch einen psychiatrischen Consiliarius untersuchen. Sexualität beurteilten sie nach der Zahl sexueller Gedanken und Kontakte, der Orgasmen, Ejaculationen, Pollutionen, spontanen Erektionen und Erektionen nach dem Erwachen sowie danach, ob es schwierig war, eine Erektion aufrecht zu erhalten. Fragen nach einer homo- oder heterosexuellen Orientierung wurden vermieden. Die wichtigsten Ergebnisse bezogen sich nicht unmittelbar auf die gestellten Fragen. Nur 21% der Befragten hatten jemals sexuelle Kontakte gehabt, obwohl 44% eine Partnerin hatten. 44% hatten niemals einen Orgasmus, auch nicht durch Masturbation, 52% hatten niemals sexuelle Träume erlebt. Bei 64% lag der letzte Orgasmus mehr als ein Jahr zurück. Immerhin gab es auch in dieser Untersuchungsgruppe eine kleinere Gruppe (11%), die fast täglich sexuelle Träume und Orgasmen hatte. Irgendwelche statistische Beziehungen zu Art und Zahl der Anfälle wie auch zur antikonvulsiven Medikation ließen sich nicht herstellen. In keiner der genannten Studien gibt es Angaben über die Einstellung und Reaktion von Partnern. Die neueren Studien neigen dazu, die festgestellten sexuellen Abweichungen von der Norm allein als Folge eines veränderten Hormonstatus zu sehen.

Eigene Erfahrungen mit der Sexualität der Epileptiker, deren klinisches Bild

Bei den eigenen 67 Fällen handelt es sich um Patienten, die einmal in der Klinik untersucht worden waren, aber sonst voll am sozialen Leben teilnahmen. Bei 39 Patienten fand sich eine Hyposexualität, in 2 Fällen eine qualitativ nicht normale, in den restlichen Fällen eine normale Sexualität.

Bei diesen 39 Anfallskranken fehlte also sexuelle Aktivität in jeglicher Form oder war wesentlich verringert und kaum vorhanden. Der Beschreibung der Patienten nach besteht nicht eigentlich eine Unfähigkeit, einen Akt zu vollziehen, sondern ein ganz globales Desinteresse an allem, was irgendwie mit Sexualität in Zusammenhang steht.

Sexuelle Kontakte werden nicht gesucht. Es besteht Unverständnis gegenüber den Flirts und Annäherungsversuchen anderer, auch z. B. Unverständnis gegenüber der Beliebtheit des Striptease, selbstverständlich auch gegenüber pornographischer Literatur, Pornofilmen, Witzen oder auch — bei entsprechendem Bildungsgrad — gegenüber den großen Leidenschaften in der Literatur, sofern diese Erfahrungen nicht aus einer vorepileptischen Zeit vorhanden sind und wenigstens erinnert werden. Es fehlen sexuelle Träume oder auch Tagträume und sexuelle Phantasien. Dabei klagen die Patienten von sich aus fast nie über Impotenz und sexuelle Interesselosigkeit, sondern nehmen sie kommentarlos hin, wie es J. E. Meyer (1955) auch schon bei den Sexualitätsstörungen der Hirnverletzten festgestellt hatte.

Die Feststellung des sexuellen Desinteresses trägt natürlich sehr dazu bei und erklärt, warum man erst spät auf die Problematik aufmerksam geworden ist. Klagen über den Mangel an Sexualität gibt es offenbar nur dann, wenn dadurch eine Partnerschaft belastet wird, was keineswegs der Fall sein muss. Offenbar deshalb hat außer Hierons (1971) kaum jemand vorgetragen, dass es sich bei der epileptischen Hyposexualität um eine Impotenz oder Frigidität handele, unter der die Betroffenen leiden, und dass sie sich durch die Nichterfüllung ihrer Triebwünsche sogar frustriert fühlen, während die meisten anderen Untersuchungen besagen, dass solche Triebwünsche gar nicht existieren. Hierons' erster Fall, der ihn auf die Problematik aufmerksam machte, betraf aber — wie Blumer (1971) berichtete — einen Orientalen mit mehreren Frauen, bei dem offenbar hinsichtlich der Potenz ein stärkerer sozialer Druck bestand.

Die sexualpsychiatrischen Erfahrungen sind somit sehr verschieden von den Therapieerfahrungen mit neurotischen oder lediglich partnerbezogenen Klagen über Impotenz und Frigidität. Man kann aus dieser Sicht in einer paradoxen Wendung sagen, dass die übliche neurotisch bedingte Impotenz ihrerseits ein Zeichen sexueller Aktivität ist. Da bei den Anfallskranken übrigens auch die häufigen neurotischen Hemmungen in Bezug auf Sexualität fehlen, ist es leicht, die Patienten nach ihren Einstellungen und ihrem sexuellen Verhalten zu befragen. Es ist auch hier wieder ganz interessant zu sehen, wie die Offenheit der Äußerungen der Patienten zur Spärlichkeit der Eintragungen in den Routineaufzeichnungen kontrastiert, was wiederum auf das Desinteresse der Kranken selbst zurückzuführen ist, wodurch spontane Äußerungen zur Sexualität weitgehend fehlen.

Das tatsächliche sexuelle Verhalten ist nach klinischer Beobachtung etwas unterschiedlich, je nachdem ob das Anfallsleiden vor der Pubertät oder erst später eingesetzt hat. Bei den frühen psychomotorischen Epilepsien führt das Desinteresse auch zu mangelhaften Kenntnissen und Vorstellungen darüber, was z. B. unter sexueller Erregung, Orgasmus oder Pollution zu verstehen ist. Hat sich vor Anfallsbeginn eine normale sexuelle Bildung und Lebensweise gebildet, fällt später der Unterschied zum Normalverhalten eher auf.

Während der Übergangsphase zwischen Gesundheit und Anfallsleiden wurde in eigenen Untersuchungen verschiedentlich über eine erheblich gesteigerte sexuelle Aktivität berichtet. Da diese Zeit aber meist länger zurücklag, waren die Angaben undeutlich. Nur in einem Falle haben wir hypersexuelle Tendenzen mit häufigem Koitus und raschem Partnerwechsel unmittelbar beobachten können. Auch diese Beobachtung, die bei Gastaut und Collomb (1954) fehlt, ist übrigens schon von Griesinger in der genannten Arbeit vermerkt worden. Es heißt darin, dass «in seltenen Fällen eine lange dauernde, ganz krankhafte sexuelle Aufregung» bestehe.

Wenn es unter der allgemeinen Hyposexualität dennoch häufig zu Partnerschaftskonflikten kommt, liegen die Gründe gewöhnlich nicht auf sexuellem Gebiet, denn auch die vorhandenen Partner nehmen die Schwäche des anderen mit auffälligem Gleichmut hin. Vielmehr hat die Untersuchung gezeigt, dass komplizierte und schwierige Partnerschaftsbeziehungen vor allem vom pseudopsychopathischen Charakter der Anfallskranken ausging. Von 59 Kranken in heiratsfähigem Alter waren überhaupt nur 37 jemals verheiratet gewesen und davon 9 später wieder geschieden. Es bleibt zu beachten, dass die Entwicklung einer normalen Sexualität gewöhnlich an die Fähigkeit, normale Partnerschaften zu knüpfen und aufrecht zu erhalten gebunden bleibt.

Es soll noch vermerkt werden, dass es in 2 Fällen zu einem qualitativ nicht normentsprechendem sexuellen Verhalten kam; zu Exhibitionismus und Voyeurismus im einen, homosexuellen Verhaltensweisen im anderen Falle. Dies entspricht genau den 9 Fällen qualitativ abnormen sexuellen Verhaltens, die wir in einer großen Gruppe von 318 Epileptikern aller Formen fanden, so dass darin keine Besonderheit der Psychomotoriker und wahrscheinlich überhaupt nichts statistisch Abnormes erblickt werden kann.

Beispiel aus der Erfahrung

Eine 46jährige Patientin leidet seit dem 26. Lebensjahr an einem Anfallsleiden mit vorwiegend psychomotorischen Anfällen und Grand mal. Es besteht in ausgeprägter Form ein enechetischer Charakter. Das Anfallsleiden war 3 Jahre nach Ehebeginn ausgebrochen, in deren ersten Jahr eine Tochter geboren wurde. Die enechetische Verlangsamung hatte sich etwa gleichzeitig herausgebildet. Im Anfang der Beziehung, bis zur Geburt des Kindes hin, bestand ein sehr lebhaftes sexuelles Interesse mit häufigen Kontakten und vielen Orgasmen («Ich konnte gar nicht genug kriegen»). Danach wich das Interesse einem globalen Desinteresse, das im Vergleich zu den früher genossenen Liebesfreuden als sehr bedauerlich erlebt wurde, jedoch nie einen komplexhaften oder problematischen Charakter annahm. Auch Zärtlichkeit und intime Zärtlichkeit wurden nicht gesucht, andererseits wiederum auch nicht gemieden. Mit dem sexuell aktiven Ehemann fanden zwar weniger Kontakte statt, weil seine Initiative abgewartet wurde, der Vollzug blieb jedoch möglich und normal, wenngleich empfindungslos. Dieses fehlende Empfinden wurde bedauert, es entwickelte sich jedoch keinerlei Abneigung gegenüber den sexuellen Aktivitäten des Ehemannes, die vielmehr als Bestätigung der intakten Beziehung aufgefasst wurden. Es wurden somit auch keine Klagen über fehlende sexuelle Empfindungen geäußert, sondern nur die Frage, was es damit auf sich habe. Etwa 17 Jahre nach Beginn des Anfallsleidens gingen die vorher medikamentös schwer beherrschbaren Anfälle auf eine Frequenz von etwa einem Anfall pro Jahr zurück. Mit dem Rückgang der Anfälle und bei Fortsetzung der unveränderten antikonvulsiven Therapie setzte auch ein sexuelles Empfinden wieder ein, welches bei langer Stimulation oder lange fortgesetztem Koitus gelegentlich auch zu einem allerdings schwachen Orgasmus führte. Das Wiedereinsetzen sexueller Empfindungen wurde dankbar als Zeichen der Normalisierung begrüßt und wirkte sich positiv auf die Beziehung aus.

Wäre dieser Fall nach der Zahl der sexuellen Kontakte in eine Statistik eingegangen, würde eine normale Sexualität konstatiert werden. Wären die Orgasmen der Frau gezählt worden, wäre er vielleicht als Fehlen von Sexualität oder als Frigidität in die Statistik eingegangen. Es zeigt sich einmal mehr, dass alle üblichen Begriffe und Vorstellungen zwar auf Epileptiker angewendet werden können, dass sie dann aber eine Bedeutungsverschiebung erfahren.

Paroxysmale Sexualstörungen, orgasmische Epilepsie

Deutlich von der allgemeinen Hyposexualität zu trennen sind abnorme sexuelle Empfindungen und Verhaltensweisen während des Anfalles oder in epileptischen Ausnahmezuständen als deren Symptom. Sie haben schon immer großes Interesse gefunden, wurden jedoch bisher stets als Einzelfälle geschildert. So sprach schon Feré (1896) von Priapisme épileptique. Krafft-Ebing (1898) hat mehrere solche Fälle in seine Sammlung aufgenommen. Einen durch die genaue Lokalisation des Herdes interessanten Fall einer 45jährigen Frau mit 10 Kindern veröffentlichte Erickson (1945). Es handelte sich um ein abgekapseltes Angiom im rechten Lobulus paracentralis, durch welches es anfallsweise zu Gefühlen von vaginalem Heißsein kam, die sie von Gefühlen beim normalen Koitus nicht unterscheiden konnte. Sie suchte deshalb den Koitus auch außerhalb der Ehe. Diese «Nymphomanie» bestand zwei Jahre, ehe Jacksonanfälle hinzutraten, welche zur Diagnose und Operation führten, wodurch das abnorme Verhalten beendet wurde.

Auch Hallen (1954) und Janz (1955) haben unter den Anfallssymptomen Empfindungen an den Genitalien und Ejakulationen beschrieben. Weitere kasuistische Beiträge stammen von Bente und Kluge (1953), die in 3 Fällen eine periodisch gesteigerte Libido (Wunsch nach sexueller Betätigung) feststellten, von Gastaut und Collomb (1954), Mitchel, Falconer und Hill (1954) und schließlich Freemon und Nevis (1969). Die englischen Autoren Hoenig und Hamilton (1960) veröffentlichten den allerdings ungewöhnlichen Fall einer 32jährigen Frau, die verhältnismäßig regelmäßig im Anschluss an Koitus und Orgasmus einen Anfall erlitt. Dies konnte unter Hypnose reproduziert werden, wobei sich im EEG abnorme Potentiale zeigten.

Die Reihe der kasuistischen Beobachtungen hat sich unter der neuen Bezeichnung «orgasmische Epilepsie» (Ruff, 1980) in einer neuen Reihe bis in die Gegenwart fortgesetzt, nachdem York et al. (1979) durch Veröffentlichung eines Falles, bei dem im Anfall Schmerzen in der Genitalgegend aufgetreten war, dazu angeregt hatten.

Bachman und Rossel (1984) publizierten einen männlichen Fall mit Ejakulation im Anfall, jedoch ohne Erektion, Orgasmus oder sexuelle Empfindungen, den sie gleichwohl der orgasmischen Epilepsie zuordneten. Ursache war ein parasagittal gelegenes Meningiom.

Die spanischen Autoren Calleja et al. (1988) veröffentlichten den Fall einer 41jährigen Frau, welche nächtliche somatosensorische Anfälle hatte, denen unmittelbar ein Gefühl der Weite in der Vagina und ein Orgasmus folgte. Die Frau hatte dem Bericht nach normale sexuelle Kontakte mit ihrem Ehemann und klagte über religiöse Konflikte auf Grund der erlebten Orgasmen.

Rémillard et al. (1983) haben zwölf weitere Fälle von Frauen mitgeteilt, welche vor oder während epileptischer Anfälle angenehme sexuelle Erlebnisse bis zu vollständiger sexueller Befriedigung hatten. Auf Grund dieser Beobachtungen haben sie die Meinung geäußert, dass orgasmische Epilepsie bevorzugt bei Frauen mit Temporallappenepilepsie zu beobachten sei und schlossen daraus sogar, dass zerebrale Sexualzentren bei Männern und Frauen an verschiedener Stelle zu finden seien.

Jacome und Risko (1983) veröffentlichten den Fall eines 41jährigen Mannes, welcher während eines Lennoxschen Dämmerzustandes ausdauernd masturbierte. Einen zweiten Fall dieser Art haben sie in der Literatur nicht gefunden.

Auf einen ähnlich gelagerten Fall von Freemon und Nevis (1969) sei hingewiesen.

Wir selbst beobachteten Priapismus und Ejakulation in einem Falle; ein anderer griff während seiner Dämmerattacken der eventuell anwesenden Mutter unter die Röcke und suchte sich an deren Genitalien zu schaffen zu machen.

Schlußfolgerungen zur Sexualität

Diese im ganzen doch sehr seltenen und darum weiter kasuistisch mitgeteilten Fälle werden leicht als Hypersexualität missdeutet. Durch die Fremdheit zum sonstigen Verhalten der Person und durch das Fehlen einer erkennbaren Motivation wirken derartige Verhaltensweisen gefährlich und unheimlich und scheinen so das Vorurteil von der gefährlichen Sexualität der Epileptiker zu bestätigen. Vielleicht haben solche Einzelbeobachtungen in weniger liberalen Zeiten überhaupt erst die Vorstellung vom hypersexuellen Epileptiker begründet.

Derartige Beobachtungen sind in doppelter Hinsicht interessant. Einmal zeigen sie, dass bei den Psychomotorikern und anderen Anfallskranken alle sexuellen Verhaltensmuster unzerstört in Bereitschaft liegen und im Prinzip zu jeder Zeit wiederbelebt werden können. Auf der anderen Seite zeigen selbst solche, im Ablauf mehr mechanisch wirkende sexuell bestimmte Verhaltensweisen unbewusst bleibende Motivationen der Kranken auf, da z. B. nach Analysen von Epstein und Ervin (1956) alle bei Dämmerattacken vorkommenden, scheinbar sinnlosen Handlungen letztlich von der Persönlichkeit her motiviert bleiben. Sie zeigen also an, dass auch bei den normalerweise hyposexuellen Epileptikern im Hintergrund ein aus Gründen der Krankheit unbefriedigt bleibende Bedürfnis nach erotischer Zärtlichkeit und Sexualität bestehen bleibt.

Die sexuellen Störungen der Epileptiker
sind behandelbar

Aus den Beobachtungen und Überlegungen lassen sich therapeutische Grundsätze ableiten. Es ist erkennbar, dass jede Therapie, welche die Frequenz der Anfälle herabzusetzen in der Lage ist — also auch die medikamentöse — , die sexuellen Störungen bessert und eventuell beseitigt (Ellison, 1982). Diese Beobachtung liefert im übrigen ein weiteres Argument gegen den Einwand, die Hyposexualität werde durch die medikamentöse Antikonvulsiva-Therapie erst hervorgerufen. Daher kann auch umgekehrt bei der Indikationsstellung zur Operation der Psychomotorepilepsie eine damit mögliche Besserung der sexuellen Störungen nicht als Argument in die Waagschale geworfen werden. Dies war eine Zeit lang so gesehen worden, weil nach operativer Entfernung eines epileptogenen Focus im Schläfenlappen zunächst hypersexuelles Verhalten folgen kann, dem bei Wiederauftreten von epileptischen Anfällen dann allerdings wieder eine Hyposexualität folgt (Blumer, 1970, 1971). Hypersexuelle Episoden, die auch nach erfolgreicher antikonvulsiver Behandlung auftreten können (Blumer, 1970) bestätigen noch einmal, dass die Hyposexualität wie die allgemeinen psychischen Störungen prinzipiell reversibel ist und in Dauer und Ausprägung dem Verlauf des Morbus epilepsiae folgt.

Die Psychotherapie der sexuellen Störungen als solche ist als ziemlich aussichtslos anzusehen. Dagegen kann innerhalb einer anderweitig begründeten Psychotherapie der Epilepsie das an den Patienten weitergegebene Wissen des Therapeuten über die Prognose sexueller Empfindungen von großer Bedeutung sein und bei eventuell vorhandenen Partnerschaftskonflikten eine Hilfe für den Patienten und den Partner oder die Partnerin darstellen. Die Beobachtung, dass es sich bei den sexuellen Störungen nicht um einen durch Anfälle oder das Grundleiden gesetzten irreparablen Defekt handelt und alle sexuellen Funktionen wahrscheinlich bis ans Lebensende weiter in Bereitschaft liegen, ermöglicht es, der Zukunft des Anfallskranken positive Aspekte abzugewinnen.

Familiendynamik

Familienbeobachtungen zum täglichen Leben innerhalb der Familie mit einem Epileptiker

Allgemeine Einleitung

Umfangreiche Familienuntersuchungen an Epileptikerfamilien sind offenbar sonst nicht angestellt worden. Die bekannt Beobachtungen der Ärzte wurden entweder in der Sprechstunde oder in den Kliniken gewonnen. Die nachfolgende Darstellung hat, so weit bekannt, keine Vorgänger gehabt und ebenfalls keine Nachfolger gefunden.

Umfangreiche Familienuntersuchungen und Familientheorien und die daraus hervorgegangene Familientherapie beziehen sich fast ausschließlich auf Familien von Schizophrenen, Borderlinern oder Menschen mit Persönlichkeitsstörungen. Hierbei sind in erster Linie zwei psychoanalytische Schemen zur Anwendung gekommen, das Konzept von Symptomneurose vs. Charakterneurose (H. E. Richter, 1970). Bei der familiären Symptomneurose, so die Vorstellung, «produziert» die Familie «an einem geeigneten Mitglied eine manifeste Neurose». Ähnliche Vorstellungen gibt es zur Entstehung der Schizophrenie, wozu eine weitverzweigte Literatur vorliegt. Bei der familiären Charakterneurose ist der Neurotiker das dominierende Familienmitglied, mit dem sich seine Familie identifiziert.

Einleitung zu Familien mit Epilepsie

Von alledem findet sich beim Epileptiker fast nichts. Struktur und Dynamik von Epileptikerfamilien ergeben vielmehr ein völlig anderes Bild, von dem der Klinikarzt und der Arzt in der Epileptikerambulanz gewöhnlich nichts weiß. Selbst der Familienarzt bekommt äußerst wenig davon zu sehen. Ärzte werden vielmehr, wie wir sehen werden, leicht zu Werkzeugen der nicht-kranken Familienmitglieder. Das Bild des Epileptikers in den Familien weicht ebenfalls in weiten Bereichen vollständig vom heute vorherrschenden diagnostisch-naturwissenschaftlichen Epileptikerbild der Medizin ab.

Es zeigt sich einmal mehr, dass Epilepsie ein mit keinem anderen Leiden vergleichbares Krankheitsbild darstellt, was sich immer wieder auf die der Epilepsie innewohnenden Paradoxien zurückführen läßt: Der Epileptiker merkt selbst nichts oder fast nichts von seinem Anfall, dem einzigen pathognomonischen Zeichen seiner Krankheit — aber der Zuschauer ist zutiefst vom Anfallsgeschehen beeindruckt. Der Epileptiker beobachtet und erfährt keines der Krankheitszeichen an sich selbst — und muss doch äußerst weitgehende soziale Konsequenzen in Kauf nehmen. Der einzelne epileptische Anfall ist weitgehend harmlos — und doch handelt es sich um ein schweres Leiden.

Teilnehmende Familienbeobachtungen

Wegen des Fehlens einer Familienliteratur zur Epilepsie bin ich in den folgenden Ausführungen weitgehend auf eigene Beobachtungen angewiesen. 1973 habe ich an der Neuropsychiatrischen Universitätsklinik in Mainz eine Arbeitsgruppe für Familienuntersuchungen in Epileptikerfamilien aufgebaut. Insgesamt 16 Epileptikerfamilien wurden über vier Jahre so beobachtet, dass jeweils eine Familie — außerhalb der üblichen Arzt- und Klinikkontakte — nur mit einem einzigen Beobachter Kontakt hatte. Der Familienbeobachter besuchte seine Familien häufig, in der Regel wöchentlich, und nahm so mehr und mehr die Rolle eines Bekannten der Familie an. Er beobachtete, sprach mit allen Familienmitgliedern gemeinsam und einzeln und hatte den Auftrag, sich keinesfalls in die Familienprozesse hineinziehen zu lassen. Selbstverständlich ist trotzdem nicht auszuschließen, dass der Familienbeobachter einen bestimmten Stellenwert innerhalb der Familiendynamik erhielt.

Der Vorteil dieser sonst hauptsächlich in der ethnologischen Feldforschung verwendeten Form der teilnehmenden Beobachtung (Friedrichs u. Lüdtke) gegenüber Klinik- und Sprechstundenbeobachtungen wird noch deutlich werden. Selbst die Belauschung von Familien, die als Ganzes in Institutionen aufgenommen wurden (zum Beispiel durch Laing), stellt noch einen gewissen und eher größeren Eingriff in die Familiendynamik dar.

Um genügenden Abstand und Anregungen für die Beobachtung zu gewinnen, fanden regelmäßige Diskussionssitzungen der ganzen

Arbeitsgruppe statt, in denen die Erfahrungen ausgetauscht und das Verhalten korrigiert werden konnten. Die Aufzeichnungen wurden nur zu einem geringen Teil direkt vorgenommen, zu einem größeren Teil unmittelbar nach jedem Familienbesuch und nach elektronischen Aufzeichnungen. Auch die Diskussionen wurden auf elektronisch registriert. Es versteht sich, dass dadurch schließlich ein sehr großes Material entstand, das hier nur zu einem sehr geringen Teil wiedergegeben werden kann. Die Auswertung erfolgte mit einer strukturalen Methode (Peters, 1973 und 2017).

Die Auswahl der Familien berücksichtigte bereits die Zielsetzung der Untersuchung, so dass nur Epileptiker mit Familien in Mainz und Umgebung mit bereits mehrjährigem Anfallsleiden in die Beobachtungen eingeschlossen wurden. Dadurch wurden vor allem symptomatische Epilepsien mit akuten und progredienten Körperprozessen ausgeschlossen. Obwohl es in erster Linie auf strukturell-dynamische Gesichtspunkte ankam, wurden zusätzlich psychopathometrische Verfahren angewendet (Peters u. Demuth).

Festungsstruktur der Epileptikerfamilie

Die Grundstruktur der Epileptikerfamilie läßt sich als Festungsstruktur (Peters, 1978) beschreiben. Die Familie bildet um den Epileptiker herum eine festgefügte Mauer, welche — wie in dem namengebenden Festungsbild — gleichzeitig zwei verschiedene Funktionen hat: Sie schließt den Epileptiker fest von der sozialen Außenwelt ab, verleiht ihm aber gleichzeitig starken Schutz. Die Festung bedeutet soziale Isolierung und Sicherheit zugleich. Nach der sozialen Außenwelt hin werden dem Epileptiker viele Rechte entzogen, aber auch Pflichten abgenommen. Innerhalb der durch die Familie gezogenen Grenzen besitzt der Epileptiker aber viele außergewöhnliche Freiheiten.

Die soziale Isolierung des Epileptikers und seiner Familie

Eines der für alle Beobachter eindrucksvollsten Ergebnisse war die nach der Diagnose des Anfallsleidens einsetzende fortschreitende Isolierung von Patient und Familie. Diese war so offensichtlich, dass sie schon bei den ersten Familienbesuchen auffiel. Der Eindruck vertiefte sich aber im Laufe der weiteren Beobachtungen immer noch mehr. Die von uns untersuchten Epileptiker besitzen in aller Regel außerhalb der Familie keine weiteren Kontaktpersonen. Welche Einsamkeit inmitten unserer lebhaften und sozialen Welt, über deren Zuviel an Reizen sonst immer Klage geführt wird, dadurch entsteht, darüber macht man sich so leicht keine klare Vorstellung. Dies wird von den Epileptikern und ihren Familien durchaus nicht in bedauernder oder gar anklagender Form vorgetragen, sondern entweder überhaupt nicht erwähnt, oder als selbstgewählte Einsamkeit hingestellt, oder es wird sogar durch die Aufzählung vieler Bekannter ein Leben in der Gesellschaft vorgetäuscht, das bei näherer Betrachtung gar nicht existiert.

Beispiele:

Am ausgeprägtesten war die Isolierung bei einem Epileptiker, der in einer Wohnung im Hause seiner Mutter lebte, seine Frau war schon vor der Scheidung ausgezogen, er betrank sich täglich. Die einzigen Menschen, mit denen er sprach, waren seine Mutter und sein Bruder, mit denen er zusammenlebte, aber auch diese waren in dem Dorf, in dem sie seit zehn Jahren lebten, praktisch unbekannt. Obwohl die materielle Versorgung trotz des Trinkens ausreichend war, beeindruckte dieses Dasein tief durch seine Sinnlosigkeit.

Ein anderer Epileptiker gab, als er auf die soziale Isolierung angesprochen wurde, eine Antwort, welche sowohl die Enttäuschung zum Ausdruck bringt als auch Freiwilligkeit zu demonstrieren versucht: «Ich will die alle nicht mehr sehen; das gibt nur Zank und Streit und weiter hat man nichts davon. Die sollen nur einmal an meine Tür klopfen, da werden die schon sehen, was passiert».

Dieser Isolationsprozeß setzt sehr früh ein.

Beispiele:

Eine Epileptikerin erlitt ihren ersten Grand mal-Anfall in der letzten Volksschulklasse. Man riet der Mutter sofort, das Kind von der Schule zu nehmen und darüber hinaus, sie auch nicht in eine Lehre zu schicken, obwohl selbstverständlich für beides kein Grund vorhanden war.

Ein 17jähriger Epileptiker, der noch zur Schule ging, erzählte viel von seinen Erlebnissen mit Klassenkameraden und zeigte gerne die Bilder vor, auf denen er in fröhlicher Runde zu sehen war.

Bei den vielen Familienbesuchen wurde jedoch niemals einer dieser Klassenkameraden und Sportsfreunde bei ihm angetroffen und stets war er selbst zu Hause, der Beobachter mochte kommen, wann er wollte. Man sieht, wie leicht selbst ein Arzt, der die Familie besucht, getäuscht werden kann. Die Bilder stammten aus der Zeit vor dem Manifestwerden des Anfallsleidens.

Im Anfang versuchen sich die Epileptiker diesem Vereinigungsprozess zu widersetzen, oft verzweifelt und über lange Zeit, um schließlich doch resignieren zu müssen. Andere verlegen sich auf oberflächliche Kontakte mit Prostituierten und Saufkumpanen, die wenigstens noch eine Selbsttäuschung und auch eine Täuschung anderer möglich machen.

Beispiel:

Deutlich und auch sinnfällig konnte in einem Fall während der Beobachtungszeit der Prozess der Vereinsamung beobachtet werden. Ganz allmählich zogen sich erst die früheren Arbeitskollegen und entfernte Bekannte vom Epileptiker zurück, dann auch die Fußballfreunde, zu denen er immer ein gutes Verhältnis gehabt hatte. Schließlich wandte sich seine Frau von ihm ab und ließ sich scheiden. Die zwölfjährige Tochter wurde der Mutter zugesprochen — wegen seiner Epilepsie. Es blieb ihm die schon erwähnte eigene Primärfamilie, bestehend aus Mutter und Bruder. Jedoch ging der Isolierungsprozeß auch innerhalb der Familie noch weiter. Er wurde aus seiner größeren Wohnung im ersten Stock in einen Kellerraum umquartiert, wobei wegen der Verkleinerung seines Wohnraumes seine meisten Möbel fortgegeben werden mußten. Im Kellerraum hatten nur Bett, Schrank, Tischchen und Stuhl Platz. Dieser symbolische und soziale Abstieg wurde durch ein Camping-WC bekräftigt, das man ihm neben seine Tür setzte. Hier lebte der Patient zwar frei von Sorgen, denn er brauchte weder einer Arbeit nachzugehen, noch einzukaufen oder auch Essen zu kochen oder sein Zimmer zu reinigen, aber auch ohne alle sozialen Rechte und Kontakte. Dieser Epileptiker war dabei durchaus nicht unzufrieden und fern davon, jemandem Vorwürfe zu machen, am wenigsten seinen Familienangehörigen. Er fühlte sich innerhalb seiner Kellerfestung auch wohl und geborgen, was wohl die früher oft zitierte Familienlobrednerei besser verstehen läßt. Der einzige Mensch, der die aufgerichteten unsichtbaren Mauern nicht beachtete, war ein fünfjähriges Mädchen aus der Nachbarschaft, das ihn öfters unvermittelt besuchen kam, nach ihm rief, das ihn belebte und heiter machte. Seine eigene Tochter durfte ihn nach der Scheidung durch Gerichtsentscheid nicht mehr besuchen.

Nicht nur ein sozialer Prozeß

Die soziale Isolierung ist aber nicht lediglich Folge eines sozialen Prozesses, wobei wir im übrigen an dieser Stelle nicht darauf eingehen, ob die Anfälle oder psychische Veränderungen das bewegende Mittel sind. Wir kennen Berichte, dass insbesondere im Anfang des Anfallsleidens die Kontaktwünsche nachlassen. Nicht nur, dass kein Wunsch besteht, neue Menschen kennenzulernen, auch die Kontakte zu vertrauten Menschen werden in dieser Zeit als belastend empfunden. Erst später tritt der Wunsch nach erneuerten und neuen Kontakten auf, für die sich aber dann die Bedingungen sehr erschwert haben. Für den Erfolg solcher Bemühungen um Kontakte ist dann große Kraft nötig, wofür wir allerdings nur ein überzeugendes Beispiel besitzen.

Beispiel:
Diese Epileptikerin formulierte selbst, wie sie eines Tages zu sich sagte: «Du kannst, Du kannst auf andere zugehen; Du wirst nicht nur zurückgestoßen oder wegen der Krankheit schief angesehen oder gemieden.» Sie bekannte sich zur Epilepsie und versuchte, ihren Mitmenschen das Wesen der Epilepsie zu erklären, wie sie es verstand. Andererseits bemühte sie sich ihrerseits, die — gewöhnlich ja doch unreflektierten — Reaktionsweisen der Mitmenschen zu verstehen. Eine große Hilfe waren ihr einzelne Mitglieder eines Jugendkreises, die sie normal behandelten, was eben für einen Epileptiker schon sehr ungewöhnlich ist.

Nachdem einmal die besondere Bedeutung der Familie für den Epileptiker erkannt worden war, konnten auch manche Verhaltensweisen in der Klinik besser verstanden werden. Die Anfallskranken beklagten sich innerhalb der Klinik einerseits über die mangelhafte Umsorgung durch ihre Familienmitglieder, die sie andererseits in der Regel lobend erwähnten, während es zu Hause doch immer wieder zu Reibereien kam.

Beispiel:

Der Bruder eines Patienten klärte die Situation später in einem Gespräch: Wissen Sie, der Reiner ist eine ständige Sorge für uns mit seinen Anfällen und seiner Trinkerei. Mutter ist ewig nervös und gereizt, weil sie nachts stundenlang wachliegt und horcht, ob alles ruhig ist. Ich bin morgens unausgeschlafen und hab ja schließlich eine ziemliche Verantwortung als Busfahrer. Und da sind wir eben froh, wenn uns diese Sorge mal für eine Zeitlang abgenommen wird. Dann atmen wir alle auf und wollen so wenig wie möglich daran erinnert werden.

Sowohl die besondere Fürsorge für den Anfallskranken wird aus diesen Äußerungen deutlich wie auch die Erleichterung, wenn man ihn einmal eine Zeitlang in der Klinik abgeben kann. Andererseits ist der Epileptiker selbst dadurch seines einzigen sozialen Kontaktes beraubt.

Diese Hinweise auf den Prozeß der fortschreitenden Isolierung ließen sich aus unserem Material nahezu unbegrenzt weiterführen. Es soll aber nur ein weiteres Beispiel zitiert werden.

Frau B. durfte nicht wie ihre Freundinnen und ihre Brüder zur Tanzstunde gehen. Auch eine Lehre durfte sie wegen ihrer Anfälle (Grand mal; ohne jegliche Therapie) nicht beginnen.

Es kommt uns an dieser Stelle nicht so sehr auf die hierdurch eingeschränkten Möglichkeiten zum Erlernen eines Berufes an, als vielmehr auf die Verminderung von Kontaktmöglichkeiten mit Gleichaltrigen, die sonst jedem Jugendlichen offenstehen.

Entmündigung innerhalb der Familie

Die Epileptiker waren durch ihr Anfallsleiden in den von uns untersuchten Familien zwar oft der Mittelpunkt der Familie. Dieser Mittelpunkt war aber gekennzeichnet von der Sorge, dem Mitgefühl und auch der Besorgnis um die Reaktion der Umwelt. Für den Epileptiker selbst bedeutet dieses Mittelpunktsein nicht den Besitz von Macht. Er ist vielmehr ein Mittelpunkt ohne Macht. Alle wichtigen Entscheidungen der Familie über Anschaffungen für den Haushalt und Verzicht auf Anschaffungen, wie man das Wochenende verbringt, wann und wo man den Urlaub verbringt und selbst, welches Fernsehprogramm eingeschaltet wird. Wenn alle Familienmitglieder zusehen wollen, geschieht die Programmwahl ohne Mitwirkung des

Epileptikers. Hat er überhaupt eigene Vorstellungen, werden diese mit Hinweis auf mögliche Anfallskonsequenzen abgewehrt. Die mächtigen Verstimmungszustände mit Aggressionsentladungen, bei denen die Familie tatsächlich starke Angst vor dem Epileptiker bekommt, sind eine dramatische Vortäuschung. Nur für ganz kurze Zeit kann sich der Epileptiker auf diese Weise zum Familientyrann aufschwingen und den für die ganze übrige Zeit beherrschenden gleichförmigen Zustand der Rechtlosigkeit durchbrechen.

Der Soziologe Helmut Schelsky (1975) hatte «Belehrung, Betreuung, Beplanung» innerhalb der Gesellschaft als «die neuen Formen der Herrschaft» bezeichnet. Innerhalb der Epileptikerfamilien sind diese Mittel schon lange angewandt worden. Die Familie denkt, plant und sorgt für den Epileptiker, der sich diesem Vorgang gewöhnlich nur anfänglich entgegenstellt und sich nachher die «Entmündigung» willig gefallen läßt, um das Leben als «ewiges Kind der Familie» (auch ein Hinweis auf den Rechtsstatus innerhalb der Familie!) weiterzuleben.

Die Ehescheidungsangelegenheiten eines Patienten der beobachteten Gruppe wurden durch seinen Bruder geregelt, er wurde lediglich über die jeweils nächsten Schritte informiert. Wenn man die Familien kennt, kann man die Entmündigung schon in ganz kleinen Beobachtungen wiedererkennen.

Beispiel:
In einer Familie beschließen Ehemann und Sohn der Epileptikerin, den Garten hinter dem Haus nicht mit Wasser zu besprengen, da man auf Regen rechnet. Die Patientin erklärt dazu: «Ich will aber, dass Ihr meinen Garten sprengt», womit ein kleiner abgeteilter Teil des Gartens gemeint ist, den sie so zu bezeichnen pflegt. Der Sohn weist sie zurecht, sie habe das «mein» nicht so zu betonen. Der Ehemann äußert sich nicht dazu. Diesem Vorfall folgt eine, das ganze Wochenende anhaltende Verstimmung der Patientin. Obwohl es sich dabei um eine typische epileptische Verstimmung handelt, die sich — wie auch in anderen Fällen — immer wieder an kleinen Zurücksetzungen entzündet, zeigen sich im Thema der Verstimmung und der Familiensituation, wie über den Kopf der Epileptiker hinweg entschieden wird und man besondere Eigentumsrechte in der Familie nicht anerkennt.

Die Bedeutung von Geld und Gut

Die Stellung des Epileptikers innerhalb seiner Familie wird auch aus dem Verhalten gegenüber Geld und Gut deutlich. Gerade dieser Gesichtspunkt, über den man in der Klinik kaum etwas oder nur Widersprüchliches erfährt, konnte in den Familien gut beobachtet werden.

Alle beobachteten Familien lebten in auskömmlichen wirtschaftlichen Verhältnissen. Von finanzieller oder gar sozialer Not kann man in keinem Fall reden. Dennoch können die Familien es sich nicht leisten, mit Geld großzügig oder gar verschwenderisch umzugehen. Bei zwei Familien konnte man jedoch davon sprechen, dass sie sich mehr leisten konnten als der allgemeine Durchschnitt. Reichtum gab es in keiner Familie.

Wertvolles persönliches Eigentum besitzt kein einziger der beobachteten Epileptiker, was natürlich in den bessergestellten Familien besonders auffällig ist. In einer solchen Familie mit Haus, Heim-Sauna, Gartenschwimmbad, Hobbyraum und Bar hat der anfallskranke Sohn nur ein kleines, äußerst bescheiden möbliertes Zimmer. Seine Eltern hätten ihm den Wunsch nach neuen Möbeln sofort erfüllt, aber er hat ihn nie geäußert. So fanden wir auch sonst, dass unabhängig von der Einkommenslage keiner von den beobachteten Patienten Wert auf Dinge legte, die nur ihm ganz allein gehören. Sie sind vollkommen zufrieden mit Familienbesitz. Auch der Verlust von Besitz ist für die Anfallskranken erst dann von Bedeutung, wenn sie wissen, dass ihre Angehörigen auf den betreffenden Gegenstand besonderen Wert legen. Es macht ihnen daher auch überhaupt nichts aus, Gegenstände zu verleihen. Sie sind damit großzügig bis leichtsinnig und manchmal selbst nachlässig. Nie haben wir eine Angst darüber gehört, Besitz zu verlieren (von den Angehörigen dagegen durchaus); auch im Verschenken — außerhalb der Familie — sind sie sehr großzügig. In keinem Fall war ein Epileptiker an Kaufentscheidungen beteiligt, nur in einigen Fällen wurde mit ihnen überhaupt darüber gesprochen. Mit ernsthaftem Widerstand haben die Angehörigen kaum zu rechnen.

Die psychische Bedeutung liegt offenbar darin, dass einerseits vom Charakter her Besitz keinerlei Bedürfnis ist und daher auch keine psychische Funktion erfüllen kann. Andererseits stellt offenbar das Verschenken ein Bemühen um Kontakte dar, eine Werbung zum Ausbruch aus der Isolierung.

Der Eindruck auf die Umgebung ist aber ein anderer; die Epileptiker erscheinen dadurch gutmütig bis zur Torheit, auch in dieser Hinsicht kindlich, infantil und nicht ernst zu nehmen und erregen den Ärger der Angehörigen, die meinten, sie würden von anderen ausgenutzt. Ein sozialer Nutzen durch Verzicht auf Besitz und durch Verschenken tritt also nicht ein.

Es gibt dazu scheinbar widersprüchliche Redeweisen und Handlungen. Häufig wird Besitzstolz geäußert: Das eigene Haus, die neue Waschmaschine, der Fernsehapparat wurden den Beobachtern und anderen gegenüber mit Stolz vorgeführt. Aber es handelte sich in keinem dieser Fälle um persönlichen, sondern immer um Familienbesitz. Auch von hier aus erfährt die Familienlobrednerei der älteren Literatur eine andere Beleuchtung.

Beispiel:

In einem anderen Fall verfolgte der 35jährige Anfallskranke, der nur wenige Anfälle im Jahr hatte, scheinbar hartnäckig Rentenwünsche. In Wirklichkeit wiederholte er nur fast wörtlich, was die Mutter ihm vorgesagt hatte. Lange Zeit hegte diese die Hoffnung, über den Familienbeobachter eine Rente durchzusetzen. Als sie dies als gescheitert ansah, wurden die Beziehungen zum Familienbeobachter abgebrochen.

Die gleiche Situation ergibt sich daher im Umgang mit Geld. In allen Familien lagen die Entscheidungen über mittel- und langfristige finanzielle Planungen in den Händen der Familienangehörigen. Die meisten Epileptiker erhielten von ihren Familienangehörigen wenigstens ein eigenes Taschengeld, manchmal allerdings vom selbstverdienten Geld nur abgeteilt. In einem Fall mußte der Anfallskranke bei jedem Glas Bier um Geld bitten. Aber auch mit dem Taschengeld wird kein planender Umgang gepflegt, es wurde einfach nur irgendwann und irgendwo ausgegeben, ohne dass man sagen konnte, wo es geblieben war. Niemand führte darüber Aufzeichnungen.

Die Beziehungslosigkeit zum Geld zeigt auch eine Anspruchslosigkeit an, denn es gibt für die beobachteten Epileptiker offenbar keine Wünsche, die man sich mit Geld erfüllen kann. Das führt auch zu einer generellen Ablehnung der Aufnahme von Krediten, obwohl die Epileptiker an solchen Entscheidungen gar nicht maßgeblich beteiligt waren, zeigten sie nicht nur Unverständnis für diese Art der Finanzierung, sondern auch Ablehnung, verbunden mit einer dann unsinnigen Furcht, der Familie drohe durch solche Schulden der Ruin.

Es gab außer Pflichtversicherungen keinerlei Versicherungen, die auf Initiative der Patienten zurückgingen. Andererseits war den Anfallskranken auch Sparverhalten, Knauserigkeit oder gar Geiz völlig fremd.

Insgesamt stehen die Anfallskranken daher dem Besitz von Geld und Gut für sich persönlich gleichgültig gegenüber. Sie sind deshalb ohne persönlichen Besitz. Der Wunsch zu verdienen ist zwar gelegentlich vorhanden, steht jedoch nicht im Vordergrund der Interessen. Eine wesentliche Triebfeder zur Durchsetzung im sozialen Kampf ist daher nicht vorhanden. Außer dem Druck der Gesellschaft ist zweifellos auch dieses Verhalten der Epileptiker selbst ein Grund für die bekannten äußerst frühzeitigen Berentungen (Penin, 1961). Wichtig ist für den Anfallskranken in erster Linie stets, seine Rolle in der Familie zu behalten, zu festigen und weiterhin behütet, beschützt und ruhig zu leben, materielle Wünsche werden, wo sie überhaupt vorhanden sind, diesen Zielen vollkommen untergeordnet.

Einnahme von anfallshemmenden Medikamenten

Soweit die Situation der innerfamiliären Entmündigung nicht von beiden Seiten als gültig hingenommen wird und noch eine Auseinandersetzung darum geführt wird, dienen am ehesten Anfälle und die Einnahme der Antikonvulsiva als Mittel der Auseinandersetzung. Wir haben gesehen, dass von den Familienangehörigen das ganze frühere und gegenwärtige Leben darauf geprüft wurde, ob es gut oder schlecht für die Anfälle sei. Unerwünschte Willensäußerungen des anfallskranken Familienmitgliedes können dann jeweils mit dem Hinweis erledigt werden, dass dies nicht gut für die Anfälle sei.

Ein anderes Beispiel zeigt die Kontrolle der Antikonvulsiva. Die Überwachung beschränkte sich in diesem Falle nicht allein auf die Frage, ob der Sohn die Antikonvulsiva genommen hatte, sondern die Eltern bauten ein Einnahmezeremoniell auf. Jeden Abend füllte die Mutter die einzelnen Rationen für morgens, mittags und abends in bestimmte Röhren ab. Diese wurden dann deutlich sichtbar und mahnend auf ein Bord in der Küche gestellt. Auf diese Weise waren die Eltern in der Lage, die Medikamenteneinnahme in doppelter Weise zu überwachen. Da die Rationen vom Sohn meist im Anschluss an die Mahlzeiten im Beisein der Eltern genommen wurden, konnten diese ihn gleich darauf aufmerksam machen, wenn er seine Tabletten vergessen wollte. Zum anderen konnten sie auch hinterher bequem durch einen Blick auf das entsprechende Röhrchen feststellen, ob der Sohn daran gedacht hatte. Während die Eltern von dieser Methode begeistert waren, äußerte der Sohn immer häufiger und heftiger die Überzeugung, dass Medikamente gegen seine Anfälle unwirksam seien. An dieser Stelle wurde der behandelnde Arzt in die Auseinandersetzung hineingezogen, als die Eltern sich bei einem Arztbesuch in Gegenwart des Patienten ausdrücklich die Richtigkeit und Notwendigkeit des Verfahrens bestätigen ließen.

Auch wenn der Arzt das Machtspiel durchschaut, kann er in dieser Situation kaum anderes tun, als seine Autorität für die Eltern und gegen den Anfallskranken in die Waagschale zu werfen. Aber wir haben auch in keinem Fall bemerken können, dass der Arzt in der Sprechstunde die Familiendynamik erfasste.

Die Mutter des Epileptikers – überfürsorglich

Die Rolle der Mutter ist da, wo sie zum Zuge kommen kann, durchweg von ängstlich einengender Überfürsorge, seltener von völliger Ablehnung bestimmt. Dies ist verständlicherweise insbesondere der Fall, wenn das Anfallsleiden schon von Jugend auf besteht. Aber auch bei Manifestierung des Anfallsleidens im Erwachsenenalter führt der Rollenwechsel zum «ewigen Kind in der Familie» zu einer Stärkung der Position der Mutter, die nur wieder in ihre alte Pflege- und Beschützerrolle hineinzuschlüpfen braucht, was darüber hinaus als sozial wertvolle Leistung angesehen wird und zweifellos dem Anfallskranken auf weite Strecken hin zum Vorteil gereicht.

Diese einengende Fürsorge der Mutter ist schon früher aufgefallen (zum Beispiel W. Schulte, 1967 a u. b, 1969), weil sie auch in der Sprechstunde des Arztes durch viele Fragen zu Details und wiederholte Bitten zu möglichst genauen Handlungsanweisungen gegenüber dem anfallskranken Familienmitglied kundgetan wird. In der Deutung bestand immer Unsicherheit, ob dieses Verhalten eher überkompensierten Hass gegenüber dem kranken Kind oder Angst um das Kind oder beides zum Ausdruck bringt. Unsere Beobachtungen liefern zu dieser alten Frage keine neuen Argumente, außer dass wir bei den Familienbeobachtungen Verhaltensweisen oder Äußerungen der Mutter, die sich deutlicher als Ausdruck offener oder verborgener Hassgefühle verstehen lassen, nicht erkennen konnten. Am deutlichsten wird die mütterliche Umsorgung in der ständigen Überwachung. Wir kennen Mütter, die ihre erwachsenen anfallskranken Kinder 24 Stunden des Tages nicht aus ihrer Aufsicht entlassen und sie mit im eigenen Schlafzimmer schlafen lassen.

In einem milden Falle beobachtete die Mutter ihre Tochter beim Fortgehen vom Balkon aus, bis sie nicht mehr zu sehen war und verlangte ihre Rückkehr mit einem bestimmten Stadtbus, dessen Ankunft sie wieder vom Balkon aus überwachte. Kam die Tochter einmal nicht pünktlich, telefonierte die Mutter sogleich bei allen in Betracht kommenden Stellen und in der Stadt herum.

Die Mütter sind es denn auch gewöhnlich, die den neuen Lebensraum festlegen, in welchem sich der Anfallskranke freier bewegen kann, wobei zur Bestimmung der Grenzen wieder das herangezogen wird, was gut oder schlecht für die Anfälle sei.

Diese überfürsorgliche Haltung der Mütter wird von den Anfallskranken keineswegs reaktionslos hingenommen, jedenfalls über lange Zeit. Der Protest äußert sich in spitzen Worten, Protesthandlungen und auch einmal in Tätlichkeiten, oder in einem mehr allgemeinen Sinne in einem Hass auf die Mutter, mit der doch zugleich eine so enge Verbindung besteht.

Ein junger Anfallskranker macht der Mutter zum Beispiel durch allerlei Techniken ihre Aufgabe schwer und versucht vor allem immer wieder, sie in Gegenwart anderer zu schockieren. Wenn sie zum Beispiel Besuch hat, mit dem sie sich gepflegt unterhält, setzt er sich daneben und sagt nach einer Weile auf einmal: «Du solltest endlich mal die Schnauze halten». Der gewünschte Erfolg wird dadurch sichtbar, dass die Mutter einen roten Kopf bekommt und nichts zu erwidern weiß. Derselbe Anfallskranke hilft höflich einer alten Dame in den Mantel, was die Mutter sichtbar freut und hält anschließend geldfordernd die Hand auf mit den Worten: «Hier gibt's nichts umsonst». Die Mutter weiß zahllose Beispiele dieser Art von Scherzen zu berichten, welche an die alten Beschreibungen der Schalkhaftigkeit und Hinterhältigkeit von Epileptikern erinnern, sie aber zugleich in einem anderen Licht sehen lassen.

Diese überfürsorgliche Haltung kann an Stelle der Mutter auch von einer Ehefrau übernommen werden.

Nur in einem Falle haben wir gesehen, dass die Mutter ihr anfallskrankes Kind in ein Heim brachte. Dieser Epileptiker hatte seine Jugend vom zweiten bis 13. Lebensjahr teils im Waisenhaus, teils in einem Heim für schwer erziehbare Kinder und schließlich «in Zwangsarbeit», wie er es nannte, bei einem Bauern verbracht, bis die Mutter ihn schließlich auf Drängen des Stiefvaters — der Vater war früh verstorben — wieder in die Familie aufnahm, aber weiter mit ihm nichts anfangen konnte. Lebenslanger Hass auf die Mutter und Abbruch aller Beziehungen im Erwachsenenalter waren die Folge.

Der Vater des Epileptikers

Die Vaterfigur und vor allem Hassgefühle und Angriffstendenzen des Epileptikers gegen die Vaterfigur spielen in der Literatur eine bedeutende Rolle. Binder (1926), der mit solchen Interpretationen den Anfang gemacht hatte, beschränkte diese Tendenz noch auf Dämmerzustände und Fugues. Freud (1928) erkannte z. B. in der postparoxysmalen Gereiztheit nach den von ihm als hysterisch aufgefassten epileptischen Anfällen Dostojewskis verborgene Hassgefühle auf den Vater. Bei Bräutigam (1951/52) ist daraus jedoch bereits eine allgemeine Tendenz des Epileptikers geworden, die freilich unter den Zügen des epileptischen Charakters verborgen bleibe und nur in besonderen Situationen, wie zum Beispiel in Dämmerzuständen, zum Vorschein komme.

Unsere Familienbeobachtungen bilden für keine dieser Schlussfolgerungen eine Stütze. Dabei ist vielleicht zu betonen, dass vom Beginn der Untersuchungen an die Vatertheorien bei Epileptikern bekannt waren und diese Frage auch immer wieder Gegenstand der Gruppendiskussion gewesen ist. Selbstverständlich ist nicht auszuschließen, dass Vaterhass-Tendenzen so tief im Verborgenen liegen, dass sie nicht ohne weiteres erkennbar werden. Andererseits sollte man erwarten, dass solche Tendenzen, wenn sie wirklich ein allgemeinbestimmendes psychisches Faktum von Epileptikerfamilien darstellen, in irgendeiner Form im Familienleben und vor allem im Agieren des Epileptikers selbst erkennbar werden.

Während Hass auf die umsorgende Mutter ein praktisch allgemeines Phänomen in den von uns beobachteten Epileptikerfamilien war, trat die Rolle des Vaters dahinter weitgehend zurück. Der Vater wurde sogar als der verständnisvollere Elternteil empfunden.

Der erwähnte junge Epileptiker hat ein kameradschaftliches bis kumpelhaftes Verhältnis zu seinem Vater, der in den Streitereien zwischen Mutter und Sohn selten Partei ergreift. Er läßt sich vom Sohn in die Schule schicken, um bei schulischen Schwierigkeiten mit Hinweisen auf das Anfallsleiden für gutes Wetter zu sorgen. Der Vater selbst gibt an, seinen Sohn, im Gegensatz zur Mutter, antiautoritär zu erziehen, was allerdings in Wirklichkeit mehr ein Laissez-faire ist, was dem Sohn gut gefällt. Aber auch dadurch und durch ständige Überlegungen über die richtige Erziehung sind so viele Spannungen in der Familie, dass man schon einen Psychologen zu Rate ziehen wollte, der entscheiden sollte, welches nun die richtige Erziehungsmethode sei.

Auch eine junge Frau bezeichnet ihren Vater als den einzigen Menschen, der sie im Leben richtig verstanden habe. Mit seinem plötzlichen Tod verschlechterte sich ihr Verhältnis zur Mutter so weit, dass die Mutter sie immer wieder in Institutionen unterbrachte. Interessant ist hier der vermeintliche Beweis dieser Patientin für die Verhältnisse, indem sie äußert, dass sie beim Tod des geliebten Vaters keine Träne geweint und nicht vermehrt Anfälle bekommen habe, während sie nach dem Tod der gehassten Mutter sehr geweint habe und eine Woche lang habe im Bett liegen müssen, da die Anfälle sehr schlimm geworden seien. Diese Beschreibung läßt sich eher mit dem Motiv eines unbewußten Wunsches zur Tötung der Mutter und einer Bestrafung hierfür vereinbaren.

Der erste epileptische Anfall

Der beginnenden Epilepsie, insbesondere den subjektiven Empfindungen in der Zeit vor Auftreten des Anfallsleidens und dem ersten epileptischen Anfall ist seit der Selbstdarstellung von Drais

(1798) und den sich darauf stützenden Überlegungen von Beddoes (1803) kaum noch Aufmerksamkeit zuteil geworden. Diesem Mangel an ärztlich-wissenschaftlicher Aufmerksamkeit steht fast überraschend eine zentrale Bedeutung für das Erleben der Epileptiker selbst und ihrer Familien gegenüber. In allen von uns beobachteten Familien kam man immer wieder auf diese subjektiven Erlebnisse zurück.

In der Tat ist leicht verständlich, warum der erste Anfall eine so zentrale Rolle spielt: weil das Leben durch diesen ganz entscheidend verändert wird. Von dort aus gewinnen dann in der Rückdeutung die vor dem ersten Anfall liegenden Vorboten und damals noch unbeachteten Zeichen in der subjektiven Wahrnehmung eine neue Deutung.

Als nachträglich erkannte Vorboten wurden hauptsächlich Kopfschmerzen und Schwindelgefühl genannt. Die Kopfschmerzen sind ohne besondere Charakterisierungen, am ehesten aber als wochenlang anhaltende Beschwerden geläufig. Über Schwindelanfälle wird auch in der ärztlichen Sprechstunde häufig gesprochen. Wegen der Vieldeutigkeit des Wortes Schwindel und seiner mangelhaften Verwendbarkeit für diagnostische Zuordnungen wird solchen Angaben aber gewöhnlich wenig Beachtung geschenkt. Mit dem Schwindel kann Drehschwindel oder ein allgemeines Gefühl von Unsicherheit gemeint sein. Es kann sich aber auch um einen Rückgriff auf die alte Vertigo epileptica oder Vapeurs handeln, da solche Ausdrücke auch nach anderen Beobachtungen, die wir machen konnten (zum Beispiel im Irrenwitz, Peters u. Peters 1974), in der Volkssprache noch viele Jahrzehnte lebendig bleiben können, wenn sie aus der Wissenschaftssprache schon längst verschwunden sind. Auch wir haben nie eine überzeugende Beschreibung solcher Schwindel oder Schwindelanfälle bekommen können, die aber fast allen Epileptikern und ihren Familien bekannt sind.

Drais (1798) beschreibt sie als «den Mangel des Gehörs und der Sprache, unter einiger Betäubung» und fährt dann zur Erläuterung fort: «Ich kann auch, meinem Gefühl nach, keinen wesentlichen Unterschied von den gefährlichen Stumpfheiten, in der Art des angehenden Krampfes, annehmen. Sie scheinen mir demnach eben den Weg, der zum Abgrund führt, einzuschlagen, aber früher und leichter sich in Nebenwegen zu verlieren»

Es handelt sich hier bei dem Schwindel also insoweit auch um das bekannte Phänomen, dass ein Anfallskranker einen herannahenden Anfall wieder vorübergehen fühlt oder ihn auch (zum Beispiel durch Anspannung und Konzentration) zu unterdrücken vermeint.

Bevor diese «Schwindel» aber von Anfallskranken zur Anfallskrankheit in Beziehung gesetzt werden können, vor dem ersten Anfall also, haben sie eventuell schon beträchtliche soziale Auswirkungen.

Ein junger Epileptiker war durch derartige Schwindelzustände bereits gezwungen, seine Verputzerlehre aufzugeben. Ein 42jähriger Patient ging seit dem Schwindel am Stock, um Stürze zu verhindern, obwohl noch gar kein Anfall aufgetreten war.

Der Schwindel hat aber einerseits auch Nachwirkungen und wird andererseits von den Kranken in Beziehung gesetzt zum Kopfschmerz. Wir können uns auch hierin auf eine Beschreibung von Drais (1798) beziehen, welche die Empfindungen genauso zum Ausdruck bringt wie die Schilderung mancher beobachteter Patienten:

Die Nachempfindung einer Stumpfheit (hier der dafür gewählte Ausdruck), deren Gefahr schon hoch angestiegen war, bestand zuweilen in kleinerem inneren Nervenzittern, welches ein paar Minuten lang sich durch alle Glieder verbreitete, jeweils in kleiner Kopfspannung. Allemal hatte ich darauf die Ruhe von etwa einer halben Viertelstunde nötig, aber gewöhnlich keinen Schlaf.

Der erste Anfall wird dann aber gewöhnlich doch falsch als Kreislaufkollaps interpretiert und dennoch gewöhnlich geheimgehalten, so dass vermutlich doch schon eine richtige Erkenntnis dabei ist.

Zwei Schilderungen:

Es war vor acht Jahren. Meine Frau und ich sind immer im Herbst nach Heidelberg gefahren, weil ihre Tante dort einen Weinberg hat. An einem Sonntagmorgen, ohne dass ich viel gemerkt habe, bin ich plötzlich in der Küche zusammengeklappt. Ich war für eine Zeit nicht mehr bei mir. Als ich wieder zu mir kam, war ich ganz groggy. Ich wollte nur noch schlafen. Dann sind die anderen hereingekommen und haben gemerkt, dass irgend etwas nicht gestimmt hat, denn ich hab die angemotzt: «Lasst mich in Ruhe, ich bin müde.» Dann habe ich erst einmal vier Stunden geschlafen, und dann war wieder alles okay.

Der erste Anfall war am 5. Januar um 5.30 Uhr. Ich wollte gerade aufstehen und mich zur Arbeit fertigmachen. Irgendwie hab ich dann an die Decke im Schlafzimmer geschaut und dann war es aus. Ich weiß nicht, wie lange es gedauert hat, ehrlich, keine Ahnung. Als ich wieder zu mir kam, wusste ich überhaupt nicht, was los war. Meine Frau hat dann gemerkt, dass ich so ein wirres Zeug geredet habe hinterher und dass ich mich zur Arbeit fertigmachen wollte. Aber ich weiß davon nichts. Dann hat sie die Krankenschwester aus dem Dorf gerufen, und die hat mir gesagt, ich hätte schlimm geträumt. Dann hatte ich das alles schon fast vergessen, bis ungefähr neun Monate später wieder so was aufgetreten ist, und dann bin ich auch zum Arzt gegangen.

Einerseits ist die Grundsituation epileptischer Anfälle zu erkennen, dass etwas mit den Kranken geschieht, über das sie selbst keine Gewissheit und keine Macht haben und über das sie nur durch Zuschauer aufgeklärt werden können. Andererseits muss auffallen, was uns bei diesen Untersuchungen immer wieder begegnet ist, dass die motorischen und physikalischen Zeichen des Anfalls — in beiden Fällen Grand mal —, die wegen ihrer diagnostischen Bedeutung von uns Ärzten so genau betrachtet werden, nicht erwähnt werden und der Anfall durchweg als psychisch aufgefasst wird, so dass seine psychische Seite als die wesentlich bedeutungsvollere erscheint.

Ein Patient schildert sein Erwachen aus dem zweiten Anfall:

Als ich zu mir kam, da stand die gesamte Verwandtschaft um mein Bett versammelt — Mutter, Tante, meine Frau, meine Schwester — und alle guckten mich groß an. Ich wusste überhaupt nicht, was los war. Ich war völlig verwirrt und dachte nur in dem Moment, «es muss etwas Schreckliches passiert sein». Eine Erklärung hatte ich dafür nicht.

Auch in dieser Schilderung ist noch einmal das unmittelbar Schreckhafte des Erlebnisses der Familienangehörigen und zunächst die Verwunderung des Betroffenen festgehalten, dem auf beiden Seiten noch nichts Gewohnheitsmäßiges anhaftet.

Die Familie erlebt Anfälle

Für die Familienangehörigen gewinnen epileptische Anfälle aus der Beobachtung einen ganz anderen Bedeutungsinhalt. Wenn sie im Geiste einen Rollentausch vornehmen und sich vorstellen, sie wären Epileptiker, sind die vorgestellten Folgen stets sozialer Art, Momente über eine Körperkrankheit werden nicht in Betracht gezogen.

Zwei Beispiele:
Sie glauben nicht, wie froh ich bin, dass ich das nicht selbst hab'. Da würde man mich bestimmt hier im Dorf ganz schneiden. Die gucken mich ja sowieso schon schief an, weil ich nicht regelmäßig in die Kirche gehe jeden Sonntag.

Wenn ich das hätte, dann würde ich mich völlig von den Menschen zurückziehen. Ich würde den Krempel schneller hinwerfen.

Der Eindruck der ersten Anfälle ist besonders intensiv. Eine Ehefrau schildert:
Es hat so ungefähr fünf Minuten gedauert. Mir war irgendwie klar, dass es sich irgendwie um einen Krampf handelt. Ich habe sogar an Epilepsie gedacht. Wirklich. Mir kam's nur komisch vor, dass er keinen Schaum vor dem Mund hatte. Was ich in dem Augenblick gefühlt habe? Ich habe nur gedacht, «mein Gott, jetzt hat er den Verstand verloren», das weiß ich noch.

Auch diese Schilderung streicht noch einmal deutlich heraus, dass im Erleben der Zuschauer das Psychische ganz im Vordergrund steht und das Motorisch-Organische, außer vielleicht mit dem Wort Krampf, überhaupt nicht für erwähnenswert gehalten wird. Entgegen jeder wissenschaftlichen Betrachtungsweise wird hier Anfall und Irresein gleichgesetzt. Es ist offensichtlich nicht das, was uns ärztlich an psychischen Veränderungen auffällt, sondern der Anfall selbst ist schon Irresein.

In vielen Fällen folgt einer anfänglichen Lernphase eine Gewöhnungsphase, in der die Anfälle als etwas Gewohntes hingenommen werden.

Obwohl ein Epileptiker schon zehn Jahre häufig Anfälle hatte, war die 64jährige Mutter, die im gleichen Hause lebte, bei jedem Anfall wieder «völlig aus dem Häuschen». Sie wurde also kopflos und blieb unfähig zu irgendeiner sinnvollen Maßnahme. Statt dessen suchte sie verzweifelt nach der Telefonnummer des anderen Sohnes, um ihn zur Hilfe zu holen. Den Weg vom ersten Eindruck bis zur Gewohnheit beschreibt dagegen der Bruder desselben Patienten:

Heute macht es mir eigentlich nichts mehr aus, wenn mein Bruder einen Anfall hat. Beim ersten Mal hab ich einen ganz schönen Schreck gekriegt — er beißt sich immer so die Zunge kaputt und hat blutigen Schaum vor dem Mund. Für mich ist es viel schlimmer, als wenn ich das bei einem wildfremden Mann auf der Straße beobachtet hätte. Er ist ja schließlich mein Bruder. Ich war immer irgendwie aufgerührt. Ich mußte mich erst an diesen fremden Anblick gewöhnen. Heute habe ich auch keine Angst mehr vor den Anfällen, wie das zum Beispiel bei Mutter der Fall ist. Die Anfälle gehören irgendwie dazu.

Andere laufen jedes Mal schreiend davon und rufen bei jedem Anfall den Arzt oder lassen den Anfallskranken in eine Klinik bringen. In einem letzten Beispiel wird sichtbar, wie sich der Vater eines Anfallskranken mit flachen Scherzen von der unangenehmen Situation zu distanzieren sucht.

Stellt Euch vor, da ist doch der starke Sohn heute zusammengeklappt wie ein Taschenmesser. Der war richtig weggetreten — ehrlich. Ich wollte gerade Mutter rufen, damit wir ihn reintragen, da steht er auf einmal wieder vor uns, als wäre nichts gewesen. Solche Scherze erlaubt er sich mit uns.

Auch hier beachte man wieder, dass die motorische Seite des Anfalls lediglich im Bild des zusammengeklappten Taschenmessers zum Ausdruck kommt. Andererseits wird auch das die Norm brechende Verhalten des Epileptikers deutlich, der einerseits trotz großer Körperkräfte zusammenfällt wie ein Toter, dann aber entgegen allen Erwartungen plötzlich wieder dasteht, als wäre nichts gewesen.

Auch diese Erlebnisweisen und Bemerkungen beziehen sich aber auf den Grand mal-Anfall, der weiterhin Leitbild bleibt. In dem einzigen Fall aus unserer Beobachtung, in dem eine erfreulich gleichmütige Einstellung des Ehemanns zu den Anfällen seiner Frau zu beobachten war, handelt es sich denn auch um Absencen und psychomotorische Anfälle. Dieser Ehemann sagte: «Ich kenne sie gar nicht anders. Das gehört dazu. Ich betrachte es mehr als ein persönliches Merkmal meiner Frau».

Epileptiker und Familienangehörige zeigten entsprechend dieser Einstellung durchgehend eine Tendenz zur Verheimlichung der Anfälle und auch dazu, die Anfälle nicht beim Namen zu nennen. Wohl war in Gesprächen innerhalb der Familie ein Einverständnis darüber herzustellen, dass es sich um Anfälle oder sogar um Epilepsie handelt. In Gesprächen in Gegenwart anderer wurden aber bereits die Anfälle geleugnet. Ganz krass in einem Fall, wo der Patient bei einem ersten Gespräch im Krankenzimmer in Gegenwart anderer das Vorhandensein eines Anfallsleidens strikt leugnete, und den Besucher schon an einen Irrtum und eine falsche Information glauben ließ. Unter vier Augen begann derselbe Patient dann seine Erzählung mit den Worten: «Also, meine Anfälle begannen vor sechs Jahren.» Sonst war es aber allgemein üblich, auch bei Gesprächen unter vier Augen nicht von Anfällen, sondern allgemein von «Zusammenfallen» von «das», «es» und «sie» zu sprechen, so dass Epilepsie die letzte der unaussprechlichen Krankheiten zu sein scheint.

Der Anfall als Mittel sozialer Auseinandersetzung

Es mag auf den ersten Blick paradox erscheinen, dass ein Krankheitssymptom, dessen Namen man nicht einmal öffentlich auszusprechen wagt, zugleich als Mittel sozialer Auseinandersetzung dienen kann. Zwar kennt man heute kaum noch die Simulation von Epilepsie, die früher vor allem als geeignetes Mittel zum Betteln eingesetzt wurde, da man mit ihr Mitleid und Ekel hervorrufen konnte (J. Christian, 1890). Wie aber die bekannte Musterungsszene in Thomas Manns «Bekenntnisse des Hochstaplers Felix Krull» zeigt, wo Felix Krull durch Simulation einer Epilepsie dem Militärdienst entgeht, ist dieser Gedanke auch der Gegenwart nicht völlig fremd. Auch die Möglichkeit des Übergangs von epileptischen Anfällen in hysterische (Rabe 1970, Peters 1978) spricht unter anderem für die Verwendbarkeit von Anfällen in der sozialen Auseinandersetzung.

Ferner haben wir bereits gesehen, dass die Anfälle den Familienangehörigen als Mittel dienen, um den Epileptikern ihren Willen aufzunötigen. Aber auch der Anfallskranke selbst kann sie als Machtmittel gegen seine Familienangehörigen einsetzen, insbesondere, wenn von früh auf der Anfallskranke wegen möglicher Anfälle von vielen Rechten, aber auch von manchen Pflichten ausgeschlossen war, zum Beispiel vom Geschirrabtrocknen (es könnte etwas herunterfallen) und ähnlichen Unannehmlichkeiten der Jugend. Ungeschicklichkeiten lassen sich ebenfalls leicht entschuldigen. Bei allen unseren Beobachtungen traten Formulierungen von der Art «allein schon wegen meiner Krankheit...» als Rechtfertigung für vieles auf.

Einmal trat in Gegenwart der Familienbeobachterin ein unmittelbarer Einsatz der Anfälle als soziales Mittel auf. Sie hatte mit dem Vater allein gesprochen, und dieser hatte den Anfallskranken, der unbedingt zuhören wollte, was über ihn gesprochen wurde, wieder hinausgeschickt. Der Patient ging hin und nahm den ganzen Vorrat der noch im Haus befindlichen Antikonvulsiva, löste sie in einem Glas auf und schüttete sie dann vor den Augen der Mutter in den Ausguss. Damit hatte er erreicht, dass nun entweder sofort jemand zum Arzt mußte, um ein neues Rezept zu holen, um in der Apotheke erneut die Mittel zu bekommen, oder man mußte eben Anfälle in Kauf nehmen. Selbstverständlich entschied man sich für die Beschaffung der Antikonvulsiva, was man ihm wegen der Gefahr von Anfällen nicht selbst zu tun erlaubte. Anfälle sind also auch ein Besitz des Epileptikers, mit dem er sozusagen handeln kann.

Die ärztlichen Diagnosen «Epilepsie» und deren Folgen

Von ärztlicher Seite wird immer wieder darüber geklagt, dass ein großer Teil der Epileptiker nie diagnostiziert und daher auch nie behandelt wird. Abseits von der medizinischen Seite dieses Problems muss aber auch die Frage gestellt werden, welche sozialen Folgen die Diagnosestellung und die daraus folgende Behandlung haben. Im individuellen Schicksal muss es einen Zeitpunkt geben, zu dem die entscheidende Wendung eintritt, die Diagnosestellung. Hier führen die Familienbeobachtungen zu der deutlichen Aussage, dass unbehandelte Epileptiker gegenüber den in ärztlicher Behandlung befindlichen sozial deutlich im Vorteil sind. Alle Nicht-Grand-mal-Formen werden gewöhnlich so lange nicht als epileptisch erkannt, bis die Diagnose ärztlich gestellt wird. Selbst die selten auftretenden Grand mal entgehen in weiten Bereichen der sozialen Wahrnehmung.

In einer Familie litt bereits die Mutter an epileptischen Anfällen. Dennoch wurden die epileptischen Anfälle ihres Sohnes über lange Zeit als Hypochondrie angesehen. Erst mit der ärztlichen Diagnose änderte sich das, womit aber zugleich auch die Familienprozesse in Gang gesetzt wurden, die wir eingangs mit Festungsstruktur der Familie umschrieben haben.

Nach der Diagnosestellung taucht in der Familie das Problem der Ursache der Epilepsie auf. In allen von uns beobachteten Familien war man von einer bestimmten Ursache überzeugt, die in keinem einzigen Fall mit einer medizinischen Theorie übereinstimmte. Es ist allzu leicht, hier die schlichte Befriedigung des Kausalbedürfnisses zu erblicken, da die genannten Begründungen sich ohne weiteres so verstehen lassen:

- Typhus auf der Flucht von Oberschlesien,
- als Kind gefallen,
- Alkoholgenuß,
- Disposition von der Mutter,
- psychische Situation,
- Streß,
- Kriegsgefangenschaft
- falsch behandelte Hirnhautentzündung mit 1½ Jahren
- Ekel vor Lachsbrot
- Sonnenstich
- Menstruation
- Rückenmarkspunktion (Lumbalpunktion).

Am häufigsten genannt werden kleine Unfälle. In einem Fall lag der Unfall schon 36 Jahre zurück und hatte in der Zwischenzeit zu keinerlei Beschwerden oder Zeichen geführt, ohne dass man darin einen logischen Widerspruch sah. Fast ebenso häufig wird große körperliche oder psychische Belastung als Ursache des Leidens angesehen. Energisch zurückgewiesen werden dagegen alle Vorstellungen, nach denen der Anfallskranke «nicht ganz richtig im Kopf» sei oder eine Erblichkeit vorliegt.

Wir sind froh, dass es durch die Unfälle gekommen ist und dass das nicht in der Familie liegt, das wäre ja schrecklich für die Kinder.

Da schwingt vielleicht noch etwas aus der Nazizeit nach, weil jede Epilepsie als erblich galt und die Epileptiker daher zu sterilisieren und schließlich zu ermorden waren.

Die Ablehnung der Erblichkeit geht so weit, dass in einem Fall, in dem die Mutter des Patienten und seine beiden Töchter anfallskrank waren, dennoch eine Erblichkeitstheorie ausdrücklich abgelehnt wurde.

Diese Ursachentheorien beleuchten noch einmal von einer anderen Seite, in welcher Hinsicht Epilepsie am meisten gefürchtet wird und als was sie am meisten verstanden wird: eine zu Verblödung führende Geisteskrankheit, die vererbt wird. Von diesem Bild möchte man sich auf jeden Fall absetzen.

Die Ursache eines einzelnen Anfalls, wie sie in der Familie erlebt wird

Von der Ursache der Epilepsie wird auch in den Familien die Ursache des einzelnen Anfalls unterschieden. Alle Familien stimmen darin überein, dass seelischen Einflüssen der verschiedensten Art die wichtigste, wenn auch keine ausschließliche Bedeutung zukommt. Emotionale Erregung aus freudigen oder traurigen Anlässen spielen in der Beurteilung die bedeutendste Rolle. Die Mutter eines Anfallskranken gab an, dass der Patient während seines Scheidungsprozesses wegen der Anfälle nicht zu den Gerichtsterminen kommen konnte und unmittelbar nach Beendigung des Verfahrens noch einmal eine Anfallsserie erlitt, die dann auch zur Klinikeinweisung führte.

Immer wieder wurde der Tod eines nahen Angehörigen als Anfallsauslöser erwähnt. Auch die Konzentrationsleistungen spielen in der Vorstellung der Familienangehörigen eine wichtige Rolle, allerdings wird manchmal die Konzentrationsleistung selbst und manchmal die Entspannung nach Konzentration als anfallsauslösend angesehen. Daneben spielt der Schlaf eine auch aus der Beobachtung zu bestätigende wichtige Rolle, und zwar kann sowohl zu wenig als auch zu viel Schlaf (am Sonntag), somit eine Veränderung der Schlafgewohnheiten, anfallsauslösend wirken.

Arzt und ärztliche Behandlung von der Familie aus gesehen

Ärzte, insbesondere solche, die es sich zur Lebensaufgabe gemacht haben, für Epileptiker zu sorgen, sehen sich gewöhnlich als Anwalt des Epileptikers gegenüber einer ihn in der Regel ablehnenden und ihn diskriminierenden Umwelt. Von der Familie aus gesehen, müssen an diesem Rollenverständnis aber erhebliche Korrekturen vorgenommen werden. Der Arzt ist hier in erster Linie Anwalt, um nicht zu sagen Werkzeug, der Familie. Oder um im Bilde der Familie als Festung zu bleiben: Der Arzt bewacht mit den Familienangehörigen zusammen, aber ihnen untergeordnet, das Festungstor. Er hilft, den Epileptiker nach außen zu verteidigen und nach innen zu bewachen. Von dieser Rolle bemerkt der Arzt in der Regel nichts, wobei wir uns — so weit wir behandelnde Ärzte sind — keineswegs selbst ausnehmen. Die Bedeutung des Klinikaufenthaltes haben wir auch erst durch die Familienbeobachtung kennengelernt.

Es war schon gesagt worden, dass die Epilepsie oft lange Zeit, bei unseren Beobachtungen bis zu zwei Jahren, der Aufmerksamkeit der Familienmitglieder entgeht, bis der Anfallskranke eines Tages bei einem Anfall «erwischt» wird. Der Gebrauch dieses Ausdrucks enthüllt, dass der Anfall oft sofort als etwas zu Verbergendes verstanden wird. Die nach dem Offenkundigwerden des Anfallsleidens in die Wege geleitete ärztliche Untersuchung und eventuelle Klinikeinweisung werden gewöhnlich noch als positiv erlebt. Auch die ärztliche Haltung ist in diesem Stadium besonders positiv. Aber es kann auch kein Zweifel darüber bestehen, dass die meisten Ärzte nach Ausschluss eines kurablen Hirnleidens und der Verordnung der richtigen antikonvulsiven Medikamente ihre Rolle im wesentlichen als beendet betrachten, während der soziale Prozess um den Anfallskranken gerade erst beginnt.

Spätere Klinikeinweisungen entsprechen gewöhnlich den Bedürfnissen der Familienangehörigen, nicht denen des Epileptikers. Ein Beispiel für ein solches Arrangement zeigt, in welch schwieriger Position sich der Arzt hier befindet, aber auch wie wenig er die Situation durchschaut, beziehungsweise durchschauen kann.

Beispiel:
Die Mutter eines Anfallskranken hatte den Arzt vorher informiert, es seien in letzter Zeit häufiger Anfälle aufgetreten und hatte zugleich angedeutet, dass eine Klinikeinweisung wohl das Richtige wäre. Der Anfallskranke selbst erzählt: «Meine Mutter hatte gesagt: Geh' doch mal wieder zum Doktor zur Kontrolle, Du warst so lange nicht mehr da. Als ich da war, sagte der Doktor, dass da irgendeine technische Untersuchung gemacht werden müsste. Er kann das aber nicht machen, man würde mich wohin bringen. Dabei habe ich mir noch gar nichts gedacht. Und dann war ich plötzlich in der Klinik;

die haben die Untersuchungen gemacht und gesagt, ich müsste dableiben. Ich hatte überhaupt nichts mit, keine Zahnbürste, nichts.» Aus dem naiven Bericht des Patienten geht hervor, dass auch er das Familienarrangement nicht durchschaut. Er fühlt sich als Gegenstand eines unverständlichen ärztlichen Vorgehens.

Beispiel:
Im Falle des 42jährigen Patienten hatte die Mutter auf die Klinikeinweisung gedrängt, weil nach ihrer Meinung eine Berentung vorzunehmen war und deshalb die Bestätigung einer Universitätsklinik die beste Aussicht beim Verfolgen dieser Angelegenheit bot. Wegen der relativ seltenen Anfälle war eigentlich kein objektiver Grund gegeben. Es versteht sich, dass der Versuch der Besserung der antikonvulsiven Einstellung von den Familienangehörigen nicht mitgetragen wurde und deshalb zum Scheitern verurteilt war. An den Ärzten der Klinik wurde daraufhin lebhafteste Kritik geübt und über den Hausarzt die nochmalige Einweisung in eine auswärtige neurologische Klinik veranlasst, welche die gewünschte Bestätigung lieferte. Der Anfallskranke selbst wurde in der Familie nicht nach seiner Meinung befragt, während er sich in der Klinik auf die Meinung der Familienangehörigen berufen hatte und keine eigene Meinung zu der Rentenfrage formulierte.

Die Familienbeobachtungen lassen auch das Interesse an Heilung und den Erfolg der Antikonvulsiva in einem anderen Licht erscheinen. Beim ersten Auftreten der Anfälle sind die Hoffnungen auf einen Erfolg der ärztlichen Behandlung sehr groß und es besteht eine allgemein positive Einstellung zur Behandlung. In dem Maße aber, in dem sich das Anfallsleiden chronifiziert, verändert sich auch die Einstellung. Hinzu kommt, dass von ärztlicher Seite mehr oder weniger ein Sistieren der Anfälle versprochen wird, sofern nur eine gewisse Zahl von Regeln eingehalten wird. Dies kommt zum Beispiel auch in dem Motto der Epilepsie-Liga «Epilepsie ist heilbar» zum Ausdruck. Wenn dann trotz zunächst gewissenhafter Einhaltung der Regeln weiter Anfälle bestehen, muss daraus ein starkes Misstrauen gegenüber der ärztlichen Behandlung entstehen.

Unsere Untersuchung war nicht auf eine Messung der Anfallsfrequenz angelegt, so dass hier nur Eindrücke wiedergegeben werden können. Diese gehen aber ziemlich deutlich dahin, dass bei der chronisch gewordenen Epilepsie durch Medikamente in manchen Fällen eine gewisse Reduzierung der Anfallsfrequenz erreicht werden kann, dass aber in allen Fällen weiter Anfälle bestehen. Von den 16 beobachteten Fällen hatten nur sechs noch ein gewisses Vertrauen in die Therapie. Diese, gemessen an der wissenschaftlichen Literatur deprimierenden Feststellungen, sollten jedoch nicht zu einem Nachlassen der ärztlichen Bemühungen führen, sondern diese nur in eine andere Richtung lenken.

Epileptiker, die ihr Leiden zehn oder mehr Jahre hatten, fragten nicht mehr nach dem Ergebnis einzelner Untersuchungen oder nach dem Sinn eines neuen Medikaments, da sie ohnehin die Hoffnung auf eine Besserung völlig aufgegeben hatten. Einer sagte: Eigentlich ist das alles ganz überflüssig, was die hier machen. Dass da oben (deutet auf den Kopf) was kaputt ist, das weiß ich selbst. Und mich am Kopf operieren lassen, das tue ich sowieso nicht. Da müssten die mir schon hundertprozentig bestätigen, dass ich hinterher derselbe bin wie jetzt.

Aus welchem Grund er ausgerechnet eine Hirnoperation in Erwägung zog, konnte er nicht begründen. Wahrscheinlich spielte seine negative Einstellung zu den Antikonvulsiva die Hauptrolle. Derselbe Patient sagt weiter: Das wird sowieso nicht mehr besser, da können die mir erzählen, was sie wollen. Ich komme mir sowieso mittlerweile ziemlich blöd und überflüssig vor, wenn ich regelmäßig zum Kontroll-EEG komme. Da ändert sich sowieso nichts mehr.

Bei der Wirkung der anfallshemmmenden Medikamente treten daher verständlicherweise die Begleitwirkungen deutlicher hervor als die Hauptwirkungen. Zwar ist allgemein bekannt, dass Antikonvulsiva abnorme Müdigkeit, Verlangsamung, Schwerbesinnlichkeit und Reizbarkeit hervorrufen können. Es war jedoch erschreckend zu sehen, wie lähmend sich diese Begleiterscheinungen auf das tägliche Leben zu Hause und im Beruf auswirken und wie viele Schwierigkeiten dadurch entstehen und das keineswegs nur bei besonders hohen Dosierungen. Als besonders unangenehm wurde allgemein eine subjektiv lähmende Müdigkeit und Antriebslosigkeit empfunden. Diese Beobachtungen lassen einen alten Wunsch an die Pharmaindustrie noch dringlicher werden: Antikonvulsiva ohne unangenehme Begleitwirkungen zu entwickeln.

Im Anfang der Beobachtungen gaben alle Patienten ausnahmslos an, dass sie regelmäßig ihre Medikamente einnähmen. Später wurde deutlich, dass dies in keinem Falle der Wahrheit entsprach, die Anfallskranken jedoch fürchteten, deswegen beim Arzt und den Familienangehörigen «verpetzt» zu werden. Am günstigsten war die Situation bei einer Patientin, deren 70 Absencen pro Tag durch die Medikamente auf 20 reduziert wurden. Aber selbst sie, die doch unmittelbar einen günstigen Einfluss beobachten konnte, nahm ihre Tabletten nicht regelmäßig. Immerhin nahmen die meisten Patienten, wenn auch unregelmäßig, Antikonvulsiva ein, was vielleicht mit dem Bedürfnis zu erklären ist, überhaupt etwas gegen die Anfälle zu unternehmen. In einigen Äußerungen wird die Einstellung zu Medikamenten deutlicher erkennbar.

Ein Anfallskranker nimmt die Medikamente seit zwei Jahren unregelmäßig und seit einiger Zeit gar nicht mehr: «Ich habe genauso viele Anfälle, wenn ich die Tabletten genommen habe wie jetzt auch, ebenso alle drei Wochen. Da sieht man doch, dass es keinen Sinn hat. Außerdem fühle ich mich so wohler.

Dieser Patient hatte die Medikamente zunächst unabsichtlich vergessen. Als er dabei feststellte, dass die Anfälle nicht zunahmen, habe er nicht eingesehen, warum er damit noch weitermachen solle.

Ein 17jähriger Patient nahm zunächst 13 Tabletten pro Tag und hatte dennoch zwei bis drei psychomotorische Anfälle pro Tag. Im Schullandheim ließ er alle Tabletten weg und bekam trotzdem weniger Anfälle. «Ich glaube nicht mehr dran [an die Wirkung der Antikonvulsiva]. Es kann schon sein, dass sie bei anderen die Anfälle verhindern, bei mir ist das anders. Ich bin da eben eine Ausnahme. Außerdem machen mich die Tabletten kaputt. Mein ganzer Kreislauf ist geschwächt. Ich weiß nicht, wie lange ich das noch durchhalte. Ich bin dauernd müde und erkältet, und dann gucken Sie doch die Eiterpickel in meinem Gesicht an. Früher, da habe ich nie gefroren, da konnte ich im Winter so rausgehen und heute, da friere ich noch, wenn die Sonne scheint. Die Tabletten ruinieren mich derart, die machen mich kaputt. Nehmen Sie mal am Tag 13 Tabletten, da fühlen Sie sich auch vollgepumpt, da sind Sie auch krank.» Nach den Erfahrungen im Schullandheim wurde die Einnahme der Antikonvulsiva von den Eltern erzwungen.

Auch der Umgang mit Antikonvulsiva hat somit noch einmal die soziale Seite sowohl der Anfälle selbst als auch der Antikonvulsiva beleuchtet. Beide, Anfälle und Antikonvulsiva, erhalten im Verlauf der Epilepsie und insbesondere, wenn sie sich chronifiziert hat, einen über ihre medizinische Bedeutung hinausgehenden Wert. Anfälle und Antikonvulsiva können sowohl vom Epileptiker selbst als auch von seinen Familienangehörigen als Mittel der Auseinandersetzung benutzt werden. Auch von hier aus erhalten die Beobachtungen Rabes (1970) bei der Kombination von epileptischen und hysterischen Anfällen ein besonderes Licht. Man versteht besser, warum epileptische Anfälle insbesondere bei stark antikonvulsiv wirkender Behandlung unversehens in psychogene übergehen können, da die Aufgabe, vor die sich ein Epileptiker gestellt sieht, der etwa durch sehr hohe Antikonvulsivagaben seine Anfälle (fast) verloren hat, außerordentlich groß ist. Er muss in der sozialen Auseinandersetzung ohne das Mittel der Anfälle auskommen, die Begleitwirkungen ertragen und aus dieser Position heraus eine Umstrukturierung seines sozialen Umfeldes vornehmen, die Familienfestung aufbrechen und sich in der ihm fremden und feindseligen Gesellschaft einen Platz erobern. Selbst durchsetzungsfähige und robuste Naturen könnten daran scheitern. Chronifizierung der Epilepsie hat somit auch eine zunehmende Verkrustung der sozialen Strukturen, in welchen sich der Epileptiker befindet, zur Folge. Schließlich sind diese Strukturen allein dazu in der Lage, das Anfallsleiden aufrecht zu erhalten.

Verhalten der Epileptiker in der Klinik

Aus der Beobachtungstechnik ergab sich von selbst, dass die Beobachtungen auch auf die Klinikzeit der Epileptiker ausgedehnt wurden, womit sie begonnen hatten. Weitere Klinikaufenthalte erbrachten, nun schon unter verbesserten Voraussetzungen, weitere Beobachtungsmöglichkeiten. Es ist zwar allgemein bekannt, dass man als Klinikarzt nur einen kleinen Ausschnitt aus dem Klinikleben zu sehen bekommt. Aber wir hatten uns doch nicht vorgestellt, dass das tägliche Klinikleben derartig reizarm und langweilig ist, zumal zu der konzentrierten Zeitbelastung des Arztes und der Fürsorge für eben denselben Patienten und seiner daraus resultierenden Erschöpfung, der lebhafteste Kontrast bestand. Die Epileptiker gaben sich dieser Ruhe im allgemeinen mit Behagen hin. Wann immer der Beobachter sie in der Klinik aufsuchte, traf er sie meist lang ausgestreckt auf dem Bett an, wo sie vor sich hindösten. Es sei denn, es war gerade Essenszeit, Visite oder Familienbesuch wurde erwartet, jedoch ist die dafür benötigte Zeit insgesamt weniger als eine Stunde am Tage. Schwestern und Pfleger kümmerten sich um diese Patienten nicht, es sei denn, es trat einmal ein Anfall auf, oder diagnostische Eingriffe waren erforderlich, was aber im ganzen auch sehr selten ist. Auch war das Klinikpersonal auf dem Plan, sobald der Anfallskranke aus irgendeinem Grunde unruhig oder aggressiv wurde, was unter Berücksichtigung des Zeitfaktors ebenfalls sehr selten ist.

Die Kontakte zu Ärzten blieben ebenfalls im wesentlichen auf Untersuchungszeiten und Visiten beschränkt. Die Ärzte verbrachten gewöhnlich mehr Zeit mit den Angehörigen und dem Erheben der technischen Befunde als mit dem Patienten selbst. Um den ruhig auf seinem Bett dösenden Epileptiker kümmerte sich fast niemand.

Man sollte meinen, dass die Klinik dem Epileptiker eine sonst nicht gewährte Möglichkeit gibt, ohne Kontrolle durch die Familienangehörigen Kontakte zu anderen Menschen, vor allem zu Mitpatienten, aufzunehmen. Diese Möglichkeit blieb ungenutzt. Die Epileptiker versuchten nur in ganz vereinzelten Fällen, Kontakte zu Mitpatienten aufzunehmen. Kontakte, die auch nach der Klinikentlassung fortgesetzt wurden, sind uns nur in ganz vereinzelten Fällen bekanntgeworden. Wenn man sie befragte, waren sie kaum darüber orientiert, was den anderen Patienten fehlte und schienen völlig desinteressiert an dem zu sein, was um sie herum passierte. Auch bei späteren Fragen nach dem möglichen weiteren Schicksal von Mitpatienten gab es gewöhnlich nur ein Schulterzucken. Auch die Beobachter waren bei ihren Klinikbesuchen daher keineswegs willkommen, wurden aber geduldet.

Dieser erschreckende Mangel an Kontakten und Kommunikation, der beim ersten Besuch auf der Station gar nicht auffällt und bei längerer Beobachtung immer deutlicher wird, ist nicht leicht zu deuten. Wir erklärten ihn uns damit, dass die Verhaltensweisen, welche sonst das soziale Leben bestimmen, eben auch in der Klinik fortgesetzt werden. Auch ist das Leben selbst in gut organisierten Institutionen, worum sich ja alle Beteiligten bemüht hatten, darauf

abgestellt, Wünsche oder Forderungen zu befriedigen, die geäußert werden. Wer keine Wünsche äußert oder gar ihm zugedachte
Wohltaten ablehnt, dem werden sie nicht aufgedrängt.

Hinzu kommt ein weiterer erschwerender Umstand. Auch die
Familienangehörigen, welche sonst die Brücke zur mitmenschlichen
Umwelt bilden, besuchten ihre Epileptiker, wie schon erwähnt, in
der Klinik kaum. Dies fiel zuerst auf, als die Beobachter Kontakte mit den Familienangehörigen aufnehmen wollten und diese zu
dem ihnen übermittelten Termin gewöhnlich nicht erschienen. Dafür wurde später in den Familien eine einfache Erklärung gegeben.
Man war so froh, die Sorge für das epileptische Familienmitglied
wenigstens für eine gewisse Zeit an eine Institution abgeben zu
können, dass man oft wochenlang kein Lebenszeichen gab. Bei
den schon lange an Epilepsie Leidenden war darüber hinaus aber
bemerkbar, dass nicht nur das Interesse am Erfolg der ärztlichen
Behandlung, sondern auch am Patienten selbst nachgelassen hatte. Auch hieraus läßt sich ersehen, dass immer eine gewisse Tendenz besteht, Epileptiker für dauernd an Institutionen abzugeben,
obwohl deren soziale Isolierung dadurch gewöhnlich für dauernd
besiegelt wird. Die Anfallskranken haben diese Tendenz wohl
empfunden und waren enttäuscht über das Verhalten der Familie,
konnten sich darüber aber kaum Rechenschaft ablegen. Hier wird
erneut deutlich, welch vitales Interesse der einzelne Epileptiker am
Erhaltenbleiben seiner Familie haben muss und wie unsinnig es ist,
in seiner Familienlobrednerei einen negativen oder gar lächerlichen
Zug seines Charakters zu sehen.

Insgesamt wird die soziale Isolierung des Epileptikers durch den
Klinikaufenthalt nicht nur fortgesetzt, sie ist zumindest während
dieser Zeit verstärkt vorhanden.

Einzelgängerisch, ruhig und aggressiv, der epileptische Charakter im Leben der Familie

Obwohl innerhalb der Familie dieselben Charaktereigenschaften wie in den klinischen Beschreibungen wiederkehren, wird das
Gesamtbild dadurch deutlich anders, dass die Akzente ganz anders
gesetzt werden. Wenn man die Beschreibungen in den Routinekran-
kenblättern der von uns behandelten Patienten mit den Familienbeobachtungen in Beziehung setzt, bekommt man auch ein neues Bild

der klinischen Beschreibung. Auch hier ließ sich immer wieder feststellen, dass der Krankenblattausdruck «typische epileptische Wesensänderung» sich lediglich auf die enechetische Verlangsamung bezieht und auch das nur, wenn diese ein Ausmaß erreicht, der sie zu einem klinisch-diagnostischen Phänomen macht. Bereits die epileptische Erregbarkeit wird nur erwähnt, wenn sie zu schwerwiegenden sozialen Komplikationen geführt hat. Weitere Unterscheidungen werden nicht gemacht. In dieser Vergröberung erhält der epileptische Charakter den Rang einer klinischen Quasidiagnose.

Auffällig war bereits, dass es in allen Familien auf die Frage nach Wesensänderungen, also nach Veränderungen der Psyche seit Einsetzen der Anfallskrankheit schwer war, überhaupt Antworten zu erhalten. Im Verlauf der weiteren Beobachtungen wurde der Grund dafür deutlich. In den Familienunterhaltungen wurde nämlich sehr viel über das gesprochen, was klinisch unter den Begriff der Wesensänderung fällt. Die dabei genannten Eigenschaften wurden jedoch als individuelle Wesenseigentümlichkeiten betrachtet, auch dann, wenn ein zeitlicher Zusammenhang mit dem Auftreten des Anfallsleidens durchaus gesehen wurde. Auch von daher erscheint der alte Ausdruck des epileptischen Charakters durchaus angemessen, wenn man darunter alle Eigenschaften versteht, die in einem unmittelbaren oder mittelbaren Kausalzusammenhang mit dem Anfallsleiden auftreten.

Verlangsamung und Antriebsverarmung

Lange bevor Enechie ein klinisch-diagnostisches Phänomen wird, klagen Anfallskranke über Verlangsamung, die in erster Linie als ein Mangel an Schwung, an Antrieb empfunden wird. Wir haben allerdings auch keinen innerseelischen Kampf gegen diese psychische Schwerfälligkeit bemerkt, keine Versuche, «sich zusammenzureißen», Lahmheit und Antriebsverlust zu überwinden, auch kaum Versuche, mit anderen Mitteln eine Verbesserung zu erreichen. Kaffee wird zwar viel getrunken, aber wohl hauptsächlich zur Verbesserung des Wachheitsgefühls, jedenfalls läßt sich eine Verbesserung des Antriebs damit nicht erreichen. Es fehlen aber auch Selbstvorwürfe, wenn viele Stunden am Tag vergehen, in denen es nicht gelingt, ein Vorhaben voranzubringen. Die Zeit wird dann klaglos verdöst. Auch aus dieser Sicht wird der grundsätzliche Unterschied zwischen der hirnorganischen und der epileptischen Verlangsamung noch einmal deutlich.

Gedächtnisschwäche

Die klinisch häufige Klage über ein Nachlassen des Gedächtnisses kehrt auch in den Familien wieder, obwohl testpsychologisch und auch aus der Beobachtung eigentlich keine Gedächtnisstörungen erkennbar waren. Für den Anfallskranken selbst stellen sich die Gedächtnisstörungen in der Weise dar, dass er einerseits an bestimmte Gedächtnisengramme nur sehr schwer heran kann und erst lange nach ihnen suchen muss oder sie überhaupt nicht findet. Oder es fehlen bestimmte Ereignisse völlig, was dann auch den Familienangehörigen auffällt. Es ist leicht verstehbar, warum diese Art von Gedächtnisstörungen in die ohnehin beschränkt verwertbaren Tests nicht eingeht.

Unkonzentriertheit

Es wird auch über Unkonzentriertheit geklagt. Es handelt sich nicht darum, dass es nicht gelingt, störende Nebengedanken auszublenden, sondern es kostet große Anstrengung, den Hauptgedanken und das Denkziel über eine gewisse Zeit hin nicht zu verlieren. Dieser Mangel an Konzentrationsfähigkeit wird bei längerer geistiger Tätigkeit immer stärker und verbessert sich durch einen mehrstündigen Schlaf. In deutlichem Zusammenhang mit dieser Ermüdung treten übrigens die sog. Schwindelzustände vermehrt auf, so dass insoweit auch der Zusammenhang zwischen geistiger Leistung und Anfallsleiden erlebt wird. Diese Unkonzentriertheit und geistige Abwesenheit führten weit häufiger zu Verkehrsunfällen und Arbeitsunfällen als die Anfälle selbst.

Ein Patient verschuldete auf diese Weise kurz hintereinander drei Arbeitsunfälle, so dass dadurch der mühsam errungene Arbeitsplatz gefährdet wurde. Auch andere arbeitende Patienten hatten Angst, deshalb den Arbeitsplatz zu verlieren.

Denkbehinderungen

Ganz ähnliche, vielleicht identische Denkbehinderungen zeigten sich bei der Bewältigung von als belastend empfundenen Situationen. In die Diskussion der Beobachter schlich sich dafür der Ausdruck «kleine Stresssituation» ein, obwohl es sich nur um die Analoganwendung eines umgangssprachlich gewordenen, einst wissenschaftlichen Ausdrucks handelt. Gemeint ist die intellektuelle Bewältigung einer Situation, wie sie sich häufig im Alltag stellt. Familienangehörige fordern etwas von einem Patienten, oder er gerät in eine Situation, die ihm ein ganz bestimmtes Verhalten abverlangen würde. Oder er hat schließlich bei der Arbeit eine kleine, unvorhergesehene Aufgabe zu lösen. Die dann erforderliche Leistung des Problemlösens kann von den Anfallskranken nur schwer erbracht werden. Zu Hause gehen sie auch deshalb allen Anspannungen und Auseinandersetzungen aus dem Wege. Im Betrieb sind sie auf die Hilfe und Nachsicht der Arbeitskollegen angewiesen.

Kognitive Störungen

Was wir unter den Bezeichnungen Verlangsamung, Gedächtnisschwäche, Unkonzentriertheit und mangelhafte Fähigkeit zur Streßbewältigung abgehandelt haben, läßt sich als kognitive Störung zusammenfassen. Aber auch die Anfallskranken selbst und ihre Familien haben ein Bedürfnis nach Zusammenfassung dieser Eigenschaften. Es wurde durchweg von einem vorzeitigen Altern gesprochen. Wenn man den Ausdruck nicht wörtlich nimmt und bedenkt, dass ein Vergleich aus der Alltagserfahrung der Patienten genommen werden muss, erscheint er durchaus treffend. Für die ärztliche Praxis bleibt wichtig, dass unter dem großen Dach «Kognitive Störungen» viele durchaus unterschiedliche Erlebnisweisen befinden.

«Sensibilitätssteigerung»

Eine bedeutsame Gefühlsveränderung wird in den Familien als Sensiblitätssteigerung bezeichnet. Diese Veränderung ist eine der geläufigsten überhaupt, kommt fast ausnahmslos bei allen beobachteten Patienten vor und ist schon um die Zeit der ersten Anfälle vorhanden. Dennoch ist sie keineswegs sofort auffällig und bleibt im einzelnen auch schwer zu beschreiben. Es ist eine gesteigerte Ansprechbarkeit des Gemüts, auch in der Form, dass die betreffende Person leichter zu kränken ist. Es werden zur Verdeutlichung verschiedene Bilder benutzt. Ein Kranker sprach davon, früher «viel robuster und vitaler» gewesen zu sein. Dies verglich er dann mit der gegenwärtigen Verfassung, die er als «schwaches Nervenkostüm» bezeichnete. Er mußte zum Beispiel den Raum verlassen, wenn im Fernsehen ein tragisches Familienstück gesendet wurde. Er mußte weinen, sobald in der Familie jemandem etwas zustieß. Überhaupt waren Tränenausbrüche bei entsprechenden Anlässen häufig.

Die Mutter eines 50jährigen Patienten berichtete, dass ihr Sohn in den letzten Jahren eine Neigung gezeigt hatte, beim Auftreten von beruflichen oder familiären Schwierigkeiten zu ihr zu kommen und sich auf ihrem Schoß auszuweinen. Eine andere Frau gab an, dass ihr anfallskranker Ehemann in der letzten Zeit häufiger zu seiner Mutter gegangen sei, um sich bei ihr auszuweinen. Auch als sie mit Endocarditis im Krankenhaus gelegen habe, sei ihr Mann übertrieben besorgt gewesen und habe häufig geweint. Außerdem war ihr aufgefallen, dass er niemals wieder zu den Kindern ein hartes Wort sagen konnte, auch wenn dies nötig gewesen sei.

Mit dieser Überempfindsamkeit, mit der Eigenschaft, immer wieder im Gemüt aufgewühlt zu werden, hängt offenbar auch die Neigung der Anfallskranken zusammen, nach Möglichkeit Konflikten jeder Art auszuweichen, den häuslichen Frieden um jeden Preis zu erhalten, auch unter Verzicht auf die Selbstbehauptung in der Familie.

Depressionen

Ob es Depressionen im klinischen Sinne bei Anfallskranken überhaupt gibt, scheint keineswegs erwiesen zu sein, obwohl es häufig behauptet wird. In den Familien wird allerdings häufig davon gesprochen, immer in der Pluralform der Umgangssprache, worin sich nach klinischer Erfahrung schon andeutet, dass es sich nicht um dasselbe handelt wie eine krankhafte Depression. Es ist auch hier wieder mehr das Fehlen ansteckender Heiterkeit, das Fehlen einer ausgreifenden Lebenslust, eines vitalen Schwunges, an Vitalität überhaupt, was zum Ausdruck Depression führt. Auch die Langsamkeit, wo sie vorhanden ist, trägt dazu bei. Dies wird nicht nur von den Angehörigen empfunden, sondern auch von den Epileptikern selbst, die damit eines positiven sozialen Durchsetzungsmittels beraubt sind. Zwei von ihnen äußerten aus diesem Grunde zeitweise Selbstmordabsichten, die sich dann aber doch relativ schnell wieder zerstreuten. Es traten jedoch niemals die Vitalstörungen, das Erlebnis des leiblichen Darniederliegens als negativ getönten Lebensgefühls im Sinne Schelers auf, wie man es so oft bei der krankhaften Depression findet. Auch fehlte jeder Hinweis auf einen phasischen Verlauf.

Träume der Epileptiker

Mehrfach kehrten in den spontanen Schilderungen Hinweise darauf wieder, dass seit Beginn des Anfallsleidens das Träumen zugenommen habe. Es wurde von Wiederholungen der eigenen Vergangenheit in vergoldeter Form, aber auch von Angstträumen und Alpträumen erzählt. Da es sich nicht um Patienten handelte, die in irgendeiner Form von Psychotherapie standen, wurde nicht näher darauf eingegangen, sondern es wurden nur die spontanen Berichte verwertet. Es ist aber bei therapeutischen, vor allem psychotherapeutischen Fällen sicher lohnend, mehr darauf einzugehen, als dies bisher üblich ist.

Epileptischer Wahn

Nur in einem der beobachteten Fälle trat vorübergehend Wahn, ausschließlich in Form von Beobachtungs- und Verfolgungswahn auf. Der Wahnkranke hatte das Gefühl, verfolgt zu werden, wenn auf der Straße jemand hinter ihm herging oder wenn in der Straßenbahn eine Gruppe von Jugendlichen mitfuhr und selbst, wenn er allein war. Er hatte Angst davor, angegriffen zu werden und gab dazu an, dass er dieses Gefühl nur dann habe, wenn auch die Anfälle sich häuften. Das Wahnhafte erwächst hier also aus der veränderten Emotionalität und hängt mit Angst, Empfindsamkeit und vielleicht Furcht vor Anfällen zusammen.

Profillosigkeit des Charakters. Verlust von Persönlichkeit

Innerhalb des Familienlebens war nicht so sehr die Verlangsamung bestimmend für das Gesamtbild des Charakters und noch weniger die noch zu besprechende epileptische Zornmütigkeit, sondern etwas, wofür sich in den Diskussionen der Ausdruck «Profillosigkeit» herausbildete. Klinisch kommt dieses Bild offenbar nicht zustande und ist allenfalls in den Verzerrungen alter Beschreibungen als kriechende Höflichkeit, Heuchelei und Lügenhaftigkeit zu vermuten. Es ist weniger ein Verlust als eine Aufgabe persönlichkeitseigener Charakterzüge.

Es war schon die Neigung zum Vermeiden von Konflikten erwähnt worden, die ja auch einen Mangel an Bewährung in Konflikten und damit einen Mangel an Respekt vor dem Anfallskranken zur Folge hat. Die Patienten verzichteten auch sonst darauf, innerhalb der Familie Meinungen und Wünsche zu artikulieren, sondern ordneten sich der Familie völlig unter. Bei den Patienten, die ihre Epilepsie erst als Erwachsene bekamen, entstand der Eindruck eines fortschreitenden Verlusts von Persönlichkeit. Jüngere Anfallskranke wirken eher wie Marionetten, deren Tun, Sprechen und selbst Denken vollständig von den Familienmitgliedern gelenkt wird. Diese schätzen ein solches Verhalten nicht positiv ein, sondern werfen es dem Anfallskranken vor.

Im Ehescheidungsprozess äußerte eine Frau: «Ich kann es nicht länger ertragen, mit solch einem Waschlappen verheiratet zu sein.» Sie ließ sich offenbar wirklich nicht wegen seiner Anfälle, sondern wegen seines geschwundenen Charakterprofils scheiden.

Epileptische Zornmütigkeit (Reizbarkeit)

Die Beschreibung dieses Charakterzuges wird hier mit Absicht an das Ende gestellt. Er ist nicht nur schon in den ältesten Beschreibungen zu finden, sondern auch von großer sozialer Bedeutung. Hier wird der Ausdruck epileptische Zornmütigkeit verwendet, aber auch alte Bezeichnungen wie Furor epilepticus und Colère épileptique gehören hierher. Schließlich besteht auch keine scharfe Grenze zu epileptischen Stimmungsschwankungen und Verstimmungen, bei denen früher nicht unbedingt immer eine längere Dauer angenommen wurde. Diese epileptischen Wutausbrüche unterbrechen in den Familien aber die beschriebene ruhig-apathische Verhaltensweise immer nur für kurze Zeit. Sie können somit wohl in der Klinikbeobachtung bildbestimmend sein, nicht jedoch in den Familien. Nur in der Klinik wird dieses Verhalten daher als typisch empfunden, für die Familien ist es schwer zu begreifen, da es in einem Widerspruch zu allen ihnen sonst bekannten Verhaltensweisen des epileptischen Familienmitgliedes steht.

Einst hatte Mme Minkovska in Kompletierung von Kretschmers «Körperbau und Charakter» bei der Epileptoidie von einer affektiv-kumulativen Proportion mit den beiden Polen «langsam-explosiv» gesprochen. Die Familienbeobachtungen bestätigen noch ein-mal die Explosivität, nicht jedoch die polare Gegenüberstellung zur enechetischen Verlangsamung, die innerhalb der Familien in diesem Zusammenhang kein einziges Mal erwähnt wurde. Der Gegenpol zur Explosivität ist in den Familien vielmehr das ruhige (aber deshalb noch nicht langsame) Verhalten. Die Anfallskranken erscheinen ihren Angehörigen so unglaublich friedfertig, duldsam, nachgiebig und selbst apathisch. Auf jeden Fall wird ihr Verhalten in jeder Hinsicht als unexpansiv erlebt. Von daher erscheinen explosive Temperamentsausbrüche besonders unverständlich und unberechenbar.

Die in der einen Kapitelüberschrift genannte Formulierung «einzelgängerisch, ruhig und aggressiv» entstammt der Selbstbeobachtung eines Patienten und sind seine Worte. Den Ausdruck «aggressiv» erläuterte er durch den Hinweis darauf, dass er manchmal derartig jähzornig werde, dass er nicht mehr wisse, was er tue. Ähnliche Formulierungen haben wir mit nur einer Ausnahme von allen Anfallskranken oder ihren Familien gehört:

Ich brause in letzter Zeit häufig auf...; – Ich werde so wütend, dass ich alles kaputtschlagen könnte...; – Manchmal rege ich mich wahnsinnig auf...; – Bei mir brennen die Sicherungen durch...; – Ich bin schrecklich impulsiv geworden...; – Ich drehe einfach durch.... – Ich explodiere manchmal.

Diese Ausbrüche können sich an großen Anlässen entzünden, es genügen aber auch geringe Anlässe. Meist handelt es sich um vermeintliche oder wirkliche Zurücksetzungen. Immer wieder wird das Außersichsein betont, also das Abweichen vom normalen Verhalten, das nicht nur der Selbstkontrolle und Selbstbeherrschung entzogen ist, sondern an das auch keine vollständige Erinnerung besteht, viele Einzelheiten sind einfach nicht erinnerlich.

Ein Anfallskranker bestätigte dieses Außersichsein, wobei er sich manchmal nachher nicht erinnerte, was er getan hatte, wie er sagte. Nach einer solchen Entladung zeigte er sich — wie andere Patienten auch — befreit und machte einen gelösten Eindruck. Das sind auch für die forensische Beurteilung wichtige Beobachtungen.

Einige Patienten litten unter diesen Ausbrüchen, indem sie sich schämten, wenn es vorbei war, obgleich auch sie sich nicht voll dafür verantwortlich fühlten. Aber bei der oftmals durchaus vorhandenen Selbstkritik sahen sie doch auch, dass in den zwischenmenschlichen Beziehungen jedes mal Schaden angerichtet worden war. Andere erweckten den Eindruck, als ob sie dies verantwortungsfreie Land gerne beträten, um dabei im Sinne einer gegenwärtig stark verbreiteten vulgär-psychologischen Aggressions-Abreaktions-Theorie ihre «Aggressionen los zu werden».

Der Beginn der Zornmütigkeit wird im persönlichen Erleben etwa mit dem Manifestwerden des Anfallsleidens gleichgesetzt. Besondere Steigerungen werden von den Zeiten berichtet, wenn die Antikonvulsiva umgesetzt werden.

Auffällig war, dass dieses Wutverhalten in keinem Falle der Selbstbeobachtung entging und von allen freimütig zugegeben wurde. Durchweg wurde hierfür der Ausdruck Anfall verwendet («wenn ich meine Anfälle habe, weiß ich nicht mehr, was ich tue»). Das Wort wurde dafür viel mehr und viel leichter verwendet als für die epileptischen Anfälle selbst. Wir erklärten uns dies damit, dass diese Anfälle als «Anfälle von Wut» oder «Anfälle von Wahnsinn» viel eher in die allgemeine Lebenserfahrung einzufügen sind. Der Zustand tritt plötzlich, unberechenbar auf, dauert kurze Zeit, hinterlässt eine unvollständige Erinnerung und vermittelt insgesamt das Gefühl, außerhalb der persönlichen Verantwortung gestanden zu haben.

Die meisten beobachteten Ausbrüche führten nur zu Beschimpfungen, also zur Aggression mit Worten. Es genügen aber offenbar wenige und ganz seltene Ausbrüche mit Tätlichkeiten, um zu tiefergreifenden sozialen Konsequenzen zu führen. Eine Patientin berichtete, dass ihr Mann sich manchmal aus nichtigem Anlass in eine Wut hineinsteigere und dann irgend etwas in seiner Umgebung zerstöre. Einige Male habe er sie bei solchen Gelegenheiten schon mit dem Messer bedroht. Sie habe sich dann nur noch durch die Flucht auf den Flur retten können. Sie befürchtete ernsthaft, dass er sie eines Tages in einem solchen Zustand ermorden könne.

Beispiel:

Lehrreich ist das Schicksal des 17jährigen Anfallskranken, von dem schon öfter die Rede war. Schon bei den ersten Familienbesuchen war aufgefallen, dass er plötzlich seine Mutter anbrüllen konnte. Die Eltern berichteten von unzähligen solchen Ausbrüchen. Einige Male hatte er dabei auch schon Möbelstücke zerschlagen. Zweimal war er auch schon auf seine Mutter losgegangen, um sie zu schlagen. Die Eltern waren dennoch geneigt, dieses Verhalten als Unarten eines schlecht erzogenen Einzelkindes zu interpretieren. Nach Abschluss unserer Untersuchungen kam es aber dazu, dass derselbe junge Patient auch gegen seinen Vater aggressiv wurde, den er bisher immer ausgelassen hatte, und der ihn seinerseits weitgehend hatte gewähren lassen. Die Aggressionshandlung gegen den Vater führte schließlich dazu, dass die Eltern ihren Sohn in Bethel unterbrachten. Auch dies ist wieder ein Hinweis darauf, dass psychische Veränderungen viel häufiger zu einer Institutionalisierung führen als die Anfälle selbst, was freilich den Beteiligten nicht immer deutlich ist.

Ordnungssinn - chaotisch

Pedantischer Ordnungssinn gehört in der traditionellen Beschreibung des epileptischen (enechetischen) Charakters mit zu den auffallenden Besonderheiten. In den Familien der Epileptiker haben wir nahezu nichts davon finden können. Im Gegenteil, es herrschte allenthalben eine vollständige Gleichgültigkeit gegenüber einer Ordnung im unmittelbaren Lebensbereich wie auch gegenüber der Lebensführung vor. Teilweise herrschten chaotische Ordnungsverhältnisse. Dies war um so auffälliger, als in einer parallelen Familienuntersuchung auch Familien Depressiver untersucht wurden, deren ganzes Leben unter das Primat der Ordnung gestellt wird. Man mußte daher die Frage stellen, wieso überhaupt ein Ordnungsstreben in die traditionelle Beschreibung eindringen konnte.

In den Familien wurde sichtbar, dass es ein unablässiges Ordnungsstreben der Familienmitglieder, insbesondere der Mütter gibt. Dieses Ordnungsstreben wird oft von den Epileptikern, die sich ja in allem den Wünschen der Familienangehörigen unterordnen, übernommen, aber doch nicht internalisiert, so dass sie sofort im Herstellen von Ordnung aufhören, sobald die Kontrolle von seiten der Familienangehörigen aufhört. Ausschlaggebend für das eigene Ordnungsverhalten der Epileptiker bleibt also, welchen Stellenwert die Ordnung für die Angehörigen besitzt, auch dann, wenn sie selbst die Ordnung herstellen.

Hierfür gab es eine Fülle von Beobachtungen. Bei einem Patienten erschien das eigene Zimmer ebenso peinlich ordentlich wie die ganze Wohnung, während die — unkontrollierte — Körperpflege stets nachlässig erschien. Er war bei den Familienbesuchen meist unrasiert und ungekämmt und ständig unordentlich, wenngleich sauber gekleidet.

So lange eine epileptische Krankenschwester zu Hause lebte, hatte sie sich an das gewöhnt, was ihre Mutter, die sie regelmäßig kontrollierte, für Ordnung hielt. Sobald sie ein eigenes Zimmer in der Klinik hatte, verhielt sie sich gegenüber jeder Unordnung vollkommen gleichgültig. Erwartete sie hier aber den Besuch der Mutter, fing sie zunächst an, sauber zu machen und aufzuräumen, damit die Mutter an der Ordnung nichts aussetzen könne. Aber auch ihr Aussehen und ihre Kleidung veränderte sie für die Ankunft der Mutter im Sinne von deren Verständnis für Ordnung: Sie nahm kein Make up, entfernte Ohrclips und Ketten, zog einen weniger ausgeschnittenen Pullover und einen längeren Rock als üblicherweise an. Gerade dieses Beispiel läßt den Mangel an eigenem Ordnungssinn bei durchaus vorhandenem Begreifen der Ordnungsbedürfnisse anderer und zugleich die Unterordnung unter die Wünsche der Familie erkennen.

Dieselbe Gleichgültigkeit gegenüber einer Ordnungsstruktur konnte man auch beim Einnehmen der Antikonvulsiva und insbesondere beim Führen des Anfallskalenders beobachten. Es war gewöhnlich so, dass der Anfallskalender — wo er nicht mit peinlicher Genauigkeit von den Familienangehörigen geführt wurde — kurz vor dem Arztbesuch nach Gutdünken ausgefüllt wurde. Es versteht sich, dass die aus solchen Anfallskalendern abgeleiteten therapeutischen Konsequenzen ziemlich illusorisch sind.

Ordnung kann somit auch zur Waffe in den innerfamiliären Auseinandersetzungen werden. Von seiten der Familienangehörigen läßt sich das Ordnungsstreben gut begründen, gewöhnlich finden sie lebhafte Unterstützung in der ärztlichen Autorität. Das Herstellen der Ordnung durch den Epileptiker ist zugleich auch eine Unterwerfung unter die Wünsche der Familie, andererseits ist die

Vernachlässigung der Ordnung ein passiv-aggressives Mittel gegen die Familienangehörigen. Hier unterliegt aber der Epileptiker in der Regel. Wenn er die Ordnung nicht selbst herstellt, übernehmen es die Familienangehörigen für ihn.

Dieses Fehlen von Ordnungsstreben ist schwer zu erklären. In den Diskussionen tauchte der Gedanke auf, die Anfälle selbst stellten ein Prinzip der Unordnung dar, da sie in unberechenbarer Weise auftreten. Daher sei jedes Ordnungsbemühen vergebens. Dasselbe Argument ließe sich aber für das starke Ordnungsstreben der Angehörigen verwenden, als Gegentendenz gegen die von den Anfällen ausgehenden Ordungsstörungen. So bleibt zunächst die Feststellung, dass ein Ordnungsstreben auch als psychoreaktive Tendenz nicht vorhanden ist, und dass ein etwa zu beobachtendes Ordnungsstreben fremdbestimmt ist.

Alkoholismus und Suchtverhalten

Alkohol spielt bei Epilepsie eine besondere Rolle, so dass bei den Familienbeobachtungen auch die Einstellung zum Alkohol immer wieder zur Sprache kam. Bei den beobachteten Familien spielten als Suchtmittel lediglich Alkohol und Schlafmittel eine Rolle, was somit dem Abhängigkeitstyp Alkohol-Barbiturat der WHO entspricht. Von anderen Suchtmitteln bestand nur eine unklare, verschwommene Vorstellung. In allen Fällen war von ärztlicher Seite ein eindringliches Alkoholverbot ausgesprochen worden, das auch allen stets gegenwärtig war. Dennoch gab es die unterschiedlichsten Verhaltensweisen gegenüber Alkohol.

Zwei von 16 Anfallskranken, ein Mann und eine Frau, waren deutlich Alkoholiker. Die Frau hatte schon eine Entziehungskur hinter sich, jedoch ohne jeden Erfolg, da sie nachher von Schlafmitteln abhängig war. Bei beiden bestand der Alkoholismus schon vor Manifestwerden der Anfallskrankheit. Der Mann betrieb seinen Alkoholismus offen. Nach Angaben seiner Familienangehörigen entwickelte er sich zum Alkoholiker, als er in einer großen Brauerei als Kesselschweißer gearbeitet hatte, weil die Verführung durch das tägliche Freibierangebot zu groß war. Seine Frau versuchte nicht, ihn vom Alkohol abzuhalten, sondern kaufte Getränke für ihn ein. Dies war ein Streitpunkt zwischen seiner Mutter und seiner Frau und spielte vordergründig eine gewisse Rolle bei der Ehescheidung, die während der Beobachtungszeit vorgenommen wurde. Aber auch bei der Mutter standen die finanziellen Konsequenzen der Trunksucht im Vordergrund der Ablehnung, nicht das Trinkverhalten selbst.

Die Frau betrieb das Trinken und Tabletteneinnehmen heimlich. Sie beschuldigte ihre Mutter, daran schuld zu sein und bezeichnete ihrerseits ihre Mutter als Trinkerin, wobei sie darauf hinwies, dass diese morgens und abends ein Glas Kognak und über den Tag mehrere Flaschen Bier trank. Auch diese Mutter war gegenüber dem Alkoholverhalten ihrer Tochter äußerst permissiv.

In beiden Fällen waren Anfallskranke und Familienangehörige subjektiv sicher, dass zwischen Alkoholeinnahme und Auftreten von Anfällen keinerlei Zusammenhang bestehe.

Acht Anfallskranke tranken gelegentlich und verhielten sich in dieser Hinsicht wie Durchschnittsbürger. Als Begründung wird am ehesten die Verheimlichung des Anfallsleidens angeführt und der Wunsch, sich genauso zu benehmen wie andere Menschen. Auch von diesen acht Patienten hat keiner die anfallsfördernde Wirkung des Alkohols am eigenen Leibe erfahren. Die Familienangehörigen waren da allerdings ganz anderer Meinung, so dass es wegen des Alkoholgenusses ständig zu Auseinandersetzungen kam. Auch der Alkoholgenuß kann somit zum Mittel sozialer Auseinandersetzung werden. Dem Anfallskranken wird Alkohol — wie einem Kinde — vorenthalten mit der Begründung, dies rufe Anfälle hervor, wobei sich die Familienangehörigen wiederum auf die ärztliche Autorität stützen. Es muss hervorgehoben werden, dass aus den Familienbeobachtungen keine Hinweise auf den tatsächlichen Einfluss von Alkohol auf Anfälle zu gewinnen sind, weil dies eine genaue Registrierung und Befragung bei jedem einzelnen Anfall nötig gemacht hätte, was aber dem Wesen der teilnehmenden Beobachtung widersprochen hätte. Auch bestimmte Eindrücke stellen sich nicht ein.

In sechs Fällen wurde die angeordnete strenge Alkoholkarenz auch wirklich eingehalten. Hierbei waren deutlich die Familienangehörigen unter Berufung auf ärztliche Autorität führend, und die Anfallskranken widersprachen nicht. In einer Familie hielten Ehefrau und Töchter des Anfallskranken selbst vollständige Alkoholkarenz ein, wobei auch die Töchter den Vater überwachten. Eine von ihnen sagte hierzu: «Wenn ich ihn mit einem Glas in der Hand erwische, schlag ich's ihm aus der Hand». Auch eine solche Äußerung wirft ganz nebenher Licht auf die typische Familiensituation in Epileptikerfamilien.

Der Tageslauf des Epileptikers in der Familie

In konzentrierter Form zeigt sich die familiäre Situation des Epileptikers auch in seinem Tageslauf. Soweit der Tageslauf der beobachteten Anfallskranken eine bestimmte Ordnung aufweist, ist diese, von wenigen Ausnahmen abgesehen, fremdbestimmt. Leben sie innerhalb der Familie, legt die Familie den Lauf des Tages fest, wiederum ohne mit dem Anfallskranken zu diskutieren, gewöhnlich auch, ohne es ihm mitzuteilen. Arbeiten die Anfallskranken, wird insoweit der Tageslauf durch den Beruf festgelegt, im übrigen ebenfalls von der Familie; immerhin gibt der Beruf gewisse Möglichkeiten des zeitlichen Ausweichens, die auch genutzt werden. Sind die Anfallskranken sich selbst überlassen, verrinnt der Tag planlos.

Ein 42jähriger Anfallskranker hat erst seit fünf Jahren Grand mal-Anfälle. Seiner Mutter ordnet er sich willenlos, zufrieden und bedingungslos unter. Auf Planung und Gestaltung des Tagesablaufs hat er keinen Einfluss. Die Mutter bleibt bestimmend und fordert ihn im Laufe des Tages zu allerlei kleineren Arbeiten in Haus und Garten auf, die er auch stets willig und ohne Widerspruch erledigt. Bezeichnend ist, dass die Mutter den Tagesplan ihrem Sohn nicht mitteilt, sondern ihn nach und nach, wie es ihr gerade einfällt, um die Erledigung gewisser Arbeiten bittet, indem sie ihn so als Handlanger benutzt. Es wurde nie beobachtet, dass der Sohn irgendwelche Erklärungen von seiner Mutter über ihre Absichten gefordert hätte. Sie denkt, handelt und entscheidet für ihn. Wenn sie mit den Worten: «Ich will, dass du dir das nachher ansiehst» von ihm fordert, sich eine bestimmte Fernsehsendung anzusehen, empfindet der Sohn dies keineswegs als Zwang, sondern es ist für ihn nur selbstverständlich, es tatsächlich zu tun. Es besteht keine Trennung zwischen seinen eigenen Bedürfnissen und denen seiner Mutter. Den Grad seiner Abhängigkeit beschreibt er überraschend selbst mit deutlichen Worten: «Sie sehen ja, ich bin völlig von meiner Mutter abhängig, ich hänge vollkommen in der Luft.»

Schlaf – ein ganz großes Bedürfnis

Eingebettet in einen solchermaßen fremdbestimmten Tageslauf ist ein großes Bedürfnis nach Schlaf vorhanden, wobei sich nicht recht sagen läßt, ob es eine Folge des Anfallsleidens oder der sozialen Situation ist. Auf jeden Fall hat die Einnahme oder Nichteinnahme der Antikonvulsiva offenbar keinen Einfluss darauf, weil man das gleiche Verhalten auch bei Anfallskranken beobachten konnte, die gar keine Antikonvulsiva bekamen oder nahmen.

Dieses Schlafverhalten war schon bei den ersten Besuchen in der Klinik aufgefallen. Das enorm ausgeprägte Schlafbedürfnis war offenbar unabhängig davon, ob sie an diesem Tag besonders körperlich oder geistig gefordert worden waren. Dem Pflegepersonal und auch den Klinikärzten war von diesem Schlafverhalten in der Klinik nichts aufgefallen.

Aber auch zu Hause war das Verhalten nicht anders. Einzelne Anfallskranke leisteten sich einen Mittagsschlaf von 13 Uhr bis 19 Uhr, um dann später einen ganz normalen und nochmals zehnstündigen Nachtschlaf anzuschließen. Allerdings werden die Anfallskranken zu Hause viel ermahnt oder zu Handreichungen aus dem Bett geholt. Deshalb genossen sie es in der Klinik regelrecht, sich ungehemmt ihrem starken Schlafbedürfnis hingeben zu können.

Dass trotz der Fremdbestimmtheit des Tageslaufs und dem Vielschlafbedürfnis ein Wunsch nach Unregelmäßigkeit des Tageslaufes besteht, zeigte sich aus verschiedensten Anlässen. Ein Anfallskranker bringt diese Abneigung gegen Regelmäßigkeit zum Ausdruck: «Schon alleine dieses Regelmäßige am Berufsleben, dieses Essen, Schlafen, Arbeiten, Essen, Schlafen, Arbeiten deprimiert mich.»

Solange die anfallskranke Krankenschwester noch zu Hause lebte, ordnete sie sich in allem ihrer Mutter unter. Dies betraf natürlich auch die Gestaltung des Tages, die ausschließlich Sache der Mutter war. Der Tageslauf der Familie verlief stets in geordneten Bahnen. So-bald die Tochter während ihrer Schwesternausbildung alleine lebte, änderte sich sofort ihr Tagesrhythmus. Wenn sie sich «nicht besonders fühlt», legt sie sich hin und schläft oder döst. Hat sie keine besondere Lust zu arbeiten, läßt sie es eben bleiben. Auf diese Art verlor sie schließlich während der Beobachtungszeit ihren Arbeitsplatz als Krankenschwester trotz des zu dieser Zeit großen Schwesternmangels.

Nur in zwei Fällen sahen wir eine regelmäßige ausgeglichene Lebensweise, die auf die Initiative des Anfallskranken selbst zurückgeht. In einem der beiden Fälle bestand eine reine Aufwachepilepsie. Dadurch war dieser Anfallskranke in seinem täglichen Rhythmus kaum behindert. Er mußte im sozialen Umfeld kaum mit krankheitsbedingten Schwierigkeiten rechnen. Diese Beobachtung führt auch noch einmal wieder die große soziale Bedeutung einer tageszeitlichen Bindung von Anfällen vor Augen.

Schlussfolgerungen
Erfolge sind nur in Teilbereichen erzielt worden

Obwohl Ziel unserer Untersuchungen die zweckfreie Familienbeobachtung war, kann man eine solche Darstellung nicht abschließen, ohne sich Gedanken über mögliche Konsequenzen aus den großenteils nicht optimistisch stimmenden Beobachtungen zu machen. Soweit beurteilbar hat sich die soziale Lage der Epileptiker mit chronisch wiederkehrenden Anfällen in den 3000 Jahren, in denen Nachrichten über sie vorliegen, nicht grundsätzlich verändert. Ausnahmen gibt es nur, wenn die Anfälle nicht Folge eines behebbaren organischen Leidens sind, was aber insgesamt eher selten ist. Die ganze moderne naturwissenschaftliche Medizin, die Einführung des EEG, die Antikonvulsivatherapie, haben nur in Teilbereichen zu Erfolgen geführt.

Aber nicht nur die naturwissenschaftliche Medizin hat den Epileptikern wenig Nutzen gebracht, Psychotherapie und Soziotherapie bemühen sich kaum um sie. Über die Psychotherapie der Epilepsie gibt es nur die hier dargestellten Einzelberichte.

Die Familienbeobachtung läßt durchaus erkennen, wo eine Psychotherapie einen Ansatzpunkt fände, aber nicht, was den Epileptiker dazu veranlassen könnte, die Mühsal einer solchen Therapie auf sich zu nehmen.

Auch die Familientherapie hat sich bisher noch nicht mit dem Epileptiker beschäftigt, obwohl die Familiendynamik die sein Schicksal entscheidenden Kräfte beinhaltet. Epilepsie läßt sich weder als Symptomneurose noch als Charakterneurose beschreiben und behandeln. Sie ist trotz aller Gegenbeteuerungen ein Leiden eigener Art und nicht Krankheit wie jede andere. Selbst die Soziotherapie ist nicht auf die Bedürfnisse des Epileptikers eingegangen; sie behandelt Epilepsie weitgehend als ein neurologisches Leiden, für das sie nicht zuständig ist. Die vielen Bewegungen der Gegenwart, die mit so viel Kraft Theorien und Ideologien entwickeln, mit denen dem Psychotiker, den Schizophrenen, dem Neurotiker geholfen werden soll, sind achtlos am Epileptiker vorübergegangen. Die Zahl derjenigen, die sich aktiv um Verbesserung des Schicksals der Epileptiker bemühen, ist stets klein gewesen. Unsere Familienbeobachtungen zeigen aber auch, dass der viel gebrauchte Wahlspruch Epilepsie ist heilbar lediglich einen Zweckoptimismus repräsentiert, jedenfalls für die größte Gruppe von Epileptikern. Die dabei übliche Begründung, 60%-70% der Epileptiker würden nur noch wenige bis gar keine Anfälle haben, wenn sie nur die richtigen Medikamente einnehmen, ist falsch und verschweigt das Wesentliche. Epilepsie besteht eben nicht nur darin, Anfälle zu haben. Die ständigen Bemühungen um Aufklärung der Bevölkerung, wie Epilepsie wirklich ist, haben die soziale Situation der Epileptiker kaum beeinflussen können.

Wesentliches Ergebnis der Untersuchungen ist die Feststellung, dass die hauptsächlichsten Folgen einer längerdauernden Epilepsie nicht medizinischer Natur sind und die naturwissenschaftliche Medizin diesen Anfallskranken wenig zu bieten hat. Nachdrücklich wurden wir von den Anfallskranken und ihren Familien immer wieder darauf aufmerksam gemacht, dass ihre Probleme psychischer und sozialer Art sind und dies schon von Beginn des Anfallsleidens an und nicht erst dann, wenn alle anderen Versuche gescheitert sind, und der Patient nun sozial auffällig und lästig geworden ist. Die daraus abzuleitende Forderung nach einer Diagnostik und Therapie der Epilepsie aus einer Hand scheint nur noch in der Pädiatrie realisierbar, während die in den letzten Jahren fast überall erfolgte Aufteilung der Nervenheilkunde in Neurologie und Psychiatrie zu Lasten der Epileptiker ging. Sie muss dennoch erhoben werden und sollte bei der Ausbildung der möglicherweise in Zukunft zu erwartenden Epileptologen eine entscheidende Rolle spielen.

Die Folgen der Epilepsie gehen einerseits auf die Tatsache der Anfälle und deren soziale Folgen, andererseits auf die psychischen Veränderungen und wiederum deren soziale Folgen zurück. Auch wenn es gelänge, alle Anfallskranken vollständig von ihren Anfällen zu befreien oder vielleicht die Gesellschaft an den Anblick der Anfälle zu gewöhnen, blieben die gleichzeitig bestehenden psychischen Verhaltensänderungen bestehen.

Diese sind allerdings nach unserer Auffassung nicht Folge der Anfälle, sondern Folge desselben zerebralen Grundprozesses, der zwar organisch ist, aber auf seine besondere Art. Die hypothetische Beeinflussung dieses zerebralen Grundprozesses würde am ehesten Aussicht auf eine durchgreifende Besserung der Situation des Epileptikers bieten, da sie Anfälle, psychische Veränderungen und deren soziale Folgen zugleich beeinflussen müsste.

Bisher befindet sich der Epileptiker in seiner Festung Familie relativ noch am wohlsten, weitgehend rechtlos zwar, aber auch ohne Zwang zur Bewährung im Leben. Es entstand der Eindruck, dass die moderne Sozialgesetzgebung diese Tendenz noch unterstützt, indem sie den Epileptiker durch Frührenten und ähnliche soziale Wohltaten zwar materiell sichert, aber ihn zugleich zu seinem Nachteil von dem Zwang befreit, sich durch Leistungen soziale Anerkennung zu verschaffen.

Ein wichtiges Ergebnis unserer Beobachtungen ist vielleicht, dass es durch die gewählte Methode der teilnehmenden Familienbeobachtung und durch die zeitliche Ausdehnung möglich wurde, ein facettenreiches Bild der Familiensituation zu zeichnen und dieses künftig in der Therapie zu berücksichtigen. Nach Abschluss der Untersuchungen konnten wir durch gezielte Befragungen von anderen Epileptikern einerseits eine weitgehende Bestätigung der Ergebnisse erhalten, andererseits aber auch in ganz kurzer Zeit ein Bild vom aktuellen Stand der Familiensituation erhalten, wenn die allgemeinen Regeln bekannt sind, nach denen sie sich konstituiert.

Zusammenfassung

Es wird über offenbar erstmalig durchgeführte Familienbeobachtungen in 16 Epileptikerfamilien berichtet. Diese wurden in Form von teilnehmenden Beobachtungen über vier Jahre hindurch bei Familien durchgeführt, von denen wenigstens ein Familienmitglied an sich wiederholenden epileptischen Anfällen gleich welcher Art litt. Die dabei gewonnenen Bilder weichen weitgehend von dem Bild ab, das im Zusammenhang mit ärztlich-klinischen Untersuchungen und Beobachtungen gewonnen wurde. Der Epileptiker lebt in einer hier als Festungsstruktur beschriebenen Form starker sozialer Isolierung. Die Familie bildet um das epileptische Familienmitglied herum eine festgefügte Mauer, welche ihm einerseits einen starken Schutz verleiht, ihn aber gleichzeitig gegenüber der sozialen Umwelt abschließt. Die übrige Familie lebt jedoch ihrerseits ebenfalls in einer, wenn auch nicht so weitgehenden Isolierung. Der Prozess konnte teilweise direkt beobachtet werden. Auch während eines Aufenthaltes in der Klinik blieb die Isolierung bestehen.

Innerhalb seiner Festungsmauern lebt der Epileptiker weitgehend zufrieden, auskömmlich und ohne den Zwang zur Durchsetzung in einer freien Gesellschaft, aber auch weitgehend rechtlos und besitzlos (ohne persönlichen Besitz). Nicht nur die psychischen Erscheinungen der Epilepsie, sondern auch der Anfall selbst werden innerhalb der Familie weitgehend als psychisch erlebt und nicht als neurologische Ereignisse. Die Anfälle und die Einnahme der Antikonvulsiva werden gewöhnlich sowohl von den Familienangehörigen als auch vom Epileptiker selbst als Mittel der sozialen Auseinandersetzung benutzt. Der Arzt wird im Rollenspiel der Familie gewöhnlich ohne es selbst zu bemerken zur Durchsetzung der Absichten der Familienmitglieder gegenüber dem Epileptiker benutzt, nicht umgekehrt.

Vom epileptischen Charakter wird die medizinisch wegen ihres diagnostischen Wertes für so bedeutsam gehaltene enechetische Verlangsamung in den Familien praktisch nicht für erwähnenswert gehalten. Der Charakter wird als «einzelgängerisch, ruhig und aggressiv» beschrieben, der Person zugeschrieben und nicht als Ausdruck von Krankheit angesehen. In den Familien fallen eine ruhige Apathie und eine eigentümliche Profillosigkeit des Charakters am deutlichsten und sozial folgenreichsten auf. Durch die epileptische Zornmütigkeit wird dieses allgemeine Bild jeweils nur für kurze Zeit durchbrochen. Der epileptische Ordnungssinn dagegen ist eine Eigenschaft der Familienmitglieder, nicht des Epileptikers selbst. Alkoholgenuß wurde teilweise toleriert und hatte nach dem Erleben der Beteiligten keinen Einfluss auf das Anfallsleiden. Auch bei nicht antikonvulsiv behandelten Epileptikern ist ein sehr großes Bedürfnis nach Schlafen vorhanden. Die Beobachtungen legen eine veränderte Betrachtungs- und Handlungsweise nahe. Psychiatrische und soziale Gesichtspunkte stehen recht eindeutig im Vordergrund und müssen daher in Behandlung und Führung leitend sein. Die Einzelbeobachtungen weisen auf viele Möglichkeiten hierzu hin.

Alkohol und Epilepsie

Alkoholepilepsie sensu strictissimo,
Epilepticus potans,
Epilepsia potatorum,
alkohologene Gelegenheitsanfälle,
Alkohol genießende Epileptiker

Einleitung

Die mögliche Verbindung von Alkoholgenuss und Epilepsie ist den Ärzten schon vor Jahrhunderten aufgefallen und daher in den vorangegangenen Kapiteln bereits an vielen Stellen erwähnt worden. Die klinische Bedeutung der möglichen Verbindungen von Alkohol und Epilepsie wird dadurch allerdings noch nicht deutlich, weil es sich um ein Gebiet handelt, dessen Grenzen nur schwer festzulegen sind, vor allem wenn man den Begriff einer Alkoholepilepsie zu verwenden wünscht.

Historische Entwicklung und Definitionen

Man findet das «übermäßige Weintrinken» als Ursache von epileptischen Anfällen bereits bei Th. Zwingern (1686) ausführlich erwähnt.

M. Neumann (1897) hat den «Beziehungen zwischen Alkoholismus und Epilepsie» eine Monographie gewidmet, welche ausführlich die damals bereits umfangreiche ältere Literatur zitiert.

Kraepelin (1916) unterscheidet von einer Alkoholepilepsie (i. e. Auftreten einzelner epileptischer Anfälle unter der unmittelbaren Einwirkung des Alkohols) unter Berufung auf Bratz (1899) noch die weit häufigere «habituelle Epilepsie der Trinker» (gemeint sind epileptische Anfälle, die sich auch nach vollstädnigem Verzicht auf jeden Alkoholgenuss weiterhin bestehen bleiben).

Immer wieder wurde berechtigte Kritik am Grundbegriff einer Alkoholepilepsie geübt (Bonetti 1962, Wieser 1965, Kryspin-Exner 1966), da es sich nicht um eine Epilepsiekrankheit handele.

Die Verbindung von Alkoholgenuss und epileptischen (Grand mal)Anfällen ist aber offenbar in einem einzigen Begriff nicht hinreichend aufzuzeigen (Wessely et al., 1973). Berton, Fraisse u. Mabin (1967) haben in Fortführung von Kraepelins Umgrenzung fünf Kriterien für die Diagnose einer Alkoholepilepsie aufgestellt: 1) langjähriger Alkoholismus, 2) Auftreten der Anfälle hauptsächlich bei Entziehungsversuchen oder Alkoholexzessen, 3) Zusammenhang mit anderen Entziehungszwischenfällen (z.B. Delirium tremens), 4) gesteigerte Lichtempfindlichkeit bei intermittierender Lichtreizung, 5) Verschwinden der Anfälle durch Entziehung, eventuell mit Normalisierung des EEGs.

Solche Kriterien sind zwar einigermaßen klar, es wird durch sie aber ebenso offensichtlich aus dem Topf der in Zusammenhang mit Alkoholgenuss auftretenden Anfälle eine kleinere Gruppe herausgenommen, auf welche die Kriterien zutreffen. Dagegen kennt der Kliniker andere Fälle, bei denen eine Beziehung zwischen Alkohol und Epilepsie offensichtlich ist und er sich nur fragen muss, welcher Art diese Beziehung ist.

In einer eigenen Untersuchung fielen nur 6 von 39 Fällen einer irgendwie gearteten Alkohol-Epilepsie-Beziehung unter die Kriterien von Berton et al. Versucht man andere Definitionen der Alkoholepilepsie, dann gelangt man zu anderen, ebenso wenig befriedigenden Ergebnissen.

Woraus entsteht das, wie entwickelt sich das?

Es gibt vielfältige Überlegungen zur Pathogenese einer wie auch immer definierten Alkoholepilepsie. Bei Feuerlein (1968) und Kalinowsky (1958) werden epileptische Anfälle unter den Alkoholentzugssyndromen erwähnt. Nach Hubach (1963) erklärt sich die Ätiologie alkoholepileptischer Anfälle daraus, dass Alkohol ein krampfhemmender Stoff ist (als Argument auch bei Kalinowsky (1958) sowie Lereboullet (1968) angeführt). Länger dauernder, regelmäßiger und erheblicher Alkoholgebrauch führt danach zu einer ständigen Senkung der Krampfschwelle. Wird jetzt das Antikonvulsivum Alkohol plötzlich abgesetzt, dann kommt es als Gegenregulation zu einem vorübergehenden Ausschlag des Erregungsniveaus nach der entgegengesetzten Seite mit Erniedrigung der Krampfschwelle und eventuell epileptischen Anfällen. Wichtig sei ein vorhergehender lang andauernder, nahezu konstanter Blutalkoholspiegel. Erschwert wird die Zuordnung alkoholepileptischer Anfälle zu den Entziehungserscheinungen nach Kalinowsky durch die hohe Abbaugeschwindigkeit des Alkohols. So können die Entziehungssymptome schon wenige Stunden nach Abbruch der Alkoholzufuhr, meist jedoch innerhalb der ersten 12 Stunden auftreten. Jedoch halten bekanntlich viele Alkoholiker ihren Alkoholspiegel recht konstant und beginnen bereits am frühen Morgen mit dem Alkoholgenuss oder stehen selbst nachts auf, um sich Alkohol zuzuführen.

Ähnliche Überlegungen knüpfen sich an die Ursache von Anfällen nach starken Alkoholexzessen. Hier wird nach Berton et al. (1967) der Blutalkoholgehalt in der dem Exzess folgenden Zeit relativ verringert, was zu den gleichen, oben beschriebenen, Folgen führen kann.

Andere Autoren vertreten die Ansicht, dass die anfallsfördernde Wirkung des Alkohols mehr sekundärer Natur sei. Lereboullet et al. (1956) messen dem alkoholbedingten Vitamin B6-Mangel große Bedeutung zu. Zum Beweise berichten sie von «amerikanischen Medizinern», die bei Säuglingen, die mit einer pyridoxinarmen Diät ernährt worden seien, abnorm zahlreiche Krampfanfälle festgestellt hätten.

Andere Faktoren, die nach Meinung von Lereboullet et al. (1956) eine pathogenetische Rolle spielen könnten, sind eine Anhäufung gewisser Mengen von Abbauprodukten des Alkohols im Gehirn, eine metabolische Störung oder eine Störung anderer Natur, hervorgerufen durch die chronische Alkoholintoxikation.

Lafon et al. (1956) behaupten, dass die Alkoholepilepsie meist eine *épilepsie lésionelle* infolge einer alkoholbedingten Hirnatrophie sei. Auch nach Lafon verursacht der Alkohol die Atrophie nur sekundär über eine Dysmetabolie und Vitaminkarenz. Hécaen und Ajuriaguerra (1956) wollen damit auch erklären, warum Alkoholepilepsie sich so spät manifestiert.

Die Pathogenese eröffnet somit keine Möglichkeit, alle in Zusammenhang mit Alkohol auftretenden epileptischen Krankheiten unter einem einheitlichen Gesichtspunkt zu sehen. Offensichtlich ist es besser, die doch recht unterschiedlichen Beziehungen zwischen Alkohol und epileptischen Anfällen verschiedenen klinischen Begriffen zuzuordnen, weil sich daraus wichtige therapeutische und prognostische Konsequenzen ableiten lassen.

Alkoholepilepsie (im engsten Sinne oder sensu strictissimo)

Es gibt, wenn auch verhältnismäßig selten, Anfallskranke, bei denen epileptische Anfälle ausschließlich nach Genuss von Alkohol auftreten. Das diagnostische Problem besteht darin, diese klare Beziehung zu erkennen, was gewöhnlich bei der Anamneseerhebung nicht möglich ist, weil sich der Anfallskranke nicht für jeden Tag der vergangenen Zeit an den Alkoholgenuss erinnern kann und von ihm selbst aufgestellte Regeln über entsprechende Zusammenhänge sich bei einer konsequenten Kontrolle gewöhnlich nicht bestätigen lassen. In solchen Fällen bleibt nichts anderes übrig, als über eine hinreichend lange Zeit jeden, auch noch so geringen Alkoholgenuss nach Art und Umfang sowie gleichzeitig alle epileptischen Anfälle zu registrieren. Sofern Anfälle nur relativ selten auftreten, kann diese Registrierung mehrere Jahre in Anspruch nehmen. Dann kann das Bild aber doch klar werden. Die Anfälle treten nicht im Anfluten des Alkohols auf, sondern praktisch ausschließlich in der Zeit des sinkenden Alkoholspiegels. Einen enechetischen Charakter haben wir bei solchen Patienten nicht gesehen. Die therapeutischen Konsequenzen aus einer solchen Gesetzmäßigkeit zwischen Alkoholeinnahme und dem Auftreten von Anfällen sind leicht abzuleiten. Sofern sich der echte Alkoholepileptiker an ein absolutes Alkoholverbot hält, braucht er Anfälle nicht zu befürchten. Es ist ebenfalls nicht erforderlich, ein Antikonvulsivum zu verordnen.

Neumann (1897) kannte bereits eine Alkoholepilepsie sensu stricto, nämlich «die durch habituellen Alkoholismus erzeugte Epilepsie [, die] meist nach dem 30. Lebensjahre auf[tritt], in der großen Mehrzahl der Fälle im Anschluss an ein Delirium tremens» und sieht im Anschluss an Drouet (1875) eine Steigerungsreihe. Im Anfang tritt ein Anfall nur nach Alkoholexzess auf, dann auch nach mäßigem Alkoholgenuss und schließlich unabhängig von jedem Alkoholgenuss.

Epileptiker-Alkoholiker (Trinkender Epileptiker oder Epilepticus potans)

In manchen Fällen setzt der Alkoholismus erst lange nach Manifestwerden der Epilepsie ein und verschlimmert durch seine eigenen Erscheinungen und Folgen das schon bestehende Krankheitsbild erheblich (in eigenen Untersuchungen 2 von 39 Fällen). Wartmann (1897) hatte dies in einer Dissertation einerseits darauf zurückgeführt, dass Epileptiker häufig die Nachkommen von Trinkern seien (Degenerationstheorie), andererseits aber die soziale Benachteiligung der Anfallskranken zur Erklärung herangezogen. Es ist allgemein anerkannt, dass viele Epileptiker aus Gründen ihrer Verstimmungen, ihrer misslichen sozialen Situation, Enttäuschung über mangelhafte Lebenschancen oder aus Haltlosigkeit zu übermäßigem Alkoholgenuss neigen, der schließlich in einen Alkoholismus münden kann. Man erfährt dann, dass es ganz besonders nach Alkoholexzessen zur Anfallshäufung kommt. An ein Alkoholverbot halten sich solche Patienten nicht. Es sind offenbar diese trinkenden Epileptiker, welche die allgemeine Vorstellung von Alkoholismus und Epilepsie am stärksten prägen, insbesondere wenn das Auftreten eines Anfalles in Zusammenhang mit Alkoholgenuss beobachtet werden kann (schon bei Raab, 1882).

Die therapeutische Konsequenz kann eigentlich nur sein, das Leiden wie einen normalen Alkoholismus durch Entgiftung, Entwöhnung und Umstrukturieren der zum Alkoholismus führenden Lebenssituation zu behandeln. Sofern dies gelingt, ist das Anfallsleiden ebenfalls nach den üblichen Regeln zu behandeln.

Alkoholiker-Epileptiker (Epilepsia potatorum)

Epilepsie kann eine Komplikation des Alkoholismus darstellen, wofür Huss (1852) bereits den Begriff der «Epilepsia potatorum» (Epilepsie der Trinker) prägte. Nach langjährigem Alkoholismus können epileptische Anfälle als offensichtliche Folge des Alkoholismus hinzutreten. Allerdings ist der Alkoholismus wahrscheinlich nicht die alleinige Ursache, denn frühkindliche Hirnschädigung, Hirntraumen, Hirnatrophie und anderes finden sich nach eigenen Ermittlungen (in etwa 80% der Fälle) wie es auch nach Angaben der

Literatur (Lafon et al., 1956) sehr viel häufiger als der statistischen Erwartung entsprechen würde. In solchen Fällen ist nicht mehr hinreichend damit zu rechnen, dass bei Beendigung des Alkoholismus auch die Anfälle wie auch das ganze Anfallsleiden aufhören. Bratz (1899) und Kraepelin (1916) hatten für solche Fällen den Ausdruck einer «habituellen Epilepsie der Trinker» reserviert. Trotz der unerfreulichen Aussicht auf Fortsetzung der Anfälle auch nach Entzug kann die ärztliche Konsequenz nur sein, den Versuch der Alkoholentwöhnung vorzunehmen und das Anfallsleiden danach nach den allgemeinen Regeln zu behandeln. Ärztlich sehr unbefriedigend und in Einzelfällen sogar gefährlich ist es, zum fortgesetzten Alkoholismus zusätzlich Antikonvulsiva zu verordnen. Gewöhnlich ist dann beides unregelmäßig. Zum unregelmäßigen Alkoholgenuss kommt die inkonsequente Einnahme von Antikonvulsiva, deren plötzliches Weglassen Anfälle oder Anfallsserien provozieren kann.

Gefahrlos Alkohol genießende Epileptiker

Der Alkoholgenuss muss offenbar keineswegs zwangsläufig einen negativen Einfluss auf die Häufigkeit epileptischer Anfälle und den allgemeinen Verlauf des Anfallsleidens haben. Von Anfallskranken wie auch von Angehörigen wird häufig berichtet, dass sie keinen Einfluss des Alkoholgenusses auf das Anfallsleiden bemerken. Bei den eigenen Familienuntersuchungen haben wir gesehen, dass dies sogar am häufigsten so gesehen wird. Auch in solchen Fällen hilft nur die Langzeitregistrierung von Alkoholgenuss und Anfällen. Wenn diese das Fehlen eines Zusammenhanges bestätigt, ist ein absolutes Alkoholverbot nicht mehr sinnvoll, denn es würde den Alkoholkranken eines Genussmittels berauben, dessen sich in maßvoller Weise in unserer Kultur fast jeder erwachsene Mensch erfreut. Aus einem Alkoholverzicht könnten keine erkennbaren Vorteile gezogen werden. Selbst wenn man noch einen vielleicht nicht erkennbaren negativen Einfluss auf das Anfallsleiden vermutet, steht der zu erwartende Gewinn in keinem sinnvollen Verhältnis zur Größe des Verzichtes, welcher die Nichtteilnahme an einem wesentlichen Teil der Kultur bedeutet. Schließlich leidet auch die Autorität des Arztes, wenn seine strikten Warnungen vor Alkoholgenuss und seinen Folgen in der Selbstbeobachtung der Patienten und ihrer Familien keine Bestätigung finden. Auch in solchen Fällen wird der Arzt selbstverständlich auf Mäßigkeit dringen, aber nicht in höherem Maße als für andere Patienten auch.

Alkohologene Gelegenheitsanfälle

Bereits im normalen Leben kann es nach Alkoholgenuss oder nach einem gelegentlichen Alkoholexzess zu vereinzelten oder einmaligen Grand mal-Anfällen kommen. Zunächst einmal muss sich daraus der Verdacht ergeben, dass ein solches Ereignis den Beginn eines Anfallsleidens markiert. Dies braucht sich jedoch bei genauerer Untersuchung und Verlaufsbeobachtung keineswegs zu bestätigen. Die von Wessely et al. (1973) dafür gebrauchte Bezeichnung eines «Deliräquivalents» halten wir dagegen nicht für nützlich, weil die Frage, ob etwa durch das Auftreten eines epileptischen Anfalles in der Entgiftungsphase ein Delirium tremens verhindert worden wäre, stets offen bleiben muss. Außer den epileptischen Gelegenheitsanfällen nach Alkoholexzess gibt es solche in größerer Zahl beim Delirium tremens.

Delir-Grand mal

Das Auftreten von Grand mal-Anfällen im Beginn oder seltener im Verlauf eines Delirium tremens ist eine bekannte Erscheinung. Bereits sehr frühe Arbeiten über das Alkoholdelir hielten diese Beobachtungen als feststehende Tatsache fest (Lind, 1822; Barkhausen, 1828). Prospektive und retrospektive Untersuchungen an Patienten der eigenen Klinik ergaben, dass in 124 von 483 Alkoholdelir-Fällen (25,7%) mindestens ein Delir-Grand mal auftrat (Reimers, 1981). Bei 10.969 in der Literatur mitgeteilten Delirfällen trat 1.735 Mal ein Anfall auf (15,8%) (Reimers, 1981). Weder bei Krankengeschichten, noch bei publizierten Delirfällen kann man indes sicher sein, dass jeder Anfall verzeichnet wurde, so dass gleichbleibend seit dem 19. Jahrhundert in etwa 20% der Delirfälle mit einem Anfall zu rechnen ist. Die zeitliche Verteilung stellte sich bei 280 eigenen Delirien folgendermaßen dar: wenige bis maximal 6 Tage vor Manifestwerden des Delirs 30,4%, zu Beginn des sich manifestierenden Delirs 13,2%, während des Delirs 1,4%, Mehrfachanfälle vor, während und nach dem Delir 2%.

Aus dem Delir-Grand mal entwickelt sich normalerweise keine dauerhafte Epilepsie, weder hinsichtlich der Anfälle noch hinsichtlich aller psychischen Begleiterscheinungen. Dagegen wiederholen sich derartige Anfälle bei einem eventuell später erneut auftretenden Delirium tremens mit großer Regelmäßigkeit.

Forensische Psychiatrie der Epilepsie

Zur Einleitung Historisches

Die forensisch-psychiatrische Diskussion um Kriminalität und Schuldfähigkeit von Epileptikern hat vor allem im 19. Jahrhundert, aber auch schon davor einen breiten Raum in der psychiatrischen Diskussion eingenommen. Dies ergab sich aus den umfangreicheren Erfahrungen der damaligen Psychiater mit Epilepsie einerseits und aus den zeitgebundenen Vorstellungen zur Epilepsie andererseits.

In der psychiatrisch-literarischen Diskussion der damaligen Zeit geht es zumeist um das Begehen von Gewalttaten in Dämmerzuständen oder in einem Zustande der explosiven Reizbarkeit. Die Berichte erlauben aber vom heutigen Kenntnisstand aus zumeist noch nicht einmal die sichere Diagnose einer Epilepsie und oft auch nicht die eines Dämmerzustandes.

Darüber hinaus sind selbst die in einzelnen Fällen mitgegebenen Biographien nicht unter psychodynamischen Gesichtspunkten verfasst oder heute lesbar, so dass man nur eine unklare Vorstellung etwaiger, nicht mit der Epilepsie zusammenhängender Motivationen zur Tat bekommt.

Schließlich spielte gerade in diese Fragen das Problem der nichtkonvulsiven Epilepsie hinein, insbesondere wenn ein *Furor epilepticus* als Ursache der Tat angesehen wurde. Wir haben im Zusammenhang der larvierten Epilepsie den Fall des Grafen Chorinsky erwähnt, dessen Mordtat im Zustande einer colère épileptique Gegenstand einer Monographie (Hagen, 1872) und mehrerer Diskussionen in der Société médicopsychologique in Paris geworden war. An dieser Stelle muss nur interessieren, dass er auf Vorschlag der französischen Psychiater wegen Epilepsie exkulpiert worden ist, vom heutigen Standpunkt aus sicher fälschlicherweise, weil auch in

243

seinem späteren Leben nie ein epileptischer Anfall aufgetreten ist. Aus all solchen Gründen sind die zahlreichen in der alten Literatur mitgeteilten Fälle für gegenwärtige Fragen nicht sehr lehrreich, so dass über sie hier nicht berichtet wird.

Die statistische Häufigkeit der von Epileptikern begangenen Delikte entspricht jedenfalls nicht der Bedeutung, welche sie in der psychiatrischen Literatur erlangten. Die alten Kasuistiken lassen erkennen, dass wie bei Schizophrenen die Unberechenbarkeit der Gewaltdelikte teilweise das Motiv für ihre ausführliche Darstellung ist. In der alten Hand- und Lehrbuchliteratur (z. B. Esquirol, 1815; Binswanger, 1899; Gruhle, 1930; Stauder, 1938) hat sich jedenfalls die feste Lehrmeinung gebildet, dass bei Epileptikern allgemein eine erhöhte Kriminalität besteht, insbesondere sollen sie danach zu schweren Affekttaten neigen. Als Beispiel soll hier nur eine Formulierung von Esquirol (1815) zitiert werden, weil sie in aller Kürze einerseits die Lehrmeinung des vorausgegangenen 18. Jahrhunderts und seine eigene Erfahrung mit den 289 Epileptikern der Salpêtrière zum Zeitpunkt der Niederschrift zusammenfasst und sich die Tradition später wiederum auf Esquirol berufen hat.

> Dans quelques cas les accès d'épilepsie sont suivis ou accompagnés de la fureur la plus aveugle: ce sont les maniaques les plus dangereux. (In einigen Fällen folgt eine in höchstem Maße blindwütige Tobsucht den epileptischen Anfällen oder begleitet sie: unter den erregten Geisteskranken sind dann [die Epileptiker] die gefährlichsten) (Esquirol, 1915, S. 515).

Die übertriebene forensisch-psychiatrische Beachtung der Epilepsie der älteren Psychiatrie ist aber gegenwärtig sicherlich ebenso übertrieben in ihr Gegenteil umgeschlagen. Dies ergibt sich schon aus Stellungnahmen führender forensischer Psychiater. Witter schreibt,

> dass die Kranken außerhalb der Anfälle in den meisten Fällen ohne wesentliche psychische Störungen sind. Sofern psychische Störungen überhaupt auftreten, handelt es sich meist nur um episodische Verstimmungszustände nach Art der «Untergrundreaktionen» und um leichte Persönlichkeitsveränderungen (Witter, 1972, S. 489).

Mit «Untergrundreaktionen» sind offenbar in Analogie zu Kurt Schneiders «Untergrunddepression» Verstimmungen gemeint, die aus einem hypostasierten seelischen «Untergrund» aufsteigen. Analog dazu heißt es bei Rasch,

dass die Epilepsie in erster Linie nicht als eine psychische Erkrankung anzusehen ist (Rasch, 1986, S. 183).

Hinzu kommt, dass die Epileptiker selbst vor Gericht häufig ihr Anfallsleiden verschweigen, wobei an dieser Stelle nicht über die Gründe spekuliert zu werden braucht. Dementsprechend werden viele straffällig gewordene Epileptiker verurteilt, ohne dass ein Sachverständiger zu Rate gezogen worden wäre. Die Erfahrung und damit die Kompetenz der forensischen Psychiater bei der Beurteilung von Epileptikern läßt nach. Das führt wiederum zu einer unsichereren Beurteilung, aber auch zu den eben Erwähnten Meinungen. Daher ist, auch bei Hinzuziehung eines Sachverständigen damit zu rechnen, dass seine Beurteilung nicht hinreichend sachverständig ist. Die Tatsache, dass Epileptiker im Maßregelvollzug seltener zu finden sind als in anderen psychiatrischen Institutionen wird wiederum als Beweis für die forensisch-psychiatrische Bedeutungslosigkeit der Epilepsie gesehen, der Kausalnexus wird also umgekehrt.

Demgegenüber muss hier die Meinung vertreten werden, dass die Frage der Schuldfähigkeit in jedem Einzelfalle erst zu prüfen ist. Bei sorgfältiger Untersuchung und Erhebung der Anamnese wird man kaum einen Anfallskranken ohne psychische Veränderungen finden. Wie schon gezeigt wurde, können die sozialen Auswirkungen bereits erheblich sein, obwohl bei einer kurzen Untersuchung nicht ohne weiteres etwas zu bemerken ist. Bei der Frage nach der Schuldfähigkeit ist zu berücksichtigen, ob ein epileptischer Charakter besteht, welcher Art dieser ist, wie dieser das Leben beeinflusst und/oder zum Zeitpunkt der Tat einer der relativ zahlreichen epileptischen Sonderzustände bestand. Auch ist der Charakter der strafbaren Handlung zu berücksichtigen und zu den epileptisch-psychischen Veränderungen in Beziehung zu setzen. Um nicht missverstanden zu werden, wir plädieren keinesfalls für eine pauschale Exkulpierung von Epileptikern, sondern fordern lediglich die sorgfältige, auf Kenntnisse und Erfahrung begründete Untersuchung und Beurteilung.

Häufigkeit der Epilepsie bei Rechtsbrechern

Die einfache epidemiologische Frage nach der Häufigkeit von Delikten unter Epileptikern ist leider nicht so leicht empirisch zu beantworten. Die ältere Literatur aller Länder (Samt, 1875; Lombroso, 1889; Binswanger, 1899; Spratling, 1902; Goring, 1913; Kraepelin, 1919; Sullivan, 1924; Gruhle, 1930; Stauder, 1938 u.a.) war immer davon ausgegangen, dass strafbare Handlungen von Epileptikern häufiger begangen werden als ihrem Anteil an der Bevölkerung entspricht. Als besondere epileptische Verbrechen galten in dieser, allerdings nicht auf statistischen Erhebungen beruhenden Literatur Sittlichkeitsdelikte, Brandstiftungen und die erwähnten sinnlosen Gewaltakte.

Alström (1950) hatte dagegen für Schweden, Juul-Jensen (1964) für Dänemark eine nur wenig vom Bevölkerungsdurchschnitt abweichende Kriminalität unter Epileptikern festgestellt, sofern die Epilepsie als Anfallsleiden und als psychische Epilepsie nicht sehr ausgeprägt ist. Methodische Schwierigkeiten engen aber den Wert dieser Feststellungen wie auch aller anderen ein. Alström untersuchte die Kriminalität von 345 Epileptikern an Hand von Strafregisterauszügen. Aus seiner Darstellung geht lediglich hervor, dass es sich um männliche Epileptiker über 25 Jahre handelt. Größe und Auswahlkriterium der Vergleichsgruppe werden nicht genannt. Alström hat lediglich Prozentsätze angegeben und statistische Vergleiche nicht vorgenommen.

Die eigenen Erfahrungen beziehen sich auf eine Gruppe von 318 unausgewählten Anfallskranken (237 männlich, 81 weiblich), zu denen die Strafregisterauszüge herangezogen werden konnten, jedoch nur unvollständig andere Unterlagen (Hornek, 1969). Gegenüber der regionalen Durchschnittskriminalität von 2,31% für Männer und 0,25% für Frauen ergaben sich signifikant höhere Strafregistereinträge mit 18,1% für männliche und 7,4% für weibliche Patienten. 49 von 318 Anfallskranken waren für insgesamt 145 Straftaten bestraft worden, davon 25 (51%) für ein Delikt, 10 für 2-3 Delikte, 14 für 4 und mehr Delikte. Es handelte sich vor allem um Eigentumsdelikte und Körperverletzung. Dagegen war der Anteil an Verkehrsdelikten geringer als beim Durchschnitt.

Aus den beigezogenen Unterlagen geht nicht in jedem Falle hervor, ob das Anfallsleiden unmittelbar oder mittelbar zu der Delinquenz geführt hat oder ob das Anfallsleiden dazu geführt hat, dass die Kranken in delinquente Randgruppen abgedrängt wurden. Eine Einsicht in die Strafakten war aus rechtlichen Gründen wie auch wegen der großen Zahl nicht gestattet worden. Offenbar war nur in den wenigsten Fällen ein forensisch-psychiatrisches Gutachten erstattet worden.

In 16 Fällen, deren Unterlagen eingesehen werden konnte, fand das Anfallsleiden im Urteil keine Erwähnung. In 20 weiteren Fällen wurde das Anfallsleiden erwähnt, jedoch wurden daraus keine Schlüsse auf eine fragliche Schuldfähigkeit gezogen. Die Anfallskranken wurden vielmehr wie Gesunde verurteilt. Bei psychomotorischer Epilepsie war die Straffälligkeit größer als bei Grand mal-Epilepsie.

Straftaten im Dämmerzustand wurden in dieser Gruppe zwei Mal erörtert, jedoch läßt sich ein Dämmerzustand nach den mitgeteilten Beobachtungen nicht bestätigen. In einem der beiden Fälle hat der Sachverständige offenbar unter der Bezeichnung Dämmerzustand eine psychische Epilepsie als gegeben angesehen.

Beispiel aus der Erfahrung:

Eine 30jährige Arbeiterin hatte nie Anfälle gehabt. Im EEG hatten sich lediglich unter Provokation Krampfpotentiale gezeigt. Diese führten zusammen mit einer beobachteten «allgemeinen Verlangsamung, fast stuporösen Verarmung, deutlich aggressiv gehemmt» zur Annahme einer «latenten Epilepsie». Die Frau wurde neun Mal wegen Widerstand, Körperverletzung und Sachbeschädigung bestraft. Sie schlug zehn Feuermelder ein, gewöhnlich unter Alkoholeinfluss. Bei Festnahmen kam es jedes Mal zu Schlägereien, und es waren mehrere Beamte nötig, um sie zu bändigen. In der Haft steckte sie ihre Zelle in Brand, demolierte die Einrichtung und beschmierte die Wände mit Blut aus selbst beigebrachten Wunden. Der Sachverständige nahm wegen epileptischer Dämmerzustände Schuldunfähigkeit an, was zur Unterbringung wegen der Gefahr weiterer Straftaten führte.

Auch Ritzel und Ritter (1972) haben bei 546 Anfallskranken der Göttinger Universitätskliniken nach Einsichtnahme in die Strafregisterauszüge ganz ähnliche Verhältnisse gefunden. Sie fanden bei Anfallskranken eine Verurteilungsquote, die 1½ Mal über dem Bevölkerungsdurchschnitt lag, was hauptsächlich die wesensveränderten Anfallskranken betraf. In dieser Untersuchung waren ebenfalls die Verkehrsdelikte seltener als dem Durchschnitt entsprochen hätte. Auch Ritzel und Ritter beklagen, dass nur selten die Schuldfähigkeit untersucht oder verminderte oder aufgehobene Schuldfähigkeit angenommen wird (in ihrem Material nur bei 7 Fällen).

Groß und Kaltenbäck (1975) schließlich haben in Österreich 465 eigene gerichtliche Gutachten mit nicht fahrlässigen Tötungs- und Verletzungsdelikten darauf durchgesehen, wie viele Epileptiker sich unter ihnen befanden. Sie fanden eine Zahl, die der Durchschnittserwartung entspricht und ziehen daraus den wahrscheinlich falschen Schluss, dass «dass zwischen Epilepsie und deliktischem Fremdaggressivverhalten keine besondere Beziehung besteht». Die Autoren sind bei ihren Berechnungen von der wahrscheinlich auch für Österreich unzutreffenden Hypothese ausgegangen, dass bei allen Delinquenten das Anfallsleiden erkannt wird und dass jedes Anfallsleiden zur Begutachtung führt.

Aus den meisten der genannten Untersuchungen ergibt sich immerhin, dass sich in den Haftanstalten jeweils eine Anzahl von Epileptikern befinden müssen, ohne dass etwas darüber bekannt ist.

Epileptiker im Gefängnis

Einen anderen Weg zur Ermittlung der Kriminalität von Epileptikern schlug Gunn (1969, 1977) ein, indem er im Herbst 1966 an alle 101 englischen Gefängnisse und Untersuchungshaftanstalten Fragebögen verschickte, welche von den Gefängnisärzten auszufüllen waren. Durch telefonische Nachfragen wurde die Responsequote auf nahezu 100% gebracht. Auf diese Weise wurden in den englischen Gefängnissen 271 Epileptiker ermittelt, davon die Hälfte unter 25 Jahren, während auf anderem Wege die Gesamtpopulation mit 30.705 Gefängnisinsassen ermittelt wurde. Die ermittelten Zahlen Gunns entsprechen einer Morbiditätsrate an Epilepsie in englischen Gefängnissen von 8,7/1000. Da in der Bevölkerung mit einer Morbiditätsrate von 5-6/1000 gerechnet wird, lag der ermittelte Wert darüber.

Als methodischer Einwand läßt sich jedoch einwenden, dass durch die Mitwirkung der Gefängnisärzte Verzerrungen entstehen müssen. Es konnten nur Epileptiker erfasst werden, die ihnen als solche bekannt geworden waren. Zwar hat Gunn noch selbst zusammen mit G. Fenton (1969) in einer späteren Untersuchung die diagnostische Klassifizierung der Gefängnisärzte in 30 Gefängnissen mit ihrer eigenen verglichen und trotz teilweise veränderter Beurteilung im Ganzen eine unveränderte Prävalenz gefunden. Diese zu einem späteren Zeitpunkt an einer anderen Population gemachten Erfahrungen können den primären Selektionsfehler aber nicht voll ausgleichen.

Eine eigene Untersuchung zum Thema

In einer eigenen Untersuchung sind wir den von Gunn aufgezeichneten Weg konsequent weitergegangen und haben uns bemüht, alle innerhalb eines engen Zeitraums in den Gefängnissen und Untersuchungshaftanstalten einsitzenden Epileptiker zu erfassen (Peters und Gross, 1973). Zu diesem Zweck wurden in den Haftanstalten Schleswig-Holsteins 1208 Gefangene persönlich untersucht. Neben anderen Vorteilen ergab sich dadurch die Möglichkeit, zu den herausgefundenen Epileptikern die übrige Gefängnispopulation als Vergleichsgruppe zu verwenden. Für jeden Gefangenen wurden durchschnittlich 15 Minuten verwendet, für die verdächtigen Fälle selbstverständlich erheblich mehr. Ferner wurden alle erreichbaren Krankenblattunterlagen und zu den ermittelten Anfallskranken auch die Gerichtsakten beigezogen. Leider konnte uns nicht ermöglicht werden, gleichzeitig EEG-Studien zu betreiben. Das Untersuchungsverfahren gestattete somit die Erfassung von Anfallskranken, welche den Gefängnisärzten nicht bekannt waren. Da sich die Diagnose auf anamnestische Angaben stützen mußte, kann nicht ausgeschlossen werden, dass Anfallskranke auch unter diesen Umständen ihr Anfallsleiden verschwiegen haben.

Unter den 1208 Anstaltsinsassen konnten 15 Anfallskranke ermittelt werden (2,4‰). Die absolute Zahl der Anstaltsinsassen mit epileptischen Anfällen lag mit 12,4/1000 deutlich über der allgemein als Durchschnitt angenommenen Morbidität von 5-6‰ und noch deutlich über der von Gunn ermittelten Morbiditätsrate von 8,7‰. Von den 15 Epileptikern waren nur 7 den Anstaltsärzten als solche bekannt. Die anderen 8 waren unbekannt und dementsprechend unbehandelt. Der Grund dafür ist einerseits in einer Dissimulationstendenz der Anfallskranken selbst zu suchen. Obwohl sie innerhalb des Gefängnismilieus Vorteile erhoffen können, ziehen es einige Anfallskranke vor, darauf zu verzichten und dafür den Makel des Epileptikers zu vermeiden. Dies war aber nicht der einzige Grund. Bei anderen bestand einfach eine Diskrepanz zwischen ihren Vorstellungen von Epilepsie oder Anfällen und dem, was sie an sich selbst erlebten, d. h. sie hielten sich trotz ihrer Anfälle nicht für Epileptiker, weil mit Epilepsie im Wesentlichen die Vorstellungen des Grand mal-Anfalls und einer Verblödung verbunden wurde wie dies dem allgemeinen Vorurteil entspricht. Es ist daraus ein allgemeiner Hinweis auf eine große Dunkelziffer zur Morbidität der Epilepsie abzuleiten. Wieder andere hatten wohl von ihren Anfällen berichtet, wurden aber sowohl von ihren Schicksalsgenossen wie auch vom Anstaltspersonal und den epileptologisch ausnahmslos unerfahrenen Anstaltsärzten als Spinner und Simulanten angesehen, wohl wiederum hauptsächlich deshalb, weil der bei ihnen zu beobachtende Anfallstyp nicht dem vom Grand mal geprägten Typ des Epilepsieanfalls entspricht.

Insgesamt führen alle Untersuchungen zu dem Ergebnis, dass Anfallskrankheiten in den Haftanstalten häufig unentdeckt bleiben und dass die Anfallskranken sowohl hinsichtlich der Behandlung der Anfälle wie auch der Behandlung ihrer psychischen Störungen schlecht versorgt sind, was auch Ritzel und Ritter (1972) ausdrücklich beklagen. Die nachteilige soziale Randsituation, die schon in der offenen Gesellschaft zu beobachten ist, setzt sich somit unter den Bedingungen der Haft fort.

Straftaten in der präparoxysmalen und postparoxysmalen Anfallsphase

Die präparoxysmale und die postparoxysmale Phase eines Anfalls können beide zu strafbaren Handlungen führen, vor allem zu solchen, die mit der explosiven Reizbarkeit in dieser Phase in Zusammenhang gebracht werden können. Bei einem von Rabending (1961) mitgeteilten Fall eines 19jährigen Mannes werden solche Zusammenhänge hergestellt. Einmal trat 2 Stunden nach einer Schlägerei ein Grand Mal-Anfall auf; ein anderes Mal malte der Kranke ein Hakenkreuz an eine Wand und sagte etwas von «Mussolini» dazu, worauf etwas später eine Dämmerattacke folgte. Rabending betont, dass keine Amnesie bestand, dass aber doch die präparoxystische Phase, in der die psychische Symptomatik verstärkt auftrete, von kausaler Bedeutung für die inkriminierten Handlungen sei.

Straftaten in der Paroxysmalen Anfallsphase – Psychomotorische Anfälle

Als einziger Anfallsform kommt den psychomotorischen Anfällen selbst eine gewisse forensisch-psychiatrische Bedeutung zu. Zwar handelt es sich nur um seltene Fälle, aber gerade deshalb ist es wichtig, die Besonderheiten zu kennen. Schulte (1957) hatte bereits über den Fall eines Maschinenbaumeisters mit einer posttraumatischen Epilepsie berichtet, der wegen sexuell motivierter Handlungen an Personen unter 14 Jahren unter Anklage stand. Eines der Kinder erklärte, der Täter habe vorher «so komisch» die Hände geballt und damit etwas geschlagen, er habe erst nicht sprechen können und dann erklärt, er habe einen Krampf in den Händen. Nach dem Anfall kam es dann, es wird nicht genau geschildert, in welcher Phase, zu einer postparoxysmalen sexuellen Enthemmung.

J. E. Meyer hatte über einen 52jährigen Mann berichtet, der während einer Dämmerattacke eine andere Person geohrfeigt hatte und sonst nicht gerichtlich in Erscheinung getreten war.

In einer kurzen Mitteilung hat Stevenson (1963) über einen 51jährigen, sonst unbescholtenen Temporallappenepileptiker berichtet, der zunächst bei einer Gesellschaft einige Gläser eines alkoholischen Getränkes zu sich nahm und kurz darauf offenbar in einem längerdauernden Dämmerzustand innerhalb ganz kurzer Zeit die Schaufenster von 2 Juweliergeschäften aufbrach und mehrere Artikel herausnahm, die er auf den Rücksitz seines Wagens legte.

Beispiel aus der Erfahrung:
Wir haben einen Mann beobachtet, der wegen eines versuchten Bankeinbruchs angeklagt war, an den er nachher keinerlei Erinnerung mehr besaß (Peters, 1968). Diagnostik und forensisch-psychiatrische Beurteilung waren dadurch erleichtert worden, dass Anfallsleiden und Verhalten des Patienten während und nach psychomotorischen Anfällen bereits vorher eingehend klinisch beobachtet und dokumentiert worden waren, so dass sich das Problem

der Simulation kaum stellte. Es handelt sich zugleich um den Fall eines Mooreschen Syndroms. Wegen einiger Besonderheiten soll dieser Fall hier ausführlicher geschildert werden.

Der 25jährige Landarbeiter Karl D. war das 12. von 15 Kindern eines Kraftfahrers. Ebenso wie seine Geschwister hatte er keinen Beruf erlernt, war im Vergleich zu den Geschwistern aber der schlechteste Schüler gewesen und mußte in der zweiklassigen Dorfschule dreimal eine Klasse wiederholen. Später war er Landarbeiter geworden und hatte ständig die Stellen gewechselt, weil er sich leicht zurückgesetzt fühlte und Streit bekam. Im 18. Lebensjahr setzten abdominelle Krisen ein mit heftigen Schmerzen unterhalb des Nabels und einem Gefühl, «als ob sich etwas dreht», das dann den ganzen Rumpf hinaufsteige. Die Dauer schwankte zwischen Minuten und Tagen. Gewöhnlich trat anschließend ein wasserdünner Stuhlgang auf, dem nach 2 Tagen eine passagere Verstopfung folgte. Die Krisen führten acht Mal zur Aufnahme in Allgemeinkrankenhäuser, wobei die ersten drei Male unter der Annahme einer Appendizitis oder eines Ileus laparotomiert wurde. Bei der Operation wurde aber jeweils nur ein vermehrtes klares Exsudat bei etwas geblähten Darmschlingen vor allem des Ileum gefunden. Der operativ entfernte Wurmfortsatz wies keinerlei Organveränderungen auf (Mooeresches Syndrom).

Die ersten typischen psychomotorischen Anfälle sind offenbar im 23. Lebensjahr aufgetreten. D. berichtete von einem plötzlich einsetzenden «seltsamen Gefühl» mit Bewusstseinslücke. In einem solchen Zustande war er schon mit einem Traktor gegen einen Baum gefahren und hatte sich ein anderes Mal mit der Kreissäge den Daumen abgeschnitten, ohne dass von ihm selbst oder von anderen an Anfälle gedacht worden war. Bei einem späteren Klinikaufenthalt wurde eine Reihe von typischen psychomotorischen Anfällen mit vegetativen Symptomen (Schweißausbruch, Blaswerden, dann Rotwerden) und kurzen motorischen Automatismen (Schmatzen, Bewegungen des Radfahrens, Wischbewegungen, Pendeln mit dem Oberkörper, Laufen einiger Schritte), seltener auch mit einer tonischen Starre am Ende des Anfalles beobachtet. Manchmal kam es zu längerdauernden Handlungen, die teils sinnvollen, teils sinnlosen Charakter trugen. Die Dauer der Anfälle betrug 2-15 Minuten. Gelegentlich blieb D. voll ansprechbar, immer hatte er eine fast vollständige Amnesie. Auch in der Klinik kam es im Anfall, der dann meist alsbald nach dem Einschlafen aufgetreten war, mehrfach zu aggressiven Handlungen. So stand er z. B. einmal aus seinem Bett auf und schlug mehrfach auf die Hand eines neben ihm liegenden unruhigen Patienten ein, wobei er sehr aufgeregt schien und wiederholt sagte: «Lass mich zufrieden, ich will nach Hause.» Nicht nur der einzelne Anfall, sondern auch eine ganze Anfallsserie von 10-12 Anfällen erschien durch emotionale Momente beeinflussbar. So trat eine Serie von Anfällen auf, als ihm im Kreise zahlreicher Mithörer von einem Freunde der Familie gesagt worden war, sein Vater halte ihn für verrückt, weil er in der Nervenklinik gewesen sei, was ihn sehr erregte. Im EEG fand sich ein inkonstanter Herdbefund über der vorderen Temporalregion rechts.

Die inkriminierte Handlung fand 5 Monate nach der letzten Klinikentlassung statt. D. hatte wegen seiner Verlobung leichtsinnige Einkäufe gemacht und außer Möbeln ein teures Mixgerät auf Abzahlung gekauft, obwohl für den zu gründenden Hausstand weit wichtigere Dinge fehlten. Die häufig eintreffenden Mahnungen drückten ihn sehr. An einem Abend war er ins Kino gegangen, wo er einen Kriegsfilm sah. Anschließend trank er in einer Gastwirtschaft ½ L Bier, ging nach Hause und legte sich ins Bett. Hier setzt seine eigene Erinnerung aus. Der Zimmernachbar hörte, wie er nach etwa einer Stunde wieder aufstand und laut schmatzte. Er meinte, D. habe noch etwas gegessen. D. zog sich seinen Sonntagsanzug (!) an, ging zu der wenige Fußminuten entfernten Dorfsparkasse, hob dort einen Straßenstein auf und warf damit die große Ladenscheibe der Kasse ein. Durch das Klirren wurde der Sparkassenleiter aufmerksam, der noch nicht im Bett war und dessen unmittelbar neben den Sparkassenräumen befindliche Wohnungsfenster hell erleuchtet waren. Als der Sparkassenleiter auf die Straße kam, war D. gerade dabei, das Loch in der Scheibe durch Herausnehmen von großen Glassplittern zu erweitern. Hier gibt es eine dunkle Erinnerungsinsel bei D. Jemand habe ihn angebrüllt: «Was machen Sie denn da!»; und er solle nicht so tun, als ob er betrunken sei. D. kontaminiert dabei aber 2 Erinnerungen, denn dieser Satz wurde von einem der später eingetroffenen Polizeibeamten gesprochen. Zunächst hielt der Sparkassenleiter D. fest, was, nach seiner späteren Aussage vor Gericht, sehr leicht möglich war, obwohl D. immer wieder Anstalten machte, nach Hause zu gehen. Die Ehefrau des Sparkassenleiters hatte inzwischen die Polizei angerufen, die in Minutenfrist zur Stelle war (Banküberfall!). Die Polizeibeamten berichteten vor Gericht, D. habe «den Betrunkenen markiert», obwohl er nicht nach Alkohol gerochen habe; mit den Armen habe er rudernde Bewegungen gemacht, sei unsicher auf den Beinen gewesen und habe auch noch im Polizeiwagen gesagt, er müsse nach Hause, obwohl er bereits Handschellen an den Händen hatte. D. selbst erinnert sich nur an die Handschellen. Auf dem Wege zur Kriminalwache war er stumm, anschließend aber voll orientiert und gab sofort an, dass er sich nicht erinnern könne. Er wurde für mehrere Monate in Untersuchungshaft genommen. Obwohl in der Hauptverhandlung wegen Schuldunfähigkeit kein Schuldspruch gefällt wurde, ging D. von sich aus später zur Sparkasse, entschuldigte sich und ersetzte unaufgefordert den von ihm angerichteten Schaden.

Eines der Probleme vor Gericht war, dass das Gericht schwer von der Epilepsie zu überzeugen war, weil keine «richtigen» epileptischen Anfälle (gemeint: Grand mal) bekannt waren. Dies war auch der Grund, dass es überhaupt zu einer Verhandlung gekommen war. Zwar hatte D. dem Verteidiger sofort von seinem Anfallsleiden erzählt, aber auch dieser blieb überzeugt, dass der Arzt nur seinem Patienten helfen wolle und hatte routinemäßig eine Untersuchung beantragt. Dem Gericht wurde ferner die Entscheidung dadurch erschwert, dass bei D. ein deutliches Tatmotiv vorlag. Er befand sich in einer finanziellen Zwangslage, die ihn sehr bedrückte.

Bereits Meyer-Mickeleit (1953) hatte jedoch hervorgehoben, dass Dämmerattacken im Gegensatz zu anderen Formen der Epilepsie häufig emotional durch gespannte Erwartung, Aufregung, Angst, Mitleid und Schreck ausgelöst werden, wozu im vorliegenden Falle auch noch der Besuch eines Kriegsfilms beigetragen haben mag.

Epstein und Ervin (1956) haben bei zwei psychoanalysierten Temporalepileptikern gezeigt, dass offenbar alle in Dämmerattacken vorkommenden Handlungen von der (unbewußten) Persönlichkeit her motiviert sind. Sie vergleichen dies mit dem Traum auch darin, dass die bewusste Kontrolle und Lenkung des Denkens auf ein Denkziel hin fehlt. Es sind Besonderheiten, die sich ebenso für den Dämmerzustand sagen lassen.

Hamanaka (1972) hat über einen Diebstahl während eines mehrtägigen Fuguezustandes bei einer 31jährigen Frau mit psychomotorischer Epilepsie berichtet, hinsichtlich des Delikts aber keine Einzelheiten mitgeteilt.

Straftaten bei einer Kombination von epileptischem Charakter und organischer Wesensänderung

Der epileptische Charakter und die organische Wesensänderung werden in der Gegenwart (sehr viel weniger in der Vergangenheit) häufig miteinander verwechselt, wohl weil in beiden Fällen die Verlangsamung als das Charakteristische angesehen wird, obwohl zwischen beiden Formen der Verlangsamung durchaus phänomenologische Unterschiede vorhanden sind. In forensisch-psychiatrischen Fällen wird aber nicht selten das gleichzeitige Vorkommen beider Arten von Veränderungen beobachtet, ohne dass sich dies noch genauer abgrenzen ließe.

Dies war offensichtlich bei dem Fall so, der J. E. Meyer (1957) überhaupt erst dazu veranlasste, sich mit der Frage der forensischen Bedeutung der Temporallappenepilepsie zu befassen. Es handelte sich um einen Mann, bei dem sich durch ein temporal gelegenes Oligodendrogliom eine psychomotorische Epilepsie entwickelt hatte. Während der langsamen Entwicklungsphase des Tumors hatte er etwa 80-100 Ladendiebstähle begangen, wobei er immer in der gleichen Weise Uhren stahl. Meyer schildert die Psyche des Mannes eher in der Art eines chronischen organischen Psychosyndroms, dem Phänomene des Enechetischen beigemischt sind: stark verlangsamt, umständlich, haftend, Perseverationstendenz, Einengung des Interessenhorizontes, erschwerte Auffassung und Konzentration, vermehrte Ablenkbarkeit, rasche Ermüdbarkeit, Neigung zu dysphorischer und depressiver Verstimmung, gesteigerte Reizbarkeit. Psychoexperimentell fanden sich Ausfälle im logisch-kombinatorischen Denken, der freien Einfälle, Reproduktionsschwäche beim Merken und vorzeitiger Leistungsabfall.

Straftaten bei enechetischer Verlangsamung

Die enechetische Verlangsamung, vor allem wenn sie mit epileptischer Zornmütigkeit gepaart ist, kann zu rechtsbrechenden Verhaltensweisen führen, die eher dem im 19. Jahrhundert gezeichneten Bild entsprechen, was im übrigen erneut belegt, dass dieses Bild offenbar auf eindrucksvolle Einzelbeispiele zurückzuführen ist.

Beispiel aus der Erfahrung:

Ein Maschinenschlosser entwickelte vom 20. Lebensjahr an eine Anfallsleiden mit Grand mal. In einem klinischen Krankenblatt wird er als «grob verlangsamt, schwerfällig und umständlich» beschrieben. «Er haftete am jeweiligen Thema, wirkte gleichgültig und ungeniert.» Nach Abklingen eines postparoxysmalen Dämmerzustandes blieb er längere Zeit gereizt und aggressiv. Im Alter von 25 Jahren wurde er wegen Raubes in Tateinheit mit vorsätzlicher Körperverletzung zu 4 Monaten Haft verurteilt. Er hatte in einem Bordell einer Prostituierten die Kulturtasche entrissen, nachdem er sie mit mehreren Faustschlägen zu Boden gestreckt hatte, wo er noch weiter auf sie einschlug. Der gerichtliche Sachverständige nahm wegen «Wesensänderung mit Neigung zu krankhafter Reizbarkeit und brutaler Gewalt» verminderte Schuldfähigkeit an. Die verhängte Strafe wurde zur Bewährung ausgesetzt. 3 Jahre später wurde er unter Betreuung gestellt und in eine psychiatrische Klinik eingewiesen, wo er gegenüber Mitpatienten und Personal gewalttätig wurde. Ein Ermittlungsverfahren wegen Körperverletzung wurde wegen Schuldunfähigkeit eingestellt. Nach der Klinikentlassung fand er nur unregelmäßig Arbeitsstellen und wurde häufig wieder entlassen, offenbar wegen seines Verhaltens. Schließlich wurde er wieder in einer psychiatrischen Klinik untergebracht, weil er in seiner gelegentlichen Wut unvermittelt und explosivartig auf den Nächstbesten einschlug. Einen Ausgang aus der Klinik wegen eines gebesserten Zustandes benutzte er dazu, sich dadurch zu suizidieren, dass er sich vor einen Zug warf.

Straftaten bei epileptischer Pseudopsychopathie

Die Patienten mit pseudo-psychopathischem Affektsyndrom sind häufig in kriminelle Entgleisungen, seltener in eine konsequente Kriminalität verwickelt. Wenn das Anfallsleiden im Laufe eines Verfahrens bekannt wird, was hierbei besonders selten der Fall ist, kommt es zur Begutachtung. Es ist darauf zu achten, ob die mit Strafe bedrohte Handlung aus dem Leichtsinn dieses epileptischen Persönlichkeitstyps und insbesondere aus deren Kombination mit dem leichtsinnigen Alkoholgenuss erwächst, der diesem Typ zu eigen ist.

Früher waren auch Begutachtungen in Ehescheidungsverfahren häufig, wenn die Ehe wegen Gewalttätigkeit als zerrüttet galt. Nach der Einführung des Scheidungsrechtes mit Zerrüttungsprinzip haben sie verständlicherweise aufgehört. Theoretisch wären Gutachtenfragen sinnvoll, wenn es um Versorgungsfragen und Erwerbsfähigkeit in der Auseinandersetzung um die finanziellen Scheidungsfolgen geht. Wir haben solche Fragestellungen jedoch bislang nicht gesehen.

Durch Epilepsie krankhaft verursachte Verkehrsunfälle

Zwar weist die Statistik bei Anfallskranken eine geringere Häufigkeit von Verkehrsdelikten aus. Dies wird aber wahrscheinlich lediglich aus der besonderen sozialen Situation der Anfallskranken zu erklären sein. So weit sich dies beurteilen läßt, kommt es nur selten aus Gründen des epileptischen Charakters zu einem Unfall. Dies ist am ehesten der Fall, wenn der Leichtsinn oder Rücksichtslosigkeit des pseudopsychopathischen Affektsyndroms zu einer leichtsinnigen Fahrweise veranlasst.

Ein 29jähriger Handwerker verursachte an unübersichtlicher Stelle durch Missachtung der Vorfahrt einen schweren Unfall mit Körperverletzung.

Im Einzelfall ist es aber wie im gegebenen Beispiel sehr schwierig bis unmöglich, einen Zusammenhang zwischen Persönlichkeit und Unfall zu erkennen, weil völlig gleichgeartete Unfälle auch sonst vorkommen. Bei genauer Analyse des Unfallgeschehens kann es aber eventuell gelingen, diesen Zusammenhang herzustellen. Unfälle im Anfall kommen dagegen häufiger vor als allgemein angenommen.

Zwei Beispiele aus der Erfahrung

Ein 52jähriger Orthopäde fuhr hinter einem Omnibus her, als er einen psychomotorischen Anfall bekam. Er steuerte rechts am Omnibus vorbei, verletzte dabei aber zwei Fußgänger so schwer, dass eine Frau sofort starb, eine andere etwas später im Krankenhaus starb.

Ein 40jähriger Handwerker fuhr in einer unbelebten Straße offenbar während eines Grand mal-Anfalles auf einen Bürgersteig und überfuhr dabei eine Fußgängerin, die auf der Stelle starb.

In beiden Fällen fiel bei der polizeilichen Untersuchung auf, dass keinerlei Brems- oder Ausweichmanöver vorgenommen worden waren. Soweit Beobachter Einsicht auf die Fahrer nehmen konnten, fiel die völlig unbeteiligte Mimik auf.

Beispiel aus der Erfahrung:

Ein anderer Mann fuhr während einer Absenz gegen eine Litfaßsäule. Ein Bild davon wurde in der Lokalzeitung veröffentlicht, wo von einer momentanen «Kreislaufstörung» gesprochen wurde, weil er anschließend sofort aus seinem Auto steigen und dies erzählen konnte. Dass es sich tatsächlich um eine Absenz handelte, ergab sich daraus, dass häufige Absenzen bekannt waren und dass der Patient anlässlich einer ärztlichen Untersuchung aus anderen Gründen selbst Einzelheiten erzählte. Dieser Unfall hatte kein Strafverfahren nach sich gezogen.

Derartige Beobachtungen belegen die Wichtigkeit, den Anfallskranken die Führerscheinlosigkeit aufzuerlegen, obwohl man weiß, dass dies in unserer Gesellschaft eine bittere Einschränkung der Freiheit darstellt. Trotzdem gibt es durchaus Beobachtungen, welche auf langandauernde Unfallfreiheit hinweisen wie auch auf die leicht verständliche Tatsache, dass der Entzug des Führerscheins noch nicht garantiert, dass nicht gefahren wird.

Beispiel aus der Erfahrung:

Ein Kranker mit psychomotorischen Anfällen und Grand mal wie auch ausgeprägter enechetischer Wesensänderung kaufte sich, obwohl er keine Fahrerlaubnis hatte, ein Auto und fuhr damit ohne Fahrerlaubnis unfallfrei 50.000 Kilometer. Das Auto war weder zugelassen noch versichert und war mit einem gefälschten Kennzeichen versehen. Die Verurteilung erfolgte aus diesen Gründen, nicht wegen einer eingetretenen Gefährdung durch das Anfallsleiden oder eines verschuldeten Unfalles.

Schluss

Die Situation der Epileptiker vor dem Strafrichter ist insgesamt nicht günstiger als sie sonst in der Gesellschaft ist. Es ist daher zu fordern, dass die Organisationen, welche sich um das Wohl der Epileptiker kümmern, im gegebenen Fall auch auf die möglichen Zusammenhänge zwischen Anfällen und den psychischen Störungen der Anfallskranken einerseits und strafbaren Handlungen andererseits aufmerksam machen. Den Gerichten ist zu empfehlen, alle Fälle durch einen erfahrenen psychiatrischen Sachverständigen untersuchen zu lassen. Den Sachverständigen ist zu empfehlen, den Besonderheiten des epileptischen Charakters wie auch allen anderen psychischen Besonderheiten Beachtung zu schenken und deren Einfluss auf die Handlung zu untersuchen. Diese Hinweise gelten für den Einzelfall, wobei letztlich unerheblich ist, ob die Gruppe der Epileptiker als Ganzes häufiger oder genauso häufig delinquent wird wie die Durchschnittsbevölkerung.

Psychosen der Epileptiker
Epileptische Psychosen
Psychosen bei Epilepsie

Einleitung

Die Psychosen der Epileptiker gelten als schwieriges Gebiet. Die Schwierigkeit beginnt bereits bei der Bezeichnung. Der ältere Ausdruck «epileptische Psychosen» (aus dem französischen Singular folie épileptique) legt den Gedanken nahe, als könnten die Psychosen an die Stelle von epileptischen Anfällen treten. Die gegenwärtig viel gebrauchte Bezeichnung «Psychosen bei Epilepsie» legt den Gedanken nahe, dass die Psychosen nichts oder nicht viel mit der Epilepsie zu tun hätten, sondern mehr oder weniger zufällig bei Epileptikern aufträten. Gegen den hier bevorzugt gebrauchten Ausdruck «Psychosen der Epileptiker» läßt sich einwenden, dass es viele verschiedene Anfallsformen und zumindest mehrere Arten von Epileptikern gibt. Auch kann man sich darüber streiten, ab wann jemand, der epileptische Anfälle hat, als Epileptiker bezeichnet werden darf. Dennoch wird der Ausdruck hier bevorzugt, weil er das klinische Problem ins Zentrum rückt.

Die weitere Schwierigkeit besteht darin, dass keine der epileptischen Psychosen eindeutig genug eine eigene klinische Gestalt besitzt, so dass man sie mit Hilfe der klinischen Erfahrung, auf Grund erkennbarer Phänomene oder durch leicht fassbare Kriterien sofort als solche erkennen könnte. Dennoch gibt es viele klinische Besonderheiten, die nur epileptischen Psychosen zukommen und die sie eigentlich unähnlich allen anderen Psychosen machen. «Eigentlich unähnlich» muss gesagt werden, weil gewisse Ähnlichkeiten zu anderen Psychosen bestehen, was denn auch immer wieder Anlass zu Diskussionen gegeben hat. Diese Ähnlichkeiten und damit Verwechslungsmöglichkeiten bestehen erstaunlicherweise mehr gegenüber den sog. endogenen Psychosen, Schizophrenie und manisch-depressiver Erkrankung, obwohl die Epilepsie eindeutig ein körperlich begründbares Leiden ist, freilich auf eine besondere Art körperlich begründbar.

Schließlich besteht die weitere Schwierigkeit darin, dass Entwicklungen in anderen nervenheilkundlichen Gebieten einen starken Einfluss darauf haben, wie man die Epilepsie sieht und wer für ihre Betreuung in erster Linie zuständig ist. Lange Zeit waren es ausschließlich die Psychiater, dann übernahmen die klinischen Neurophysiologen die Führung. Gegenwärtig sind es wohl mehr die Neurologen, so weit sie sich für epileptologische Probleme interessieren. Die Psychiater werden jedoch unbezweifelbar zuständig, wenn der Schutz einer geschlossenen Station notwendig wird. Wegen der relativen Seltenheit der Psychosen ist es für die Psychiater schwer, hinreichende Kenntnisse und Erfahrungen auf diesem Gebiet zu erwerben. Daher kommt es im psychiatrischen Bereich häufig zu neuen, früher unbekannten Verwechslungen mit psychoorganischen Psychosen gewöhnlicher Art, nachdem man vorher schon weit über hundert Jahre keine Verwechslungen dieser Art gekannt hatte.

Gegenüber allen Tendenzen, die Psychosen der Epileptiker anderen, dem Nervenarzt besser bekannten Gebieten psychischer Störungen zuzuschlagen muss bereits an dieser Stelle ihre Eigengesetzlichkeit betont werden, die trotz aller genannten und noch zu nennenden Probleme in klarer Form besteht. Ist bei einem Epileptiker eine Psychose gleich welcher Art erst einmal in Gang gekommen, unterliegt sie in ihrem Verlauf je länger sie dauert desto mehr ihrer Eigengesetzlichkeit.

Dies ist an sich erstaunlich, weil die Epilepsie häufig die Folge eines andersartigen Krankheitsprozesses des Gehirns, etwa eines Tumors, einer Hirnverletzung oder auch einer Hirnentzündung oder frühkindlichen Hirnschädigung ist. Diese Eigengesetzlichkeit ist den Psychiatern immer aufgefallen und teilweise ausdrücklich betont worden (z.B. Strauss, 1929). Auf Grund der Eigengesetzlichkeit treten Beziehungen zu den jeweils vorliegenden Anfallstypen, den EEG-Befunden, Lokalisationen oder organischen Hirnkrankheiten in den Hintergrund, obwohl sie durchaus erkennbar bleiben mögen. Die Eigengesetzlichkeit geht daher aus der Beobachtung einer größeren Zahl von Psychosen sehr viel deutlicher hervor wie aus dem Einzelfall. Auf die Behandlung, die Prognose und selbst auf die Diagnose haben die Beziehungen zu Einzelproblemen des Einzelfalles daher kaum oder gar keinen Einfluss.

Historische Entwicklung

Unter den im 18. und 17. Jahrhundert aus Sicherheitsgründen verwahrten Geisteskranken befanden sich offenbar gewöhnlich schon Anfallskranke, deren Zahl von Chiarugi (1795), wie erwähnt, mit etwa 10% angegeben wird. In der Fallbeschreibung Chiarugis mit der Nummer 90, die zugleich den Umgang mit den Kranken erkennen läßt, kann man einen postparoxysmalen Dämmerzustand erkennen.

Nach einem der stärksten Anfälle ward er ins Hospital gebracht und die Behandlung ward, mit gegen die Fallsucht gerichteten Mitteln, sogleich angefangen, überdies auch der Kampfer und Moschus versucht. Die epileptischen Anfälle dauerten aber immer fort, und als er einmal einen sehr starken bekommen hatte, so ward er den Tag darauf mit einer Tobsucht befallen. Der Erzählung nach, die er in gesundem Zustande davon machte, fing sich dieselbe mit einem Gefühl von Wärme an, die von dem Kopfe ausgieng und den ganzen Körper einnahm, und welche ihn antrieb sich gänzlich zu entblösen. Dann nahm sein Bewusstsein immer mehr und mehr Abschied; es überfiel ihn eine Art von dichterischem Enthusiasmus, er declamierte zwei Tage hinter einander in einem fort und sagte vollkommene anacreontische Verse, in einer ihm selbst unbekannten Mundart her, die aber mit der Spanischen oder Griechischen viele Aehnlichkeit hatte. (Chiarugi, 1795, S. 693f.)

Mit dem Beginn der klinischen Psychiatrie im 19. Jahrhundert werden sogleich weitere Beobachtungen zu den Psychosen der Epileptiker veröffentlicht, aber es wird ihnen keine besondere Beachtung geschenkt.

Maisonneuve (1803) hat unter den 76 Epilepsiefällen, die er in der Salpêtrière und im Bicêtre vorfand und von denen er zum Teil eine ausführliche kasuistische Beschreibung gegeben hat, dreimal einen postparoxysmalen Dämmerzustand beschrieben, den er auch mit dem Ausdruck espèce oder état de comavigil deutlich als solchen kennzeichnet. Einmal wird ein Dämmerzustand beschrieben, der mit einem Anfall endet. In drei Fällen werden intervalläre epileptische Psychosen beschrieben.

Es finden sich jedoch zu diesen kasuistischen Beschreibungen, die immerhin die Vertrautheit mit den Psychosen der Epileptiker demonstrieren, keine ausführlichen theoretischen oder auch therapeutische Erörterungen. Auch die frühen psychiatrischen Lehrbuchautoren Esquirol, Pinel, Griesinger oder Feuchtersleben haben die Psychosen der Epileptiker offenbar durchaus gekannt, haben sie jedoch nicht als eigenes oder gar großes Problem gesehen und behandeln sie daher eher in beiläufigen Bemerkungen. Als noch ziemlich spätes Beispiel dafür kann Feuchtersleben genannt werden.

Mit Tobsucht ist am häufigsten Epilepsie als Neurose des motorischen Systems (§ 143) kombinirt, und diese Kombination bietet die traurige Prognose fast entschiedener Unheilbarkeit. (Feuchtersleben, 1845, S. 325).

Neurose ist hier noch als allgemeine Bezeichnung für psychische Krankheit gemeint. Im unmittelbaren Anschluss an die zitierte Bemerkung geht Feuchtersleben auf etwas ganz anderes über. Die Tobsucht, der schwere psychische Erregungszustand, war für die Behandlung von psychisch Kranken innerhalb einer Institution und im Hinblick auf die Sicherheit aller das große klinische Problem.

Sehr viel deutlicher werden die Psychosen später bei Falret (1861), Morel (1852/1853, 1860b) und auf deutscher Seite schließlich bei Samt (1875/76) beschrieben. Bei Morel (1852-1853) findet sich bereits der Name (folie épileptique).

Erste Monographie durch Christian

Eine monographische Bearbeitung finden die Psychosen der Epileptiker erstmals bei dem Arzt am Maison Nationale de Charenton J. Christian, der 1890 unter dem Titel *Folie épileptique* eine Fülle von klinischen Beobachtungen veröffentlicht hat.

Schon bald geriet die Diskussion um die Psychosen der Epileptiker aber in das Fahrwasser der verbreiteten Diskussion um die anfallslose Epilespie (*Épilepsie larvée*). Wie es Personen mit einem epileptischen Charakter geben konnte, müsste es eigentlich auch epileptische Psychosen ohne vorheriges Auftreten von Anfällen geben (Zusammenfassung bei J. Christian, 1890). Auf die Diskussion ist im Kapitel über die larvierte Epilepsie näher eingegangen worden.

Diese Diskussion kann immerhin als abgeschlossen gelten. Die klinische Beobachtung hat ergeben, dass – abgesehen von den hier nicht interessierenden Psychosen im unmittelbaren zeitlichen Zusammenhang mit einem epileptischen Anfall – erst viele Jahre nach dem ersten Auftreten von Anfällen eine epileptische Psychose entstehen kann. Offenbar ist kein Fall bekannt, bei welchem die Reihenfolge umgekehrt war. Dies hat freilich eine Neuauflage der alten Diskussion mit verfeinerten technischen Mitteln aber mit der gleichen Tendenz nicht verhindern können. Es wurden nämlich Arbeiten veröffentlicht, in welchen die Diagnose einer Epilepsie lediglich auf Grund von Abweichungen des EEG-Befundes gestellt wurden wie man sie auch bei Epileptikern im anfallsfreien Intervall erheben und die für sich genommen schon nicht spezifisch sind für Epilepsie (Firnhaber und Ardjomandi, 1968; Bash, 1969; Wagner, 1969; Dober, 1971)

Die frühen und zum Teil schon recht genauen Beobachtungen sind noch ausschließlich durch klinische Bedürfnisse geprägt, welche solche Kranken in den psychiatrischen Institutionen haben oder bieten. Später wird die jeweilige Betrachtungsweise stark abhängig von medizinischen Neuerungen in zum Teil anderen Bereichen. Die Herausarbeitung der Schizophrenie als eigene als organisch gedachte nosologische Einheit (mit unbekannter Ursache) führte bald darauf zu einer schier endlosen Diskussion über Ähnlichkeiten und Unterschiede dieser beiden als endogen angesehenen Psychosen (die Psychosen bei genuiner Epilepsie gelten damals als endogen). Bereits 1857 begann mit der Einführung der Bromide die medikamentöse Behandlung einzelner Anfallsformen und führte alsbald zur Diskussion der Frage, ob nicht die Psychosen der Epileptiker eine Folge der medikamentösen Behandlung seien. Diese Diskussion wird mit der Einführung immer weiterer Antiepileptika unter Mitteilung weiterer Fälle bis in die Gegenwart fortgesetzt und hat zu weit verbreiteten Überzeugungen, aber nicht zu einem klaren Ergebnis geführt.

Die Einführung der Elektroenzephalographie in die Diagnostik der Epilepsie legte zunächst die Vorstellung besonders nahe, dass es sich bei der Epilepsie um eine technische Funktionsstörung einzelner Bereiche des Gehirns handelt, welcher man mit ebensolchen technischen Mitteln begegnen muss. Hinsichtlich der Psychosen hat das EEG daher die Diskussion von den klinischen Beobachtungen, die kaum noch vermehrt oder verfeinert wurden, wegbewegt. Statt dessen bewegte sich die Diskussion hin zu oft sehr phantasiereichen und spekulativen Ursachentheorien, weil der EEG-Befund zwar sehr markant sein kann, aber seine Bedeutung nicht unmittelbar ablesbar ist. Vor allem indirekt ist daher das EEG für die Frage der Psychosen von Bedeutung geworden. Davon ist zunächst einmal die Aufteilung der Epilepsie in immer weitere Anfallsformen betroffen. Maisonneuve (1803) kannte etwa fünf oder sechs Anfallsarten. Diese Zahl ist bis in die Gegenwart auf etwa 60 unterscheidbare Anfallsarten gestiegen. Führend waren bei der zunehmenden Aufgliederung das EEG und schließlich auch gleichzeitige Videoaufnahmen. Dies führte auch zu einer differenzierteren klinischen Beschreibung der Anfallsformen. Daraus ergab sich die Vorstellung einer großen Zahl ganz unterschiedlicher Epilepsien. Deshalb wurde auch der Versuch unternommen, die auftretenden Psychosen zu jeweils einer der vielen Anfallsformen in Beziehung zu setzen, was aber zu keinem Erkenntniszuwachs führte und schließlich im Sande verlief.

Auch die zeitweise unendlich vielfältig diskutierten, inzwischen allerdings erloschenen Synapsentheorien zum Entstehen von Psychosen, vor allem der Schizophrenie, aber auch der Depressionen, welche ihren Ursprung in der Neuroleptika-Therapie dieser Psychosen haben, führten zu entsprechenden Deutungsversuchen der Psychosen der Epileptiker, obwohl Neuroleptika in ihrer Behandlung nur eine untergeordnete Rolle spielen.

Die Anwendung des EEGs führte schließlich zur Herausarbeitung von zwei einander scheinbar entgegengesetzten eigenen psychotischen Krankheitsbildern, die nunmehr nicht mehr durch ein bestimmtes klinisches Bild, sondern durch einen bestimmten EEG-Befund charakterisiert waren. Bei dem einen handelt es sich um den Petit mal-Status (Gastaut et al. 1966), der als Lennox-Syndrom, Lennox-Gastaut-Syndrom oder Lennoxscher Dämmerzustand bekannt wurde. Damit war erstmalig eine psychotische Episode gekennzeichnet, die durch einen bestimmten EEG-Befund (ununterbrochene Sequenzen von Spike wave-Komplexen) gekennzeichnet ist, sich klinisch aber nicht von anderen Dämmerzuständen unterscheiden läßt. Dieser Befund hat auch noch große therapeutische Bedeutung, weil nach Erhebung des EEG-Befundes der Zustand durch einfache medikamentöse Behandlungen beseitigt werden kann.

Die sich daran anknüpfende Hoffnung, weitere, durch ein bestimmtes EEG zu charakterisierende psychotische Zustände zu entdecken, hat sich nur noch mit Einschränkungen und weit geringerer Bedeutung für den psychomotorischen Status erfüllt. Lange Zeit hatte die bestimmte Erwartung bestanden, auch die Diagnose der Schizophrenie auf solche EEG-Befunde gründen zu können.

Die gegenteilige EEG-definierte Psychose erhielt den Namen «forcierte Normalisierung» (Landolt). Es handelt sich dabei um den Befund, dass bei einem klinisch psychotischen Bild das EEG augenfällig normal ist, nachdem es vorher deutliche Abweichungen von der Norm gezeigt hatte. Auch an diesen Befund hat sich eine umfangreiche und teilweise sehr spekulative Literatur angeschlossen. Es handelt sich sozusagen um eine negative Charakterisierung, dass nämlich das EEG wie bei allen anderen (endogenen) Psychosen normal ist, obwohl man pathologische Veränderungen erwartet.

Einteilung der Psychosen der Epileptiker

Eine allgemein anerkannte Systematik der Psychosen der Epileptiker ist nicht bekannt. DSM III-R hatte unter seinen etwa 250 psychiatrischen Diagnosen keine epileptischen aufgeführt. DSM V hat eine Einteilung nicht nach klinischen Gesichtspunkten, sondern nach einem angenommenen oder vermuteten Herd (temporal, parietal, frontal, komplex partial) vorgenommen. Darauf soll hier jedoch nicht weiter eingegangen werden.

Dennoch kehren die immer wieder unternommenen Versuche einer systematischen Einteilung gewöhnlich zu einigen einfachen Grundschemata zurück, wie sie auch schon im Beginn der klinischen Beschreibungen vorhanden waren. Überschneidungen kommen durchaus vor. Der klinische Sprachgebrauch verwendet die Begriffe allerdings unsystematisch, je nach dem, welcher Gesichtspunkt gerade betont werden soll oder wie die theoretische Schulung des Untersuchers ist.

Einteilung epileptischer Psychosen nach der Beziehung zu einem epileptischen Anfall

Anteparoxysmale Psychosen enden mit einem epileptischen Anfall. Bei den paroxysmalen Psychosen stellt die Psychose mehr oder weniger das einzige klinisch Erkennbare eines epileptischen Status dar, so dass die Diagnose nicht ohne EEG gestellt werden kann. Die postparoxysmalen Psychosen schließen sich an einen Anfall an bzw. gehen aus einem Anfall hervor.

Einteilung epileptischer Psychosen nach dem Verlauf

Man unterscheidet akute (=reversible, =episodische) Psychosen und chronische (irreversible) Psychosen. Diese Einteilung lehnt sich an die Einteilung der körperlich begründbaren Psychosen an. Selbstverständlich erhebt sich dabei ebenso wie bei den körperlich begründbaren Psychosen sofort die Frage, woran man in einem aktuellen Falle erkennen kann, ob es sich um eine reversible oder irreversible Psychose handelt. Scheinbar akute Psychosen können chronifizieren, scheinbar irreversible Psychosen können spurlos verschwinden. Trotz dieser Schwierigkeiten wird an dieser Einteilung festgehalten, da ihr gewisse Unterschiede in der Symptomatologie entsprechen.

Darüber hinaus gibt es unsystematische Begriffe zu klinischen Einheiten, die als Mittel der raschen Verständigung dienen und auch dann weiter benutzt werden, wenn sie als wissenschaftlich überholt gelten, weil man oft in ein oder zwei Worten einen ganzen komplexen Sachverhalt evozieren kann. Da es sich dabei um historisch gewachsene Begriffe mit unterschiedlicher Tradierung in den verschiedenen Sprachgebieten handelt, ist achtzugeben, was jeweils damit gemeint ist. Der Benutzer ist sich dessen allerdings häufig nicht bewusst. Solche Begriffe sind

- Dämmerzustände (a)
- schizophrenialike syndromes (a)
- paranoide Zustände (c)
- manisch-depressive epileptische Psychosen (a)
- alternative Psychosen (a)
- twilight states (a)
- Psychosen bei forcierter Normalisierung (a)
- episodische Verstimmungszustände (a)
- epileptische Wut (a).

Diese Begriffe kann man, wenn auch nicht ohne Zwang, den mehr akuten (a) und den mehr chronischen (c) Zuständen zuordnen. Es ist daraus erkenntlich, dass es lediglich chronische paranoide Zustände und keine weiteren wirklich chronischen Psychosen gibt.

Anteparoxysmale, paroxysmale und postparoxysmale Psychosen (twilight states)

Anteparoxysmale, paroxysmale und postparoxysmale Psychosen treten gewöhnlich als Dämmerzustände auf. Weil deren Erkennung als schwierig gilt, sollen hier zunächst Dämmerzustände allgemein beschrieben werden.

Dämmerzustände

Das «Syndrom Dämmerzustand» ist schwer scharf zu umreißen. Dennoch gibt es klinisch Zustandsbilder, die mit keiner anderen Bezeichnung genauer getroffen werden können. Außerdem steht hinter dem Begriff eine längere Tradition, so dass der Begriff aus der Klinik nicht so leicht fortgedacht werden kann.

In der allgemeinen Umgangssprache liegt die Bedeutung von Dämmerzustand in der Nähe von «Unaufmerksamkeit» und «Geistesabwesenheit». Obwohl beides nicht zur traditionellen klinischen Beschreibung des Dämmerzustandes gehört, bleibt im ärztlichen Verständnis etwas davon erhalten, dass man sich den Kranken als unaufmerksam und geistesabwesend denkt. Der Begriff Dämmerzustand ist metaphorisch zu verstehen. Sprachlich ist damit eine «Verhüllung des Lichts» gemeint, etwa wie in der Abenddämmerung. Dies wird auf die geistige Tätigkeit übertragen, die wie verhüllt wirkt. Klinisch sind die Hauptmerkmale die folgenden:

1. Das Bewusstsein ist auf eigentümliche Weise verändert. Es wird deshalb von einem «veränderten Bewusstsein» oder «eingeengten Bewusstsein» gesprochen. Der Eindruck des Untersuchers entsteht daraus, dass beim Patienten ähnlich wie bei der Hypovigilität die Aufmerksamkeit und die Zugewandtheit zur Außenwelt herabgesetzt sind. Die Aufmerksamkeit kann nur schwer geweckt und nur schwer auf einen Gegenstand fixiert werden. Das schwerbesinnliche Denken ist verlangsamt und erschwert. Im Unterschied zur reinen Hypovigilität ist die Thematik des Denkens auf einen bestimmten Kreis eingeengt. Es wird nur aufgefasst, was sich der inneren Tendenz fügt (Jaspers). Man spricht deshalb oft auch von einem röhrenförmig eingeengten Denken. Manche Kranke wirken wie angetrunken oder wie traumverloren, manche führen sonder-

bare Reden, manche erscheinen leicht zerstreut, manche vergessen und verlieren ihre Sachen.

Durch diese Zugaben besteht im klinischen Bild bereits ein deutlicher Unterschied zur Bewußtseinstrübung. Das verlangsamte und erschwerte Denken im Dämmerzustand ist allerdings nur die Regel. Manchmal kann das Denken normal oder beschleunigt sein. Aber auch dabei bleibt der Eindruck von Traumverlorenheit, Angetrunkensein, Zerstreutheit, Vergesslichkeit und des «veränderten Bewusstseins».

2. Während eines Dämmerzustandes ist Handlungsfähigkeit vorhanden. Aber auch sie ist verändert und eingeschränkt. Es kann zu Handlungen kommen, die keine erkennbare Beziehung zum sonstigen Denken und zu den gewöhnlichen Motivationen des Betreffenden erkennen lassen. Aber auch diese Handlungen können in sich zusammenhängend und bis zu einem gewissen Grade auch folgerichtig sein.

3. Der Dämmerzustand ist zeitlich ziemlich scharf begrenzt. Er hat einen ziemlich klar erkennbaren Anfang und ein ebenso klar erkennbares Ende. Die Dauer des Dämmerzustandes kann von wenigen Sekunden über Minuten, Stunden, Tage und Wochen bis zu Monaten betragen. Wenn die Zeitdauer sehr kurz ist und nur Sekunden oder Minuten beträgt, ist es klinisch nicht üblich, von Dämmerzuständen zu sprechen, obwohl alle Voraussetzungen erfüllt wären.

4. Es besteht anschließend an den Zustand eine mehr oder weniger vollständige Erinnerungslücke für alles in diesem Zustand Erlebte (kongrade Amnesie). Die Erinnerungslücke ist also zeitlich genau so lang wie der Zustand selbst. Innerhalb des Dämmerzustandes kann es für den Patienten zwar eventuell schwierig sein, alte Erinnerungen zu evozieren. An sich werden aber während eines Dämmerzustandes durchaus Erinnerungen gebildet. Sonst könnte es gar nicht zu folgerichtigen Handlungen kommen. Auch können in einem späteren Dämmerzustand die Erinnerungen aus einem früheren wieder vorhanden sein. Durch einen in seiner Natur bisher nicht geklärten Vorgang werden aber am Ende eines Dämmerzustandes die während seines Vorhandenseins gebildeten Erinnerungen größtenteils unabrufbar. Eine Hypothese besagt, dass im Dämmerzustand jeweils ein anderer Gedächtnisspeicher

benutzt wird, nämlich der Infantilspeicher, der normalerweise bis zum vierten Lebensjahr in Funktion ist, um dann unzugänglich zu werden (Peters 1968). Dies würde auch erklären, warum die Erinnerungen aus dem Dämmerzustand ebenso wie aus der Infantilzeit in tiefer Hypnose wieder zugänglich werden können (P. Schilder).

Geschichte und Klinik

Die Vorstellung vom Dämmerzustand geht auf die ersten Erfahrungen mit der Hypnose zurück, wie man sie Ende des 18. Jahrhunderts machte. Man beobachtete, wie ein Mensch durch einen Vorgang, den Mesmer als animalischen Magnetismus (1776) bezeichnete, in einen Zustand versetzt werden konnte, in dem er anders sprach und handelte wie sonst. Man beobachtete auch schon den klaren Anfang, das ebenso klare Ende und das Fehlen von Erinnerung. Man bezeichnete diesen Zustand als «zweiten Zustand» (second état) oder denselben Sachverhalt auch als «alternierendes Bewusstsein».

Henri Ellenberger (1973) hat die Geschichte dieser Entdeckungen neu beschrieben. Bald beobachtete man, dass ganz gleichartige zweite Zustände auch ohne animalischen Magnetismus auftreten können. Hierfür wurde auch die Bezeichnung «doppelte» und «multiple Persönlichkeit» verwendet. Der Sachverhalt wird nach längerer Pause in der Gegenwart neu diskutiert. Justinus Kerner (1786-1862) hatte aber bereits die Beobachtung gemacht, dass ganz gleichartige Zustände auch bei Epilepsie vorkommen.

Der Begriff des Dämmerzustandes ging in der Folge immer mehr auf die Beobachtungen bei Epilepsie über. Es schien verwirrend zu sein, dass man gleich zu beschreibende Zustände bei Hypnose, aus nicht erkennbarer Ursache, bei Hysterie, bei Epilepsie und schließlich bei organischen Krankheitszuständen beobachten konnte. Man muss aber bedenken, dass im 19. Jahrhundert weder der Begriff der Krankheitseinheit noch des Syndroms angewandt wurde und dass allgemein kein großes Bedürfnis bestand, zwischen organischen und nichtorganischen Veränderungen zu unterscheiden. Deshalb ist die Literatur des 19. Jahrhunderts über Dämmerzustände heute größtenteils schwer verständlich und wirkt manchmal geradezu phantastisch und schwindelhaft. Dieser allgemeine Hintergrund macht es verständlich, dass Dämmerzustände einerseits nur noch selten diagnostiziert werden und der Begriff andererseits in mehreren, ziemlich unterschiedlichen Sachverhalten auftaucht. Es werden traditionell mehrere verschiedene Dämmerzustände unterschieden.

Zurück zu epileptischen Dämmerzuständen

Aus didaktischen, diagnostischen und therapeutischen Gründen ist es sinnvoll, nach den zeitlichen Beziehungen zu den epileptischen Anfällen anteparoxysmale, paroxysmale und postparoxysmale Dämmerzustände zu unterscheiden (J. Falret 1860/61; H. Landolt 1956).

Anteparoxysmale Dämmerzustände

Bei dieser klinisch wichtigen Form wird der Dämmerzustand gewöhnlich durch einen spontanen epileptischen Anfall beendet. Es sind Dämmerzustände vom Typ des röhrenförmig eingeengten Bewusstseins mit ängstlichem Affekt und teilweise produktiver Symptomatik, mit Wahn, optischen und akustischen Halluzinationen und anderen pathologischen Erlebnissen. Von 40 eigenen Fällen mit der Krankenblattdiagnose «epileptischer Dämmerzustand» gehörten allein 37 dieser Form an (Peters 1970). Solche Dämmerzustände treten leider besonders dann auf, wenn es mit der antikonvulsiven Therapie gelingt, die epileptischen Anfälle zu unterdrücken. Sie sind daher in Kliniken mit aktiver antiepileptischer Behandlung häufiger zu fin-den als in anderen. Es besteht in gewisser Hinsicht ein alternatives Verhältnis zwischen Psychosen und Anfällen in der Weise, dass während des Dämmerzustandes kein Anfall auftritt und bei Auftreten eines spontanen Anfalles der psychische Zustand beendet wird (alternative Psychosen nach Tellenbach 1965).

Das EEG zeigt dabei meist eine allgemeine Dysrhythmie (mit häufigen, mitunter sogar dominierenden steilen Komponenten aus dem Betabereich, jedoch ohne nachweisbare epileptische Potentiale). Nur in sehr seltenen Fällen findet sich das von Landolt (1955) beschriebene Phänomen der «forcierten Normalisierung», wonach EEG-Veränderungen, welche vorher auf das epileptische Anfallsleiden hingewiesen hatten, während der Dauer des psychotischen Zustandes verschwunden sind und wieder auftauchen, sobald der Zustand beendet ist. Am EEG kann man also in solchen Fällen das Vorhandensein eines Dämmerzustandes nicht ablesen. Die Kennzeichnung des Zustandes bleibt trotz seiner zweifelsfreien organischen Verursachung psychopathologisch.

Psychopathologisch finden sich bei diesen Dämmerzuständen noch einige sehr bemerkenswerte Phänomene, die früher wenig beachtet wurden. Trotz des eingeengten Bewusstseins kann die Bewusstseinshelligkeit eine ganze Skala verschiedener Helligkeiten aufweisen. Neben der Trübung gibt es ein normales Wachbewusstsein, aber auch das Gegenteil, eine gesteigerte Bewusstseinshelligkeit (Überwachheit), so dass man hier von «Überwachheitspsychosen» sprechen kann. In einem solchen Zustand ist das Denken insgesamt stark beschleunigt, es besteht Schlaflosigkeit, Unruhe, Ablenkbarkeit und leerer Beschäftigungsdrang. Wir haben den merkwürdigen Zustand vor uns, dass innerhalb des pathologischen Zustandes etwas aufgehoben und ins Gegenteil verkehrt ist, was sonst dauerhaft und endgültig erscheint, nämlich die enechetische epileptische Wesensänderung mit ihrer zähflüssigen Verlangsamung des Denkens.

Paroxysmale Dämmerzustände

Paroxysmale Dämmerzustände sind überhaupt erst durch das EEG diagnostizierbar geworden und fehlen daher noch in der Systematik von Falret (1861). Es handelt sich dabei um einen Status kleiner Anfälle, den Status pyknolepticus bzw. Petit-mal-Status, der wegen seiner klinischen Erscheinungen auch Lennoxscher Dämmerzustand genannt wird. Er besteht eigentlich aus einer ununterbrochenen Reihenfolge von kleinen epileptischen Anfälle, die sich im EEG als ununterbrochene Reihenfolge von Spike- und Wave-Komplexen kundtun. Psychopathologisch haben wir hier einen Dämmerzustand mit getrübtem Bewusstsein, erschwerten Auffassungsvermögen, Schwerbesinnlichkeit, Antriebslosigkeit und starker Neigung zu Perseverationen vor uns. Häufig sind halbautomatische Handlungen noch möglich. So konnte z. B. ein Arzt in einem solchen Zustand noch Kranke routinemäßig untersuchen. Bei Maßnahmen, die Konzentration und Urteil erfordern, fällt das Versagen allerdings durch geistig-abwesendes Benehmen, insbesondere durch Unfähigkeit, auf Fragen zusammenhängend zu antworten, auf.

Auch der paroxysmale Dämmerzustand wird oft durch einen großen epileptischen Anfall abgeschlossen, manchmal auch durch ihn eingeleitet.

Die Therapie ist einfach. Gewöhnlich kann durch intravenöse Gabe von 2,5–10 mg Diazepam der Zustand beseitigt werden. Der Vollständigkeit halber soll erwähnt werden, dass es auch Dämmerzustände durch Status von psychomotorischen Anfällen und von sensiblen fokalen Anfällen gibt. Derartige Fälle sind aber sehr selten und die Diagnose ist nur durch das EEG möglich, so dass die praktische Bedeutung gering ist.

Postparoxysmale Dämmerzustände

Postparoxysmale Dämmerzustände stellen eigentlich die häufigste Form dar. Es handelt sich um die Phase nach einem epileptischen Anfall, in welcher der eigentliche Anfall beendet ist, eine gewisse Handlungsfähigkeit schon wieder hergestellt ist, der Betreffende aber noch nicht wieder ganz bei sich ist. Es handelt sich um Verhältnisse, die so bekannt sind, dass jede Rotkreuzhelferin sie kennt. Dennoch sind auch ärztlich einige wichtige Gesichtspunkte dabei zu beachten. Es handelt sich um Dämmerzustände mit eingeengtem und getrübtem Bewusstsein. Es gibt sie nach Grand-mal-Anfällen sowie nach psychomotorischen Anfällen und deren Statusbildungen. Bei allen anderen Anfallsformen kennt man postparoxysmale Dämmerzustände nicht.

Das EEG ist in solchen Fällen durch träge Frequenzen gekennzeichnet, die immer mal wieder von Anfallspotentialen unterbrochen werden. Diese EEG-Veränderungen bilden sich erst innerhalb von 2–3 Wochen nach dem Dämmerzustand zurück, so dass auch in diesem Falle der Dämmerzustand nicht im EEG abgelesen werden kann.

a) Nach großen Anfällen können postparoxysmale Dämmerzustände u. U. tagelang dauern, klingen aber ohne weiteres wieder ab.

b) Nach einem Status großer Anfälle, wenn also die Anfälle sich so häufen, dass die Kranken das Bewusstsein zwischendurch nicht wieder erlangen, kann eine Demenz zurückbleiben.

c) Bei den psychomotorischen Anfällen spricht man dagegen

nicht von postparoxysmalen Zuständen, sondern rechnet den Dämmerzustand zum Anfall selbst, was auch in der Bezeichnung von Meyer-Mickeleits «Dämmerattacke» zum Ausdruck kommt. Diese Anfälle sind dem Urbild aller epileptischen Anfälle, dem Grandmal-Anfall sehr unähnlich. Man hat deshalb oft Mühe, sowohl den Patienten als auch z. B. ein Gericht von dem Vorhandensein eines epileptischen Anfallsleidens zu überzeugen. Die anfänglichen vegetativen und motorischen Erscheinungen leiten ohne scharfe Grenze in einen Dämmerzustand über, in dem auch komplexhafte Handlungen möglich sind.

Hinzuzufügen ist lediglich, dass die früher besonders nach Grand mal so häufigen postparoxysmalen Dämmerzustände selten geworden sind. Dämmerzustände sind nicht völlig identisch mit den twilight states, obwohl dies die korrekte englische Übersetzung ist. Während die Diskussion um Dämmerzustände in der französischen und deutschen psychiatrischen Literatur des 19. und 20. Jahrhunderts außerordentlich lebhaft ist, fehlt sie in der englischen und amerikanischen fast vollständig. Der Begriff der twilight states taucht nur selten und am Rande auf und enthält dann gewöhnlich die Vorstellung einer Bewußtseinstrübung.

Die pathogenetischen Vorstellungen, warum es bei der Epilepsie zu solchen Dämmerzuständen kommt, haben sich je nach dem Stand der Wissenschaft gewandelt. Für Hughlings Jackson sind Dämmerzustände nach Anfällen der Ausdruck einer Erschöpfung gewesen, ganz ähnlich wie einmal nach einem fokalen Anfall eine vorübergehende Lähmung der betroffenen Glieder für eine Weile weiter bestehen kann. Die meisten klinischen Neurophysiologen nehmen heute hypothetische fortdauernde subkortikale elektrische Nachentladungen als Ursache an.

Die Amnesie für das in Dämmerzuständen Erlebte und Gelernte ist keineswegs immer so vollständig, wie es nach der allgemeinen Lehrmeinung sein müsste, wie insbesondere Schilder (1924) in systematischen Untersuchungen herausgearbeitet hat. Schilder meint sogar, dass nur das Einfüllen neuen Gedächtnismaterials gestört sei, während das einmal Behaltene auch später wieder abrufbar sei. Dagegen sprechen allerdings andere Beobachtungen, nach denen nach Abklingen des Dämmerzustandes gerade der Abruf von Material gestört ist, welches sich weiterhin im Reservoir des Gedächtnisses befindet. Schilders eigene Erfahrungen mit der Reproduktion von Inhalten des Dämmerzustandes durch Hypnose sprechen eher für eine solche Deutung.

Schizophrenia like epileptic syndromes

Viel Verwirrung hat die Diskussion um die «schizophrenia like epileptic syndromes» (schizophrenieähnliche epileptische Syndrome) gestiftet, obwohl (a) eigentlich stets klar war, dass es keine von der Epilepsie abhängigen Schizophrenien gibt, obwohl (b) daher dieser Begriff irreführend ist und obwohl (c) er zu falschen Behandlungen verleitet. Um die Distanzierung deutlich zu machen, verwenden wir hier diesen Begriff in seiner englischen Form, die zugleich die am häufigsten gebrauchte ist.

Die Diskussion um eine Kombination von Epilepsie und Schizophrenie setzte schon bald nach den ersten ausführlicheren Beschreibungen der Schizophrenie ein. Es kann keinem Zweifel unterliegen, dass, wenn auch in sehr seltenen Fällen, bei einem Kranken gleichzeitig Schizophrenie und Epilepsie bestehen können. Es sind Fälle, bei denen zu einer Schizophrenie später eine Epilepsie hinzugekommen ist. Solche Fälle sind wiederholt überzeugend veröffentlicht worden. Z. B. hat Recktenwald (1920) vier solche Fälle aus der Anstalt Merzig publiziert. Es handelte sich dabei um Patienten, die schon viele Jahre bis Jahrzehnte wegen einer auch heute noch aus den Beschreibungen als typisch erkennbaren Schizophrenie untergebracht waren. Zu dieser Schizophrenie trat dann eine Epilepsie hinzu, die in zwei von den vier Fällen durch einen Hirntumor hervorgerufen war. Die Schizophrenie ging somit der Epilepsie lange voraus, diagnostische Probleme ergaben sich nicht, die Epilepsie nahm auf das schizophrene Leiden keinen Einfluss. Leonhard (1938) hat zu dieser Frage bemerkt, dass die Kombination von echter Schizophrenie mit echter Epilepsie sehr selten und von ihm selbst nie beobachtet worden sei. Die Diskussion um die schizophrenia like epileptic syndromes entstand aber nicht um solche, eigentlich gut überschaubaren klinischen Beobachtungen, sondern hatte anderes zum Inhalt.

Schon Kraepelin (1919) hat nämlich die Diskussion mit einer nach heutigen Erkenntnissen offensichtlich unzutreffenden Bemerkung belastet, es gebe zahlreiche Schizophrene mit epileptischen

Anfällen. Es handele sich um die Erscheinungen der Dementia prae-cox, stumpfes, gleichgültiges, unzugängliches Wesen mit negativis-tischen und befehlsautomatischen Zügen, Manieriertheit, Stereo-typien, katatonischen Stupor und Erregungszuständen, Fehlen der psychischen Pupillenreflexe. Durch Beachtung dieser Zeichen wird man sie meist von den entweder unbesinnlichen, mürrischen und gespannten oder kindlich zutunlichen, überhöflichen, schwerfäl-ligen und kleinlichen echten Epileptikern unterscheiden können. (Kraepelin, 1919, S. 107).

Offenbar meint Kraepelin hier, dass es einen eigenen Typ schizo-phrener Epileptiker gibt, den man von den echten Epileptikern, die Kraepelin an ihrem, hier ganz traditionell beschriebenen, Cha-rakter erkennen zu können glaubt, unterscheiden könne. Was er an Hinweisen auf die Dementia praecox anführt, erscheint uns heute größtenteils als eine Folge langjähriger beschäftigungsloser Anstaltsunterbringung und nicht als typisches Kennzeichen einer Schizophrenie. Allerdings muss man berücksichtigen, dass die Semiologie der Schizophrenie Anfang des 20. Jahrhunderts noch nicht ganz klar war und dass Kraepelins frühe verwirrende Be-schreibungen (ab 1898) noch Bleulers (1911) Ordnungsversuchen ziemlich unversöhnt gegenüber standen. Auch hatte die phänome-nologische Richtung der Psychiatrie gerade erst ihren Anfang ge-nommen und noch keine Ergebnisse aufzuweisen.

Trotzdem wirkte Kraepelins Beispiel so prägend, dass noch viel später entsprechende Publikationen erschienen. Jablonsky ver-öffentlichte z. B. noch 1931 aus einer ungarischen Anstalt vier entsprechende Kombinationsfälle von Schizophrenie und Epilep-sie, bei welchen sich die Schizophrenie-Diagnose ausschließlich auf die Feststellung von Negativismus, Autismus, Gemütsstumpfheit und Interesselosigkeit gründet. Dagegen stützen wir heute unsere Schizophrenie-Diagnosen in erster Linie auf Denkstörungen und die von der phänomenologischen Richtung herausgearbeiteten so-wie einige zusätzliche Phänomene.

Wenn man die Literatur der damaligen Zeit liest, findet man selbst in dieser schon nach und nach die wesentlichen Merkmale akuter epileptischer Psychosen beschrieben. Man erkennt, dass sie zwar in einzelnen Phänomenen eine gewisse, nicht einmal ein-deutige Ähnlichkeit mit entsprechenden schizophrenen Psychosen zeigen, sich aber im übrigen wesentlich von der Schizophrenie unterscheiden. Wir kommen gleich bei der Beschreibung der akuten Psychosen der Epileptiker darauf zurück. Es gibt zwei Phasen in der Schizophrenie-Epilepsie-Diskussion, eine deutsche und eine englisch-amerikanische.

Deutsche Phase der Diskussion

In der deutschsprachigen Literatur gab es mit Unterbrechung durch den zweiten Weltkrieg bis in die 50er Jahre hinein eine außerordentlich lebhafte Diskussion, an der sich Giese (1914), Krapf (1928), Glaus (1931), Wyrsch (1933), Aronson (1934), B. Berger (1938), Esser (1938), de Boor unter dem Einfluss Kurt Schneiders (1948), Dörries (1951) sowie Mollweide (1952) beteiligten, bis sie schließlich zum Erliegen kam. Der Grund für diese Diskussion mit immer neuen Fallbeispielen lag in den damaligen Ursachentheorien. Die Schizophrenie galt entsprechend dem medizinischen Modell (Siegler und Osmond, 1974) als eine in sich geschlossene Krankheitseinheit mit einem eigenen, wenn auch im einzelnen nicht klaren Erbmodus. Ein ganz ähnliches Krankheitsmodell galt für die genuine Epilepsie. Die beiden Krankheitseinheiten standen, nach der damaligen Vorstellung, in einem Gegensatz zueinander und schlossen einander bei demselben Patienten gegenseitig aus. Aus dieser Vorstellung heraus hatte von Meduna (1935) die Behandlung der Schizophrenie durch künstliche epileptische (grand mal)-Anfälle eingeleitet. Diese neue Behandlung trat unmittelbar darauf in Form der Elektrokrampfbehandlung ihren Siegeszug durch die Welt an galt und als große Errungenschaft im Kampf gegen die Schizophrenie. Der Behandlungserfolg schien die vorhandenen Vorstellungen des Epilepsie-Schizophrenie-Gegensatzes zu bestätigen. Ein gleichzeitiges, sozusagen friedliches Nebeneinander von Schizophrenie und Epilepsie ließ das Zusammenkommen zweier gegensätzlicher Erbkreise in einem Menschen vermuten, was zu umfangreichen geplanten Studien führte. Um einen solchen Nachweis zu führen, untersuchte Mme. Minkowska (zusammenfassend 1937) schließlich 1.000 Mitglieder der beiden Familien B. und F. Die Vorstellung ging dahin, dass auch die Primärpersönlichkeiten erbbedingt entsprechend unterschiedlich sein müsse, schizoide vs. epileptoide Charaktere.

Englisch-amerikanische Phase der Diskussion

Erst nach dem Ende der jahrzehntelangen deutschsprachigen Diskussion kam die englische durch eine Arbeit von Slater und Beard (1963) in Gang, die sich bald als außerordentlich folgenreich erweisen sollte. Slater hatte 1954 zusammen mit Mayer-Gross und Martin Roth das erste phänomenologisch orientierte psychiatrische Lehrbuch der Psychiatrie in englischer Sprache herausgebracht (Mayer-Gross et al., 1954). Danach wandte er sich der phänomenologisch-psychiatrischen Untersuchung des Schizophrenie-Epilepsie-Problems zu. Bei den von Slater mit seinen Mitarbeitern untersuchten Epileptikern fanden sich 69 Mal «schizophrenialike» Syndrome der Name wurde neu geprägt. Dies sei höher als der statistischen Erwartung des zufälligen Zusammentreffens von Schizophrenie und Epilepsie entspreche. Slater war offenbar überzeugt, es mit Schizophrenien zu tun zu haben, wobei für ihn die wichtigste Begründung darin bestand, dass diese Diagnose mehrfach von kompetenten Psychiatern gestellt worden war. Hier muss bemerkt werden, dass die deutsche Vorstellung von Schizophrenie niemals voll von der englischen Psychiatrie übernommen worden ist, sondern stets von anderen, pragmatischen Traditionen überlagert war. Slater und Mitarbeiter fanden aber auch phänomenologische Ähnlichkeiten, vor allem als typisch schizophren bezeichneten Wahn und Halluzinationen. Andere beobachtete Phänomene waren Beobachtungsgefühl, Beeinflussungsgefühl, Bestrahlungsgefühl, Personenverkennungen. Trotzdem wurden auch die Unterschiede gesehen, z. B. der warme Gefühlskontakt, das freundliche, kooperative, wenig misstrauische Verhalten der Patienten sowie das Herauswachsen der «schizophrenialike» Psychosen aus der epileptisch veränderten Persönlichkeit und ihrer Beziehungen zur Welt. Offenbar neigten Slater und Mitarbeiter aber zu der Annahme, dass es sich dabei um Abmilderungen des typisch schizophrenen Bildes durch die Epilepsie handelt.

Die genannte Arbeit sowie die Arbeiten von Slater (1969) sowie Slater und Moran (1969) riefen eine große Flut von englischen und amerikanischen Untersuchungen hervor, welche die Diagnose der Schizophrenie nunmehr auf die inzwischen herausgearbeiteten Kriterien stützten, wie sie größtenteils auch in DSM III eingegangen waren, wovon hier beispielhaft nur die Arbeiten von Kury und Cobb (1964), Asuni und Pillutla (1967), Davison und Bagley (1969), Reynolds (1973) genannt sein sollen. Das Ergebnis der Diskussion war wie schon vorher in Deutschland eigentlich, dass es eine echte Kombination von Schizophrenie und Epilepsie von seltenen und klinisch wenig belangvollen Ausnahmefällen einmal abgesehen, nicht gibt. Dennoch hat sich auf Grund der genannten Diskussion in der amerikanischen wie auch in der daran orientierten internationalen Psychiatrie die Vorstellung durchgesetzt, dass die Kombination Epilepsie-Schizophrenie eine Tatsache sei. DSM V enthält Epilepsie nur bei differentialdiagnostischen Überlegungen.

Das klinische Bild der
sog. schizophrenieähnlichen epileptischen Psychosen

Das klinische Bild kann vielgestaltig sein. Es kehren aber in den Beschreibungen verschiedene Beobachtungen immer wieder. An sich können die gewohnten erstrangigen Symptome einer Schizophrenie, Wahn, Sinnestäuschungen, Gedankeneingebung, Gedankenentzug und ähnliches vorkommen. Es wird betont, dass man das einzelne Phänomen, herausgelöst aus dem Zusammenhang, in welchem es vorkommt, eventuell nicht von einem schizophrenen Phänomen unterscheiden kann. Dies gilt aber nur, wenn man zu einem Patienten geführt wird, von dessen Anfallsleiden man nichts weiß, dessen Biographie man nicht kennt und mit dem man sich nur kurze Zeit beschäftigen darf. Vielfach besteht die Meinung, man müsse in der Lage sein, in einer solchen Situation an Hand von klaren Kriterien die Diagnose stellen. Die Gestalt der akuten epileptischen Psychosen ist aber eben nicht so, dass man sie unter solchen künstlichen Bedingungen immer richtig erkennen kann. Es ist vielmehr notwendig, sich auf breiter Basis Informationen zu verschaffen, wie sie auch sonst in der Psychiatrie und insbesondere in der Pathologie der Neurosen üblich sind. Dann werden allerdings neben den nicht zu bezweifelnden Ähnlichkeiten bald auch die Unterschiede zu schizophrenen Psychosen deutlich. Dieser Unterschied besteht bereits auf der phänomenologischen Ebene und wird immer deutlicher je mehr Gesichtspunkte man in Betracht zieht.

Wahn und Halluzinationen

Kurzbeschreibung: Wahn und Halluzinationen können ähnlich wie bei Schizophrenen vor, erweisen sich aber bei Betrachtung nach verschiedenen Gesichtspunkten doch als verschieden. Ausführlicher: Sinnestäuschungen kommen auf allen Sinnesgebieten vor. Vor allem handelt es sich aber um Phoneme, deren Inhalte in Beziehung stehen zu den sonstigen Inhalten der Psychose und zu den Lebensproblemen des Erkrankten. Leonhard hat betont, dass Wahn und Sinnestäuschungen immer unmittelbar an einen Affekt besonderer Art gebunden bleiben. Dieser Affekt steht mit den weiter unten zu besprechenden Inhalten in einem erkennbaren Zusammenhang. Offenbar wird vor allem deshalb an Schizophrenie gedacht, weil der Wahn beim ersten Eindruck in besonderem Maße der Definition von Wahn zu entsprechen scheint. Dieser Eindruck tritt allerdings zurück, wenn man sich näher mit dem Patienten und seinem Wahn beschäftigt. Kraepelin hatte bereits festgestellt, dass es keine Weiterverarbeitung des Wahns zu einer «krankhaft verfälschten Weltanschauung» gibt. Es bleibt bei einem einzelnen, eventuell auch bei mehreren wahnhaften Überzeugungen, aber es wird kein Weltgebäude daraus, auch kein Verfolgungsgebäude mit festen Zuweisungen zu Personen oder Institutionen, von denen man sich verfolgt wähnt. Auch nach Bruens bleibt der Wahn transparent und einfühlbar. Es heißt, der Wahn sei eher im affektvolitionalen Bereich als im signifikativen zu finden. Dies bedeutet, dass es in der epileptischen Psychose im Gegensatz zur Schizophrenie keine Zeichenfeldstörung gibt. Es werden also nicht in einzelnen normalen Wahrnehmungen Zeichen gesehen (gewähnt), die dem Kranken gegeben werden, damit er sie wahrnimmt. Nicht zu berücksichtigen sind in diesem Zusammenhang Halluzinationen, die als Symptome einer Aura oder auch einmal einer Aura continua (Wolf, 1982) auftreten, weil es sich dabei um Teilerscheinungen der Anfälle selbst handelt. Sie unterliegen offensichtlich anderen Regeln.

Seltene Berichte über Liebeswahn (in der Form eines ClérambaultSyndroms) (Signer u. Cummings, 1987) sind in ihrer Zuordnung zur Epilepsie zweifelhaft, weil es sich bei den dargestellten Fällen um ganz andersartige Krankheitsbilder handelt, bei denen gelegentlich auch epileptische Anfälle beobachtet werden.

Affektivität

Kurzform: Der Affekt bleibt warm und adäquat. Ausführlicher: Das Gemütsleben, das man ja nur nach dem eigenen Eindruck beurteilen kann, ist nicht eigentlich gestört, jedenfalls seiner besonderen Qualität nach. Es gibt nicht das Anwehen eines kühlen Hauches wie bei Schizophrenen, vielmehr kann der Untersucher die warmen Gefühle seines freundlichen Patienten unmittelbar übernehmen und sich davon angesprochen fühlen. Damit zusammenhängend spürt der Untersucher im Gespräch ein Streben des Patienten nach Kontakt, wodurch sich eine gute zwischenmenschliche Beziehung herstellt. Allerdings gilt das nur so lange der Untersucher nicht selbst den Gefühlsrapport verweigert, was bei Anfallskranken häufiger der Fall ist. Die Patienten neigen nicht zu autistischen Verhaltensweisen, sondern suchen ganz im Gegenteil den Kontakt und können selbst in einer solchen Psychose noch gefühlsklebrig sein. Allerdings ist die Affektivität innerhalb einer solchen Psychose oft in tiefer Weise zerwühlt, wie ein Meer während eines Sturmes. Innerhalb dessen, was aufkommt und deutlich wird, erkennt man elementare Affekte mit erotischer, aggressiver und religiöser Thematik, die auftauchen, untergehen und wieder auftauchen.

Denken. Von allen Untersuchern wird betont, dass der Gedankengang geordnet und nie paralogisch ist, gemeint aber offenbar im Gegensatz zu schizophrenen Psychosen. Das ist in dieser Vereinfachung aber nicht recht zutreffend. Zwar gibt es nicht das Phänomen der Zerfahrenheit. Auch die Phänomene der Inkohärenz und der Weitschweifigkeit können nicht beobachtet werden, obwohl man gelegentlich den Eindruck hat, sie seien vorhanden. Innerhalb der akuten Psychosen kann das Denktempo noch verlangsamt sein. Häufiger ist es aber beschleunigt, sogar über ein normales Maß hinaus. Alles, was der Patient sagt, klingt vernünftig und zusammenhängend, als seien es Teile einer großen und langen Geschichte, die der Zuhörer leider im Augenblick nicht überblickt. Es gelingt dem Kranken aber nicht, auf den Punkt zu kommen, Wichtiges und Unwichtiges zu unterscheiden, dem Untersucher das mitzuteilen, was besonders wichtig ist, das wegzulassen, was im Augenblick weniger bedeutungsvoll ist, einen roten Faden erkennen zu lassen. Das Urteilsvermögen ist gegenüber dem Normalzustand beeinträchtigt.

Zwischendurch ist dann doch unvermutet der Gedankenfaden gerissen und das Wiederanknüpfen gelingt nicht oder doch nur nach langen Umwegen, wenn wieder von weniger bedeutungsvollen Dingen die Rede ist. Der Zuhörer muss also Zeit haben, selbst ausgeruht sein und sich über längere Zeit gut konzentrieren können, dann kann er die Mitteilung des Patienten auch voll aufnehmen und seinerseits beim Zuhören die fehlenden Akzente setzen. Alle Berichte über das Erzählte von solchen Kranken in Psychose sind daher notwendigerweise schon verfälscht, weil sie komprimiert sind und das Wesentliche vom Unwesentlichen sondern. Würde man aber den unverfälschten Bericht vom Tonband auf das Papier übertragen und auch noch die paraverbalen Informationen, Verzögerungen usw. hinzufügen, würde ein sehr langer, nahezu unlesbarer Bericht entstehen, bei welchem die ganze geistige Arbeit zu seinem Verständnis noch erst geleistet werden müsste. Insgesamt hat aber gerade diese besondere Denkstörung zur Folge, dass beim Untersucher kein Praecox-Gefühl aufkommt, was sich allerdings in anderer Form auch aus dem affektiven Rapport ergibt.

Denkinhalte

Kurzform: Die Inhalte spiegeln die aktuellen Lebensprobleme der Patienten wieder, mit sich selbst und mit der unmittelbarsten Umgebung. Ausführlicher: Die klassische Psychopathologie hat gerade bei den epileptischen Psychosen eine Beschäftigung mit den Inhalten mit abgelehnt, was ungünstige Folgen hatte. Die von der Anti-Psychiatrie zitierten antiklassischen Beispiele zitieren denn auch oft Situationen, in welchen ein Patient verzweifelt versucht, seinem Psychiater etwas über seine wichtigen Denkinhalte nahezubringen und der Psychiater auf die gleichzeitig bestehenden formalen Veränderungen fixiert bleibt und die Mitteilungen über bestimmte Inhalte überhört. Wie bei allen anderen Psychosen kann man insbesondere auch bei den akuten Psychosen der Epileptiker die Feststellung der Inhalte mit zur Diagnostik benutzen und zugleich in psychotherapeutischer Absicht darauf eingehen.

Offenbar haben sich manches Mal die Inhalte so aufdringlich einem Untersucher dargeboten, dass sie quasi gegen seine theoretische Absicht in seine Beschreibungen eingeflossen sind, allerdings dann gewöhnlich nur in kurzen Bemerkungen, die aber in Übereinstimmung mit ausführlicheren Darstellungen anderer Autoren stehen.

In erster Linie wird die Familienproblematik in der Psychose thematisiert. Wie bei den Familienbeziehungen im einzelnen ausgeführt wird, zieht die Familie ihrerseits um den Anfallskranken einen Ring, in welchem er sich relativ frei bewegen kann, aber im wesentlichen ohne Rechte ist. Der Anfallskranke hat nicht nur die Distanzierung der weiteren Mitwelt zu ertragen, sondern auch noch die Reaktion seiner engsten Familie auf sein Anfallsleiden und auf ihn selbst und die Reaktion der Familie auf die Ächtung durch die Gesellschaft, welche sie erleiden muss, weil sie einen Anfallskranken in der Familie beherbergt. Die Familienbeziehungen sind somit besonders eng und gleichzeitig besonders belastet.

Tellenbach (1965), ist bei seinen zwölf Beobachtungen ausführlicher auf die Thematisierung der Familienproblematik in der Psychose zu sprechen gekommen. Erwähnt wird mehrfach, wie die Familienbeziehung in Frage gestellt wird, was im realen Leben sonst kaum vorkomme. Tellenbach erwähnt auch, dass ein leicht einsehbarer Zusammenhang mit drängenden lebensgeschichtlichen Problemen vorhanden sei und dass ein in bestimmter Weise gestörtes Elternverhältnis akzentuiert werde. Weiter heißt es, in der Psychose werde die Beziehung zu den Eltern, besonders dem Vater, in einer Radikalität in Frage gestellt wie kaum in einer anderen Psychose.

Auch Bruens (1963) meint, die Familienproblematik sei überdeutlich wahrnehmbar. Es geht aber nicht nur um die Beziehungen zu den Eltern, sondern ebenso zu allen Menschen, die dem Kranken nahe stehen. Es sind die Probleme, die sonst nicht ausgesprochen werden, aber eigentlich immer vorhanden sind. In der Psychose sind die Hemmungen und Rücksichten weggefallen, die sonst daran gehindert haben, die Belastung durch diese Beziehungen auszusprechen. Sie sind sozusagen nackt, unverfälscht und eher übertrieben, unabgemildert durch Rücksichtnahmen vorhanden. Ungeschminkt kann es zu Morddrohungen gegenüber den Eltern kommen. Das Gegenstück dazu sind Ängste davor, ermordet zu werden. Auch darin können die erlebten und oft ebenfalls nicht ausgesprochenen Aggressionen der Familienangehörigen gegenüber dem Patienten gespiegelt werden.

Die Inhalte von Wahn und Halluzinationen wie auch der anderen psychotischen Erlebnisse greifen nicht hinaus in die Welt oder ins Universum, wie man es bei anderen Psychosen erleben kann. Sie bleiben nicht nur auf dieser Welt, sondern auch in dem besonderen Leben dieses einen Anfallskranken. Sie enthalten kein zentrales Grundsatzurteil über die Welt. Dies trifft selbst dann zu, wenn die Thematik religiöser Natur ist. Die früher so häufig betonten und in eigenen Kapiteln behandelten (Christian, 1890), für typisch epileptisch gehaltenen religiösen Inhalte sind allerdings mit dem Zurücktreten religiöser Themen in der öffentlichen Diskussion ebenfalls allgemein stark zurückgetreten und lassen damit ebenfalls ihre Zeitgebundenheit erkennen. In der eigenen Erfahrung zeigten selbst zwei epileptische Pfarrer keine Neigung zu übertriebener Religiosität. Wo heute noch religiöse Inhalte vorkommen, haben sie somit eine individuelle Bedeutung, die aus solchen Gründen allerdings den Therapeuten interessieren muss.

In allgemeinerer Form ist vielen Untersuchern die Beziehung der psychotischen Inhalte der Epileptiker zu, allgemein gefasst, sozialen Konflikten aufgefallen. Man findet sie in verschiedener Form bei Müller-Suur (1942), Trethowan (1952), Landolt (1955), Kury und Cobb (1964), Stevens (1966), Herrington (1969) und Pond (1971) unter den sozialen Problemen erwähnt. Es handelt sich aber nicht nur um eine Auseinandersetzung mit den allgemeinen Nachteilen in einer feindlichen sozialen Welt, sondern es ist auch hier eine viel konkretere soziale Umwelt gemeint.

Die psychotische Auseinandersetzung mit der Beziehungsproblematik zu den nächsten Menschen kann mit intensiven Ängsten einhergehen. Es sind thanatophobe Ängste der Lebensbedrohung und des befürchteten oder herbeigewünschten Lebensendes. Wie auch sonst in der Pathologie der Psyche können solche Ängste häufig im Zusammenhang mit dem Herzorgan erlebt und in der Präkordialangst besonders intensiv auch körperlich wahrgenommen werden. Es kann die Befürchtung bestehen, das Herz könne fortgenommen werden, vielleicht für eine Herztransplantation, oder das Herz können seinen Dienst versagen, eventuell, weil es zu stark beansprucht werde, man fühle das.

All diese Inhalte werden aber nicht in einer systematisierten Form vorgetragen, sondern in dem einen Augenblick geäußert, während der Kranke bald darauf bei einem anderen Thema ist. Es fehlt hierin ebenfalls der sonst zu beobachtende mangelhafte Zusammenhang und die Sonderung der wichtigen subjektiven Erlebnisse von den unwichtigen.

Wie weit die Inhalte an die jeweilige besondere Kultur gebunden sind, in welcher ein Patient lebt, ist noch nicht untersucht worden. Immerhin konnte Parada (1970) in Chile ganz gleichartige Beobachtungen machen. Allerdings ist die südamerikanische Kultur in vielerlei Hinsicht der europäischen gleich. Es fehlen Untersuchungen aus ganz anderen Kulturbereichen.

Verlauf

Akute Psychosen der Epileptiker haben einen günstigen Verlauf, obwohl sie mehrere Monate bestehen bleiben können. Es ist möglich, im ganzen aber selten, dass die akute Psychose in eine chronische Wahnpsychose übergeht.

Behandlung

Kurzform: Die Behandlung erfolgt am besten in einer Kombination von Tranquilizern und Psychotherapie. Ausführlicher: Der Begriff der schizophrenieähnlichen Psychosen, die teilweise noch in den Lehrbüchern anzutreffende Diskussion um die Frage, ob es zwei sich mischenden Krankheiten sind und die oft starke Unruhe der Kranken verführen dazu, alles Heil in der Gabe von oft hohen Neuroleptika-Dosen zu suchen. Es besteht an sich eine einhellige Meinung, dass dies bestenfalls eine nutzlose Therapie sei. Neuroleptika besitzen zwar eine anfallsprovozierende Potenz, die man aber angesichts anderer Überlegungen glaubte unberücksichtigt lassen zu dürfen. Früher wurden häufig die Anti-Konvulsiva entzogen oder/und mit Elektrokrampf behandelt, aus der Vorstellung heraus, dass am besten ein natürlicher epileptischer Anfall den psychotischen Zustand beenden werde und wo dies nicht erfolge, ein künstlicher hervorzurufen sei. Teilweise sind mehrere Elektrokrampf-Behandlungen täglich durchgeführt worden. Aber auch diese hat sich als wenig nützlich erwiesen.

Berücksichtigt man, dass alle epileptisch-psychotischen Erscheinungen in einem engen Zusammenhang mit Angst und anderen

Gefühlen stehen, ergibt sich daraus bereits allein die Konsequenz der Verordnung von Tranquilizern. Die Unruhe kann aber so erheblich sein, dass durch Tranquilizer allein keine ausreichende Beruhigung zu erzielen ist. Man gelangt dann in einen Dosisbereich, bei welchem eine zusätzliche Steigerung des Tranquilizers keine weitere Steigerung des therapeutischen Effektes zur Folge hat. In Fällen so starker Unruhe kann der Tranquilizer durch vorsichtige Gaben von Clozapin ergänzt werden. Darüber hinaus hat Köhler (1977) in 6 Fällen mit der alleinigen Gabe von Natrium-Valproat sehr befriedigende Ergebnisse erzielen können.

Die Empfehlung, auch psychotherapeutisch vorzugehen, ergibt sich schon aus den Themen, die in der Psychose zu Tage treten. Bereits das Wahrnehmen einer solchen Thematik durch den Arzt und das Eingehen darauf führen zu Entspannung und Beruhigung. Man soll allerdings im akuten Stadium keine Interpretationen geben, sondern sich die Inhalte für später merken oder notieren. Im übrigen ist auch der Denkzusammenhang des Patienten noch zu zerrissen, als dass er Interpretationen überhaupt aufnehmen könnte. Aber punktuell kann man auf sich darbietende oder aufdrängende Themen, z. B. die Vater-Mutter-Geschwister-Beziehung bereits ein wenig eingehen. Allerdings ist es bei noch so guter Psychotherapie und bei vollständiger Verfügbarkeit des Therapeuten nicht möglich, den psychotischen Zustand allein dadurch zu beherrschen oder gar zu beenden. Man hat aber den Eindruck, dass Medikamente eingespart werden können und es wird das Material für eine spätere Psychotherapie geliefert. Man hat ferner den Eindruck, dass sich die Psychosen dadurch abkürzen lassen. Die Frage der Wirksamkeit der Psychotherapie ist gerade im gegebenen Zusammenhang schwer unter Beweis zu stellen. Es kommt daher häufiger dazu, dass von Krankenkassen die Übernahme der Bezahlung der Psychotherapie abgelehnt wird, weil die Gutachter keine Erfahrungen mit solchen Therapien haben und sie deshalb eventuell für unangebracht halten und schließlich die Frage einer psychogenetischen Entstehung der Erscheinungen nicht eindeutig beantwortet werden kann, was gewöhnlich für die Genehmigung von Psychotherapie verlangt wird.

Werden akute Psychosen der Epileptiker durch Antikonvulsiva hervorgerufen oder begünstigt?

Die Frage, ob die akuten Psychosen der Epileptiker, insbesondere, wenn sie den Untersucher an Schizophrenie erinnern, durch die Gabe von Antikonvulsiva hervorgerufen oder begünstigt werden, ist oft erörtert worden. Schon bei den ersten Antikonvulsiva, den Bromiden, ergab sich diese Frage und wurde beispielsweise durch Raecke (1906) und Christinger (1914/15) erörtert. Hier ist auf das Problem aufmerksam zu machen, dass praktisch alle antikonvulsiv wirkenden Medikamente auch eine müdemachende oder zumindest den Geist beeinträchtigende Wirkung besitzen und dass es bei deren Wegfall oder bei Dosis-Erniedrigung als Rebound-Effekt zu Überwachheitspsychosen kommen kann wie bei Entzug von Schlafmitteln auch. Schon sehr früh waren solche Brom-Psychosen aufgefallen (Hammond, 1869). Es ist kein Wunder, dass später Levin (1933, 1946, 1948, 1960) unter seinen vier Formen der Brom-Psychosen auch eine Brom-Schizophrenie unterschied. Der Ausdruck Schizophrenie steht hier wiederum, wie so oft in der amerikanischen Psychiatrie, für das Auftreten von Wahn und Halluzinationen bei relativ wachem oder sogar überwachem Bewusstsein.

Immer hat sich an solche Beobachtungen auch eine Diskussion über die mögliche toxische Provokation oder Entstehung wirklicher Schizophrenie angeschlossen. Bei einer etwas feineren phänomenologischen oder gar inhaltlichen Betrachtungsweise lassen sich aber die Unterschiede unschwer beschreiben. Auch in diesem Bereich handelt es sich somit nur um eine verhältnismäßig oberflächliche phänomenologische Ähnlichkeit.

Diese geschilderte Diskussion hat sich, unter Berücksichtigung des Zeitgeistes, praktisch für alle Antikonvulsiva wiederholt. Diese sollen hier deshalb nur aufgezählt werden, um Hinweise auf die Literatur zu geben: Ethosuximid (Spinner, 1961; Cohandon et al., 1962; Lairy, 1964; Fau, 1965; Fischer et al., 1965). Phenobarbital (Yde et al. 1940; Hoimar von Ditfurth, 1953; Michaux, 1956), Diphenylhydantoin (Gibbs, 1951), Mephenytoin (Gibbs, 1951), Phenacemid (N'Diaye, 1964; Rodin, 1975; Tyler and King, 1951), Äthylenacemid (Fine und Gaylor, 1961), Phenytoin (v. Ditfurth, 1953; Mc Danal und Bolman, 1975), Malliasin (Becker, 1968), Primidon (Smith und Forster,

1954; Whitty, 1953), Methsuximid (Stevens, 1966), Sulthiam (Garland und Sumner, 1964) sowie Carbamezipin (Dalby, 1969).

Ebenso wie bei körperlich begründbaren Psychosen ist es gewöhnlich nicht möglich, die Psychose eindeutig auf einen einzelnen Ursachenfaktor zurückzuführen. In Betracht zu ziehen sind das Vorkommen reiner Intoxikationspsychosen, herabgesetzte Verträglichkeit für eine besondere Substanz, Zusammenwirken der Substanz mit der epileptischen Grundkrankheit und schließlich trotz eines erkennbaren Zusammenhanges mit Anfallsleiden und dessen medikamentösen Therapie der Einfluss von Erlebnisfaktoren wie bei anderen akuten Psychosen der Epileptiker auch.

Die Bedeutung des Temporallappens für akute Psychosen der Epileptiker

Viel Verwirrung hat die unübersehbar große Diskussion um Temporallappen und «schizophrenia like Syndrome» gestiftet (vgl. u. a. Glaser, 1964; Taylor, 1971; Flor-Henry, 1969, 1973). Es handelt sich allerdings um eine englisch-amerikanische Diskussion, die nur gelegentlich in die deutsche Literatur hinübergewirkt hat. Von vornherein standen für die Diskussion nur wenige Beobachtungen zur Verfügung. Hierzu gehören die folgenden: es gibt psychische Auffälligkeiten, die sich durch den aufmerksamen Beobachter auf den Schläfenlappen beziehen lassen. Auch phänomenologisch lassen sich einige psychische Eigenschaften als Folge von Läsionen beider Schläfenlappen beim Rhesusaffen (Klüver und Bucy, 1938, 1939) sowie beim Menschen beschreiben (Terzian und Dalle Ore 1955). Dem entspricht ferner ein phänomenologischer Befund bei den seltenen einseitigen und lokal begrenzten Läsionen (Peters, 1983). Teilweise kehren solche Eigenschaften bei der Schläfenlappen-Epilepsie wieder, so dass sich eine, allerdings nicht scharf umgrenzbare Psychopathologie des Schläfenlappens entwickeln läßt. Schließlich gibt es bei manchen Psychosen der Epileptiker Herdbefunde im EEG im Bereich eines oder beider Schläfenlappen. Diese relativ geringen, aber faszinierenden Beobachtungen haben zahlreiche Forscher zu Versuchen veranlasst, die Basis durch weitere Befunde zu erweitern.

Die große Flut der Literatur läßt sich durch Bemühungen um zusätzliches empirisches Material allerdings nicht hinreichend erklären. Vielmehr trat von Anfang an ein spekulatives Element hinzu, das sich schon bei Gibbs (zusammengefasst: 1951) findet. Gibbs hatte nämlich sogleich der Erwartung Ausdruck gegeben, nicht nur schizophrenia like Psychosen bei Epileptikern durch Läsionen des Temporallappens zu erklären, sondern gleich auch die Schizophrenie selbst. Vor allem die amerikanische Psychiatrie kennt eine lange Reihe solcher Versuche, die Schizophrenie an einem einzigen organischen Faktor erkennbar zu machen. Beispielhaft sei hier nur das legendäre Taraxëin genannt, das nach Heath (1955) in der Lage sein soll, nach Injektion selbst bei Gesunden typisch schizophrene Erscheinungen zu erzeugen. Es liegt solchen Bemühungen ein aus dem Empirismus ableitbares Bestreben zugrunde, psychische Krankheitsbilder nicht durch immer mißdeutbare psychische Veränderungen, sondern durch sog. exakte Befunde zu diagnostizieren. Andererseits fehlt der englischen und amerikanischen Psychiatrie die idealistische deutsche Philosophie, welche weiterhin die Grundlage der deutschen Psychopathologie geblieben ist.

Eine Zusammenfassung der Literatur findet man bei Glaser et al. (1963) sowie Glaser (1964). Heath (1962) hatte ebenfalls die Erwartung geäußert, man könne die Schizophrenie an bestimmten EEG-Befunden erkennen, eine unerfüllte Erwartung, die noch keineswegs ausgestorben ist. Bei Rodin et al. (1957) findet man ebenfalls einen substantiellen Vergleich zwischen psychomotorischer Epilepsie und Schizophrenie. Schließlich versuchte Treffert (1964) eine Gruppe psychiatrischer Patienten mit einem temporalen Focus herauszuarbeiten. Vor diesem Hintergrund versteht man vielleicht noch etwas besser, warum die bereits mehrfach erwähnten Untersuchungen von Slater und seinen Mitarbeitern in der amerikanischen Literatur eine so große Beachtung fanden, weil sie nämlich die vermuteten klinischen Beziehungen zwischen Epilepsie, dem Temporallappen und Schizophrenie zu beweisen schienen.

Wie kaum anders zu erwarten wurde die Temporallappen-Hypothese schließlich durch sorgfältig geplante und mit großem Aufwand durchgeführte Untersuchungen widerlegt (Stevens 1973a u. b.). Dies hat freilich nicht die Überzeugungen vieler Forscher korrigieren können, so dass die Temporallappen-Hypothese zum Teil weiter vertreten wird.

Forcierte Normalisierung

Ein starkes Echo in der Literatur und eine zunächst kontroverse Diskussion fand auch der Befund der forcierten Normalisierung, wie ihn Landolt (1952, 1953) mitgeteilt hatte. Der Begriff bedeutet, dass sich ein vorher abnormes EEG weitgehend oder völlig normalisiert («Normalisierung»), während sich das klinische Bild verschlechtert («forciert» wird). Als eine solche Verschlechterung werden das Auftreten von akuten oder chronischen Psychosen oder von (periodischen) Verstimmungen angesehen. Ein entsprechender Befund stand der Erwartung der klinischen Neurophysiologen entgegen, welche bei Auftreten einer Psychose mit dem Auftreten oder zumindest mit der Zunahme von EEG-Veränderungen gerechnet hatten. Nachdem der Befund zunächst bezweifelt worden war, wurde er später anerkannt. Allerdings kommt es keineswegs regelmäßig während der genannten psychopathologischen Zustände zum Verschwinden vorher abnormer Kurvenverläufe. Die Häufigkeit seines Vorkommens bleibt ungewiss. Aber selbst bei einem nur seltenen Vorkommen kann dieser Befund grundsätzliches Interesse beanspruchen. Die meiste Mühe wurde denn auch darauf verwendet, den Befund zu erklären. Dabei ist es teilweise zu sehr phantasievollen Erklärungen der damit befassten Neurophysiologen gekommen.

Landolt selbst (1955) deutete seinen Befund mit einem Rückgriff auf die Schizophrenie-Theorie, welche Eugen Bleuler (1911) in derselben Stadt Zürich entwickelt hatte. In dieser Theorie werden primäre und sekundäre Symptome der Schizophrenie unterschieden. Primäre Symptome sind eine direkte Folge des hypothetischen Körperprozesses. Dagegen lassen sich Sekundärsymptome nur mittelbar auf den Körperprozess beziehen und stellen weitgehend die Reaktion der «gesunden Anteile der Psyche» auf die Erkrankung dar.

Nach Landolt sind bei der Epilepsie die Anfälle das primäre Störsyndrom und somit Ausdruck einer Fehlfunktion des erkrankten Hirngewebes, welcher jedoch keine Gewebszerstörung zugrunde liegt. Sekundäre Störungssyndrome werden durch das Verhalten des gesunden Hirngewebes bestimmt. Wahn und Sinnestäuschungen wären danach als überschießende, aber ihrem Wesen nach gesunde Reaktionen aufzufassen. Dass Landolt nicht nur zufällig die

Primär-Sekundär-Unterscheidung aus Bleulers Schizophrenie-Lehre entlehnt hat, sondern etwas Substantielles meint, geht aus der Tatsache hervor, dass er für Schizophrenie und Epilepsie verwandte pathophysiologische Voraussetzungen annimmt. Damit heizte Landolt seinerseits die Schizophrenie-Epilepsie-Diskussion an.

Die Schwierigkeit einer solchen Theorie besteht darin, dass sie nicht das Auftreten eines Dämmerzustandes als klinisches Syndrom bei einem Petit mal-Status erklären kann, weil dieses klinisch ebenfalls als akute Psychose imponierende Bild gerade mit dem Vorhandensein eines pathologischen und sogar weitgehend spezifischen EEG-Befundes verbunden ist. Landolt erkannte dieses Problem und versuchte es mit einer Hilfstheorie zu überbrücken, nach welcher forcierte Normalisierung und Petit mal-Status die Extrempositionen auf der Leiter eines dynamischen Kontinuums darstellen.

Eine sich an Landolt anschließende geistvolle Interpretation gab R. Hess (1955, 1963), der dabei auf die Retikularis-Theorie von Magoun und Moruzzi (1949) zurückgriff. Nach dieser, zu ihrer Zeit sehr bekannten Theorie regelt ein von der Formatio reticularis des Hirnstammes aufsteigendes diffuses, unspezifisches aktivierendes Projektionssystem die kortikale Aktivität und damit auch die Folge von Schlaf und Wachen. Bei der forcierten Normalisierung handelt es sich nach Hess um eine Überaktivität des Wachzentrums der Formatio reticularis, was bei den akuten reversiblen Psychosen, auf welche er sich bezieht, zu exzessiver Erregtheit führe.

Eine andere Deutung gab W. Christian (1957), welcher erklärte, das forciert normale EEG werde bei einem pathologischen Spannungsniveau auf der Basis zweier Extreme erzwungen.

Die lange Diskussion um die Frage der forcierten Normalisierung findet man fast ausschließlich in der deutsch und französischsprachigen Literatur, z.B. bei Cohadon et al. (1962); Fau und Garrel (1965); Lairy (1964); Stegemann und Wendland (1972) sowie Tridon und Weber (1966). Die englischsprachigen Autoren (z.B. Glaser et al., 1963 und Glaser, 1964) nahmen überhaupt erst spät Kenntnis davon und versuchten dann, den Befund der forcierten Normalisierung regelhaft mit der TemporallappenEpilepsie in Verbindung zu bringen, was nicht gelingen konnte. Ferner ergab sich eine zunächst nicht bemerkte sprachliche Schwierigkeit. Landolt sprach immer wieder von Dämmerzuständen, wie sie in der deutschen und auch französischen Literatur geläufig sind. In der englischen und amerikanischen Psychiatrie gibt es zwar die Übersetzung «twilight state», dieser Begriff wird jedoch nur sehr selten verwendet und kaum phänomenologisch näher bestimmt. Gewöhnlich verbindet sich mit «twilight state» die Vorstellung einer Bewußtseinstrübung, was nach unserer Vorstellung nur für einen Teil der Dämmerzustände zutrifft. In DSM V kommt dieser Begriff nicht mehr vor.

Schließlich kam es aber doch zu einer allgemeinen Zustimmung zu dem Befund Landolts (Brady, 1964; Davison und Bagley, 1969; Reynolds, 1973; FlorHenry, 1973; Panic und Beslin, 1985), der nunmehr als besondere Form einer Untergruppe akuter epileptischer Psychosen angesehen wurde. In dieser Form war die Theorie der forcierten Normalisierung auch für die amerikanischen Wissenschaftlicher akzeptierbar, weil es sich damit um eine zwar kleine, aber durch einen technischen Befund charakterisierbare Gruppe von Psychosen handelte.

Transmitter-Theorien psychischer Störungen

Ebenso wie bei Schizophrenie und manisch-depressiver Erkrankung hat sich nach Entstehen der Transmitter-Konzepte alsbald der Versuch eingestellt, die psychischen Störungen und selbst die Anfälle der Epileptiker mit Hilfe dieser Theorien zu erklären. Lamprecht (1973) hat auch dazu eine Übersicht gegeben. Die Grundstörung liege in den zentralen dopamninergen Synapsen. Bei einem Überschuss an Transmitteraktivität komme es zu schizophrenia like Syndromen, bei einer Verminderung der Transmitteraktivität komme es dagegen zu Anfällen. Ähnliche Erklärungsversuche sind mit Hilfe anderer Transmitter-Substanzen und Synapsentheorien vorgenommen worden. Die Diskussion ist aber dem engen Rahmen der Schizophrenie-Diskussion verhaftet geblieben (Stevens et al., 1969; Levi und Waxman, 1975; Sandler und Reynolds, 1976) und hat nicht zu einer Theorie mit größerer Verbreitung geführt.

Depression bei Epilepsie

Krankhafte Störungen der Stimmung mit manischen und depressiven Schwankungen haben im Gegensatz zu den *schizophrenia like* Syndromen seltener ausführliche Diskussionen in Gang gesetzt, obwohl auch auf diesem Gebiet ein Bedürfnis nach objektiven, d. h. von der psychopathologischen Beobachtung unabhängigen Diagnostik besteht. Wohl findet man in vielen Lehrbuchbeschreibungen den Hinweis, dass Depressionen bei Epileptikern häufig seien und sieht dies vor allem in der Depressions-Skala des MMPI bestätigt (Mathews and Kløve, 1968). Auch sind solche Depressionen schon in der alten Literatur erwähnt worden, z. B. im Fall 14 von Maisonneuve (1803) als postparoxysmale Depression. Die Bemerkungen über das Vorkommen von Depression treffen jedoch nur zu, wenn man Depression in einem sehr weiten Sinne versteht, der manchmal so weit ist, dass eine Ähnlichkeit mit dem klassischen Bild der Melancholie nicht mehr besteht. Dies trifft z. B. für die Monographie «Epilepsie und manisch-depressives Irresein» von Krisch (1922) zu. Manisch bedeutet darin nur so viel wie heiter erregt. Im einzelnen beschreibt Krisch dann aber Dämmerzustände mit einer gewissen Erregung und Heiterkeit. Ferner werden epileptische Ausnahmezustände beschrieben, in denen man psychomotorische Anfälle erkennt. Eine manischdepressive Erkrankung ist somit allenfalls in einem metaphorischen Sinne gemeint. Die Durchsicht anderer Kasuistiken zeigt, dass es bei Anfallskranken vorübergehend wohl ein manisches «Auf» (Heilbronner, 1903; Wolf, 1982) und ein depressives «Ab» (Robertson, 1986, Mendez et al. 1986), eventuell auch verbunden mit Schlafstörungen und selbst Suizidneigungen und Selbstvorwürfen geben kann. Aber auch hier gilt, dass sich womöglich niemals das wirklich typische Bild einer klinischen Manie oder Depression ausbildet. Aus den mitgeteilten Kasuistiken kann man ferner den Eindruck gewinnen, dass bei Vorhandensein einer deutlicheren melancholischen Verstimmung von der Primärpersönlichkeit her der Typus melancholicus vorhanden ist. Dennoch hat sich vor allem in der englischsprachigen Literatur die Meinung durchgesetzt, dass von allen psychischen Erscheinungen Depressionen bei Epileptikern am häufigsten zu finden seien.

Es besteht aber ein großer Mangel an speziellen Studien zu diesem Thema. Es fehlt auch Kasuistiken, insbesondere an solchen, in welchen die klinischen Bilder von geübten Psychopathologen mit phänomenologischen Mitteln beschrieben werden. Erst recht fehlen Untersuchungen vom psychodynamischen und familiendynamischen Standpunkt aus.

Auch therapeutische Berichte sind selten. Davis et al. (1984) haben einen einfachen Behandlungsbericht mit 8 Patienten mittels kognitiver Verhaltenstherapie veröffentlicht. Die Patienten hatten sich auf eine Anzeige hin gemeldet, welche die Behandlung von depressiven Gefühlen bei Epilepsie versprach.

Periodische Verstimmungen bei Epilepsie

1895 hatte Gustav Aschaffenburg, der sich auf viele Erfahrungen mit Begutachtungen stützen konnte, erstmals auf der Wanderversammlung süd- und südwestdeutscher Psychiater und Neurologen in Baden-Baden unter der Bezeichnung «gewisse Formen der Epilepsie» über episodische Stimmungsschwankungen gesprochen. Seither wird die Bezeichnung bis in die Gegenwart weiter benutzt (Sailer et al. 1991), obwohl es sich nicht um ein klar umschriebenes Krankheitsbild handelt. Schon früher war, worauf Aschaffenburg selbst hinwies, Schüle, Kirchhoff, Kraepelin und anderen Klinikern aufgefallen, dass Verstimmungszustände als alleiniges Zeichen von Anfallskrankheiten auftreten können. Die genannten Autoren hatten dies in ihren Lehrbüchern erwähnt. Aschaffenburg hatte die Vorstellung, die sich dann bei Sailer et al. (1991) allerdings offenbar ohne Kenntnis der Vorarbeiten wiederfindet, dass der Verstimmungszustand für sich genommen bereits erlaube, eine Epilepsie anzunehmen. Hiergegen war berechtigte Kritik geäußert worden, wobei Aschaffenburg (1906) zugeben mußte, dass bei etwa 80% der Epileptiker, welche die Grundlage für seine Mitteilung 1895 gebildet hatten, nie ein Anfall beobachtet worden war. Dennoch hielt Aschaffenburg auch 1906 an seinem Konzept fest und beschrieb nunmehr in einer Monographie 21 Fälle mit episodischen Verstimmungen, bei denen Anfälle beobachtet worden seien. Unter heutigen Gesichtspunkten sind davon allerdings mehrere Fälle recht zweifelhaft, so weit man sich überhaupt aus der Beschreibung ein Urteil bilden kann, ob es sich um eine Epilepsie handelte. Die Beschreibung der Zustandsbilder war dann allerdings klar.

Die Form der Stimmungsanomalien war sehr verschiedenartig. Bei einigen Kranken trat eine einfache Verstimmung auf mit Selbstvorwürfen, Sorgen um die Existenz und Neigung zum Suizid. Bei anderen trat ein bald mehr bald weniger ausgeprägtes Angstgefühl, einige Male mit Erscheinungen schwarzer Gestalten, Funken, feurigen Kugeln oder mit Rotsehen verbunden, auf. Manche Patienten begannen jedes Mal, wenn der Anfall kam, zu querulieren, in ungeheurem Wortschwall (aber ohne Ideenflucht) ihre Situation zu erörtern, gegen ihre Zurückhaltung in der [psychiatrischen] Anstalt, noch häufiger gegen frühere angebliche Ungerechtigkeiten zu protestieren, um nach Ablauf der einander oft sehr ähnlichen Anfällen wieder zufrieden und meist mit mehr oder weniger vollständiger Einsicht in das Pathologische dieser Zustände fleißig ihrer Beschäftigung nachzugehen. Seltener waren Verfolgungsideen; doch zeigte ein Kranker ganz ausgeprägte Gehörschtäuschungen, speziell Drohungen, die nach einigen Tagen spurlos verschwanden. Eine der regelmäßigsten Erscheinungen war das Fortdrängen, das sich in der [psychiatrischen] Anstalt durch Fluchtversuche, Widerspruch gegen die Festhaltung, in der Freiheit durch zweckloses Umherlaufen, weite Reisen, Märsche bis zur völligen Erschöpfung kundgab. Eine große Gruppe von Kranken endlich zeigte eine auffallende Gereiztheit, ein Gefühl der inneren Spannung, die sich bei der geringfügigsten Veranlassung in maßloser Gewalttätigkeit entlud. Einige Male gingen diese Zustände Krampfanfällen voran oder folgten ihnen nach; meist aber traten sie ganz isoliert ohne nachweisbare Beziehungen zu den gewöhnlichen Anfällen auf. (Aschaffenburg, 1906, S. 7)

Die Beschreibung entspricht auch heutigen Erfahrungen im Umgang mit Anfallskranken. Die genannten Erscheinungen werden jedoch teils der epileptischen Persönlichkeit, teils etwaigen Psychosen und schließlich den Verstimmungen vor oder nach Anfällen zugerechnet. Allerdings bestand Aschaffenburg darauf, dass es sich um epileptische Äquivalente (Hoffmann, 1862) handelt, also um Zustände, welche auch ohne Vorhandensein von Anfällen eine Epilepsie anzeigen. Diesen Standpunkt haben auch Sailer et al. (1991) in der Interpretation von drei eigenen Fällen vertreten.

Bei diesen bestand teilweise eine Ähnlichkeit mit Aschaffenburgs Beschreibung. Auch gingen bei ihnen die Verstimmungszustände mit EEG-Veränderungen einher. Beides, Verstimmung und EEG-Veränderungen, ging unter Gaben von Diazepam bzw. Clonazepam vorüber.

Literatursammlung zu Epilepsie und Psyche

Ackerman, N. W.: The Psychodynamics of Family Life. Diagnosis and Treatment of Family Relationships. Basic Books, New York 1958.

Alajouanine, T. L., G. Boudin, P. Castaigne, F. Lhermitte, A. Lauras, S. Masson: Psychoses aiguës chez les épileptiques (11 observations). Rev. neurol. 95 (1956), 599-600.

Alexander, M. P.: Episodic Behaviors Due to Neurologic Disorders Other than Epilepsy. In: Riley, T. L., and A. Roy (Eds.): Pseudoseizures. Williams & Wilkins, Baltimore-London 1982, S. 83-112.

Allain, Ed.: Le mal de Flaubert. Thèse, Paris 1928.

Alsen, V.: Affektive Psychosen bei Epilepsien. In: Wolf, P., G.-K. Köhler (Hrgg.): Psychopathologische und pathogenetische Probleme psychiatrischer Syndrome bei Epilepsie. Huber, Bern-Stuttgart-Wien 1980, S. 95-105.

Alsen, V.: Anfallsleiden und Psychose. Nervenarzt 36 (1965) 430-493.

Alström, C. H.: A study of Epilepsy in its clinical, social and genetic aspects. Acta psychiat. scand. Suppl. 63, 1-284 (1950).

Andermann, F., J. P. Robb: Absence Status. A Reappraisal Following a Review of 38 patients. Epilepsia 13 (1972) 177-187.

Anonym: Proposal for an International Classification of the Epilepsies. Epilepsia 11 (1970), 114-119.

Arndt, R.: Lehrbuch der Psychiatrie. Wien-Leipzig: Urban & Schwarzenberg,1883.

Aronson, A. J.: Zur Frage der Kombination der Schizophrenie und Epilepsie. Zbl. Neurol. Psychiat. 78 (1936), 571. (Referat des russ. Originals: Trudy psichiat. Klin. 4 (1934), 188-199.

Aschaffenburg, G.: Über die Stimmungsschwankungen der Epileptiker. Halle: C. Marhold, 1906.

Aschaffenburg, G.: Über gewisse Formen der Epilepsie. Vortrag auf der XX. Wanderversammlung der südwestdeutschen Neurologen und Irrenärzte. Autoref. Arch. Psychiatr. 27 (1895) 955.

Asperger, H., C. Groh, F.W. Rosenmayr: Psychotische Manifestationen bei Kindern. II. Bei Epilepsien. Pädiat. Pädolog. 9 (1974) 226-236.

Asuni, T., V. S. Pillutla: Schizophrenialike Psychoses in Nigerian Epileptics. (A Study made in Nigeria). Brit. J. Psychiat. 113 (1967), 1375-1379.

Awaritefe, A., A. C. Longe, M. Awaritefe: Epilepsy and Psychosis: A Comparison of Societal Attitudes. Epilepsia 26 (1985) 1-9.

Bachman, D. S., C. W. Rossel: Orgasmic Epilepsy [letter]. Neurology 34 (1984) 559-560.

Ballerini, A.: La personalità del' epilettico temporale. Riv. sper. Freniat. 85 (1961) 861-979.

Bandler, B., I. C. Kaufman, J. W. Dykens, M. Schleifer, L. N. Shapiro, L. F. Arico: Role of Sexuality in Epilepsy: Hypothesis; Analysis of Two Seizures. Psychosom. Med. 20 (1958) 227-234.

Barker, W., S. Burqwin, D. J. Simons: Studies in Epilepsy. The Significance of "Spontaneous" Abnormalities in Brain Wave Patterns as observed During Interview with Epileptic Patients. J. Nerv. Ment. Dis. 112 (1950), 187-205

Barker, W.: Studies on Epilepsy. The Petit mal Attack as a Response within the Central Nervous System to Distress in Organism-Environment Integration. Psychosom. Med. 10 (1948) 73-94.

Barkhausen, G.: Beobachtungen über den Säuferwahnsinn oder das Delirium tremens. Johann Georg Heyse, Bremen 1828.

Barolin, G. S.: Migraines and Epilepsies — a Relationship? Epilepsia 7 (1966) 53 - 66.

Bartemeier, I. H.: Concerning the Ppsychogeneses of Convulsive Disorders. Psychoanal. Quart. 12 (1943) 330-337.

Bartlet, J. E. A.: Chronic Psychosis following Epilepsy. Amer. J . Psychiat. 114 (1957) 338-343.

Bash, K. W.: Die iktaffinen Psychosen in der Psychiatrischen Klinik. In: Wolf, P., G.-K. Köhler (Hrgg.): Psychopathologische und pathogenetische Probleme psychiatrischer Syndrome bei Epilepsie. Huber, Bern-Stuttgart-Wien 1980, S. 84-94.

Bash, K. W.: Epilepsia sine ictu. Schweiz. Arch. Neurol. Psychiat. 103 (1969) 351-353.

Bauer, G.: Psychische Veränderungen bei kontinuierlichen epileptischen Entladungen. Schweiz. Arch. Neurol. Neurochir. Psychiat. 116 (1975) 241-255.

Baumgartner, G.: Visuelle Wahrnehmungsstörungen und Halluzinationen bei Epilepsie und anderen Hirnerkrankungen. In: Karbowski, K. (Hg.): Halluzinationen bei Epilepsien und ihre Differentialdignose. Huber: Stuttgart-Wien 1982, S. 9-23.

Baumgartner, Christoph: Handbuch der Epilepsien. Klinik, Diagnostik, Therapie und psychosoziale Aspekte. Springer, Wien 2001.

Bear, D. M., and P. Fedio: Quantitative Analysis of Interictal Behavior in Temporal Lobe Epilepsy. Arch. Neurol. 34 (1977) 454-467.

Bear, D., R. Freeman, M. Greenberg: Behavioral Alterations in Patients with Temporal Lobe Epilepsy. In: Blumer, D. (Ed.): Psychiatric Aspects of Epilepsy. American Psychiatric Press: Washington 1984. S. 197-227.

Bearton, M., B. Fraisse et D. Mabin: J. Med. Bordeaux:1445-1463 (1967).

Beau: Recherches statistiques pour servir à l'histoire de l'épilepsie et de l'hystérie. Arch. gen. med. 2. série, 11 (1836) 328.

Bech, P., K. Kjærsgård-Pedersen, N. Simonsen, and M. Lund: Personality in Epilepsy. A Multidimensional Study of Personality Traits ad modum Sjöbring. Acta Neurol. Scand. 54 (1976) 348-358.

Bechthold, H. J., A. Schottky: Phasische Verstimmung und Epilepsie. Zwei polare Fälle. Nervenarzt 42 (1971) 539-545.

Becker, B.: Erfahrungen mit dem Antiepileptikum Maliasin. Med. Welt (N. F.) 19 (1968) 577-580.

Beddoes, Th.: Hygëia, or Essays Moral and Medical, on the Causes Affecting the Personal State of Our Middling and Affluent Classes. 3 Bde. Bristol 1803.

Beeck, M. in der: Merkmale epileptischer Malerei, mit Pathographie von van Gogh. Hans Huber, Bern-Stuttgart-Wien 1982.

Bender, M.: Über einen Fall von tuberöser Sklerose mit psychotischen Erscheinungen. Besserung nach Röntgenbestrahlung. Nervenarzt 21 (1950) 198-200.

Bente, D., und E. Kluge: Sexuelle Reizzustände im Rahmen des Unzinatus-Syndroms. Arch. Psychiatr. Nervenhk. 190 (1953) 357-376.

Bente, D.: Episodische Psychosen im Rahmen der Epilepsie, klinische und elektroencephalographische Aspekte. Das ärztl. Gespräch 11 (1969) 33-49.

Berger, B.: Zur Frage der Kombination von Schizophrenie mit Epilepsie. Schweiz. Med. Wschr. 68 (1938) 157-158.

Berry, R. G.: Epilepsia 1 (1952) 21-30.

Berton, M., B. Fraisse et D. Mabin: Étude électro-clinique de l'épilepsie alcoolique et de son évolution (à propos de 63 observations). J. Méd. Bordeaux 144 (1967)1445-1463.

Bertrand, L. Flaubert à Paris ou le mort vivant. Paris 1921.

Betts, T. A., P. L. Kalra, R. Cooper, P. M. Jeavons: Epileptic Fits as a Probable side effect of Amitriptylin. Report of Seven Cases. Lancet I (1983) 390-392.

Bhaskaran, K.: Psychosexual Identification in the Epilepsies. J. nerv. ment. Dis. 121 (1955) 230-235.

Bianchini, L.: L'Epilessia paranoide. Annali di Neurpsichiatria e Psicoanalisi 2 (1955) 523-528.

Bickenbach, W.: Akute psychotische Episoden bei Epilepsie. Diss. Bonn 1971.

Binder, H.: Kausale und verständliche Zusammenhänge in der Epilepsie. Schweiz. Arch. Neur. 19: 242-273 (1926).

Binet-Sanglé, Ch.: L'épilepsie chez Gustave Flaubert. La chronique médicale 7 (1900) 641-650.

Binet-Sanglé, Ch.: L'épilepsie de Gustave Flaubert. La chronique médicale 8 (1901) 62-63.

Binet-Sanglé, Ch.: L'épilepsie de Gustave Flaubert. Revue de l'hypnotisme l5 (1901) 365.

Bingley, T.: Mental Symptoms in Temporal Lobe Epilepsy and Temporal Lobe Gliomas. Mlunksgaard, Kopenhagen 1958.

Binswanger, 0.: Die Epilepsie, Wien: Alfred Hölder, 1899. 4. Aufl. Wien: A. Hölder 1913.

Bircher, W.: Ein geheilter Fall von Epilepsie. Fortschr. Sexualw. Psychoanal. 4 (1931) 74-99.

Blumer, D. (Ed.): Psychiatric Aspects of Epilepsy. American Psychiatric Press: Washington 1984.

Blumer, D., and E. Walker: Sexual Behavior in Temporal Lobe Epilepsy. Arch. Neurol. (Chicago) 16, 37-43 (1967).

Blumer, D.: Das Sexualverhalten der Schläfenlappenepileptiker vor und nach chirurgischer Behandlung. Ein Beitrag zur Rolle des limbischen Systems in der Regulation der Sexualität. Journal of Neuro-Visceral Relations, Suppl. X (1971) 469.

Blumer, D.: Hypersexual Episodes in Temporal Lobe Epilepsy. Amer. J. Psychiatry 126 (1970) 1099-1106.

Bohm, E. Lehrbuch der Rorschach-Psychodagnostik. H. Huber, Bern 1951.

Boldyrev, A. I.: Neobychnye snovideniia u bol'nykh epilepsiei. (Russisch. Ungewöhnliche Träume bei Epileptikern). Zurnal neuropatologii i psichiatrii ineni S. S. Korsakova 84 (1984) 841-844.

Bondarew, N.: Zur Frage über die Beziehungen zwischen den hereditären Epilepsieformen und der manisch-depressiven Psychose. Zbl. Neurol. Psychiat. 80
(1936) 200-201.

Bonduelle, M., Cl. Sallou, J. Guillard, J. J. Gaussel: L'état de mal psycho-moteur.
Ses rapports avec les automatismes et les psychoses aiguës épileptiques. Rev.
neurol. ll0 (1964) 365-376.

Bonetti, V.: Sulla cosiddetta «epilessia alcoolica». Rassegna della letteratura e con-
tributo casistico clinico-elettroencefalografico. Rass. Stud. Psichiat 51 (1962)
477-517.

Bonhoeffer, K.: Wie weit kommen psychogene Krankheitszustände und Krank-
heitsprozesse vor, die nicht der Hysterie zuzurechnen sind. Allg. Zschr. Psychiatr. 68 (1911) 371-386.

Boor, W. de: Zur Frage der Kombinaticn von genuiner Epilepsie mit Schizophrenie.
Nervenarzt 19 (1948) 279-285.

Bornstein, M., D. Coddon, S. Song: Prolonged Alterations in Behavior Associatet
with a Continuous Electroencephalographic (Spike and Dome) Abnormality.
Neurology 6 (1956) 444-448.

Bouchet, C.: Sur l'épilepsie. Annales médico-psychologiques, 2e série, tome 5
(1853) 209-250.

Bouchet, C. & Cazauvielh: De l'épilepsie considérée dans ses rapports avec l'aliéna-
tionmentale. Arch. gén., déc. 1825, Jan. 1826.

Boudin, G., A. Lauras, J. Tabary: La place de l'épilepsie dans la genèse des épisodes
psychotiques aigues. (A propos de l'étude analytique de 27 observations per-
sonnelles) . Presse méd. 71 (1963) 2431-2434.

Boudin, G., A. Lauras, S. Masson: Les psychoses aiguës chez les épileptiques. Étude
electro-clinique de 12 observations. Sem. hôp. 34 (1958) 1231-1256.

Brady, J. P.: Epilepsy and Disturbed Behavior. J. nerv. ment. Dis. 138 (1964) 468-473.

Braffos, O., and L. Eltinger: Psychotic Patients with Narcolepsy. Nord. Psychiatr.
Tidskr. 17 (1963) 220-226.

Bratz, E.: Alkohol und Epilepsie. Allg. Z. Psychiat. 56 (1899) 334-386 .

Bratz, E.: Die affektepileptischen Anfälle der Neuropathen und Psychopathen.
Mschr. Psychiat. Neurol. 29 (1911) 45-76,162-178.

Bratz, E.: Diskussionsbemerkung. Allg. Zschr. Psychiat. 63 (1906) 509-510.

Bratz, E. u. Falkenberg: Hysterie und Epilepsie. Arch. Psychiatr. Nervenkh. 38
(1904) 500-608.

Bratz, E. u. G. Leubuscher: Die Affektepilepsie, eine klinisch von der echten Epilepsie abtrennbare Gruppe. Dtsch. med. Wschr. 33 (1907) 592-593.

Brault, J.-F.-R.: Considérations médicales sur la sensibilité de Flaubert. Thèse, Bordeaux 1932.

Bräutigam, W.: Zur epileptischen Wesenänderung. Psyche 5 (1951/52) 523-544.

Bray, P. F., W. C. Wiser: Evidence for a Genetic Etiology of Temporal-Central Abnormalities in Focal Epilepsy. New. Engl. J. Med. 271 (1964) 926-933.

Bray, P. F., W. C. Wiser: The Relation of Focal to Diffuse Epileptiform EEG Dischar-
ges in Genetic Epilepsy. Arch. Neurol. 13 (1965) 223-237.

Braz, M.: The Romantic Agony. Meridian Books: New York 1956.

Briquet: zit. n. Landouzy (1848).

Broeker, H.: Psychogene Anfälle und ihre therapeutische Problematik. Z. ärztl. Fortbild. 78 (1984) 809-812.

Broser, F.: Die zerebralen vegetativen Anfälle. Springer, Berlin-Göttingen-Heidelberg 1958.

Broser, F.: Pathophysiologie und Klinik der cerebralen vegetativen Anfälle. Acta neuroveget. 23, 115-136 (1961/62).

Bruens, J. H.: Psychotic States in Epilepsy. Thesis, Utrecht 1963

Bruens, J. H.: Epilepsie en Psychiatrie. Stafleu, Leiden 1967.

Bruens, J. H.: Psychoses in Epilepsy. Psychiat. Neurol. Neurochir. (Amst.) 74 (1971) 175-192.

Bruens, J. H.: Zur Frage der kausalen Beziehung zwischen Psychose und Epilepsie. In: Penin, H. (Hg.) Psychische Störungen bei Epilepsie. Psychosen, Verstimmungen, Personlichkeitsveränderungen. Schattauer: Stuttgart 1973, pp. 67-74.

Bruens, J. H.: Epilepsy and Psychosis. In: Handbook of Clinical Neurology, Bd. XV, hrsg. von P. J. Vinken, G. W. Bruyn. North Holland Publishing Company, Amsterdam 1974a.

Bruens, J. H.: Psychoses in Epilepsy. In: Vinken, P. J., G. W. Bruyn (Eds.): Hb. clin. Neurol., Vol. 15, North Holland, Amsterdam 1974b, pp. 593-610.

Bruens, J. H.: Psychosoziale Bedingungskonstellationen von Psychosen bei Epilepsie. In: Wolf, P., G.-K. Köhler (Hrgg.): Psychopathologische und pathogenetische Probleme psychiatrischer Syndrome bei Epilepsie. Huber, Bern-Stuttgart-Wien 1980, S. 113-123.

Buell, B.: Classification of Disorganized Families for Use in Family Oriented Diagnosis and Treatment. New York Community Research Ass., Inc.: 1953.

Burwell, C. S., E. D. Robin, R. D. Whaley, and A. G. Bickelmann: Extreme Obesity Associatied with Alveolar Hypoventilation - a Pickwickian Syndrome. Amer. J. Med. 21 (1956) 811-818.

Cabanès, A.: La névrose de Flaubert. Flaubert et la médicine. Chron. méd. 12 (1905) 209-213.

Caffi, J.: Zur Frage klinischer Anfallformen bei psychomotorischer Epilepsie. Schweiz. med. Wschr. 103 (1973) 469-475.

Calleja, J., R. Carpizo, J. Berciano: Orgasmic Epilepsy. Epilepsia 29 (1988) 635-639.

Cartellieri, L.: Kasuistischer Beitrag zur Temporallappenepilepsie. Psychiat. Neurol. med. Psychol. 6 (1954) 291.

Cavallier: De la Fureur épileptique. Thèse de Montpellier 1850. Zit. bei Falret (1860).

Celesia, G. G., B. Messert, I. J. Murphy: Status Epilepticus of Late Adult Onset. Neurology (Minneap.) 22 (1972) 1047-1055

Charcot, J. M.: Leçons sur les maladies du système nerveux. Tome troisième. Paris 1886. Dtsch. Übersetzung von S. Freud: Neue Vorlesungen über die Krankheiten des Nervensystems, insbesondere über Hysterie. Toeplitz und Deuticke, Leipzig und Wien 1886.

Chavany, J. A.: Épilepsie. Étude clinique, diagnostique, physiopathogénique. Masson Cie.: Paris 1958.

Chessick, R. D., R. R. Bolin: Psychiatric Study of Patients with Psychomotor Seizures. J. nerv. ment. Dis. 134 (1962) 72-79.

Chiarugi, V.: Della pazzia en generale e in specie, trattato med. anat. con una centuria di osservationi. Firenze 1794. Deutsch: Abhandlung über den Wahnsinn überhaupt und insbesondere nebst einer Centurie von Beobachtungen. Georg David Meyer: Leipzig 1795.

Chotzen, F.: Zur Kasuistik der epileptischen Psychosen. Psychiat. neurol. Wschr. 5 (1903) 413-449.

Christian, J.: Épilepsie. Folie épileptique. F. Hayez: Bruxelles 1890.

Christian, W.: EEG-Befund bei einem Fall von epileptischer Halluzinose. Dtsch. Z. Nervenheilk. 176 (1957) 693-700.

Christian, W.: EEG-Veränderungen bei der psychomotorischen Epilepsie. Dtsch. Z. Nervenheilk. 183 (1962) 218-244.

Christinger, M.: Über den Einfluss einer wirksamen Epilepsiebehandlung auf die Psyche der Epileptiker. Epilepsia (I.Ser.) 5 (1914/15), 223-242.

Clark, L. Pierce: A Personality Study of the Epileptic Constituion. Amer. J. Med. Sci. 148 (1914) 729-738.

Clark, L. Pierce: Psychologische Studien über Natur und Pathogenes der Epilepsie. Intern. Zschr. ärztl. Psychoanal. 3 (1915a) 175-179.

Clark, L. Pierce: Study of certain aspects of epilepsy compared with the emotional life and impuslsive movement of the infant. Interstate Medical Journal 22 (1915b) 969.

Clark, L. Pierce: Clinical Studies in Epilepsy. State Hospitals Press: Utica, N.Y. 1917a.

Clark, L. Pierce: A Further Study of the Mental Content in Epilepsy. Psychological Bulletin 1917b.

Clark, L. Pierce: Some Emotional Reactions in Epileptics. New York Medical Journal 113 (1921) 785-789.

Clark, L. Pierce: A Further Contribution to the Psychology of the Essential Epileptic. J. Nerv. Ment. Dis. 63 (1926) 575-585.

Clark, L. Pierce: The Psychobiologic Concept of Essential Epilepsy. In: Association for Research in Nervous and Mental Disease, Vol. 7: Epilepsy and the convulsive state, Vol. I. Williams & Wilkins: Baltimore 1931. S. 65-79.

Clérambault, G. G. de: Interprétations délirantes avec conscience de la maladie - début ambitieux - épisode amnesique - traumatismes céphaliques dans l'enfance. Bulletin de la Soceté Clinique de Médécine Mentale 6 (1913) 100-108.

Cooke, S.: Zerzaustes Käuzchen. Die Emanzipation einer Epilepsiekranken. Fischer, Frankfurt a. M. 1987.

Cohadon, F., P. Loiseau, S. Cohadon: Résultats du traitement de certaines formes d'épilepsie de type Petit Mal par l'alpha-éthyl, alpha-méthyl-succinimide. Rev. neurol. 110 (1962) 201-207.

Cooper, D.: The Death of the Family, Pantheon Books 1970.

Courjon, J., et H. Bonnet: Aspects psychiatriques de l'épilepsie temporale. Rev. Oto-neuro-ophthal. 23, 215—219 (1951).

Dalby, M. A.: Epilepsy and 3 per second Spike and Wave Rhythms. A Clinical, Electroencephalographic and Prognostic Analysis of 346 Patients. Act. neurol. Scand. Suppl. Munksgarden, København 1969.

Dalby, M. A.: Antiepileptic and Psychotropic Aspects of Tegretol in Temporal

Lobe Epilepsy. In: Wink, C. A. S. (Ed.): Tegretol in Epilepsy. Nicholls, Manchester 1972, pp 98-103.

Dallos, V., K. Heathfield: Iatrogenic Epilepsy due to Antidepressant Drugs. Brit. Med. J. 4 (1969) 80-82.

Davis, G. R., H. E. Armstrong jr, D. M. Donovan, N. R. Temkin: Cognitive-Behavioral Treatment of Depressed Affect among Epileptics: Preliminary Findings. J. Clin. Psychol. 40 (1984) 930-935.

Davison, K., C. R. Bagley: Schizophrenialike Psychoses Associated with Organic Disorders of the Central Nervous System: A Review of the Literature. In: Herrington, R. N. (Ed.): Current Problems in Neuropsvchiatry. Schizophrenia, Epilepsy, the Temporal Lobe. Headley: Ashford 1969, pp. 1l3-184

Deiters: Beitrag zur Kenntnis der Seelenstörungen der Epileptiker. Allg. Z. Psychiat. 56 (1899) 693-705.

Delasiauve, L.: Communication de M. Delasiauve sur l'epilepsie larvee. Annales medico-psychologiques, 5e série, 9 (1873) 490.

Delay, J., P. Pichot, T. Lempérière et J. Perse: Le test de Rorschach et la personnalité épileptique. Presses Universitaires: Paris 1955.

Delbrück, H.: Über die körperliche Konstitution bei der genuinen Epilepsie. Arch. Psychiatr. Nervenkh. 77 (1926) 555-572.

Delbrück, H.: Epileptisch und Epileptoid. Gedanken zum Körperbau- und Charakterproblem. Arch. Psychiatr. 82 (1928) 708-718.

Demuth, W.: Persönlichkeitseigenschaften von Epileptikern. Vergleich der Ergebnisse von Familien-Untersuchungen mit denen des FPI. Neurol. Psychiat. 5 (1979) 271-274.

Devereux, G.: Baubo, die mythische Vulva. Syndikat: Frankfurt a. M. 1981.

Diaetophilus: s. Drais.

Dieckhöfer, K.: Die Epilepsie an der Wende zum 18. Jahrhundert. Kleiner geschichtlicher Abriß anhand von drei zeitgenössischen medizinischen Dissertationen aus den Jahren 1695, 1699 und 1733. Schweiz. Arch. Neurol. Psychiatr. 111 (1972a) 89-97.

Dieckhöfer, K.: Die Epilepsie im Zitat der römischen Schriftsteller Plautus, Seneca und Apuleius. Confin. psychiat. 15 (1972b) 212-219.

Dieckhöfer, K.: Die "Volksversammlungskrankheit" im alten Rom. Ein Beitrag zur Geschichte der Epilepsie. Schweiz. Arch. Neurol. Psychiatr. 110 (1972c) 317-329.

Diehl, L. W.: Prävention und Therapie epileptischer Psychosen und Verstimmungen. In: Wolf, P., G.-K. Köhler (Hrgg.): Psychopa-thologische und pathogenetische Probleme psychiatrischer Syndrome bei Epilepsie. Huber, Bern-Stuttgart-Wien 1980, S. 161-174.

Dikmen, S., B. P. Hermann, A, J. Wilensky, and G. Rainwater: Validity of the Minnesotat Multiphasic Personality Inventory (MMPI) to Psychopathology in Patients with Epilepsy. J. Nerv. Ment. Dis. 171 (1983) 114-122.

Ditfurth, H. v.: Zur Problematik der modernen Epilepsiebehandlung, zugleich ein kasuistischer Beitrag zur Frage der sog. Epilepsiepsychsen. Nervenarzt 24 (1953) 348-349.

Dober, B.: Epileptische Psychosen ohne epileptische Anfälle und ihre Differentialdiagnostik. Psychiat. Neurol. med. Pychol. 23 (1971) 34-39.

301

Dongier, S. : Statistical Study of Clinical and Electroencephalographic Manifestations of 536 Psychotic Episodes Occuring in 516 Epileptics between Clinical Seizures. Epilepsia 1 (1959/60) 117-142.

Dongier, S.: À propos des états de mal généralisés à expression confusionelle. Étude psychologique de la déstructuration de la conscience au cours de l'état de petit mal. In: Gastaut, H., J. Roger, H. Lob (Eds.) Les états de mal épileptiques. Masson: Paris 1967, pp. 110-118.

Donner, A.: Zur forensischen Bedeutung der Epilepsie. Med. Diss. München 1958.

Doose, J., H. Gerken, E. Völzke: On the Genetics of EEG-Anomalies in Childhood. Neuropädiatrie 3 (1972) 386-401.

Doose, J., H. Gerken, K. F. Hien-Völpel, E. Völzke: Genetics of Photosensitive Epilepsy. Neuropädiatrie 1 (1969) 56-73.

Doose, J., H. Gerken, T. Horstmann, E. Völzke: Genetics Factos in Spike-wawe Absences Photosensitive Epilepsy. Epilepsia 14 (1973) 57-75.

Dörries, H.: Epilepsie und Schizophrenie. Nervenarzt 22 (1951) 290-298.

Dorwart, R. A.: Psychotherapy and Temporal Lobe Epilepsy. Amer. J. Psychother. 38 (1984) 286-294.

Drais, K. W. L.: Diaetophilus, physische und psychologische Geschichtae einer siebenjährigen Epilepsie. Orell, Füssli u. Cie., Zürich 1798. Wird auch unter dem von Drais selbst benutzten Pseudonym Diaetophilus zitiert.

Dreyer, R.: Klinische und hirnelektrische Befunde und Beobachtungen bei epileptischen Psychosen. In: Penin, H. (Hd.): Psychische Störungen bei Epilepsie Schattauer: Stuttgart 1973, p. 23-40.

Dreyfuß, D. K.: Über die Bedeutung des psychischen Traumas in der Epilepsie. Intern. Zschr. Psychoanal. 22 (1936) 249-273.

Drouet: Recherches sur l'épilepsie alcoolique. Ann. méd.-psychol. 13 (1875) 193. Zit. n. Neumann (1897).

Ducamp, M.: Souvenirs littéraires. Revue des Deux-Mondes, 1. Sept. 1881.

Ducamp, M.: La maladie de Flaubert. Chron. méd. 3 (1896) 584-587.

Dumesnil, R.: Flaubert et la médecine. Société française d'imprimerie: Paris 1905.

Echeverria, M. G.: On Epileptic Insanitiy. Amer. J. Insanity (1873) 1-51.

Edelston, H.: A Case of Hystero-epilepsy Successfully Treated by Deep Analytic Psychotherapy. J. Ment. Sci. 95 (1949) 388-402.

Ender, J.: Die Einstellung des Epileptikers zu seiner Krankheit. Med. Diss. Mainz 1978.

Eitingon, M.: Über die Wirkung des Anfalls auf die Assoziationen der Epileptischen. A. Edelmann, Leipzig 1909.

Ellinwood, E. H.: Amphetamine psychosis: I. Description of the Individuals and Process. J. nerv. ment. Dis. 144 (1967) 273-283.

Ellison, J. M.: Alterations of Sexual Behavior in Temporal Lobe Epilepsy. Psychosomatics 23 (1982) 499-509.

Endtz, A.: Een tweetal gevallen van epilepsie met schizophrene verschijnselen. Nederl. Tijdschr. Genesk. 67 (1923) 554-566.

Engerth, G., Ch. Palisa: Beitrag zum Inhalt des epileptischen Delirs. Nervenarzt 8 (1935) 534-537.

Epilepsiekuratorium (Hrsg.): Epilepsie-Bericht '85. Rheinland-Verlag, Köln, 1985.

Epilepsiekuratorium (Hrsg.): Epilepsie-Bericht '98. Verlag einfälle, Berlin 1998.

Epstein, A. W., and F. Ervin: Psychodynamic significance of seizure content in psychomotor epilepsy. Psychosom. Med. 18 (1956) 43—55.

Erickson, T. C.: Erotomania (nymphomania) as an expression of cortical epileptiform discharge. Arch. Neurol. Psychiat. (Chicago) 53 (1945) 226—231.

Ermakow, J.: L'épilepsie hystérique. Arch. intern. Neurol., Sér. 11 (1913) 87 - 103.

Ervin, F., A. W. Epstein, E. King: Behavior of Epileptic and Nonepileptic Patients with "Temporal Spikes". Arch. Neurol. Psychiat. (Chic.) 74 (1955) 488-497.

Escueta, A. V., J. Boxley, N. Stubbs, G. Waddell, W. A. Wilson: Prolonged Twilight State and Automatism: A Case Report. Neurology (Minneap.), 24 (1974) 331-339.

Esquirol, E.: Épilepsie. Dictionnaire des sciences médicales par une sociéte de médecins et de chirurgiens. C. L. F. Panchuche: Paris 1815. Tome 12, pp. 510-548.

Esquirol, E.: Des maladies mentales considerées sous les rapports médical, hygiénique et médico-légal. Baillière: Paris 1838.

Esser, P. H.: Die epileptiformen Anfälle der Schizophrenen und die differentialdiagnostischen Schwierigkeiten im Grenzgebiet von Epilepsie und Schizophrenie. Z. Neurol. Psychiat. 162 (1938) 1-24.

Eysenck, M. D.: Neurotic Tendencies in Epilepsy. J. Neurol. Neurosurg. Psychiatr. 13 (1950) 237-240.

Falconer, M. A.: Pathological Substrates in Temporal Lobe Epilepsy with psychoses. In: L. V. Laitinen, K. E. Livingston (Eds.): Surgical Approaches in Psychiatry. MTP St. Leonhard's Gate (Lanc.), 1973, pp. 121-124.

Falret, J.: De l'État Mental des Épileptiques. Asselin, Paris 1861.

Falret, J.: Des maladies mentales et des asiles d'aliénés. Leçons cliniques et considerations generales. Baillière, Paris 1864.

Falret, J.: Études cliniques sur les maladies mentales et nerveuses. Paris 1890. (Identisch mit dem in 3 Fortsetzungen erschienen: "De l'état mental des épileptiques".

Fenwick, P. B. C., B. K. Tone, M. J. Wheeler, M. N. Nanje, R. Grant, D. Brown: Sexual Behaviour in a Center for Epilepsy. Acta Neurol. Scand. 71 (1985) 428-435.

Féré, Ch.: Les épilepsies et les épileptiques. Paris: Alcan, 1890. Dtsch. Übers. v. P. Ebers: Die Epilepsien. Leipzig: Engelmann, 1896.

Ferenczi, S.: Entwicklungsstufen des Wirklichkeitssinnes. Intern. Zschr. Psychoanal. 1 (1913) 124-138. - Wiederabdruck in: Schriften zur Psychoanalyse Bd. 1 (1970) 148-163.

Ferguson, S., M. Rayport, R Gardner, W. Kass, H. Weiner, M. F. Reiser: Similarities in Mental Content of Psychotic States, Spontaneous Seisures, Dreams, and Responses to Electrical Brain Stimulation in Patients with Temporal Lobe Epilepsy. Psychosom. Med. 31 (1969), 475-498.

Ferguson, S., M. Rayport: The Adjustment to Living Without Epilepsy. J. Nerv. Ment. Dis. 140 (1965) 26-37.

Feuchtersleben, E. v.: Lehrbuch der ärztlichen Seelenkunde. Als Skizze zu Vorträgen bearbeitet. Carl Gerold: Wien 1845.

Feuerlein, W.: Zur Frage des Alkohol-Entzugssyndroms. Nervenarzt 43 (1972) 247-253.

Fine, R. D., and J. B. Gaylor: The Use of "Trinuride" (phenylethylacetylurea) in the

Treatment of Epilepsy. South African Med. J. 35 (1961) 85f.

Firnhaber, W., M. E. Ardjomandi: Epileptische Psychosen ohne epileptische Anfälle. Nervenarzt 39 (1968) 175-178.

Fischer, F.: Zur Lehre vom epileptischen Irresein. Arch. Psychiat. Nervenkr. 15 (1884) 741-776.

Fischer, M., G. Korskjaer, E. Pedersen, E.: Psychotic Episodes in Zarondan treatment-effects and side-effects in 105 patients. Epilepsia 6 (1965) 325-334.

Flemming, C. F.: Pathologie und Therapie der Psychosen. Hirschwald, Berlin 1859.

Flor-Henry, P.: Psychosis and Temporal Lobe Epilepsy. A Controlled Investigation. Epilepsia 10 (1969) 363-395.

Flor-Henry, P.: Psychiatric Syndromes Considered as Manifestations of Lateralized Temporallimbic dysfunction. In: L. V. Laitinen, and K. E. Livincston (Eds.): Surgical Approaches in Psychiatry. MTP, St. Leonhard's Gate (Lanc.) 1973, p. 22-26.

Flor-Henry, P.: Psychosis, Neurosis and Epilepsy. Developmental and Gender-Related Effects and Their Aetiological Contribution. Brit. J. Psychiatr. 124 (1974) 144-150.

Flournoy, H.: Épilepsie émotionelle. Arch. Psychol. 13 (1913) 49 - 92.

Flügel, K. A.: Die Stellung der Psychosen von Anfallskranken (epileptische Psychosen) im Konzept der (somatogenen) Funktionspsychosen. In: Wolf, P., G.-K. Köhler (Hrgg.): Psychopathologische und pathogenetische Probleme psychiatrischer Syndrome bei Epilepsie. Huber, Bern-Stuttgart-Wien 1980, S. 59-65.

Forel, A.: Rückblick auf mein Leben. Europa-Verlag: Zürich 1935.

Franke, H.: Beitrag zur Klinik und Pathogenese der kardialen Form des gesteigerten Sinus-caroticus-Reflexes. Arch. Kreislaufforschung 15 (1949) 198-223.

Franke, H.: Die pharmakologische Beeinflussung der kardialen Form des hypersensitiven Carotis-sinus-Syndroms durch hydrierte Mutterkornalkaloide. Zschr. exper. Med. 116 (1950) 463-477.

Franklin, M.: Die bedingten Reflexe bei Epilepsie und der Wiederholungszwang. Imago 14 (1928) 364-376.

Freemon, F. R., A. H. Nevis: Temporal Lobe Sexual Seizures. Neurology (Minneapolis) 19 (1969) 87-90.

Freud, S.: Dostojewski und die Vatertötung. Gesammelte Werke, Bd. XIV. Fischer, Frankfurt 1948, S. 397.

Freud, S. und C. G. Jung: Briefwechsel. Hgg. von W. McGuire u. W. Sauerländer: S. Fischer: Frankfurt 1974.

Friedrichs, J., H. Lüdtke: Teilnehmende Beobachtung - Einführung in die sozialwissenschaftliche Feldforschung; 2. Aufl. Beltz-Verlag, Weinheim 1973.

Fromm, G. H., C. Y. Amores, W. Thies: Imipramine in Epilepsy. Arch. Neurol. (Chic.) 27 (1972) 198-204.

Fröscher, W. (Hg.): Aspekte der Epilepsie-Therapie. Ueberreuter Wissenschaft: Wien-Berlin 1989.

Frykholm, B.: Clonazepam - Antipsychotic Effect in a Case of Schizo-phrenia-Like Psychosis with Epilepsy and in three Cases of Atypical Psychosis. Acta psychiatr. Scand. 71 (1985) 539-542.

Fuhrmann, M.: Analyse des Vorstellungsmaterials bei epileptischem Schwach-sinn. In: R. Sommer (Hg.): Beiträge zur Psychiatrischen Klinik I, 1. Urban & Schwarzenberg, Berlin-Wien 1902, S. 65-118.

Fülöp-Miller, R. u. F. Ecksein (Hgg.): Das Tagebuch der Gattin Dostojewskis. Piper: München 1925.

Fürstenberg, H.: Über die Kombination von Epilepsie und Schizophrenie. Bethel 1949.

Furtado, D.: Hallucinose et épilepsie temporale. Rev. neurol. 95 (1956) 609-611.

Garland, H., and D. Sumner: Sulthiame in Treatment of Epilepsy. Brit. Med. J. 1964/I, 474-476.

Gastaut, H.: La maladie de Vincent van Gogh envisagée à la lumière des concep-tions nouvelles sur l'épilepsie psychomotrice. Ann. med.-psychol. 114, 196-238 (1956).

Gastaut, H.: A propos des symptomes cliniques rencontrés chez les epileptiques psychomoteurs dans l'intervalle de leurs crises. In: P. TH. Alajouanine (Ed.), Actualités neuro-physiologiques, p. 139. Paris: Masson & Cie. 1958.

Gastaut, Henri: Syncopes: Generalized Anoxic Seizures. S. 815-835; in: Magnus, O. & A. M. Lorentz de Haas (Eds.): The Epilepsies. Vol. 15 von: Vinken, P. J. & G. W. Bruyn (Eds.): Handbook of clinical neurolgoy. North-Holland Publishing Company, Amsterdam & American Elsevier Publshing, New York.

Gastaut, H. unter Mitarbeit einer internationalen Expertengruppe: Wörterbuch der Epilepsie. Deutsche Übersetzung und Bearbeitung von J. Kugler. Hippo-krates: Stuttgart 1976.

Gastaut, H., M. Baudry, H. Collomb, M. Dongier, S. Dongier, G. Miletto, R. Naquet, D. Pache, H. Regis, A. Roger, J. Roger, M. Vigouroux: Étude électroclinique des épisodes psychotiques survenant en dehors des crises cliniques chez les épileptiques. Rev. neurol. 95 (1956) 588-594.

Gastaut, H., R. Bernard, R., Naquet, J. Wilson, J.: Étude électro-clinique quotidien-ne d'un éat confusionnel épileptique simple ayant duré un mois. Rev. neurol. 94 (1956) 267-272.

Gastaut, H., et H. Collomb: Étude du comportement sexuel chez les épileptiques psychomoteurs. Ann. Medico-psychol. 112, 657-696 (1954).

Gastaut, H., G. Morin et N. Lesèvre: Étude du comportement des épileptiques psy-chomoteurs dans l'intervalle de leurs crises. Ann. méd.-psychol. 113 (1955) 1-27.

Gastaut, H., J. Roger, A. Roger: Sur la signification de certaines fugues épileptiques. À propos d'une observation électro-clinique de "état de mal temporal". Rev. neurol. 94 (1956) 298-301.

Gastaut, H., J. Roger, R. Soulayrol, C. A. Tassinari, H. Régis, C. Dravet: Childhood Epileptic Encephalopathy with Diffuse Slow Spike waves (otherwise known als "petit mal variant") or Lennox Syndrome. Epilepsia 7 (1966) 139.

Gastaut, S. M.: Temporal lobe epilepsy: Psychiatric and behavioral aspects. Bull. N.Y. Acad. Med. 3s (1962) 666-676.

Gaupp, R.: Die Dipsomanie. Eine klinische Studie. Fischer, Jena 1901.

Geigenmüller, H.: Psychoanalyse eines epileptischen Patienten mit hysterischem Charakter. Psyche 30 (1976) 228-251.

Gélineau: L'épilepsie de Flaubert et les épileptiques célèbres. Chron. méd. 7 (1900) 670-672.

Georget, É.-J.: Hystérie. In: Dictionnaire de médicine, Bd. 11. Béchet jeune, Paris 1823

Gerken, H., Doose, H.: On the Genetics of EEG-Anomalies in Childhood. III. Spikes and waves. Neuropadiatrie 4 (1973) 88-97.

Gerstle de Pasquet, E., E. Silva Gaudin, A. Bianchi, S. A. de Mendilaharsu: Prolonged and Monosymptomatic Dysphasic Status Epilepticus. Neurology (Minneap.) 26 (1976) 244-247.

Geschwind, N.: Interictal Behavioral Changes in Epilepsy. Epilepsia 24 (Suppl.1) (1983) 23-30.

Gibbs, F. A.: Ictal and Nonictal Psychiatric Disorders in Temporal Lobe Epilepsy. J. nerv. ment. Dis. 113 (1951) 522-528.

Gibbs, F. A., and E. L. Gibbs: Atlas of Electroencephalography. Addison Wexley Press, Cambridge, Mass 1952.

Giese, H.: Über Klinische Beziehungen zwischen Epilepsie und Schizophrenie (Epilepsie als Frühsymptom oder als Kombination). Zschr. Neurol. Psychiat. 26 (1914) 22-112.

Gilles, A. et R. Carriat: Données psychanalytiques chez un épileptique. Annales Médico-Psychologiques 83 (1925) 428-442.

Gilles, R.: Mein Leben mit einer Epilepsie. Krankenpflege 38 (1984) 95-96.

Glaser, G. H., R. J. Newman, R. Schafer: Interictal Psychosis in Psychomotor-temporal Lobe Epilepsy. In: G. H. Glaser (Ed.). EEG and Behavior, Basic Books: New York and London 1963.

Glaser, G. H.: The Problem of Psychosis in Psychomotor Temporal Lobe Epileptics. Epilepsia 5 (1964) 271-278.

Glaus, A.: Über Kombinationen von Schizophrenie und Epilepsie. Zschr. Neurol. Psychiat. 135 (1931) 450-500.

Gnauck, R.: Über die Entwicklung von Geisteskrankheiten aus Epilepsie. Arch. Psychiat. Nervenkr. 12 (1882) 337-358.

Goldensohn, E.S., A. P. Gold: Prolonged Behavioral Disturbances as Ictal Phenomena. Neurology (Minneap.), l0 (1960) 1-9.

Goring, C.: The English Convict, HMSO, London 1913.

Gowers, W. R.: Epilepsy and other Chronic Convulsive Diseases. Their Causes, Symptoms & Treatment. J. & A. Churchill, London 1881, 2. Aufl.: 1901. - Dt. Übers. d. 2. Aufl. von M. Weiss: Epilepsie. Deuticke, Leipzig und Wien 1902.

Gowers, W. R.: The Borderland of Epilepsy. J. & A. Churchill, London 1907. - Dt. Das Grenzgebiet der Epilepsie, Ohnmachten, Vagus-anfälle, Vertigo, Migräne, Schlafsymptome und ihre Behandlung. Übersetzt von L. Schweiger. Deuticke, Leipzig-Wien, 1908.

Graven, Ph.: Die aktive analytische Behandlung der Epilepsie. In: W. Stekel (Hg.): Fortschr. Sexualwissensch. Psychoanal. 1 (1924) 58.

Greenberg, D. B., F. H. Hochberg, and G. B. Murray: The Theme of Death in Complex Partial Seizures. Am. J. Psychiatry 141 (1984) 1587-1589.

Griesinger, W.: Die Pathologie und Therapie der psychischen Krank-heiten für Aerzte und Studirende. Adolph Krabbe: Stuttgart 1845. 5. Aufl. 1892.

Griesinger, W.: Über einige epileptoide Zustände. Arch. Psychiatr. Nervenkh. 1, 320—333 (1868/69). Auch in: Griesinger, W.: Gesammelte Abhandlungn. Bd. I. E. J. Bonset: Amsterdam 1868, S. 163-179.

Groh, C., F. W. Rosenmayr: Isolierter Petit-mal-Status, ein neues, durch paroxysmale Verhaltensstörungen charakterisiertes Epilepsie-Syndrom. Dtsch. med. Wschr. 99 (1974) 379-385.

Gross, H. u. E. Kaltenbäck: Epilepsie und deliktisches Verhalten. Nervenarzt 46 (1975) 472-474.

Gruhle, H. W.: Über die Fortschritte in der Erkenntnis der Epilepsie in den letzten 10 Jahren und über das Wesen dieser Krankheit. Zschr. ges. Neurol. Psychiatr. Ref. 2, Heft 1, 1910.

Gruhle, H. W.: Epileptische Reaktionen und epileptische Krankheiten. In: 0. Bumke (Hg.), Handbuch der Geisteskrankheiten Bd. 8, Springer: Berlin 1930.

Gruhle, H. W.: Über den Wahn bei Epilepsie. Z. Neurol. Psychiat. 154 (1936), 395-399.

Grüneberg, F., H. Helmchen: Impulsiv-petit mal-Status und paranoide Psychose. Nervenarzt 40 (1969) 381-385.

Guerrant, J., W. Anderson, A. Fischer, M. Weinstein, M. Jaros, and A. Deskins: Personality in Epilepsy. Ch. Thomas: Springfield, Ill. 1962.

Gunn, J., and G. Fenton: Epilepsy in prisons. A diagnostic survey. Brit. Med. J. 4 (1969) 326-328.

Gunn, J.: The Prevalence of Epilepsy among Prisoners. Proc. Royal Soc. Med. 62, 60-63 (1969).

Gunn, J.: Epileptics in Prison. Academic Press, London-New York-San Francisco 1977.

Gurewitsch, M.: Zur Differentialdiagnose des epileptischen Irreseins. Zugleich ein Beitrag zur Lehre von den kombinierten Psychosen. Z. Neurol. Psychiat. 9 (1912) 359-390.

Hagen, Fr. W.: Chorinsky. Eine gerichtlich psychologische Untersuchung. Eduard Besold 1872.

Hallen, 0.: Das Oral-Petit mal. Beschreibung und Zergliederung der als uncinate-fit (Jackson) und psychomotor-fit (Lennox) bezeichneten epileptischen Äquivalente. Dtsch. Z. Nervenhk. 171 (1954) 236-260.

Hallen, 0.: Die Psychiatrie der Oral-petit-Mal-Epilepsie. Psychiat. et Neurol. (Basel) 184 (1957) 43-65.

Hallen, 0.: Zur Problematik der sog. psychomotorischen Anfalle. Nervenarzt 41 (1970) 421-425.

Hallen, O.: Dreamy states, olfaktorische und Geschmackshalluzinationen epileptischer Genese. In: Karbowski, K. (Hg.): Halluzinationen bei Epilepsien und ihre Differentialdignose. Huber: Stuttgart-Wien 1982, S. 52-57.

Hamanaka, T.: Zum Problem des Status psychomotorischer Anfälle. (in japanischer Sprache). Psychiatrie (Tokyo) 14 (1972) 592-603.

Hammond, W.: On Large Doses of Bromides. Quart. J. psychol. Med. 3 (1869) 46.

Hara, T.: Conversion Hysteria as one of the Episodic Psychotic States of the Epileptic Patients. In: Nitsuda, H., T. Fukuda (Ed.): Biological Mechanisms of Schizophrenia and Schizophrenia-like Psychoses. Jgaku Shoin, Tokio 1974, pp. 32-43.

Hartmann, F., H. di Gaspero: Epilepsie. In: M. Lewandowsky (Hrsg.) Handbuch der Neurologie Bd. 5. Springer, Berlin 1914, S. 832-930.

Hauck, G.: Autoritarismus und Epilepsie. In: Penin, H. (Hg.): Psychische Störungen bei Epilepsie. Schattauer: Stuttgart 1973, S. 175-186.

Heath, R. G.: Common Characteristics of Epilepsy and Schizophrenia: Clinical Observation and Depth Electrode Studies. Amer. J. Psychiat. 118 (1962) 1013-1026.

Heath, R. G.: Correlation of Electrical Recordings from Cortical and Subcorticcl Regions of the Brain with Abnormal Behavior in Human Subjects. Confin. neurol. 18 (1958) 305-315.

Heberer: Analyse eines Falles von 22 Jahre lang bestandener Epilespie. In: W. Stekel (Hg.): Fortschr. Sexualwissensch. Psychoanal. 1 (1924) 170-177.

Hécaen, H. et J. Ajuriaguerra: Les encéphalopathies alcooliques subaigues et chroniques. Rev. neurol. 94 (1956) 528-555.

Hedenström, I. v., G. Schorsch: EEG-Befunde bei epileptischen Dämmer- und Vestimmungszuständen. Arch. Psychiat. Neurol. 199 (1959) 311-329.

Heilbronner, K.: Über epileptische Manie nebst Bemerkungen über die Ideenflucht. Mschr. Psychiat. Neurol. 13 (1903) 193-209 u. 269-290.

Heilbrunn, G.: Psychdynamic Aspects of Epilepsy. Psychoanalyt. Quarterly 19 (1950) 145-157.

Heim, E.: Psychogene Krämpfe und Ticks. Schweiz. Rundschau Med. (PRAXIS) 72 (1983) 849-852.

Heinen, Gerd: Selbst-Handeln bei Epilepsie: eine subjektwissenschaftliche Grundlegung einer psychosoamtischen Epileptologie. Pabst Science, Lengerich 2013.

Heintel, H. (Hrsg.): Quellen zur Geschichte der Epilepsie. Huber, Bern-Stuttgart-Wien 1975.

Helmchen, H.: Zerebrale Bedingungskonstellationen psychopathologischer Syndrome bei Epileptikern. In: Helmchen, H., Hippius (Hgg.): Entwicklungstendenzen biologischer Psychiatrie. Thieme: Stuttgart 1975, pp. 125-148.

Helmchen, H.: Reversible Psychic Disorders in Epileptic Patients. In: Birkmayer, W. (Ed.). Epileptic seizures-behaviour-pain. Huber: Bern 1976, pp. 175-186.

Helmchen, H., I. Hoffmann, S. Kanowski: Dämmerzustand oder Status fokalersensorischer Anfälle? Nervenarzt 40 (1969) 389-392.

Henriksen, G. F.: Status Epilepticus Partialis with Fear as Clinical Expression. Report of a Case and Ictal EEG Findings. Epilepsia 14 (1973) 39-40.

Hermann, B. P., and P. Riel: Interictal Personality and Behavioral Traits in Temporal Lobe and Generalized Epilepsy. Cortex 17 (1981) 125-128.

Hermann, B. P., M. S. Schwartz, S. Whitman, and W. E. Karnes: Aggression and Epilepsy: Seizure-Type Comparisons and High-Risk Variables. Epilepsia 22 (1980) 691-698.

Hermann, B. P.: Deficits in Neuropsychological Functioning and Psychopathology: A Rejected Hypothesis Revisited. Epilepsia 22 (1981) 161-167.

Hermann, B. P., S. Whitman, and P. Arntson: Hypergraphia in Epilepsy: Is there a Specificity to Temporal Lobe Epilepsy? J. Neurol. Neursurg. Psychiatr. 46 (1983) 848-853.

Hermann, J. S.: Über das psychische Äquivalent des postepileptischen Schlafes. Ärztl. Sachverst. 7 (1901) 65-70.

Hermann, J. S.: Ueber spät auftretende hysterische Anfälle bei Epileptikern. Mschr. Psychiatr. Neurol. 13 (1903) 24-36.

Herpin, Th.: Du pronostic et du traitement curatif de l'épilepsie. J. B. Baillière: Paris 1852.

Herrington, R. N.: The Personality in Temporal Lobe Epilepsy. In: Herrington, R. N. (ed.): Current Problems in Neuropsychiatry, Schizophrenia, Epilepsy, the Temporal Lobe. Headley: Ashford 1969, pp. 70-76.

Hess, R.: Diskussion. Schweiz. Arch. Neurol. Psychiat. 76 (1955) 342.

Hess, R.: Elektrische Hirnaktivität und Psychopathologie. Schweiz. med. Wschr. 93 (1963), l02-107

Hess, R., G. Scollo-Lavizzari, F. E. Wyss: Borderline Cases of Petit mal Status. Europ. Neurol. 5 (1971) 137-154.

Heyder, J.: Die Untersuchung des Interaktionsmusters in Familien von Anfallskranken. Med. Diss. Mainz 1977.

Heyer, G., S. Lebovici et Bouvier: Épilepsie et obsessions. Revue neuropsychiatr. infant. et d'hygiène mentale d'enfance 2 (1954) 354-363.

Hierons, R.: Impotence in patients with temporal lobe lesions. Journal of Neuro-Visceral Relations, Suppl. X (1971) 477.

Hill, D.: EEG in Episodic Psychotic and Psychopathic behaviour. A Classification of Data. Electroenc. clin. Neurophysiol. 4 (1952) 419-442.

Hill, D.: Troubles psychologiques intercritiques ches les épileptiques. Rev. neurol. 95 (1956) 608-609.

Hill, D.: Electroencephalogram in Schizophrenia. In: D. Richter, Schizophrenia. Somatic Aspects. London-New York-Paris: Pergamon 1957, p. 33-51.

Hill, D.: The Psychiatry of the Epileptic. Proc. Roy. Soc. Med. 56 (1963) 7I4f.

Hinrichsen, 0.: Beitrag zur Kenntnis des epileptischen Irreseins. Allg. Zschr. Psychiat. 68 (1911), 22-103.

Hoch, Paul H., and Robert P. Night (Eds.): Epilepsy. Grune & Stratton, New York 1947; Heinemann, London 1948.

Hoche, A.E.: Die Differentialdiagnose zwischen Epilepsie und Hysterie. August Hirschwald, Berlin 1902.

Hoefer, G., L. Mayer: Bewußtseinsnahe und bewußtseinsferne Wider-stände gegen die antiepileptische Therapie im Erwachsenenalter. In: Kruse, R. (Hg.): Epilepsie. Therapie-Indikation, Neue Antiepileptika, Therapie, Resistenz. Thieme: Stuttgart l971, p. 111-118.

Hoenig, J., and C. M. Hamilton: Epilepsy and Sexual Orgasm. Acta Psychiatr. Neurol. Scand. 35 (1960) 448-456.

Hoenig, J., D. M. Leibermann: The Epileptic Threshold in Schizophrenia. Neurol. Neurosurg. Psychiat. 16 (1953) 30-34.

Hoffmann, H.: Beobachtungen und Erfahrungen über Seelenstörungen und Epilepsie. Rütten: Frankfurt/M. 1859.

Hoffmann, F.: Über die Eintheilung der Geisteskrankneiten in Siegburg. Allg. Zschr. Psychiat. 19 (1862) 367-391.

Hollós, I.: Epilepsie und Paranoia. Zbl . Nervenheilk. Psychiat. 21 (1908) 118f.

Holst, W. v.: Zur Kenntnis paranoider Symptomenkomplexe bei Epilepsie. (Epileptische Halluzinose). Z. Neurol. Psychiat. 49 (1919) 373-384.

Hubach, H.: Veränderungen der Krampferregbarkeit unter Einwirkung von Medikamenten und während der Entziehung. Fortschr. Neurol. Psychiat. 31 (1963) 177-201.

Huber, G., G. Gross und R. Schüttler: Schizophrenie. Verlaufs- und sozialpsychiatrische Langzeituntersuchungen an den 1945-1959 in Bonn hospitalisierten schizophrenen Kranken. Springer: Berlin-Heidelberg-New York 1979.

Huber, G., H. Penin: Psychische Dauerveränderungen und Persönlichkeit der Epileptiker. In: K. P. Kisker, J.-E. Meyer, M. Müller, E. Strömgren (Hgg.) Psychiatrie der Gegenwart, 2. Aufl., Bd. II/2, S. 641-690. Springer: Berlin-Heidelberg-New York 1972.

Hunger, J.: Zum Problem der epileptischen Psychosen. Kasuistischer Beitrag. Psychiat. clin. 6 (1973) 121-126.

Huss, M.: Chronische Alkoholkrankheit oder Alcoholismus chronicus. C. E. Fritze, Stockholm-Leipzig 1952.

Jablonsky, A.: Über kombinierte Fälle von Schizophrenie und Epilepsie. Zbl. Neurol. Psychiat. 59 (1931) 60.

Jackson, H.: Selected Writings. Hodder and Stroughton: London 1931/32.

Jacome, D. E., and M. S. Risko: Absence Status Manifested by Compulsive Masturbation. Arch. Neurol. 40 (1983) 523-524.

Janet: zit. n. Oppenheim (1906). Gemeint ist wahrscheinlich: P. Janet: Les obsessions et la psychasthénie. Felix Alcan: Paris 1903.

Janz, D.: "Aufwach"-Epilepsien. (Als Ausdruck einer den "Nacht"- oder "Schlaf"-Epilepsien gegenüberzustellenden Verlaufsform epileptischer Erkrankungen). Arch. Psychiat. Nervenkr. 191 (1953a) 73-89.

Janz, D.: "Nacht"- oder "Schlaf"-Epilepsien als Ausdruck einer Verlaufsform epileptischer Erkrankungen. Nervenarzt 24 (1953b) 361-367.

Janz, D.: Anfallsbild und Verlaufsform epileptischer Erkrankungen. Nervenarzt 26 (1955a) 20-28.

Janz, D.: Die Petit mal-Epilepsien. Habilitationsschrift. Heidelberg, 1955b.

Janz, D.: Typen der Epilepsie-Verläufe. Therapiewoche (1967) 23

Janz, D.: Über das Suchtmoment in der Epilepsie. Nervenarzt 39 (1968a) 350-355.

Janz, D.: Zur Abgrenzung verschiedener Psychosyndrome bei Epilepsie. Hippokrates 29 (1968b) 402-407.

Janz, D.: Zur Rehabilitation von Epilepsie-Kranken. Fortschr. Med. 87 (1969a) 591-592.

Janz, D.: Die Epilepsien. G. Thieme, Stuttgart, 1969. – 2. unveränderte Aufl. 1998.

Janz, D.: Epilepsiebehandlung bei Erwachsenen. Ärzt. Praxis 23 (1971) 4477-4480.

Janzarik, W.: Der Wahn schizophrener Prägung in den psychotischen Episoden der Epileptiker und die schizophrene Wahnwahrnehmung. Fortschr. Neurol. Psychiat. 23 (1955) 533-546.

Jasper, H. H., C. P. Fitzpatrick, P. Solomon: Analogies and Opposites in Schizophrenia and Epilepsy. Electroencephalographic and Clinical Studies. Am. J. Psychiat. 95 (1939) 835-851.

Jelliffe, S. E.: A Contribution to the Pathogeneses of some Epilepsies. A Preliminary Contribution. J. Nerv. Ment. Dis. 35 (1908) 243-255.

Jelliffe, S. E.: Dynamic Concepts and the Epileptic Attack. Amer. J. Psychiat. 92 (1935) 565-574.

Jelliffe, S. E., and F. M. Hallock: Epilepsies and Psychoanalysis: A Query? J. Nerv. Ment. Dis. 41 (1914) 293-296.

Jensen, I., and J. K. Larsen: Mental Aspects of Temporal Lobe Epilepsy. Follow-up of 74 Pateients after Resection of a Temporal Lobe. J. Neurol. Neurosurg. Psychiatry (London) 42 (1979) 256-265.

Jensen, P., S. Buus Jensen, P. Soelberg Sørensen, B. D. Bjerre, D. A. Rizzi, A. Stub Sørensen, R. Klysner, K. Brinch, B. Jespersen, H. Nielsen: Sexual Dysfunction in Male and Female Patients with Epilepsy: A Study of 86 Outpatients. Arch. Sex. Behav. (New York) 19 (1990) 1-14.

Jung, C. G.: Analyse der Assoziationen eines Epileptikers. J. Psychol. Neurol. V/2 (1905) 73-90. - Auch in: Gesammelte Werke, Bd. 2., Experimentelle Untersuchungen, Walter-Verlag, Olten und Freiburg/Br. 1979, S. 214-238.

Jus, A.: Troubles mentaux à symptomatoloqie schizophrénique chez les épileptiques. (Contribution à l'etude des correlations entre la schizophrénie et l'épilepsie). Evolut. psychiat. 31 (1966) 313-320.

Juul-Jensen, P.: Epilepsy. A clinical and social analysis of 1020 adult patients with epileptic seizures (Thesis). Acta neurol. Scand., Suppl. 5, Bd. 40 (1964).

Kahlbaum, K. L.: Die Gruppierung der psychischen Krankheiten und die Einteilung der Seelenstörungen. A. W. Kafemann, Danzig 1863

Kaiser: Über Sinnestäuschungen und Wahnideen bei besonnenen und klaren Epileptikern. Chronische Luminalintoxikation? Psychiat.-neurol. Wschr. 33 (1931) 85f.

Kalinowsky, L. B.: Entziehungskrämpfe und Enziehungspsychosen. Nervenarzt 29 (1958) 456-467.

Kaminer, Y., and H. Munitz: Case Report: Psychomotor Status-like Episodes under Haloperidol Treatment. Brit. J. Psychiatr. 145 (1984) 87f.

Kanner, L.: The Names of the Falling Sickness. An Introduction to the Study of the Folklore and Cultural History of Epilepsy. Hum. Biol. 2 (1930) 109-127.

Karagulla, S., E. E. Robertson: Psychical Phenomena in Temporal Lobe Epilepsy and the Psychoses. Brit. Med. J. 1955/I, 748-752.

Karbowsi, K.: Auditive und vestibuläre Halluzinationen epileptischer Genese. Karbowski, K. (Hg.): Halluzinationen bei Epilepsien und ihre Differentialdignose. Huber: Stuttgart-Wien 1982a. S. 24-51.

Karbowski, K. (Hg.): Halluzinationen bei Epilepsien und ihre Diffe-rentialdignose. Huber: Stuttgart-Wien 1982b.

Kardiner, A.: The Bioanalysis of the Epileptic Reaction. Psychoanal. Quart. 1 (1932) 375-483.

Kardiner, A., and R. Linton: The Individual and his Society. Columbia University Press: New York 1939.

Kardiner, A., and L. Oresey: The Mark of Oppression: a Psychological Study of the American Negro. W.W. Norton: New York 1951.

Kawei, I., K. Aoki: Primary Genralized Epilepsy and Temporal Lobe Epilepsy: A Psychological Study Using Rorschach Tests. Folia Psychiatrica et Neurlogica Japonica 37 (1983) 245-251.

Kay, D. W. K.: Late Paraphrenia and its bearing on the etiology of schizophrenia. Act. psychiat. Scand. 39 (1963) 159-169.

Ketz, E.: Psychose und psychomotorische Epilepsie (Beobachtungen bei einem arteriovenösen Rankenangiom des Schläfenlappens). Nervenarzt 40 (1969) 133-137.

Kimura, B.: Epilepsie in anthropologischer Sicht. Daseinsanalyse 1 (1984) 192-202.

Kisker, K. P.: Sprachliche Stereotypien bei Temporallappen-Epilepsie (Ein Beitrag zur Konstitution verbaler Sprachanteile. Nervenarzt 28 (1957) 366-368.

Kleist, K.: Episodische Dämmerzustände. Thieme, Leipzig 1926.

Kløve. H., and D. G. Doehring: MMPI in Epileptic Groups with Different Etiology. J. Clin. Psychol. 18 (1962) 149-153.

Klosterkötter, J. und H. Penin: Epilepsiepsychosen und ihre medikamentöse Behandlung. Fortschr. Neurol. Psychiat. 57 (1989) 61-69

Klüver, H., and. P. Bucy: An Analysis of Certain Effects of Bilateral Temporal Lobectomy in the Rhesus Monkey. J. Physiol. 5 (1938) 33-44.

Klüver, H., and. P. Bucy: Preliminary Analysis of Functions of the Temporal Lobes in Monkeys. Arch. Neurol. Psychiat. 42 (1939) 979-1000.

Knapp, A.: Die epileptischen Psychosen. Allg. Z. Psychiat. 116 (1940) 89-104.

Knudsen, H. C., and T. G. Bolwig: Sammenhængen mellem epilepsie og personalighed: Realitet eller myte. Nord. Psykiatr. Tidskr. 40 (1986) 337-344.

Koch, J. L. A.: Vom Bewusstsein in Zuständen sogenannter Bewusstlosigkeit. Enke: Stuttgart 1877. (In Buchform erschienenes, 28 Seiten langes Vortragsmanuskript).

Koch, J. L. A.: Noch ein Wort über das Bewusstsein. Allg. Zschr. Psychiatr. 35 (1879) 599-606.

Köhler, G.-K.: Begriffsbestimmung und Einteilung der sog. epileptischen Psychosen. Schweiz. Arch. Neurol., Neurochir., Psychiatr. 120 (1977) 261-281.

Köhler, G.-K.: Epileptische Psychosen – Klassifikationsversuche und EEG-Verlaufsbeobachtungen. Fortschr. Neurol. Psychiat. 43 (1975) 99-153.

Köhler, G.-K.: Rückbildung endoformer Psychosen bei epileptischen Patienten unter Mono-Therapie mit Natrium-Valproat (Ergenyl). Neurol. Psychiat. 3 (1977) 401-403.

Köhler, G.-K.: Zur Einteilung der Psychosen bei Epilepsie. In: Wolf, P., G.-K. Köhler (Hrgg.): Psychopathologische und pathogenetische Probleme psychiatrischer Syndrome bei Epilepsie. Huber, Bern-Stuttgart-Wien 1980. S. 11-18.

Köhler, G.-K., H. Nestler-Wocher, M. Schmid: Epilepsie und Psychose bei einem eineiigen Zwillingspaar mit XX/XO/XXX Mosaik. In: Wolf, P., G.-K. Köhler (Hrgg.): Psychopathologische und pathogenetische Probleme psychiatrischer Syndrome bei Epilepsie. Huber, Bern-Stuttgart-Wien 1980, S. 181-203.

Kolle, K.: Psychiatrie. Ein Lehrbuch für Studierende und Ärzte. 6. Aufl. G. Thieme: Stuttgart 1967.

König, K. u. D. Tschuschke: Sexualverhalten bei Epilepsiepatientinnen. Psychiatr. Neurol. Med. Psychol. 40 (1988) 26-32.

Korzeniowski, L.: Les problemes diagnostiques concernant les psychoses paranoïaques schizophréniformes en éepilepsie. Ann. med.-psychol. 123/I (1965) 35-42.

Krämer, Günter & H.-G. Woeser (Hrsg.) Epilepsiebericht Schweiz 2002. Hippocampus Verlag, Bad Honnef 2002.

Krämer, Günter & Richard Appleton: Epilepsie – Ein illustriertes Wörterbuch für Kinder und Jugendliche. 2010.

Krämer, Günter: Epilepsie – die Krankheit erkennen, verstehen und gut damit leben. 4. Aufl. TRIAS, Stuttgart 2013

Krämer, Günter: Lexikon der Epileptologie, Hippokampus-Verlag 2012

Kraepelin, E.: Compendium der Psychiatrie. Barth, Leipzig 1883.

Kraepelin, E.: Lehrbuch der Psychiatrie, 8. Aufl. Leipzig: Johann Ambrosius Barth 1909-1915.

Kraepelin, E.: Einführung in die psychiatrische Klinik. 3. Aufl. J. A. Barth: Leipzig 1916.

Kraepelin, E.: Zur Epilepsiefrage. Z. Neurol. Psychiat. 52 (1919) 107.

Krafft-Ebing, R. v.: Über epileptische Dämmer- und Traumzustände. Allg. Z. Psychiat. 33 (1877) 111-115.

Krafft-Ebing, R.: Zur Casuistik. Zur Lehre der Epilepsia larvata. Allg. Z. Psychiat. 24 (1867) 464.

Krafft-Ebing, R. von: Psychopathia sexualis, 10. Aufl. Stuttgart: F. Enke, 1898.

Krapf, E.: Epilepsie und Schizophrenie. Zur Frage der epileptiformen Anfälle bei Schizophrenen und zur Symptomatologie der epileptischen Ausnahmezustände; zugleich ein Beitrag zur Lehre von den Kombinationen. Arch. Psychiat. Nervenkr. 83 (1928) 547-586.

Kreindler, A., V. Voiculesco, R. Brosteano, V. Ionasesco: Considérations sur les troubles psychiques intermittentes des épileptiques. Rev. neurol. 95 (1956) 602. Autoreferat.

Kretschmer, E.: Körperbau und Charakter, 1. Aufl. Springer, Berlin, 1921; 21./22. Aufl. 1955.

Krisch, H.: Die biologische Einteilung der Epilepsien. Mschr. Psychiat. Neurol. 52 (1922a) 312 -323.

Krisch, H.: Epilepsie und manisch-depressives Irresein. Karger, Basel 1922b.

Kroth, H., H. C. Hopf: Status psychomotorischer Anfälle. Dt. Zschr. Nervenheilk. 189 (1966) 67-78.

Kryspin-Exner, K.: Psychosen und Prozeßverläufe des Alkoholismus. Carl Ueberreuter, Wien 1966.

Kütemeyer, Mechthilde; Karl Friedrich Masuhr; Ulrich Schultz-Venrath: Kommunikative Anfallsunterbrechung – zum ärztlichen Umgang mit Patienten im Status pseudoepilepticus (PSE): Z. Epileptol. 18 (2005) 71-77.

Kulenkampff, C.: Über das herzphobischer Syndrom bei begetativen Anfällen und seine Behandlung. Acta neuroveget. 23 (1961/62) 202-208.

Kulenkampff, C. und A. Bauer: Herzphobie und Herzinfarkt. Zur Anthropologie von Angst und Schmerz. Nervenarzt 33 (1962) 289-299.

Kunkle, E. C., and J. B. Pfeiffer, Jr., W. M. Wilhoit, , and L. W. Hamrick, Jr.: Recurrent brief Headache in "Cluster" Pattern. Trans. Amer. Neurol. Assoc. 77 (1952) 240.

Kurland, L. T.: The incidence and prevalence of convulsive disorders in a small urban community. Epilepsia 1 (1959) 143—161.

Kury, G., S. Cobb: Epileptic Dementia Resembling Schizophrenia: Clinico-pathological Report of a Case. J. nerv. ment. Dis. 138 (1964) 340-347.

Kuschke, R., Kirchner, P.: Bericht über einen Fall von Status psychomotoricus mit tonischen Dämmerattacken bei Medikamentenüberdosierung. Psychiat. Neurol. med. Psychol. 24 (1972) 282-288.

Lachar, D., R. Lewis, and T. Kupke: MMPI in Differentiation of Temporal Lobe and Non-Temporal Lobe Epilepsy: Investigation of Three Levels of Test Performance. J. Consult. Clin. Psychol. 47 (1979) 186-188.

Lachmund: Über vereinzelt auftretende Halluzinationen bei Epileptikern. Mschr. Psychiat. Neurol. 15 (1904) 434-444.

Lafon, R., P. Pages, P. Passouant, R. Labauge, J. Minvielle et J. Cadhilhag: L'épilepsie tardive de l'alcoolisme chronique. Rev. neurol 94 (1956) 624-628.

Laidlaw, J., A. Richens, and J. Oxley (Eds.): A Textbook of Epilepsy. 3rd. Ed. Churchill Livingstone, Edinburgh 1988.

Laing, R. D.: Die Politik der Familie. Kiepenheuer u. Witsch, Köln 1974.

Laing, R. D. u. A. Esterson: Sanity, Madness and the Family. Tavistock, London 1964

Lairy, G. C.: Signes psychotiques survenant chez des épileptiques au cours du traitement par éthosuximide. Rev. Neurol. ll0 (1964) 225f.

Lamprecht, F.: Biochemische Aspekte in der Psychosenforschung. In: Penin, H. (Hg.): Psychische Störungen bei Epilepsie. Schattauer: Stuttgart 1973, p. 85-105.

Lamprecht, F.: Pharmako-chemische Hypothesen zum Alternieren von Anfällen und Psychosen. In: Wolf, P., G.-K. Köhler (Hrgg.): Psychopathologische und pathogenetische Probleme psychiatrischer Syndrome bei Epilepsie. Huber, Bern-Stuttgart-Wien 1980, S. 152-160.

Landolt, H.: Einige klinisch-elektroencephalographische Korrelationen bei epileptischen Dämmerzuständen. Nervenarzt 24 (1953a) 479.

Landolt, H.: Some Clinical Electroencephalographical Correlations in Epileptic Psychoses (Twilight States). Electroenceph. clin. Neurophysiol. (l953b).

Landolt, H.: Über Verstimmungen, Dämmerzustände und schizophrene Zustandsbilder bei Epilepsie. Ergebnisse klinischer und elektroenzephalographischer Untersuchungen. Schweiz. Arch. Neurol. Psychiat. 76 (1955) 313-321.

Landolt, H.: L électroencéphalographie dans les psychoses épileptiques et les épisodes schizophreniques. Rev. neurol. 95 (1956) 597-599.

Landolt, H.: Die Bedeutung der Elektroencephalographie für die Behandlung der Epilepsie. Nervenarzt 28 (1957) 170-176.

Landolt, H.: Serial Electroencephalographic Investigations During Psychotic Episodes in Epileptic Patients and During Schizophrenic Attacks. In: Lorentz de Haas, A.M. (Hg.): Lectures on Epilepsy. Elsevier, Amsterdam 1958, pp.1-133.

Landolt, H.: Die Temporallappenepilepsie und ihre Psychopathologie. S. Karger, Basel u. New York 1960.

Landolt, H.: Psychische Störungen bei Epilepsie. Klinische und elektroencephalographische Untersuchungen . Dtsch. med. Wschr. 87 (1961) 446-452.

Landolt, H.: Die Dämmer- und Verstimmungszustände bei Epilepsie und ihre Elektroencephaloqraphie. Dtsch. Zschr. Nervenheilk. 185 (l963) 411-430.

314

Landolt, H.: Petit mal; Temporallappenepilepsie; epileptische Dämmerzustände und Verstimmungen. In: Schulte, W. (Hg.): Epilepsie und ihre Randgebiete in Klinik und Praxis. Lehmann: München 1964, S. 33-58.

Landolt, H.: Epilepsie und Psychose. In: Psychiatrie der Gegenwart. 2. Aufl. Bd. II/2. Springer: Berlin 1972, p. 631-640.

Landouzy, H.: Traité complet de l'hystérie. Ballière, Paris-London 1846

Lange, J.: Über atypische epileptische Dämmerzustände. Münch. med. Wschr. 71 (1924) 63-65.

Lauber, H.: Das Pneumencephalogramm München: J. Ambrosius Barth 1965.

Leder, A.: Zur Psychopathologie der Schlaf- und Aufwachepilepsie (Eine psychodiagnostische Untersuchung). Nervenarzt 38 (1967) 434-442.

Leder, Alfred: Tegretal: Zum Problem der psychotropen Wirkung. Nervenarzt 41 (1970) 59-67.

Leder, Alfred: Zur Psychopathologie der Schlaf- und Aufwachepiepsie (Eine psychodiagnostische Studie). Nervenarzt 38 (1967) 434-442.

Legrand Du Saulle, H.: Sur l'épilepsie larvée. Ann. med. psychol. 9 (1873) 154.

Leidesdorf, M.: Ueber die sogenannten psychisch-epileptischen Aequivalente. Wien. Med. Wschr. 37 (1887) 121-124 u. 156-158.

Lembeck F.: Biochemie und Pharmakologie der Carcinoide. Verh. Dtsch Ges. Inn. Med. 68 (1962) 194-211.

Lempérière, T.: L'état mental intercritique dans la comitialité. Étude clinique et psychométrique. Thèse Médecine, Paris 1953.

Lempp, R.: Die Schulleistungsfähigkeit epileptischer Kinder und ihre körperlichen und soziologischen Bedingungen. Dtsch. med. Wschr. 95 (1970) 629-633.

Lennox, W. G., S. Cobb: Epilepsy. Williams & Wilkins: Baltimore 1928.

Lennox, W .G., M. A. Lennox, M.: Epilepsy and Related Disorders. Little, Brown: Boston 1960

Leonhard, K.: Chronische Wahnbildung eines Epileptikers aus ekstatischer Religiosität heraus. Allg. Z. Psychiat. 107 (1938) 233-245.

Lépine: L'épilepsie psychasthénique. Revue de médecine Oct. 1911, p. 437.

Lereboullet, J.: Alcool et épilepsie. Rev. Prat. (Paris) 18 (1968) 4301-4304.

Lereboullet, J., R. Pluvinage, L. Vidart et Cl. Amstutz: Thérapeutique des encéphalopathies alcooliques. Problèmes médico-sociaux. Rev. Neurol. 94 (1956) 556-584.

Levi, R., S. Waxman: Schizophrenia, Epilepsy, Cancer, Methionine, and Folate Metabolism. Pathogenesis of Schizophrenia. Lancet II (1975) 11.

Levin, M.: Bromide Delirium and Other Bromide Psychoses. Amer. J. Psychiat. 12 (1933) 1125-1163.

Levin, M.: Transitory Schizophrenias Produced by Bromide Intoxication. Amer. J. Psychiat. 103 (1946) 229-237.

Levin, M.: Bromide Psychoses: 4 Varieties. Amer. J. Psychiatr. 104 (1948) 798-800.

Levin, M.: Bromide Hallucinosis. Arch. gen. Psychiatr. 2 (1960) 429-433.

Lichtenstein, R.S., C. Marshall, A. E. Walker: Subcortical Recording in Temporal Lobe Epilepsy. Arch. Neurol. (Chic.) 1 (1959) 288-302.

Lind, J. G.: De delirio tremente. Dissertatio inauguralis Hauniae 1822.

Lob, H., J. Roger, R. Soulayrcl, H. Régis, H. Gastaut: Les états de mal généralisés à expression confusionelle (états de petit mal ou états d'absence). In: H. Gastau, J. Roger, H. Lob (Eds..): Les états de mal epileptiques. Masson: Paris 1967, pp. 91-109.

Loeb, C., F. Giberti: Corrélations électrocliniques chez des épileptiques avec manifestations psychotiques. Rev. neurol. 95 (1956) 601-602.

Logothetis, J.: Spontaneous Epileptic Seizures and Electroencephalographic Changes in the Course of Phenothiazine Therapy. Neurology (Minneap.) 17 (1967) 869-877.

Löhler, J. und U. H. Peters: Epilepsia partialis continua (Kozevnikov-Epilepsie). Fortschr. Neurol Psychiat. 42 (1974) 165-212.

Lohrenz, J. G., L. Levy, J. F. Davis: Schizophrenia or Epilepsy? A Problem in Differential Diagnosis. Comprehens. Psychiat. 3 (1962) 54-62.

Lombroso, C.: L'Uomo delinquente. Bocca, Turin 1889.

Lomer, Gg.: Zur Psychogenese epileptischer Erscheinungen. Psychiatr.-Neurol. Wschr. 15 (1913/14) 7-8.

López-Ibor Alino, J. J.: Psychische Störungen bei Epilepsie. In: Wolf, P., G.-K. Köhler (Hrgg.): Psychopathologische und pathogenetische Probleme psychiatrischer Syndrome bei Epilepsie. Huber, Bern-Stuttgart-Wien 1980, S. 24-31.

Lorentz de Haas, A. M., O. Magnus: Recherches electrocliniques chez 72 épileptiques avec des troubles mentaux épisodiques. Rev. neurol. 95 (1956) 595-597.

Lorentz de Haas, A.M., O. Magnus: Clinical and Electroencephalographic Findings in Epileptic Patients with Episodic Mental Disorders. In: Lorentz de Haas, A. (Ed.): Lectures on Epilepsy, Elsevier, Amsterdam 1958, pp. 134-167.

Lorenzer, A.: Sprachzerstörung und Rekonstruktion. Suhrkamp, Taschenbuch Wissenschaft 31, Frankfurt/M. 1973

Louyer-Villerrnay: Traité des maladies nerveuses ou vapeurs et particulièrement de l'hystérie et de l'hypochondrie, 2. Bde. Méquignon, Paris 1816

Löwenfeld, L.: Pathologie und Therapie der Neurasthenie und Hysterie. J. F. Bergmann, Wiesbaden 1894

Lundervold, A.: Temporal Lobe Epilepsy and Mental Disorders. Act. psychiat. neurolog. Scand. 29 (1954) 26.

Lungershausen, E.: Zur Psychopathologie epileptischer Dämmerzustände. In: Wolf, P., G.-K. Köhler (Hrgg.): Psychopathologische und pathogenetische Probleme psychiatrischer Syndrome bei Epilepsie. Huber, Bern-Stuttgart-Wien 1980, S. 53-58.

MacCurdy, J. T.: A Clinical Study of Epileptic Deterioration. Cornell University Medicine Bull. 5 (1916) 1-88.

MacCurdy, J. T.: Epileptic Dementia. Cornell University Medicin Bull. 7 (1918) 1-12.

Madden: Zit. n. Binswanger (1899). S. 167.

Maeder, A.: Die Sexualität der Epileptiker. In: E. Bleuler und S. Freud (Hgg.): Jahrbuch für psychoanalytische und psychopathologische Forschungen 1 (1909) 119-154. Deuticke: Wien und Leipzig 1909.

Maeder, A.: Eine seltsame Triebhandlung in einem Falle von psychischer Epilepsie. Zschr. Neurol. Psychiatr. 5 (1911) 178-189.

Magnan, V.: Über das Zusammenbestehen verschiedener Irreseinsformen bei demselben Kranken. (Nach einem Aufsatz in den Archives de Neurologie Nr.

1, 1880). In: V. Magnan: Psychiatrische Vorlesungen. Übersetzt von P. J. Möbius. Thieme: Leipzig 1893, Heft IV/V, 93-103.

Magnan: zit. n. Oppenheim (1906). Gemeint ist wahrscheinlich: J.-J.-V. Magnan u. Legrain: Les Dégénérés. Paris 1895.

Maisonneuve, J. G. F.: Recherches et observations sur l'épilepsie. F. Louis, Paris 1803.

Mann, Th.: Bekenntnisse des Hochstaplers Felix Krull. Gesammelte Werke Bd. 7. S. Fischer, Frankfurt/M. 1960/1974

Marchand. L. et J. de Ajuriaguerra: Épilepsies, leurs formes cliniques, leurs traitements. Desclée de Brouwer, Paris 1948.

Margulies, M.: Zur Frage der Hystero-Epilepsie. In: Sommer, R. (Hg.): Klinik für psychische und nervöse Krankheiten 6 (1912) 158 - 202

Marti, M.: Contribución al estudio psicoanalítico de la epilepsia. Revista de Psicoanálisi 12 (1955) 245-271.

Marui, K.: Psychoanalytical investigation of hysteroepilepsy. Folia psychiatr. neurol. jap. 6 (1953) 231-235.

Matthews, C. G., and H. Kløve: MMPI Performances in Major Motor, Psychomotor and Mixed Seizure Classifications of Known and Unknown Etiology. Epilepsia 9 (1968) 43-53.

Mauz, F.: Zur Frage des epileptischen Charakters. Zbl. Neurol. Psychiatr. 45 (1927) 833-835.

Mauz, F.: Die Veranlagung zu Krampfanfällen. G. Thieme: Leipzig 1937.

Mayer-Gross, E. Slater, M. Roth: Clinical Psychiatry. Baillière, Tindall & Cassel: London 1954.

McDanal, C. E., W. M. Bolman: Delayed Idiosyncratic Psychosis with Diphenylhydantoin. J. Amer. Med. Ass. 231 (1975) 1063.

McDougall, A.: Hysteria from the Point of View of Epilepsy. Lancet (1920, II), 764.

McKenna, P. J., J. M. Kane, and K. Parrish: Psychotic Syndromes in Epilepsy. Amer. J. Psychiatry 142 (1985) 895-904.

McLardy, T.: Epileptic Ammonshorn Sclerosis and Schizophrenia: Negative Correlation. In: Laitinen, L. V., Livingston, K. E. (Eds.): Surgical Approaches in Psychiatry. MTP, St.Leonhard's Gate (Lanc.) 1973, p.118-120.

Meduna, L.v.: Versuche über die biologische Beeinflussung des Ab-laufes der Schizophrenie. I. Campher- und Cardiazolkrämpfe. Z. Neurol. Psychiat. 152 (1935) 235-262.

Meier, M. J., and L. A. French: Some Personality Correlates of Unilateral and Bilateral EEG Abnormalities in Psychomotor Epileptics. J. Clin. Psychol. 21 (1965) 3-9.

Mendel, E.: Leitfaden der Psychiatrie für Studirende der Medicin. F. Enke: Stuttgart 1902.

Mendez, M. F., J. L. Cummings, and D. F. Benson: Depression in Epilepsy: Significance and Phenomenology. Arch. Neurol. 43 (1986) 766-770.

Menninger, K. A.: Psychoanalytic Study of a Case of Organic Epilepsy. Psychoanal. Rev. 13 (1926) 187-199.

Messner, E.: Covert Complex Partial Seizures in Psychotherapy. Amer. J. Orthopsychiat. 56 (1986) 323-326.

Meyer, J. E.: Die sexuellen Störungen der Hirnverletzten. Arch. Psychiatr. 193 (1955) 449-469.

Meyer, J. E.: Zur forensischen Bedeutung der Temporallappenepilepsie. Dtsch. Z. ges. gerichtl. Med. 46 (1957) 212-225.

Meyer-Mickeleit, R. W.: Dämmerattacken als charakteristischer Anfallstyp der temporalen Epilepsie (psychomotorische Anfälle, Äquivalente, Automatismen). Nervenarzt 24 (1953) 331-346.

Michaux, L.: Manifestations psychiatriques temporaires survenant chez les épileptiques en dehors des crises. Presse méd. 64 (1956) 2069-2071.

Mignone, R.J., E. F. Donnelly, D. Sadowsky: Psychological and Neurological Comparisons of Psychomotor and Non-Psychomotor Epileptic Patients. Epilepsia 11 (1970) 345-359.

Minkowska, F.: Charakterologische Probleme im Licht psychiatrischer und genealogischer Hereditätsforschung (mit besonderer Berücksichtigung der Epileptoidie). Zschr. Neurol. Psychiatr. 82 (1923a) 199-211.

Minkowska, F.: Recherches généalogiques et problèmes touchant aux caractères (en particulier à celui de l'épileptoïdie). Séance Soc. Méd.-Psych. 25. Juin 1923. Ann. Méd.-Psych. 81 (1923b) 149-170.

Minkowska, F.: Le rôle de l'hérédité dans l'épilepsie. Schweiz. Arch. Neur. 15 (1924) 307-309.

Minkowska, F.: Le problème de la constitution examiné à la lumière des recherches généalogiques et son rôle théorique et pratique. Évolution psychiatrique 2 (1927) 185-216.

Minkowska, F.: La constituion glischroïde et le trouble essentiel de l'épilepsie. Schweiz. Arch. Neurol. 24 (1929) 171-172.

Minkowska, F.: La constituion épileptoide et ses rapports avec la pathogénie de l'épilepsie essentielle. Ann. méd.-psychol. 89 (1931) 291-300.

Minkowska, F.: Epilepsie und Schizophrenie im Erbgang mit besonderer Berücksichtigung der epileptoiden Konstitution und der epileptischen Struktur (Familie F. und Familie B.). Arch. Klaus-Stift. Vererb.-Forsch. 12 (1937) 33-234.

Minkowska, F.: Le test de Rorschach dans l'épilepsie essentielle. Ann. méd. psychol. 102 (1944) 545-558.

Minkowska, F.: L'épilepsie essentielle, sa psychopathologie et le test de Rorschach. Ann. méd. psychol. 104 (1946) 321-355.

Minkowski, E. und F. Minkowska: Probleme der Vererbung von Geistes-krankheiten auf Grund von psychiatrischen und genealogischen Untersuchungen an zwei Familien. Schweiz. Arch. Neurol. Psychiatr. 12 (1923) 47-70.

Minkowska, F. et E. Minkowski: Famille B. et famille F. Ann. Méd.-Psychol. 12 (1920) 303-328.

Minkowska, F. u. E. Minkowski: Rolle der Heredität in der Ätiologie der Epilepsie und epileptoide Konstituion in Lichte genealogischer Forschungen. (Polnisch). Ksiega Jubileuszwa Edwarda Flatua (1929) 721-735. Ref. in: Zbl. Neurol. Psych. 54 (1930) 684.

Mitchell, W., M. A. Falconer, and D. Hill: Epilepsy with Fetishism Relieved by Temporal Lobectomy. Lancet 2S9 (1954) 626—630.

Mollweide, H.: Kombination von genuiner Epilepsie und Schizophrenie. Darstellung eines erbbiologisch überzeugenden Falles. Nervenarzt 23 (1952) 68-70.

Monroe, R. R.: Episodic Behavioral Dissoders. A Psychodynamic and Neurophysiologic Analysis. Harvard Univ. Pr.: Cambridge (Mass.) 1970.

Morel, B. A.: Études cliniques. Traité théorique et pratique des maladies mentales considerées dans leure nature, leur traitement et dans leur rapport avec la medicine légale des alienés. Paris: Grimblot et Veuve Raybois, Nancy et Victor Masson 1852/1853.

Morel, B. A.: D'une forme de délire, suite d'une surexcitation nerveuse se rattachant à une varieté non encore décrite d'épilepsie (Epilepsie larvée). Gaz. hebd. médecine et de chirurgie 7 (1860a) 773-775, 819-821, 836-841.

Morel, B. A.: Traité des maladies mentales. Paris 1860b.

Morel, B. A.: Discussion sur les aliénés dangereux. Séance du 26.10.1868. Ann. med.-psychol. 1 (1869) 124.

Mulder, D. W., Daly, D.: Psychiatric symptoms associated with lesions of temporal lobe. J. amer. med. Ass. 150 (1952) 173-176.

Müller, G.: Anfälle bei schizophrenen Erkrankungen. Allg. Zschr. Psychiat. 93 (1930) 235-240.

Müller-Oerlinghausen, B., St. Haas, K.-D. Stoll (Hgg.): Carbamazepin in der Psychiatrie. Thieme: Stuttgart-New York 1989.

Müller-Suur, H.: Beitrag zur Kenntnis der epileptischen Psychosen. Psychiat.-neurol. Wschr. 44 (1942) 185-189.

Muratoff, W .A.: Zur Lehre über epileptisches Irresein. Neurol. Centralbl. 20 (1901) 923-924.

N'Diaye, S. N.: Contribution à l'étude des accidents et incidents ob-servés au cours du traitement de l'épilepsie par trois anti-comiteaux majeurs: Epiclase, Mysoline, Sédantoinal. Thèse Méd. Paris 1964.

Navratil, L. und H. Strotzka: Die Kind-Mutter-Relation bei epileptischen Kindern. (Eine experimentell-psychologische Studie) Wien. Arch. Psychol. Psychiat. Neurol. 4 (1954) 36-52.

Neff, W. S., and Th. Lidz: Rorschach Pattern of Normal Subjects of Graded Intelligence. J. projective Tech. 15 (1951) 45-57.

Neumann, M.: Über die Beziehungen zwischen Alkoholismus und Epilepsie. C. & J. Gœller, Straßburg 1897.

Newmark, M. E., and J. K. Penny: Genetics of Epilepsy – a Review. Raven Press: New York 1980.

Niel, A.-G.-A.: La "maladie des nerfs" de Gustave Flaubert. Thèse. Lille 1922.

Nikolskaya, V. A.: Zur Klinik der Schizoepilepsie.- Ref. Zbl. ges. Neurol. Psychiat. 92 (1939) 510f.

Nittner, K., H. W. Steinmann: Klinik und Therapie symptomatischer Anfallsleiden in Arbeit und Gesundheit. Neue Folge 69: Stuttgart: G. Thieme 1959.

Notkin, J.: Epileptic Manifestations in the Group of Schizophrenic and Manic Depressive Psychoses. J. nerv. ment. Dis. 69 (1929) 494-57I.

Nunberg H. u. E. Federn: Protokolle der Wiener Psychoanalytischen Vereinigung. Bd. II 1908-1910. S. Fischer: Frankfurt 1967.

Nyman, G. E. und S. Marke: Sjöbrings differentiella psykologi. Gleerups, Lund 1962.

Oates, J. A., K. Melmon, A. Sjœrdsma, L. Gillespie, and D. T. Mason: Release of a Kinin Peptide in the Carcinoid Syndrome. Lancet I (1964) 514.

Oller-Daurella, L.: Les États confusionnels (états d'absence). Leur importance dans les épilepsies généralisées primaires, spé-cialement dans celles débutant par des absences typiques. Act. neurol. belg. 74 (1974) 265-275.

Oppenheim, H.: Über psychasthenische Krämpfe. J. Psychol. Neurol. (Lpz.) 6 (1906) 247-259.

Orthner, H.: Anatomie und Physiologie der Steuerungsorgane der Sexualität. In: H. Giese (Hg.) Die Sexualität des Menschen, 2. Aufl., F. Enke, Stuttgart 1968, S. 446-545.

Ounsted, C.: Hyperpædophilia. The Reaction of normal Families to Children with Epilepsy and Associated Handicaps. 3. Europ. Sympos. Epilepsy, Marienlyst 21.-23. 6. 1970.

Paillas, J.E., J. Alliez, D. Paché: Considérations sur les troubles psychiques intermittents des épileptiques. Rev. neurol. 95 (1956) 6O6f.

Palem, R.-M., L. Force, J. Esvar: Hallucinations critiques épileptiques et déire. (à propos d'un état de mal oculo-clonique). Ann. méd.-psychol. 128,II (1970) 161-190.

Panic, A., M. Beslin: Prikaz slucaja epileticne psihoze uzrokovane lekom (polnisch). (Übersicht über epileptische Psychosen durch Antikonvulsiva). Medicinski Pregled 38 (1985) 57-60.

Parada Allende, R.: Algunos problemas psicopatológicos en el campo de las psicosis epilépticas. Rev. Chil. Neuropsiquiat. lO (1970) 43-62.

Parkes, J. D.: Narcolepsy. In: Riley, T. L., and A. Roy (Eds.): Pseudoseizures. Williams & Wilkins, Baltimore-London 1982.

Parkes, J. D., and A. Roy: Neurologic, Psychiatric and Biochemical Aspects of Gelineau's Syndrome. Trans. Amer. Neurol. Assoc. 99 (1974) 325-334.

Parland, O.: On the Psychogenic Background of Several Female Epileptics. Acta psychiatr. neurol. Scand., Suppl. 80 (1953) 222-232.

Pateisky, K. u. H. Lechner (Hrgg.): Sozialmedizinische und therapeu-tische Aspekte der psychischen Veränderungen bei Epilepsie. Privatdruck (Geigy) 1970.

Penin, H.: Epilepsie und vorzeitige Invalidität. Fortschr. Neurol. 28 (1960) 448-468.

Penin, H.: Epilepsie und Invalidität. Dtsch. med. Wschr. 86 (1961) 1252-1256.

Penin, H. (Hrsg.): Psychische Störungen bei Epilepsie. Psychosen, Verstimmungen, Persönlichkeitsveränderungen. Schattauer, Stuttgart-New York 1973.

Peters, U. H.: Nichtepileptische Anfälle. Fortschr. Med. 84 (1966) 623-626.

Peters, U. H.: Zur Differentialdiagnose nichtepileptischer Anfälle. Niedersächs. Ärzteblatt (1967) 68-72.

Peters, U. H.: Anfallsartig auftretende Krankheitszustände und ihre Beziehungen zur Epilepsie. Fortschr. Med. 86 (1968a) 227-229.

Peters, U. H.: Dämmerattacken als Träger kriminellen Verhaltens. Psychiat. clin. 1 (1968b) 375-381.

Peters, U. H.: Das pseudopsychopathische Affektsyndrom der Tempo-rallappenepileptiker. Untersuchungen zum Problem der Wesensän-derung bei psychomotorischer Epilepsie. Nervenarzt 40 (1968c) 75-82.

Peters, U. H.: Kriminalität bei Temporallappenepilepsie. Beitr. z. gerichtl. Med. 25 (1968d) 175-178.

Peters, U. H.: Epileptische Dämmerzustände. In: Lechner, H., J. Kugler und D. Fontanari (Hgg.): Akute Psychosen. Ulrich Moser: Graz 1970.

Peters, U. H.: Sexualstörungen bei psychomotorischer Epilepsie. Journal of Neuro-Visceral Relations, Suppl. X, 491-497 (1971).

Peters, U. H.: Zur Psyche des Epileptikers im Erwachsenenalter. In: Penin, H. (Hg.): Psychische Störungen bei Epilepsie. Schattauer: Stuttgart 1973. 119-126.

Peters, U. H.: Psychopathologie des Epileptikers.Med. Welt 26 (N.F.) (1975a) 1089-1093.

Peters, U. H.: Die drei Formen des Epileptischen Dämmerzustandes. Musik und Medizin 1 (9) (1975b) 5-9.

Peters, U. H.: Der Epileptiker in seiner Familie. Fortschr. Neurol. Psychiat. 46 (1978a) 633-659.

Peters, U. H.: Hysteroepilepsie. Die Kombination von hysterischen und epileptischen Anfällen. Begriffsgeschichte. Fortschr. Neurol. Psychiat. 46 (1978b) 430-439.

Peters, U. H.: Die Epilepsie als psychisches Leiden. In: Peters, U. H. (Hg.): Psychiatrie. Band X der "Psychologie des 20. Jahrhunderts". Kindler, München 1980.

Peters, U. H.: Psychische Störungen bei Epilepsie. In: Hopf, H.C., K. Poeck und H. Schliak (Hgg.): Neurologie in Praxis und Klinik. Bd.2 (6.73). Thieme: Stuttgart 1981.

Peters, U. H.: Das pseudopsychopathische Affektsyndrom (epileptische Pseudpsychopathie). Ein zweites epileptisches Wesen. Neuro-psychiatr. Clin. 1 (1982a) 75-79.

Peters, U. H.: Psychiatrische Probleme epileptischer Anfallsleiden. Nervenheilkunde 1 (1982b) 16-21.

Peters, U. H.: The Pseudopsychopathic Personality and the Limbic System. Neuroscience and Biobehavioral Reviews 7 (1983) 409-411.

Peters, U. H.: Der Typus melancholicus in Haus und Familie: Vom Typus melancholicus zur Familia melancholica. In: Mundt, Ch., P. Fiedler, H. Lang, A. Kraus (Hgg.): Depressionskonzepte heute: Psychopathologie oder Pathopsychologie? Springer, Berlin-Heidelberg-New York-London-Paris-Tokyo-Hong Kong-Barcelona 1991. S. 55-75.

Peters, U. H. und I. Ford-Läufer: Untersuchungen zur forensischen Bedeutung der psychomotorischen Epilepsie. Dtsch. Zschr. ges. gerichtl. Med. 64 (1968) 173-185.

Peters, U. H. und W. L. Gross: Die Häufigkeit von Epilepsie unter Gefängnisinsassen. Mschr. Kriminol. 56 (1973) 93-100.

Peters, U. H. und H. Rieger: Das Pickwick-Syndrom. Urban & Schwarzenberg, München 1976.

Pineda, M. R., Russell, S. C.: The Use of a Tricyclic Antidepressant in Epilepsy. Dis. nerv. syst. 35 (1974) 322-323.

Piotrowski, Z. A., and D. M. Kelley: Application of the Rorschach Method in an Epileptic Case with Psychoneurotic Manifestations. J. Nerv. Ment. Dis. 92 (1940) 743-751.

Piotrowski, Z. A.: The Personality of the Epileptic. In: Hoch, P. H., and R. P. Night (Eds.): Epilepsy. Heinemann, London 1948.

Pluvinage, R., R. Delarue: Un cas de manifestations psychiques au cours d'un traitement par le sultiam. Encéphale 54 (1965) 466-469.

Polex, J. C.: De epilepsia uterina. Diss. Jena 1764.

Pomme, P.: Traité des affections vaporeuses des deux sexes, ou maladies nerveuses vulgairement appelées maux de nerfs. Paris 1782.

Pond, D. A.: Psychiatric Aspects of Epilepsy. J. Indian med. Prof. 3 (1957) 1441.

Pond, D. A.: The Psychological Disorders of Epileptic Patients. Psychiat. Neurol. Neurochir. 74 (1971) 159-162.

Pond, D. A., B. H. Bidwill, and L. Stein: A Survey of Epilepsy in Fourteen General Practices. Folia psychiat. neerl. 63 (1960) 219-236.

Pontalis, J.-B.: Flauberts Krankheit. In: A. Mitscherlich (Hg.): Psycho-Pathographien I. Schriftsteller und Psychoanalyse. S. 227-260. Frankfurt: Suhrkamp 1972.

Price, G. E.: Psychic Epilepsy Occurring without other Epileptic Phenomena. J. nerv. ment. dis. 40 (1913) 580

Probst, M.: Die Persönlichkeit des Epileptikers im Rahmen seiner Krankheit. Med. Diss. Mainz 1978.

Raab, W.: Ueber Epilepsie nach Alkoholmissbrauch. Wiener Medizinische Blätter (1882), (8) 230-234, (9) 264-266, (10) 295-298.

Rabe, F.: Zum Wechsel des Anfallscharakters kleiner epileptischer Anfälle während des Krankheitsverlaufs. Dtsch. Zschr. Nervenhk. 182 (1961a) 201

Rabe, F.: Invalidität und Epilepsie. Nervenarzt 32 (1961b) 283-285.

Rabe, F.: Hysterische Anfälle, neurotische Entwicklung und chronische Epilepsie. Jahrestgg. Dtsch. Sekt. internat. Liga gg. Epilepsie, Tübingen 1967.

Rabe, F.: Die Kombination hysterischer und epileptischer Anfälle. Springer, Berlin-Heidelberg-New York 1970.

Rabending, G.: Zur forensischen Psychiatrie der psychomotorischen Epilepsie. Psychiat. Neurol. med. Psychol. (Lpz.) 13, 17-23 (1961).

Rabending, G., K. Jährig, W. Fischer: Epilepsien. Leitfaden für die Praxis. G. Thieme: Leipzig 1981.

Radtke, H.: Klinischer und hirnelektrischer Beitrag zur Frage des Vor-kommens von Anfallsleiden nach Fleckfieber. Nervenarzt 28 (1957) 206-212.

Raecke, J.: Die transitorischen Bewußtseinsstorungen der Epileptiker. Marhold: Halle 1903.

Raecke, J.: Zur Symptomatologie des epileptischen Irreseins, insbesondere über die Beziehungen zwischen Aphasie und Perse-veration. Arch. Psychiat. Nervenkr. 41 (1906) 1-28.

Rasch, W.: Forensische Psychiatrie. Kohlhammer, Stuttgart-Berlin-Köln-Mainz 1986.

Ratner, J.: Beitrag zur Klinik und Pathogenese der Pyknolepsie. (Zur Begriffsbestimmung der Dienzephalosen) Mschr. Psychiat. Neurol. 64 (1927) 283-298.

Raulin, J.: Traité des affections vaporeuses du sexe, avec l'exposition de leurs symptomes, de leurs différentes causes, et la méthode de les guérir. 2e éd., Hérissant, Paris 1759.

Raymond: zit. n. Oppenheim (1906). Es ist nicht bekannt, welches Werk gemeint ist.

Recktenwald: Epilepsieartige Krampfanfälle im Verlauf der Schizophrenie. Zschr. Neurol. Psychiat. 58 (1920) 79-93.

Redlich, E.: Epilepsie und andere Anfallskrankheiten. Wien. med. Wschr. (1919) 632-642.

Regnault, F.: Les observations d'épilepsie sur les hommes de génie, et notamment sur Gustave Flaubert, ont été, jusqu'à présent mal prises. Revue de l'hypnotisme 15 (1901) 270-274.

Reich, W.: Über den epileptischen Anfall. Int. Z. Psychoanal. 17 (1931) 263.

Reimers, C.-D.: Alkohol und Epilepsie – Gibt es eine "Alkoholepilepsie"? Med. Diss. Köln 1991.

Rémillard, G. M., F. Andermann, G. F. Testa, P. Gloor, M. Aubé, J. B. Martin, W. Feindel, A. Guberman, C. Simpson: Sexual Ictal Mani-festations Predominate in Women with Temporal Lobe Epilepsy: a Finding Suggesting Sexual Dimorphism in the Human Brain. Neurology 33 (1983) 323-330.

Remschmidt, H.: Das Anpassungsverhalten der Epileptiker. Phil Diss. Tübingen 1968.

Remschmidt, H.: Chronische Psychsyndrome bei Epileptikern. Med. Klin. 64 (1969) 1465-1470.

Remschmidt, H.: Experimentelle Untersuchung zur sogenannten epileptischen Wesensänderung. Fortschr. Neurol. Psychiatr. 38 (1970) 524-540.

Remschmidt, H.: Experimentelle Untersuchung zum Perseverationsverhalten von Epileptikern. Arch. Psychiatr. Nervenkr. 215 (1972a) 315-324.

Remschmidt, H.: Vorurteile gegenüber Anfallskranken. Nervenarzt 43 (1972b) 197-200.

Remschmidt, H.: Testpsychologische und experimentelle Unter-suchungen zur Psychopathologie der Epilepsien. In: Penin, H. (Hg.): Psychische Störungen bei Epilepsie. Schattauer: Stuttgart 1973, p. 135-156.

Remschmidt, H., R. Rentz, J. Jungmann (Hg.): Epilepsie 1981. Verlauf und Prognose, neuropsychologische und psychologische Aspekte. Thieme: Stuttgart-New York 1983.

Renaudin: Annales médico-psychologiques 1 (1847) 301. Zit. n. Christian (1890).

Reynolds, E. H., D. Chadwick, P. Jenner, P., J. Chanarin: Folate and Monoamine Metabolism in Epilepsy. J. neurol. Sci. 26 (1975) 605-615.

Reynolds, E. H.: Anticonvulsant Drugs, Folic Acid Metabolism and Schizophrenia-like Psychoses in Epilepsy. In: Penin, H. (Hg.): Psychische Stcrurgen bei Epilepsie. Psychosen, Verstimmungen, Persönlichkeitsveränderungen. Schattauer: Stuttgart, 1973, pp.107-111.

Reynolds, E. H.: Anticonvulsants, Folic Acid, and Epilepsy. Lancet I (1973) 1376-1378

Ribble, M.: Ego Dangers and Epilepsy. Psychoan. Quart. 5 (1936) 71-86.

Ribble, M.: Ego Dangers and Epilepsy. Psychoanal. Quarterly 5 (1936) 71-86.

Richens, A.: Drug Treatment of Epilepsy. Kimpton, London 1976.

Richer, P.: Études cliniques sur l'hystéro-épilepsie ou grande hystérie. Delahaye et Lecrosnier, Paris 1881.

Richter, Georg August (Hg.): Die specielle Therapie nach den hinterlassenen Papieren des verstorbenen D. Aug. Gottl. Richter, herausgegeben von D. Georg Aug. Richter. Siebenter Band. Fünfte Abteilung der chronischen Krankheiten. In der Friedrich Nicolaischen Buchhandlug, Berlin 1820.

Richter, H.-E.: Patient Familie. Entstehung, Struktur und Therapie von Konflikten in Ehe und Familie. Rowohlt, Reinbek 1970.

Richter, H.-E., H. Strotzka, J. Willi (Hg.): Familie und seelische Krankheit. Rowohlt, Reinbek 1976
Riklin: Hebung epileptischer Amnesien durch Hypnose. Med. Diss. Zürich 1903.
Riley, T. L., and A. Roy: Pseudoseizures. Williams & Wilkins, Baltimore-London 1982.
Riley, T. L.: Syncope and Hyperventilation. In: Riley, T. L., and A. Roy (Eds.): Pseudoseizures. Williams & Wilkins, Baltimore-London 1982, S. 34-61.
Riser, M.: De l'épilepsie alcoolique. XXIe Réunion neurologique internationale, Paris, 5 et 6 Juin, 1956. Rev. Neurol. 94 (1956) 628-634.
Ritter, G.: Epilepsie und soziales Vorurteil in historischer Sicht. Psychiat. Neurol. med. Psychol., Leipzig 25 (1973) 754-761.
Ritter, G.: Soziale und epidemiologische Befunde bei Epilepsie. Bericht über eine Großstadtgemeinde Südniedersachsens. Z. Neur. 206 (1974) 209-222.
Rittershaus, E.: Die klinische Stellung des manisch-depressiven Irreseins unter besonderer Berucksichtiaung der Beziehungen zu organischen Gehirnkrankheiten und zur Epilepsie. Zschr. Neurol. Psychiat. 56 (1920) 10-93.
Ritzel, G. u. G. Ritter: Zusammenhänge zwischen Epilepsie und Delinquenz. Mschr. Kriminol. 55 (1972) 301-307.
Roberts, J. K. A., M. M. Robertson, and M. R. Trimble. The Lateralizing Significance of Hypergraphia in Temporal Lobe Epilepsy. J. Neurol. Neurosurg. Psychiatry. 45 (1982) 131-138.
Robertson, M. M.: Ictal and Interictal Depression in Patients with Epilepsy. In: M. R. Trimble, and T. G. Bolwig (Eds.): Aspects of Epilepsy and Psychiatry. pp. 213-234 . Wiley, New York 1986.
Rodenberg, C.-H.: Über echte Kombinationen epileptischer und schizophrener Symptomkomplexe. Allg. Z. Psychiat. 92 (1930) 235-244.
Rodin, E. A., M. Katz, and K. Lennox: Differences Between Patients with Temporal Lobe Seizures and those with other Forms of Epileptic Attacks. Epilepsia 17 (1976) 313-320.
Rodin, E. A.: Psychosocial Management of Patients with Complex Partial Seizures. In: Penry, J. K., Daly, D.D.: Complex Partial Seizures and Their Treatment. Advances in Neurology, Vol. 11. Raven, New York, 1975, p. 383-414.
Rodin, E. A.: The Prognosis of Patients with Epilepsy. Thomas, Springfield 1968.
Rodin, E.A., R. N. de Jong, R. Waggoner, B. K. Bagchi: Relationship Between Certain Forms of Psychomotor Epilepsy and "Schizophrenia". Arch. Neurol. Psychiat. 77 (1957), 449-463.
Roediger, J. F.: Sitens resolutionem casus hysterico-epileptici. Diss. Halle 1736.
Roemer, H.: Zur Symptomatologie und Genealogie der psychischen Epilepsie und der epileptischen Anlage. Allg. Zschr. Psychiat. 67 (1910) 588-627.
Roger et Dongier: zit. n. Gastaut, H., G. Morin et N. Lesèvre (1955).
Roger, J., H. Grangeon, J. Guey, H. Lob: Incidences psychiatriques et psychologiques du traitement par l'éthosuccimide chez les épileptiques. Encephale 57 (1968) 407-438.
Rohlfien, E.: Über Wahnbildungen auf Grund ekstatischer Verstim-mungen bei Epilepsie. Psychiat. Neurol. med. Psychol. 13 (1961), 92-98.
Rorschach, H. Psychodiagnostik, Methodik und Ergebnisse eines wahrnehmungs-

diagnstoischen Experiments (Deutenlassen von Zufallsformen). E. Bircher, Bern 1921.

Rosenberg, S.: Why Freud Fainted. The Bobbs-Merrill Cy., Indianapolis-New York 1978.

Rosental, S.: Über Anfälle hei Dementia praecox. Zschr. Neurol. Psychiat. 59 (1920) 168-216.

Roth, B.: Narcolepsy and Hypersomnia. Karger, Basel-München-Paris-London-New York-Sydney 1980.

Roy, A.: Hysterical Fits previously diagnosed as Epilepsy. Psychological Medicine 7 (1977) 271-273.

Roy, A.: Management of Hysterical Seizures. In: Riley, T. L., and A. Roy (Eds.): Pseudoseizures. Williams & Wilkins, Baltimore-London 1982, S. 159-168.

Ruff, R. L.: Orgasmic Epilepsy. Neurology (NY) 30 (1980) 1252-1253.

Sachdev, H. S., and S. G. Waxman, S. G.: Frequency of Hypergraphia in Temporal Lobe Epilepsy: an Index of Inter-Ictal Behaviour Syndrome. J. Neurol. Neursurg. Psychiatry 44 (1981) 358-360.

Sailer, U., H. Bohr und G. Bauer: Epileptische Prodromi und episodische Verstimmungen: unspezifische Beschwerdebilder oder Status epilepticus non convulsivus? Nervenarzt 62 (1991) 240-243.

Salzburg, C.: Über die Behandlung der Epilepsie insbesondere mit Opium-Brom nach Flechsig. Veit u. Comp.: Leipzig 1894.

Samt, P.: Epileptische Irreseinsformen. Arch. Psychiat. Nervenkr. 5 (1875) 393-444; 6 (1876) 110—216.

Sandler, M., Reynolds, G.P.: Does Phenylethylamine Cause Schizophrenia? Lancet I (1976) 70-71.

Savage, C. H.: Some of the Relationships Between Epilepsy and Insanity. Brain 9 (1886/87) 446-455.

Sawa, M.: Epileptoid Psychosis: a Group of Atypical Endogenous Psychoses. Fol. psychiat. neurol. Jap, 16 (1963) 320 -329.

Schelsky, H.: Die Arbeit tun die anderen. Westdeutscher Verlag. Opladen 1975.

Schilder, P.: Zur Psychologie epileptischer Ausnahmezustände (mit besonderer Berücksichtigung des Gedächtnisses). Z. Neur. Psychiatr. 80 (1924) 35-79.

Schmidt, D.: Behandlung der Epilepsien. Thieme, Stuttgart-New York 1981.

Schmitz, B. & M. Trimble: Psychiatrische Epileptologie. Psychiatrie für Epileptologen - Epileptologie für Psychiater. G. Thieme, Stuttgart-New York 2005.

Schneble, H.: Nomen est omen - Krankheitsnamen und Krankheits-verständnis am Beispiel der Epilepsie. Nervenarzt 57 (1986) 383-390.

Schneble, H.: Von der 'Heiligen Krankheit' zum 'Fallenden Siechtag' - Epileptologische Schriften und ihre Autoren aus Antike und Mittelalter. Einhorn, Reinbek 1987.

Schneble, H.: Krankheit der ungezählten Namen - Ein Beitrag zur Sozial-, Kultur- und Medizinigeschichte der Epilepsie anhand ihrer Benennungen vom Altertum bis zur Gegenwart. Huber, Bern-Stuttgart-Toronto 1987.

Schneble, H.: Fallsucht - eine Provokation? Nervenarzt 60 (1989) 501-505.

Schneble, Hansjörg: Heillos, heilig, heilbr. Die Geschichte der Epilepsie von den Anfängen bis heute. de Gruyter, Berlin 2003

Schüle, H.: Klinische Psychiatrie. Spezielle Pathologie und Therapie der Geisteskrankheiten. 2. Aufl. 1880. 3. Aufl. F. C. W. Vogel: Leipzig 1886.

Schulte, W .: Die synkopalen vasomotorischen Anfälle. G. Thieme, Leipzig 1943. - 2. Aufl.: Die synkopalen Anfälle. Thieme, Stuttgart 1949.

Schulte, W .: Die anfallsprovozierende Wirkung ungewohnten Schlafentzuges. Münch. med. Wschr. 91 (1944) 1-5.

Schulte, W.: Zur strafrechtlichen Verantwortlichkeit des Epileptikers im Anfallsintervall. Nervenarzt 28, 167-170 (1957). - Fast wortgleich mit Schulte 1969.

Schulte, W.: Die Stellung des Epileptikers in der menschlichen Gesellschaft. Psychiatr. Neurol. med. Psychol. 21 (1969) 81-86. Vgl. Schulte 1957.

Schulte, W.: Eine Zwischenbilanz über die synkopalen Anfälle. Nervenarzt 32 (1961) 66- 71.

Schulte, W.: Die synkopalen Anfälle. Acta neuroveget. 23 (1961/62) 154-165.

Schulte, W. (Hg.): Epilepsie und ihre Randgebiete in Klinik und Praxis. Lehmanns, München 1964.

Schulte, W.: Epilepsie in der Sicht des Patienten. Nervenarzt 38 (1967a) 296-301.

Schulte, W.: Stellung des Anfallskranken in der Gesellschaft. Die Therapiewoche (1967b) 75

Schulze, J. H. u. J. F. Roediger, Dissertatio inauguralis medica sistens resolutionem casus hysterico-epileptici. Halle 1736.

Selbach, H. Psychogene Anfälle beim Epileptiker (Stellungnahme zum Beitrag von F. Rabe über: Hysterische Anfalle bei Epilepsie"). Nervenarzt 37 (1966) 147-150.

Selbach, H.: Zur Pathogenese des generalisierten epileptischen Anfalles. In: Symposion über experimentelle Probleme der Epilepsie-Forschung 1970. Verlagshandl. Anst Bethel, Bethel b. Bielefeld o. Jg , p. 9-21.

Serafetinides, E. A.: Psychiatric Aspects of Temporal Lobe Epilepsy. In: Niedermeyer, E. (Ed.): Epilepsy. Mod. Probl. Pharmacopsychiat. Vol. 4, Karger, Basel 1970, pp. l55-169.

Serafetinides, E. A., M. A. Falconer: The Effects of Temporal Lobectomy in Epileptic Patients with Psychosis. J. ment. Sci. 108 (1962) 584-593.

Seyfeddinipur, N., U. H. Peters und W. Schmitt: Alkohologene epileptische Anfälle (sog. Alkohol-Epilepsie) und epileptogener Alkoholismus. Med. Welt 26 (N.F.) (1975) 323-326.

Shukula, G. D., O. N. Srivastava, and B. C. Katiyar: Sexual Disturbances in Temporal Lobe Epilepsy: A Controlled Study. Br. J. Psychiatry 134 (1979) 288-292.

Siegler, M., H. Osmond: Models of Madness, Models of Medicine. Macmillan, New York; Collier Macmillan, London 1974.

Siemerling, E.: Über die transitorischen Bewußtseinsstörungen des Epileptikers in forensischer Beziehung. Berl. Klin. Wschr. 32 (1895) 909-911, 938-941.

Siemerling, E.: Epileptische Psychosen und ihre Behandlung. Berl. Klin. Wschr. 46 (1919) 1-6.

Signer, S. F., and J. L. Cummings: De Clérambault's Syndrome in Organic Affective Disorder. Two Cases. Brit. J. Psychiatry 151 (1987) 404-407.

Singowitz, H.: Über Krampfformen eigentümlicher Art und deren Verhältnis zu Sexualstörungen bei weiblichen Individuen. Mag. ges. Heilkunde. (Hrsg. v. I. N. Rust.) Reimer, Berlin 1827.

Sjöbring, H.: Personality Structure and Development. Acta psychiatr. scand. suppl. (1973) 244.

Slater, E., A. W. Beard, E. Glithero: The Schizophrenia-like Psychoses of Epilepsy. Brit. J. Psychiat. l09 (1963) 95-150.

Slater, E.: The Schizophrenia-like Illnesses of Epilepsy. In: Herrington, R. N. Ed.): Current Problems in Neuropsychiatry. Schizophrenia, Epilepsy, the Temporal Lobe. Headley: Ashford 1969, 77-81.

Slater, E., Moran, P. A. P.: The Schizophrenia-like Psychoses of Epilepsy: Relation between Ages of Onset. Brit. J. Psychiat. 115 (1969) 599-600.

Small, J. G., V. Milstein, J. R. Stevens: Are Psychomotor Epileptics Different? Arch. Neurol. 7 (1962) 187-194.

Small, J. G., I. F. Small, M. P. Hayden: Further Psychiatric Investigations of Patients with Temporal and Nontemporal Lobe Epilepsy. Amer. J. Psychiat. 123 (1966) 303-310.

Smith, B., F. M. Forster: Mysoline and Milontin. Two New Medicines for Epilepsy. Neurology (Minneap.) 4 (1954) 137-142.

Snaith, R. P., S. Mehta, A. H. Raby: Serum Folate and Vitamin Bl2 in Epileptics with and without Mental Illness. Brit. J. Psychiat. 116 (1970) 179-183.

Snyder, M.: Effect of Relaxation on Psychosocial Functioning in Persons with Epilepsy. J. Neurosurgical Nursing 15 (1983) 250-254.

Snyder, S. H., S. P. Banerjee, H. J. Yamamura, D. Greenberg: Drugs, Neurotransmitters, and Schizophrenia. Science 184 (1974) 1243-1253.

Sommer, R.: Diagnostik der Geisteskrankheiten. Wien und Leipzig 1894. 2. Aufl. Urban & Schwarzenberg, Berlin, Wien 1901.

Sommer, W.: Postepileptisches Irresein. Arch. Psychiat. Nervenkr. 11 (1881) 549-612.

Sonnenschein, H.: Ein geheilter Fall von epileptiformen Krämpfen. In: W. Stekel (Hg.): Fortschr. Sexualwissensch. Psychoanal. 1 (1924) 200-202.

Spinner, A.: Indikation und Wirkung von Suxinutin bei Petit-Mal-Epilepsien. Münch. med. Wschr. 103 (1961) 1110-1115.

Spratling, W. P.: Epilepsy in its Relation to Crime. J. Nerv. Ment. Dis. (1902) 481-496.

Stauder, K. H.: Konstitution und Wesensänderung der Epileptiker. Thieme, Leipzig 1938.

Stegemann, H., K. L. Wendland: Alternative psychotische Episoden bei Impulsiv-Petit mal. Psychiat. Neurol. med. Psychol. (Leipz.) 24 (1972) 646-656.

Stegmann, M.: Darstellung epileptischer Anfälle im Traum. Intern. Zschr. ärztl. Psychoanal. 1 (1913) 560f.

Steiner, G., A. Strauss: Schizophrenie. Die körperlichen Erscheinungen. In: Bumke, O. (Hg.): Handbuch der Geisteskrankheiten. Bd. 9, p. 264-292, Berlin: Springer 1932.

Steinmann, H. W.: EEG und Hirntrauma in Arbeit und Gesundheit, Neue Folge 69: Stuttgart, G. Thieme 1959.

Stekel, W.: Die psychische Behandlung der Epilepsie. In: Stekel, W.: Nervöse Angstzustände und ihre Behandlung. 3. Aufl. Urban & Schwarzenberg: Berlin u. Wien 1921.

Stekel, W.: Der epileptische Symptomenkomplex und seine analytische Behandlung. In: W. Stekel (Hg.): Fortschr. Sexualwissensch. Psychoanal. 1 (1924) 17-57.

Stephenson, J. B. P.: Fits and Faints. Mac Keith Press, Oxford; Blackwell Scientific Publications, Philadelphia, J. B. Lippincott 1990.

Stevens, J. R.: Psychiatric Implications of Psychomotor Epilepsy. Arch. Gen. Psychiat. 14 (1966) 461-471.

Stevens, J. R., V. H. Mark, F. Erwin, P. Pacheco, K. Suematsu, K.: Deep Temporal Stimulation in Man. Long Latency, Long Lasting Psychological Changes. Arch. Neurol. (Chic.) 21 (1969) 157-169.

Stevens, J. R.: An Anatomy of Schizophrenia? Arch. Psychiat . 29 (1973a) 177-189.

Stevens, J. R.: Psychomotor Epilepsy and Schizophrenia. A Comnon Anatomy? In: Brazier, M. A. B. (Ed.): Epilepsy. Its Phenomena in Man. Acad. Press, New York, London 1973b, p. 189-214.

Stevens, J. R.: Interictal Clinical Manifestations Of Complex Partial Seizures. In: Penry, J. K., Daly, D.D.: Complex Partial Seizures and Their Treatment. Advances in Neurology, Vol. 11. Raven, New York, 1975, p.85—112.

Stevens, J. R., V. Milstein, V., S. Goldstein: Psychometric Test Performance in Relation to the PsychopathoLogy of Epilepsy, Arch. Gen. Psychiat. 26 (1972) 532-538.

Stevenson, H. G.: Psychomotor Epilepsy Associated with Criminal Behavior. Med. J. Aust. 50 (1963) 784-785.

Störring, E.: Über das Vorkommen hysterischer Reaktionen bei der Epilepsie. Mschr. Psychiatr. 75 (1930) 267-278

Störring, G. E.: Gefühlspsychologie und Psychiatrie. Akt. Fragen Psychiat. Neurol. vol. 1, pp 125-153. Karger: Basel 1964.

Stransky, E.: Zur Lehre von den kombinierten Psychosen. Allg. Z. Psychiat. 63 (1906) 73-94.

Strauss, H.: Uber chronische systematisierte Wahnbildung bei Epilepsie (zugleich ein Beitrag zur Paranoialehre). Arch. Psychiat. Nervenkr. 87 (1929) 784-790.

Strømgren, E.: Om den ixothyme Psyke. Hospitalstidende 79 (1936) 637-648.

Stub-Sørensen, A., and T. G. Bolwig: Personality and Epilepsy: New Evidence for a Relationship? A Review. Compr. Psychiatry 28 (1987) 369-383.

Sullivan, W. C.: Crime and Insanity. Arnold, London 1924.

Tan, S.-Y., and J. Bruni: Cognitive-Behavior Therapy with Adult Patients with Epilepsy: A Controlled Outcome Study. Epilepsia 27 (1986) 225-233.

Taxil, J.: Traité de l'épilepsie, maladie vulgariennement appellée, au pays de Provence, la gouttete aux petits enfants. Tournon, Lyons 1602.

Taylor, D. C.: Sexual Behaviour and Temporal Lobe Epilepsy. Arch. Neurol. 21 (1969a) 510-516.

Taylor, D. C.: Some Psychiatric Aspects of Epilepsy. In: Herrington, R. N. (Ed.): Current ProbLems in Neuropsychiatry, Schizophrenia, Epilepsy, the Temporal Lobe. Headley: Ashford 1969b, 106-109.

Taylor, D. C.: Ontogenesis of Chronic Epileptic Psychoses: a Reanalysis. Psycholog. Med. 1 (1971a) 247-253.

Taylor, D. C.: Sexual Behaviour in Temporal Lobe Epilepsy. Journal of Neuro-Visceral Relations, Suppl. X (1971b) 486.

Tellenbach, H.: Epilepsie als Anfallsleiden und als Psychose, über alternative Psychosen paranoider Prägung bei "forcierter Normalisierung" (Landolt) des Elektroencephalogramms Epileptischer. Nervenarzt 36 (1965) 190.

Tellenbach, H.: Zur Verschrankung von prämorbider Persönlichkeit und pathogener Situation. In: B. Pauleikhof (Hg.): Situation und Persönlichkeit in Diagnostik und Therapie. Karger, Basel, New York 1968, p. 98—103.

Temkin, 0.: The Falling Sickness. 2. A. The Johns Hopkins Press, Baltimore and London 1971.

Terzian, H., and G. Dalle Ore: Syndrome of Klüver Bucy Reproduced in Man by Bilateral Removal of the Temporal Lobes. Neurol. 5 (1955) 373-380.

Thompson, G. N.: Relationship of sexual psychopathy to psychomotor epilepsy and its variants. J. nerv. ment. Dis. 121 (1955) 374-377.

Thompson, S. W., A. E. Greenhouse, A.E.: Petit Mal Status in Adults. Ann. Int . Med. 68 (1968) 1271-1279.

Thorbecke, R.: Gibt es soziale Faktoren, die das Risiko im Verlauf einer Epilepsie eine Psychose zu erleiden, erhöhen? In: Wolf, P., G.-K. Köhler (Hrgg.): Psychopathologische und pathogenetische Probleme psychiatrischer Syndrome bei Epilepsie. Huber, Bern-Stuttgart-Wien 1980, S. 124-144.

Tippett, D. L., and I. Pine: Denial Mechanisms in Masked Epilepsy. Psychsom. Med. 19 (1957) 326-331.

Tissot, S.A.: Traité de l'épilepsie. Didot le jeune Paris 1770, 2. Aufl. 1785. Deutsch: Abhandlungen von der fallenden Sucht. Müller, Leipzig 1771.

Tissot, S.A.: L'Onanisme, Dissertation sur les maladies produits par la masturbation. 5. Aufl. Marc Chapuis: Lausanne 1780.

Tizard, B.: The Personality of Epileptics. A Discussion of the Evidence. Psychol. Bull. 59 (1962) 196-210.

Toman, W.: Familienkonstellationen. Ihr Einfluß auf den Menschen und seine Handlungen. C. H. Beck, München 1965. 2. A. 1974.

Toone, B. K., M. Wheeler, M. Nanjee, P. Fenwick, and R. Grant: Sex Hormones, Sexual Activity and Plasma Anticonvulsant Levels in Male Epileptics. J. Neurol. Neurosurg. Psychiatry 46 (1983) 824-826.

Treffert, D. A.: The Psychiatric Patient with an EEG Temporal Lobe Focus. Amer. J. Psychiat. 120 (1964) 765-771.

Trethowan, W. H.: Diagnostic and Therapeutic Problems in a Patient with Epilepsy, Psychosis and Temporal Lobe Abnormality. Am. J. Med. 12 (1952) 338-343.

Treves, M.: La psicoanalisi nella epilessia. Rivista sperimentale di freniatria e medicina legale delle alienazioni mentali 50 (1927) 483-498.

Tridon, P, et M. Weber: Complications des thérapeutiques anti-épileptiques. Masson, Paris 1966.

Trimble, M. R.: Dementia in Epilepsy. Acta Neurol. Scandinav. 99 (1984) 99-104.

Trimble, M. R.: The Psychoses of Epilepsy. Raven Press: New York 1991.

Trimble, M. R., T. G. Bolwig (Eds.): Aspects of Epilepsy and Psychiatry. John Wiley & Sons: New York 1986.

Tucker, W.M., F. M. Forster: Petit Mal Epilepsy Occuring in Status. Arch. Neurol. Psychiat. (Chic.) 64 (1950) 823-827.

Turner, W. A.: Epilepsy. A Study of the Idiopathic Disease. Macmillan: London 1907. Faksimile-Nachdruck: Raven Press: New York 1973.

Tyler, M. W., and E. Q. King: Phenacemide in Treatment of Epilepsy. J. Amer. Med. Ass. 147 (1951) 17-21.

Unterharnscheidt, F.: Das synkopale zervikale Vertebralissyndrom. Nervenarzt 27 (1956) 481-486.

Unterharnscheidt, F., H. Rohr u. H. Decher: Das nichttraumatische synkopale zervikale Vertebralissyndrom. Nervenarzt 30 (1959) 310-315.

Veith, I.: Hysteria. The History of a Disease. The University of Chicago Press, Chicago 1965.

Victor, M., C. Brausch: Epilepsia (Amst.) (1967) 1-20.

Vislie, H., G. F. Henriksen: Psychic Disturbances in Epileptics. In: Lorentz de Haas, A. M. (Ed.): Lectures on Epilepsy. Elsevier, Amsterdam 1958, 29-90.

Vogel, P.: Studien über den Schwindel. Sitzungsberichte der Heidelberger Akademie der Wissenschaften. Berlin-Leipzig, de Gruyter 1933.

Vogel, P.: Von der Selbstwahrnehmung der Epilepsie. Der Fall Dostojewski. Nervenarzt 32 (1961) 438-441.

Volland: Beiträge zur Kasuistik der unsteten, affektepileptischen Psycho- und Neuropathen (Bratz) und der psychasthenischen Krämpfe (Oppenheim). Zschr. ges. Neurol. Psychiat. 8 (1912) 522-552.

Vorkastner, W.: Epilepsie und Dementia praecox. Berlin: Karger 1918.

Vossen, R.: Zur Klassifikation psychopathologischer Syndrome bei Epilepsien. In: Wolf, P., G.-K. Köhler (Hrgg.): Psychopathologische und pathogenetische Probleme psychiatrischer Syndrome bei Epilepsie. Huber, Bern-Stuttgart-Wien 1980, S. 19-23.

Wagner, D.: Elektroencephalograpnisch gekennzeichnete Psychosen. Schweiz. Arch. Neurol. Neurochir. Psychiat.103 (1969) 377-397.

Waller, Friderike (Hrsg.): Gesichter der Heiligen Krankheit. Die Epilepsie in der Literatur. Klöpfer und Meyer, Tübingen 2004.

Wartmann, E.: Alkoholismus und Epilepsie in ihren wechselseitigen Beziehungen. Arch. Psychiatr. Nervenkh. 29 (1897) 933-962.

Waxman, S. G., and N. Geschwind: Hypergraphia in Temporal Lobe Epilepsy. Neurology (Minneap.) 24 (1974) 629-636.

Waxman, S. G., and N. Geschwind: The Interictal Behavior Syndrome of Temporal Lobe Epilepsy. Arch. Gen. Psychiatry 32 (1975) 1580-1586.

Weber, W. C., R. Jung, R.: Über die epileptische Aura. Zschr. Neurol.Psychiat. 170 (1940) 211-265.

Weil, A. A.: Depressive Reactions Associated with Temporal Lobe-Uncinate Seizures. J. nerv. ment. Dis. 121 (1955) 505-510.

Weil, A.: Ictal Emotions Occuring in Temporal Lobe Dysfunction. Arch. Neurol. (Chic.) 1 (1959) 87-97.

Weitbrecht, H. J.: Diskussionsbemerkung. In: Penin, H.: (Hg): Psychi-sche Störungen bei Epilepsie. Psychosen, Verstimmungen, Persönlichkeitsveranderungen. Schattauer: Stuttgart 1973, p. 79-80.

Weizsäcker, V. v.: Der Gestaltkreis. Theorie der Einheit von Wahr-nehmen und Bewegen. Thieme: Leipzig 1940, Neuaufl. Suhrkamp: Frankfurt 1973.

Weizsäcker, V. v.: Epileptische Erkrankungen, Organneurosen des Nervensystems und allgemeine Neurosenlehre. In: Krehl, L. v. (Hg.): Lehrbuch der inneren Medizin. 16. Aufl., Bd. 2, Fischer, Jena 1929, p. 354-392.

Wells, C. E.: Transient Ictal Psychosis. Arch. Gen. Psychiat. 32 (1975) 1201-1203

Werbenjak, E., H. Strotzka, H.: Die Mutter des epileptischen Kindes. Eine sozial-medizinische Studie. Wien. Zschr. Nervenheilk. 6 (1953) 375-386.

Wessely, P., G. Heber, K. Kryspin-Exner: Analyse der im Rahmen der Alkoholkrankheit auftretenden Anfälle aus dem Formenkreis der zerebral gesteuerten Anfälle. Wien. Z. Nervenheilk. 31 (1973) 63-89.

Wessely, P.: Das EEG bei Alkoholikern mit epileptischen Manifestationen. Wien. klin. Wschr. 86 (1974) 618-621.

Westphal, K.: Zur Psychogenese und -therapie pyknoleptischer Anfälle. Zschr. Neurol. Psychiat. 138 (1932) 744-757.

Whitty, C. W. M.: Value of Primidone in Epilepsy. Brit. med. J. 2 (1953) 540-541.

Wieser, H. G.: Zur Frage der lokalisatorischen Bedeutung epileptischer Halluzinationen. In: Karbowski, K. (Hg.): Halluzinationen bei Epilepsien und ihre Differentialdignose. Huber: Stuttgart-Wien 1982, S. 67-92.

Wieser, S.: Alkoholismus II: Psychiatrische und neurologische Komplikationen. Fortschr. Neurol. Psychiat. 33 (1965) 349-409.

Williams, D.: The Psychiatry of the Epileptic. Proc. Roy. Soc. Med. 56 (1963) 701-710.

Wittels, F.: Eine Epilepsie-Analyse. In: W. Stekel (Hg.): Fortschr. Sexualwissensch. Psychoanal. 1 (1924) 178-199.

Wittels, F.: Phantom Formation in a Case of Epilepsy. Psychoanal. Quart. 9 (1940) 98-107.

Witter, H.: Die psychiatrischen Grundlagen. Allgemeine und spezielle Psychopathologie. In: Göppinger, H. und H. Witter (hgg.): Handbuch der forensischen Psychiatrie. Springer, Berlin-Heidelberg-New York 1972.

Wolf, P.: Zur Klinik und Psychopathologie des Status psychomotoricus. Nervenarzt 41 (1970) 603-610.

Wolf, P.: Anfallstypen und Verlaufsformen bei Epilepsie im Erwachsenenalter. Z. Allgemeinmed. (Landarzt) 48 (1972) 1469-1476.

Wolf, P.. Die epileptische Psychose eines Dichters der Jahrhundertwende. In: Penin, H. (Hg.): Psychische Störungen bei Epilepsie. Psychosen, Verstimmungen, Persönlichkeitsveränderungen. Schattauer, Stuttgart 1973b, p. 215-221.

Wolf, P.: Prepsychotic Syndromes and Psychoses with Forced Normalization of EEG in the Treatment of Primary Generalized Epilepsies. Xth Internat. Congress of Neurology. Barcelona 8.-15.9.1973.

Wolf, P.: Zur Pathophysiologie epileptischer Psychosen. In: Penin, H. (Hg.): Psychische Storungen bei Epilepsie. Psychosen, Verstim-mungen, Persönlichkeitsveränderungen. Schattauer, Stuttgart 1973c, p. 51-65.

Wolf, P.: The Prevention of Alternative Psychosis in Outpatients. In: Janz, D. (Ed.): Epileptology. Thieme: Stuttgart 1976, p. 75-79.

Wolf, P.: Zur Kritik des Begriffs schizophrenieähnliche Psychose bei Epilepsie. In: Wolf, P., G.-K. Köhler (Hgg.): Psychopathologische und pathogenetische Probleme psychiatrischer Syndrome bei Epilepsie. Huber, Bern-Stuttgart-Wien 1980a, S. 77-83.

Wolf, P.: Systematik von Status kleiner Anfälle in psychopathologischer Hinsicht. Mit Kasuistiken einiger seltener Zustandsbilder. In: Wolf, P., G.-K. Köhler (Hrgg.): Psychopathologische und pathogenetische Probleme psychiatrischer Syndrome bei Epilepsie. Huber, Bern-Stuttgart-Wien 1980b, S. 32-52.

Wolf, P.: Halluzinationen im Rahmen epileptischer Psychosen. In: Karbowski, K. (Hg.): Halluzinationen bei Epilepsien und ihre Differentialdiagnose. Huber: Stuttgart-Wien 1982a. S. 58-66.

Wolf, P.: Manic Episodes in Epilepsy. In: Akimoto, H., H. Kazamatsuri, M. Seine, A. Ward (Eds.): Advances in Epileptology: XIIIth Epilepsy Internatinal Symposium. Raven Press: New York 1982b. S. 237-240.

Wolf, P.: Status Epilepticus and Psychosis. In: Akimoto, H., H. Kazamatsuri, M. Seine, A. Ward (Eds.): Advances in Epileptology: XIIIth Epilepsy Internatinal Symposium. Raven Press: New York 1982c. S. 211-217.

Wolf, P.: Abwandlungen subjektiver Anfallssymptome (Auren) im Status fokaler sensorischer Anfälle (Aura continua). In: Remschmidt, H., R. Rentz, J. Jungmann (Hgg.): Epilepsie 1981. Verlauf und Prognose, neuropsychologische und psychologische Aspekte. Thieme: Stuttgart-New York 1983. S. 137-141.

Wolf, P.: The Clinical Syndromes of Forced Normalization. Fol. Psychiatr. Neurol. Jap. 38 (1984) 187-192.

Wolf, P.: Forced Normalization. In: Trimble, M. R., T. G. Bolwig (Eds.): Aspects of Epilepsy and Psychiatry. John Wiley & Sons: New York 1986.

Wolf, P.: Acute Behavioral Symptomatology at Disappearance of Epileptiform EEG Abnormality. Paradoxical or "Forced" Normali-zation. In: Smith, D., D. Treiman, M. Trimble (Eds.): Advances in Neurology. Vol 55. Raven Press, New York 1991. pp 127-142.

Wolf, P., Y. Inoue, U.-U. Röder-Wanner, J.-J. Tsai: Psychiatric Complications of Absence Therapy and Their Relation to Alteration of Sleep. Epilespia 25 (1984) 56-59.

Wolf, P., G.-K. Köhler (Hgg.): Psychopathologische und pathogene-tische Probleme psychiatrischer Syndrome bei Epilepsie. Huber, Bern-Stuttgart-Wien 1980.

Wolf, P., G.-K. Köhler, H. Franz: Probleme und Verläufe von Psychosen bei Epilepsie. In: Wolf, P., G.-K. Köhler (Hrgg.): Psychopathologische und pathogene-tische Probleme psychiatrischer Syndrome bei Epilepsie. Huber, Bern-Stuttgart-Wien 1980, S. 206-224.

Wolf, P., M. R. Trimble: Biological Antagonism and Epileptic Psychosis. Brit. J. Psychiatr. 146 (1985) 272-276.

Wolf, P., G. Wagner und F. Amelung (Hgg.): Anfallskrankheiten. No-menklatur und Klassifikation der Epilepsien, der epileptischen Anfälle und anderer Anfallssyndrome. Springer, Berlin-Heidelberg-New York-London-Paris-Tokyo 1987.

Worster-Drought, C.: Hystero-Epilepsy. Brit. J. med. Psychol. 14 (1934) 50.

Wyrsch, J.: Über Schizophrenie bei Epileptikern. Schweiz. Arch. Neurol. Psychiat. 31 (1933) 113-132.

Yde, A., E. Lohse, A. Faurbye, A.: On the Relation between Schizo-phrenia, Epilepsy, and Induced Convulsions. Act. psychiat. neurol. Scand. 15 (1940) 325-388.

York, G. K., A. J. Gabor, P. M. Dreyfus: Paroxysmal Genital Pain: an Unusual Mani-
festation of Epilepsy. Neurology (NY) 29 (1979) 516-519.

Ziehen, Th.: Leitfaden der Physiologischen Psychologie in 16 Vorlesungen. 10.
Aufl., G. Fischer, Jena 1914.

Ziehen, Th.: Psychiatrie. Für Ärzte und Studierende bearbeitet. Wreden, Berlin
1894.

Zijl, C. H. van: Personality Structure and Mental Functioning of Certain Epileptic
Patients. Psychiatr. Neurol. Neurochir. 74 (1971) 163-165.

Zwingern, Th.: Der sichere und geschwinde Arzt oder Neues Arzney-Buch. J. Ph.
Richers: Basel 1686.

Über den Autor

Uwe Henrik Peters, Universitätsprofessor, Dr. med. Dr. h. c. wurde 1930 in Kiel geboren. Er ist o. Professor für Psychiatrie-Psychotherapie und für Neurologie an der Universität zu Köln.

1957 Promotion zum Dr. med. 1965 Habilitation für das Fach Neurologie und Psychiatrie an der Christian-Albrechts-Universität Kiel. 1968 Berufung auf den Lehrstuhl für Neuropsychiatrie der Johannes-Gutenberg-Universität in Mainz.

1969–1979 Direktor der Neuropsychiatrischen Universitätsklinik Mainz. 1979 Berufung auf den Lehrstuhl für Neurologie und Psychiatrie an der Universität zu Köln. 1979-1996 Direktor der Nervenklinik der Universität zu Köln.

Seit der Emeritierung 1996 tätig in Privatpraxis.

1993–1996 Präsident und Vizepräsident der Deutschen Gesellschaft für Psychiatrie, Psychotherapie und Nervenkrankheiten (DGPPN).

Das bekannte „Lexikon Psychiatrie, Psychotherapie, Medizinische Psychologie" (7. Aufl. 2017) ist ein Standardwerk deutsch sprechender Psychiater und Psychologen.

Der Autor hat zahlreiche epileptologische Arbeiten zu Fragen des Zusammenhanges zwischen epileptischen Anfällen und Psyche veröffentlicht. Er ist ein langjähriges Mitglied des Deutschen Epilepsie-Kuratoriums gewesen und hat also solcher am Epilepsie-Bericht 85 mitgewirkt.

Peters ist auf den meisten Gebieten der Psychiatrie und Psychotherapie und mit den damit zusammenhängenden Gebieten mit eigenen Originalarbeiten hervorgetreten.

Peters ist Herausgeber des 10. Bandes der «Psychologie des 20. Jahrhunderts», welcher im Kindler-Verlag München erschienen ist und die bisher einzige „Psychologie der Psychiatrie" enthält. Er ist ebenfalls Herausgeber der 7 Bände "Psychiatrie in Klinik und Praxis" im Thieme-Verlag, Stuttgart. Er war langjähriger Herausgeber der Zeitschrift "Fortschritte Neurologie-Psychiatrie" des Thieme-Verlages und ist jetzt deren Editor emeritus.

Umfangreiche Arbeiten sind zur Emigrationsbewegung deutsch-jüdischer Psychiater während der Nazizeit und zu den psychischen Folgen bei den Überlebenden des Holocaust erschienen. Die zahlreichen Arbeiten zur Schizophrenie wurden zusammengefasst (und durch weitere ergänzt) in zwei Bänden 2015 und 2017 veröffentlicht (s. Liste im Anschluss).

Allgemeinverständliche Bücher über die Schizophrenie Hölderlins, über Robert Schumanns letzte Jahre sowie über Irrenwitze und Psychiaterwitze u. a. machten Peters auch außerhalb seines Faches bekannt.

Der Autor ist ebenfalls ein engagierter Psychotherapeut und hat auf diesem Gebiet verschiedene Werke verfasst. Dazu gehören: Übertragung-Gegenübertragung. Kindler: München 1977, Neuauflage 2016. – Wörterbuch der Tiefenpsychologie. Kindler: München 1978. – Anna Freud. Ein Leben für das Kind. (Biographie). Kindler: München 1979, ins Englische und Französische übersetzt. – Heinz Kohut – Über das Selbst und sich selbst. ANA-Publishers, Köln 2013. – Die Zukunft der angewandten Psychoanalyse 2016. Es wurden etwa 400 weitere Arbeiten veröffentlicht.

Der Autor ist Ehrenmitglied zahlreicher Fachgesellschaften in Europa, den Amerikas, in Nahost und Fernost sowie auch persönliches Ehrenmitglied des Weltverbandes der Psychiatrie.

Werke von Uwe Henrik Peters und Festschiften im Buchhandel:

Peters, U. H.: Lexikon Psychiatrie, Psychotherapie Medizinische Psychologie. 7., überarbeitete und erweiterte Auflage. Elsevier 2017. ISBN978-3-15063-0 (als eBook 978-3-437-17140-6).

Peters, U. H.: Schizophrenie – Denken, Fühlen und Empfinden Schizophrener Die Psyche der Schizophrenen Bd. 1. 3. Aufl. ANA-Publishers, Köln 2015. ISBN 978-3-931906-37-5.

Peters, U. H.: Schizophrenie – Denken, Fühlen und Empfinden Schizophrener Die Psyche der Schizophrenen Bd. 2. ANA-Publishers, Köln 2015. ISBN 978-3-931906-34-4

Peters, U. H.: Übertragung–Gegenübertragung. Geschichte und

Formen der Beziehungen zwischen Psychotherapeut und Patient. Fischer, Berlin 2016. ISBN 3-463-02185-4.

Peters, U. H.: Die Zukunft der angewandten Psychoanalyse unter besonderer Berücksichtigung der Humanwissenschaften. Grin-Verlag 2016. ISBN 9783668310728.

Peters, U. H.: Heinz Kohut – Über das Selbst und sich selbst. ANA-Publishers, Köln 2014. ISBN 978-3-931906-33-7

Peters, U. H.: Was dachte Nietzsche als er keine Denker mehr war. – Nietzsches Demenz. ANA-Publishers, Köln 2013. ISBN 978-3-931906-27-6

Peters, U. H.: Karsten Jaspersen – 1940 ... der einzige deutsche Psychiater, der alles riskierte, um den Krankenmord zu verhindern ANA-Publishers, Köln 2013. ISBN 978-3-931906-25-2

Peters, U. H.: Robert, Clara und Johannes. Schumanns letzte Jahre. ANA-Publishers, Köln 2013. ISBN 978-3-931906-23-8

Peters, U. H.: Nazipsychiatrie - Aufstieg und Fall. ANA Publishers, Köln 2011. ISBN 978-3-931906-16-0

Peters, U. H.: Gefangen im Irrenhaus. Robert Schumann. ANA Publishers, Köln 2010. ISBN 978-3-931906-07-8

Peters, U. H.: O' könnt' ich Euch noch einmal sehen. Robert und Clara Schumann. Anfang und Ende einer Ehe. Zus. mit Caroline Peters. ANA Publishers, Köln 2009. ISBN 978-3-931906-12-2

Peters, U. H.: Psychopathologie im 21. Jahrhundert. ANA Publishers, Köln 2009. ISBN 978-3-931906-11-5

Peters, U. H.: Robert Schumann: 13 Tage bis Endenich. ANA Publishers, Köln 2009. ISBN 978-3-931906-06-1

Peters, U. H. (Hrsg.): Was die Aufmerksamkeit erregt. ANA Publishers, Köln 2007. ISBN 978-3-931906-04-7

Peters, U. H.: Robert Schumann e i tredici giorni prima del manicomio. Spirali, Mailand 2007. ISBN 978-88-7770-790-1

Festschrift: 1. Marneros, A. & M. Philipp: Persönlichkeit und psychische Erkrankung. Festschrift zum 60. Geburtstag von U. H. Peters. Springer-Verlag. Berlin, Heidelberg, New York u.a. 1992. ISBN 3-540-55127-1

Festschrift: 2. Andreas Marneros & Anke Rohde (Hrsg.). Festschrift zum 80. Geburtstag von Uwe Henrik Peters. Sapientiae cupido patria esse cariorem und das Lied der Sirenen. ANA-Publishers, Köln 2013. ISBN 978-3-931906-14-6

www.ingramcontent.com/pod-product-compliance
Lightning Source LLC
Chambersburg PA
CBHW070552270326
41926CB00013B/2290